存在と時間

上

新装版

Sein und Zeit

Martin Heidegger

M・ハイデガー

松尾啓吉 訳

勁草書房

原著者より訳者への手紙

Martin Heidegger　　Freiburg i. B. 20. Juni 1966.

Japan

Herrn Keiichi Matsuo

Tokyo

Megūro-Kū

Jiyūgaoka 1-13-14

Sehr geehrter Herr Matsuo,

vor wenigen Tagen hat mir Herr Dr Ezawa den II. Teil Ihrer Übersetzung von „Sein und Zeit" mit Ihrer freundlichen Widmung übersandt.

Ich danke Ihnen herzlich für die grosse langjährige Arbeit, die Sie für die Übersetzung meiner Abhandlung verwendet haben. Ich weiß eine solche Arbeit besonders in diesem Falle besonders hoch zu schätzen, weil schon für deutsche Leser das rechte Verständnis von „Sein u. Zeit" nicht leicht ist. Leider kann ich nun nicht das Geringste zu Ihrer Übersetzung sagen. Aber ich entnehme schon aus der sehr schönen Ausstattung und dem sorgfältigen Druck, dass es sich um eine grosse und verdienstvolle Leistung handelt. Ich habe bisher von Ihrer Übersetzung keine Kenntnis gehabt.

Ich bin immer aufs neue erstaunt und erfreut über das Interesse und den Ernst und die Mühe, die in Ihrem Lande meinen Schriften entgegengebracht wird.

Weil uns Europäern meistens die Beherrschung der

2

japanischen Sprache fehlt, ist die so notwendige gegenseitige Verständigung leider immer nur eine einseitige.

Aber es ist schon von grosser Bedeutung, wenn überhaupt durch so wichtige Leistungen wie diese Ihre Übersetzung ein Weg des Gespräches im Bereich der Philosophie begangen wird.

Ich wünsche Ihnen für Ihre weitere wissenschaftliche Arbeit alles Gute und grüsse Sie sehr herzlich mit nochmaligem Dank für Ihr Geschenk.

Ihr

Martin Heidegger

Abs. Martin Heidegger
78 Freiburg i. Br.
Rötebuck 47

マルティーン・ハイデガー　　フライブルク・イム・ブライスガウ　一九六六年六月二〇日

松尾様

数日前、江沢氏からわたくしに、あなたの親愛なる献呈の辞が手記されている貴訳『存在と時間』の下巻が送られてきました。わたくしの論文の翻訳にあてられたあなたの長年月のお仕事に対し、わたくしは心からあなたに感謝いたします。こうした仕事は、とりわけ今回の場合、特別に高く評価されねばならないと思います、というのはドイツの読者にとってさえ『存在と時間』の正しい了解は容易なことではないからです。ところであなたの翻訳についてはわたくしは、何一つ申しあげることができないのを遺憾に思います。けれども、まことに見事な装釘と周到な印刷から見ましても、それが貢献するところの多い大いなる業績なのだということが、わたくしにはわかります。わたくしはこれまで、あなたの翻訳については、全然知らなかったのです。

わたくしは、あなたのお国でわたくしの著作に対して示される興味と真剣さと努力をおもうとき、つねに驚きと喜びの念を新たにします。

われわれヨーロパ人にはたいてい、日本語をマスターすることが欠けていますので、きわめて必要な相互の了解ということが、残念ながらわたくしのばあい、いつも一方的なものになるのです。

けれども、このたびのあなたの翻訳のように重大な業績によって、何はともあれ、哲学の領域において対話の道が踏み出されるとすれば、それはたしかに大いなる意義を有するにちがいありません。

わたくしは、あなたの今後の学問上のお仕事に幸多からんことを祈り、あなたの贈りものに対し、衷心より、くりかえし謝意を申しのべます。

マルティーン・ハイデガー

凡例

一、この訳本は „Sein und Zeit“ von Martin Heidegger, erste Auflage, 1927. Max Niemeyer, Verlag.（M・ハイデガー著『存在と時間』第一版、一九二七年、ニーマイヤー刊）の全訳である。ただし第一版から第六版までの諸版は、そこに寸分の相違もない重版であり、また現在入手しうる最新版も、一九五三年ニーマイヤー版「非改訂第七版 siebente unveränderte Auflage」であって、内容においても頁数においても本質的相違はない。ただ訳者としては新版をも参照し、全巻にわたって対閲校合せざるをえなかった結果、七版には多くの誤植のみならず、全くの文意不明ないし重大な誤解をきたす誤字等も少なからず存することを発見した。これらの点、および七版に付された「序」については、とくに訳注の（一）を参照。

一、原文における終止符《ピリオド》に対しては、訳本ではつねに「句点。」を用いた。

一、コロンに対しては、ときに「読点、」ないし「句点。」ときに「すなわち」を用いた。

一、セミコロンに対しては、「読点、」ないし「句点。」を用いた。

一、コンマに対しては、もちろん「読点、」であるが、ときに「中グロ・」を用いた。ただし邦語の自然の構文を重んじるため、またことさらに分節して解りよくするため、コンマに関するかぎり、かならずしも原文の用法に拘束せられない。

一、疑問符？も、まれにみえる感嘆符！も、原文どおりに付けておいた。

一、連字符＝（第七版では、-）に対しては、そのまま-を用いたが、邦語的組立語においてはつとめてこれを排した。

一、原文ではつねに全角の短い棒線《ダッシュ》—は、訳本では二全角の棒線——にした。

一、点線…は、そのまま…としたばあいと、…云云…としたばあいと、全然省略したばあいとがある。

一、引用符»……«に対しては、『……』を用いた。

まれにみえる引用符中の引用符»…‚…‘…«に対しては、『…〃…〃…』を用いた。

一、丸括弧《パーレン》（　）は、原文にあるとおりそのまま（　）にした。

一、ごくまれにみえる角括弧《ブラケト》［　］も、そのまま［　］にした。ただしこれは訳者使用の割注符号と同型なるゆえにそのつど（三九八・三九九・四〇一頁）原著者の割注なることを指摘する。

一、強調体（旧版では隔字体、七版ではイタリク体、例えばSein）は、訳語に傍点を付すること（存在）によって。ごくまれに強調体文中での再強調語（旧版隔字体文中でのゴジク体、七版イタリク体文中での隔字体）は、傍点文中での傍点的ゴジク体に当る（例えば二二五頁上または下）。

一、原脚注（1）（2）（3）…等は、傍注として段落《パラグラフ》の末尾に付された（1）（2）（3）…等についてもとめられる。

以上は原本に用いられている諸符号および句読法に対する訳本での照応である。しかるに以下は、原本に用いられていないしたがって訳者の一存によって使用せられた諸符号である点、特にまた常に、読者において留意せられたい。それらは次の四つである――

一、カギ「　」は、最も多くのばあい、原文において諸品詞の名詞化が行われているさい、冠詞を欠く邦語的表現のさまざまな不備を補わんがためである――das Man「ひと（世人）」、das nur noch Vorhandene「もはや前在するにすぎぬもの」、das äußerste Noch-nicht 極端な「未だ－ない」（死）、die Als-struktur「として」－構造、ein geworfenes In-der-Welt-sein-können 被投的「世界内存在可能」、ein Jetzt-sagen「今は」ということを言うこと、等々無数。

その他、原文では引用符は用いられていないが、訳文中では――個々の語のみならずまぎらわしい書名・論文名、長文短文の原典引用、術語的文章（諸構式《フォルムリールンゲン》）、その他にも、もっぱら解りやすくするために――引用符的しめくくりとして、しばしば「　」を用いた。

二、傍丸。。（ごくまれには傍角△△も）は、これを付された諸語間に見られる対応ないし対立関係を指示するものであり、したがって単独の一語に付されることは絶無である。遠近を問わず・同系語と否とを問わず数語間に存する連関は、原文において容易に見通されうるようには訳文では看取されえないばあいがある。だがつねにそれを見落さないということが、終始独自の用語連関によって構成されている本書への洞見をうながすゆえんでもあろう。例えば、「現存在」と「現われ－存在《あり》 Da-sein」「開示－存在 Erschlossen-sein」「明開－存在 Gelichtet-sein」「非隠蔽－存在 Unverborgen-sein・アレーテイア（真理）」「真－存在《なり》 Wahr-sein」等との間には等根源的連関が、また「慮 Sorge」と「配慮 Besorgen」や「顧慮 Fürsorge」や「無思慮 Sorglosigkeit」との間には語源的かつ実存論的派生連関があるということを、明示せんがためである。

三、割注的角括弧《ブラケット》〔　〕は、訳者が説明のために用いたものであり、おおむね直前の、ときに直後の語句に対する補説であり、また原文に言表されていない諸義や接続詞等の補足であることもある。ただしこれ〔　〕がすでに訳者専用のものである以上、これの内部に用いられた一切の符号が訳者専断のものであるのはもちろんである。

四、訳者が任意に付した訳注（一）（二）（三）以下…は、若干の「訳注補遺」と共に、訳本「上・下」の巻末に一括されており、そこでは括弧のない訳注番号一、二、三以下…についてもとめられるが、それらの関係する原版頁数は括弧内に付記されている。このように訳者における頁数の指示は――訳注のみならず下巻末付の「事項索引」と「人名索引」等においても――すべて原本第一版の頁づけにより、訳本ではそれら原版頁は本文の下欄に見出される。なお「〇〇頁上・中ないし下」とあるさいはその原版一頁分を三分したおおよその位置を示す、また訳注内における再訳注符としては星標《アステリクス》※ないし（1）（2）（3）が用いられる。

目次

原版頁　本書頁

下巻目次

下巻目次

下巻　目次　おわり

存在と時間

M. ハイデガー

I（全三冊）

エトムント・フッセルに捧ぐ
尊敬と友情のうちに

バーデン州シュヴァルツヴァルト
のトートナウベルクにて
一九二六年四月八日

… δῆλον γὰρ ὡς ὑμεῖς μὲν ταῦτα (τί ποτε βούλεσθε σημαίνειν ὁπόταν ὂν φθέγγησθε) πάλαι γιγνώσκετε, ἡμεῖς δὲ πρὸ τοῦ μὲν ᾠόμεθα, νῦν δ' ἠπορήκαμεν… 『… というのは、(「ὂν 在る」ということを君たちが言うようなとき一体何ごとを告げようと思っているのか) を、君たちはむろんすでに昔から明らかに知っている。しかしわれわれは以前にはもちろんそれを知っていると信じていたのに、今はだが困ったことになったのである…[1]』。『seiend 在る』という語をもってわれわれが本来何を意味しているのかという問いに対して、われわれは今日ひとつの答えをもっていようか？ だんじて否。だからこそ、存在の意味如何の問いをあらためて提起する必要があるのである。では一体われわれは今日、『存在《ある》 Sein[二]』ということばを了解《フェルシュテーエン》できないでただ困ってばかりいるのだろうか？ だんじて否。だからこそ、まっ先にこの問いの意味に対する了解《わかり》性をふたたび呼び覚ますことが予め必要となるのである。『存在 Sein[三]』の意味如何の問いの具体的な精練確立が、以下の論文の狙《アブジヒト》い[五]である。時間 Zeit[四] をばあらゆる存在了解《あるのわかり》性一般を可能ならしめる地平として解釈[六]することが、その論文のさし当っての目標[七]である。

そういう目標を狙《アブゼーエン》う[八]ということと、そういう目論見《フォールハーベン》[九]のなかに抱かれていてこれから要求される諸探究と、さらにかの目標に達すべき道等は、緒論で解説する必要がある。

(1) プラトン、ソフィステス、244 a.

緒論　存在の意味如何という問い（一一）の開展

第一章　存在問題の必要と構造と優位

第一節　存在如何の問いをことさらに繰返す（一二）ことの必要（一三）

2

右の問題は、われわれの時代が『形而上学』をふたたび肯定することをみずからの進歩と心得ているにしても、今日では忘却せられたといわねばならない。進歩と心得ているにもかかわらず人は、「真存在《ウーシア》をめぐっての巨人の闘い γιγαντομαχία περὶ τῆς οὐσίας」を新たに焚きつける（一四）というような努力は、みずから払わなくとも済むものと思っている。こうしたさい、右に掲げられた問いは、けだしどうでもよいでは済まされない問題である。この問題は、プラトンやアリストテレスの研究を力いっぱい駆り立てた結果、それ以来——現実における探究にとっての主題的問題としては——むろん沈黙するにいたったのである。この両者が獲得したものはだが、さまざまな「ずれ」や『上塗り』を経てヘーゲルの『論理学』のなかにまでその命脈を保っている。またかつては思考の最高努力によって、たとえ断片的にもせよ手はじめにもせよ、現象から闘い取られたものは、久しきにわたって軽視されている。

それのみにはとどまらない。存在の解釈のためのギリシャ的諸始設〔一五〕を地盤としてひとつの独断《ドグマ》が成育したのであって、このドグマは、存在《ある》の意味如何の問いをたんに無用と宣《せん》するのみならず、あまつさえその問いの怠慢を是《ぜ》とするのである。人びとの言うには、『存在』とは最も一般的で最も空虚な概念である。であるからこの概念はどのように定義しようとしてみてもむだである。かく最も一般的でまたそれゆえに定義もできないこの概念には、またなんの定義も要らないのである。誰でもたえずこれを用い、いつでもそれで何を意味するかをすでに了解してもいる。隠れたものとして、古代の哲学思索を不安のなかへ追いこみかつそのなかに引きとめていたものは、かくて陽を見るよりも明らか《ゾンネンクラール》な自明のこととなった、しかも人あってなおもそのようなことを問うとすれば、彼こそ方法的あやまちを犯せる者である、と。

当探究の始めに当っては、存在如何を問うということの不必要をたえず新たに植えつけはぐくむ諸偏見は、詳細にわたっては論究されえない。それらはその根を古代存在論そのもののうちにおろしている。この存在論はといえばこれまた――存在論的根本諸概念が芽ばえ出た地盤についても、またそれら諸範疇の〔範疇すなわち根本概念たる〕身許証明《あらいだし》の適切性とそれら諸範疇の完備性《フォルシュテンディヒカイト》とに関しても――存在如何の問いが前もって闡明せられかつ解答せられてのみ、十分に解釈されうべき緒につくのである。だからわれわれは、諸偏見についての討論は、これにより、存在の意味如何の問いを繰返すべき必要が洞察されうる範囲内にのみとどめたい。偏見には次の三つがある。

一、『存在《あり》』は『最も普遍的な』概念である、すなわち「τὸ ὂν ἔστι καθόλου μάλιστα πάντων.[1] 存在は一切のもののうちで最も普遍的なものである。」「Illud quod primo cadit sub apprehensione est ens, cuius intellectus includitur in omnibus, quaecumque quis apprehendit.(2) まっ先に了解されてしまうものは存在《ある》である、存在《あり》の了解性《わかり》は、人がたとえいかなるものを捕捉しようとも、それらすべてのなかに含まれている。」しかしながら『存在』の『普遍性』は類 Gattung のそれではない。存在は、存在者が類《ガトウング》と種《アールト》とにしたがって概念的に分節《アルティクリールト》・繫節されているかぎり、かかる存在者の最高領域を画定しているものではない、すなわち「οὔτε τὸ ὂν γένος.(3) 存在は類ではない。」存在の『普遍性』は、すべての類的普遍性を『超えている übersteigt』。『存在』は中世存在論の称呼にしたがえばひとつの『超越者 transcendens』である。事象含有的《ザッハハルティヒ》〔実質的〕な最高諸類概念の多様性に対して、この超越的『普遍者』のもつ統一性を、すでにアリストテレスは、「類比の統一 die Einheit der Analogie」として認識した。この発見をもってアリストテレスは、プラトンの存在論的問題提起に万事依存しておりながらも、存在の問題をひとつの原則的に新たな基盤の上にすえたのである。だがこの範疇的諸連関の暗がりを明らめるということは、もちろん彼もしなかった。中世存在論はこの問題に関し、なかんずくトマス学派とスコートゥス学派という〔対立〕方向をとって、種種討論を重ねたが、原則的に明らかにするにはいたらなかった。そしてさいごにヘーゲルが、『存在』を『無規定的直接者』なりと規定しそしてこの規定を彼の『論理学』において続行されるすべての範疇的説明の基礎にすえたが、彼も古代存在論と同一の観点にとどまっている、ただ彼は、すでにアリストテレスにより提起されたあの事象含有的『諸範疇』の多様性に対する存在の統一性という問題を手ばなすというだけの違いである。したがってもし人が、『存在』は最も普遍的な概念である、と言うにしても、そのことは、その概念が最も明白なものであってなんらの詳論を要しない、ということを意味することにはならない。『存在』という概念はむしろ、最も不明な概念である。

（1）アリストテレス、形而上学、B 4, 1001 a 21.
（2）トマス・アクィナス、神学大全、II¹ qu. 94 a 2.
（3）アリストテレス、形而上学、B 3, 998 b 22.

二、『存在』という概念は定義不可能である。このことを人はこの概念の最高の普遍性から結論したのである。(1) なるほどこれも正しい——「定義は最近類と種差とから成る definitio fit per genus proximum et differentiam specificam」とすれば。『存在《ある》』はじじつ、存在者《あるもの》としては理解されえない、「存在にはいかなる性質《ナトウーラ》も加えられない enti non additur aliqua natura」。『存在』は、これを存在者なりと判決するような規定をこうむることはできない。存在は、定義的には、より高い諸概念から導き出されたり、より低いそれらによって叙述されたりすることはできない。しかしこのことから、『存在』はもはやなんらの問題をも提出しえないと、結論されるであろうか？　だんじて否。結論されうるのはただ、『存在《ある》』とは存在者のごときものではない、ということのみである。それゆえに、一定の限界内においては是認せられる存在者の規定様式も——みずからの基礎を古代存在論のなかにもつ伝統的論理学の、『定義』のごときも——存在には適用されえない。存在の定義不可能性は、存在の意味如何の問いを免除するものではなく、むしろこの問いへとまさにかり立てるのである。

（1）パスカル、「冥想録と小品集 Pensées et Opuscules」（ブルンシュヴィク版）第六版、パリ　一九一二年、一六九頁、参照。　人はつぎの背理におちいることなしには存在《ある》の定義を企てることはできない。なぜなら人は、それを言い表わすにせよ又はひとりで承知しているにせよまさにそれ、すなわち「である c'est」によってはじめるのでなければ一語をも定義できないからである。そのゆえに、存在《エートウル》を定義するためには、「である」と言わざるをえず、したがって定義のなかに定義さるべき語を用いざるをえなくなるのである。

三、『存在』は自明の概念である。あらゆる認識作用、陳述行為のうちに、存在者へのあらゆる態度のうちに、またおのれ自身へのあらゆる態度のうちに、『存在《ある》』は使用せられるのであり、またそのさいこの語は『即座に』了解されるのである。各人が、『空は青くある ist』、『私は愉快である bin』等を了解する。しかしながら〔各人にまんべんなく行きわたっている〕この平均的可解性《わかりやすさ》は、じつはただ不可解性《わかりにくさ》(一六)を自証しているにすぎない。平均《つきな》的可解性《みのわかりよさ》は、存在者としての存在者へのあらゆる態度や存在(一七)のうちには、先天的《ア・プリオーリ》にひとつの謎があることを示している。われわれはそのつどすでになんらかの存在了解性《あるのわかり》のなかに生きておりながらしかもその存在《ある》の意味が同時に闇に蔽われているということは、『存在《ある》』の意味如何の問いを繰返すべき原則的必要を証するのである。

もしも『自明なるもの』が、しかもそれのみが、（カントによれば）『通俗的理性の内密の諸判断』が、分析論の表明的主題《ことさらな》（『哲学者等の仕事』）に成るべきだしまた終始それであるべきだとすれば、哲学的根本概念の圏域において、まして『存在』という概念に関して、自明性を引合に出すとは、およそ疑わしいやり方である。

これら偏見の考量によって同時に、存在如何の問いには答えが欠けているのみならず、その問い自体からして不分明で無方向であることがわかった。だから、存在問題を繰返すということは、ひと先ず問いの提起・起て方 Fragestellung を十分に練り仕上げるということなのである。

第二節　存在如何の問いの形式的構造

存在如何の問いは、提起せられねばならないのである。この問いはひとつの、それどころかかくまでに(一八)〔すなわち先ず起て方から練られねばならないほどに〕基礎的な問いだとすれば、そのような問いを発するには、またそれ相当の〔基礎的〕洞見を必要とする。それゆえに、そもそも問いなるものには何が属するかということを、簡単に究明してみなければならない、そうすれば存在問題《あるのとい》が、ひとつの特筆大書すべき・優先せらるべき問題《とい》eine ausgezeichnete であることを看取させうるであろう。

問う Fragen ということはすべて、一種の、探す Suchen ということである。探すということはすべて、その先行的〔予めの〕方向を、探されている当のものの方から定められている。問うということは、存在者をば、それが「在るという事、存在の事実、…が在る」と「斯く在る、存在の様態、…で在る」という点 in seinem Daß- und Sosein につき、認識しつつ探すということである。かく認識しつつ探すということは、『探究する Untersuchen〔根底を究めようと探ぐる、根究する〕』ことに（一九）、すなわちそれの如何に問いが向けられている当のもの、問いの対象を〔遮ぎる邪魔物を取払って地盤根底を明らさまに〕拓開露表しつつ freilegend 規定するということに、成りうる。「問う」とは、何事かを問うのだから「問われた当の事 Gefragtes」をもつ。「何事かを問う Fragen nach…」ことはすべて、なんらかの仕方で「何かに、誰かに、問い合せる・問い掛ける・照会する Anfragen bei…」ことである。「問う」ことにはしたがって、「問われた当の事《ゲフラークテス》」の他に、ひとつの「問い掛けられた者・問いの受け手 Befragtes」が属する。探究的な、すなわちとくに理論的な問いにおいては、「問われた当の事《ゲフラークテス》」は、確定せられ、そして概念《つかみ》にもたらされるのでなければならない。然るときは、「問われた《ゲフラー》当の事《クテス》」のなかには、「問う」ことが本来より志していてそのもとで目的をとげたところの、当の「問い確かめ〔獲〕られた事 Erfragtes」が存する。「問うこと・発問作用 Fragen」そのものの方は、問う者・発問者 Frager の、すなわち或る存在《ある》者の為す態度なのであるから、存在《ある》という固有の性格をもつ。「問う」ということは、『ただ漫然たる問い』ともなれば、また顕然たる問題提起ともなる。後者の問いの特質は、「問う」ことが、問いそのものを構成せる上記〔三つの〕すべての性格の如何について、予めみずから洞見できるという点にある。

存在の意味如何ということについて、問いを提起しなければならないのである。そこでわれわれは、存在問題を、上記〔三つ〕の構造契機にかんがみて究明すべき必然性にせまられる。

〔既述のごとく、〕「問う」ことは「探す」ことゆえに、探されている当のものの方からの、先行的導きを必要とする。存在の意味はしたがって、すでになんらかのやり方で、われわれにとって〔予め〕用いうべきものであるに違いない。われわれはつねにすでになんらかの存在了解性《あるのわかり》のなかではたらいているということは、さきに暗示せられていたことではなかったか。かかる〔漠然たる〕存在了解性をみなもととしてそこから、存在の意味如何という表明的《ことさら》な問いと、〔顕然たる〕存在の概念に達せんとする傾向とが生ずるのである。(二〇)『存在《ある》』とは何を意味《ベザー》する《クト》かということをわれわれは、知ってはいない。しかしわれわれが『〝存在〟とは何んである ist か?』と問うときにはすでに、われわれはこの『ある ist』をどのようにか了解はしているのであって、ただこの『ある《イスト》』が何を意義《ベドイテト》するのかを、概念的に確定しえないだけのことである。その意味《ジン》をば捕えかつ確定すべきみなもとたる地平をすら、われわれは知ってはいない。かくも平均的にして漠然たる存在了解性が、現事実〔現存在の存在事実 ein Faktum〕なのである。

かかる存在了解性《あるのわかり》は、たとえどれほど不定で曖昧で、またたんなる言葉の知見の域を脱しきれないものであるにもせよ——いつなんどきでも用いられうる当存在了解性のこの無規定性〔消極的規定性〕は、それでも、ひとつの積極的現象なのであって、その解明を必要とする。[一一] けれども存在の意味についての探究は、この解明を始めに与えようとはしないであろう。平均的存在了解《つきなみのあるのわかり》性の〔学的〕解釈《インタープレタチオン》がみずからに必要な手引を獲るには、まず形成をみた存在概念をもってしなければならないからである。[一二] この概念と、この概念に属する顕然たる存在了《フェ》解作用《ルシュテーエン》の諸仕様《ワイゼン》との明る《ヘッレ》さからこそ、ふたたび暗くされたのかないしはもともと明らめられたことのない存在了《フェ》解性《ルシュテントニス》はなにを意味するのかということ、すなわち存在意味の顕然たる明らめ《エルヘルング》をばまたもや暗くしたりないしは初手から阻止したりするにはどんな諸様式《アールテン》が可能でありまた必然であるかということも、決定をみるであろう。[一三]

平均的にして漠然たる存在了解性はさらに、存在に関する伝承された諸種の理説や所見によって浸透されていることがあるが、しかもそのさいそれらの理説が世に行われているその了解性の源泉たることは隠されたままである。——存在如何を問うときに探されている当のものは、当初はまったく捕え難いものではあるが、だからとて完全に未知なものではないのである。

精練確立せられねばならない問いにおいて「問われている当の事 das Gefragte」は、存在《ある》 das Sein である、存在者《あるもの》 Seiendes を当の存在者《あるもの》として規定しているところの存在《ある》である。存在がたとえどの様に論究されようとも、それに基づいてこそそのつどすでに存在者たることが了解されているはずの当の基い woraufhin たる存在《ある》である。存在者の存在《ある》は、それみずからひとつの存在者『である ist』ことはできない〔『で－在る』すなわち『ひとつの存在－様態・斯く－在る ein Sosein』であることはできない〕。存在問題の了解における哲学的第一歩は、nicht μῦθόν τινα διηγεῖσθαι,[1] »keine Geschichte erzählen«, いかなる故事来歴《ミュートス》をも述べない、『なんの歴史をも語らない』という事に、すなわち、あたかも存在なるものがひとつの可能なる存在者の性格を有してでもいるかのごとくに、存在者をば彼の由来をたどって他の存在者へと返送することによって存在者として規定したりはしないという事に、始まる。「問われている当の事《ダス・ゲフラークテ》」としての存在はそれゆえに、存在者を発見するのとは本質的に異ったそれ独自の提示様式を必要とする。したがって、「問い確められた事 das Erfragte」、存在の意味もまた、存在者に意義上の規定性を得せしめる諸概念に対してとはこれまた本質的に対別せらるべきそれ独自の概念性を要求するであろう。(二四)

(1) プラトン、ソフィステス、242 c.

存在とは「問われている当の事《ダス・ゲフラークテ》」であり、しかも存在とは存在者の存在である以上、存在問題において「問い掛けられたもの〔者〕das Befragte」は存在者自身であることが知れる。この者はその基いたる存在について auf‥ hin いわば試問《といただ》されるのである。ところで彼が彼の存在の諸性格を偽りなく呈示しうるものとすれば、在るがままの彼に接近できるように彼の方で予め通路を開いておらねばならない。存在問題《あるのとい》においては、その「問い掛けられた者《ダス・ベフラークテ》」を注目してその存在者への正しい接近様式《ちかづきかた》を獲得しかつ事前に確めておく必要がある。しかしわれわれは、多くのものをかつ異った意味で『存在している』と呼んでいる。われわれが語り、思い、しかじかに態度する対象のすべてが存在しているのであり、またわれわれ自身がそれで在るところの者とその在り様《よう》も存在しているのである。存在は、「在るという事・存在事実《がある》」と「斯く在る・存在様態《である》」ということのうちに、実在性や前在性〔目の前に在ること Vorhandenheit〕や存立〔成立〕や妥当〔有効〕や現存在〔生存〕のうちに、『es gibt〔人間界自然界のうちに一般に与えられているというありかた〕』のうちに、存しているのである。ではいかなる存在者に即して存在の意味は読みとらるべきか、存在を開示するにはいかなる存在者から出発すべきか？　この出発点は任意でよいのか、それとも存在問題の精練確立においては特定の存在者がひとつの優位をもつのか？　とすれば範例ともなるその存在者はいかなる存在者でありまたいかなる意味において彼は優位をもつのか？

存在如何の問題が表明的《ことさら》に提起されかつそれも当問題そのものを洞見《みとお》して行われねばならないとすれば、上来の解説どおりにこの問題を精練確立するには、存在を注視し、その意味を了解《フェルシュテーエン》し、そして概念的に捕《ファッセン》えるという仕様の説明、範例たる存在者を正しく選ばせうる準備、この存在者への純生《ゲヌイーン》な接近様式《ちかづきかた》の露呈、等を必要とする。「を注視し、を了解し、そして概念的に捕捉《ファッセン》する〔理解する〕こと」、選ぶこと、への接近、等は、問うというはたらきを構成する諸態度であり、またしたがって或る特定の存在者の、すなわちわれわれ、〔にしてしかも〕問いを発しつつある者らが、そのつどそれであるところの存在者の、存在諸様態である。存在問題を精練確立するとはそれゆえに、或る存在者を――〔それも〕問いを発しつつある者を――その存在において洞見《みとお》させることを意味する。(二五) この〔存在《あるの》〕問題《とい》を発すること〔発問作用《ダス・フラーゲン》〕は、一存在者そのものの存在様態にほかならぬのだから、その発問作用において問われている当の事の方から――すなわち存在から、本質的に規定せられている。(二六) われわれ自身がそのつどそれで在りまたなかんずく問うという存在可能性《ありえかた》を有するところのこの存在者を、術語上われわれは、現存在〔生存〕Dasein として言い表わす。存在の意味如何の問題《とい》を表明的かつ洞見的に提起するには、その前に、一存在者（現存在）を、彼の存在〔彼を現に存在せしめているその存在の方〕に注目して、適切に説明する事が必要である。

だがそんな事を敢行するのは、明らかにひとつの循環のなかに陥りはしないか？　先ず存在者を彼の存在において〔彼が存在する点で、すなわち彼が在ると〕規定せざるをえず、次いでこの存在《ある》にもとづいてはじめて存在如何の問いを提起しようと思うとは、これが循環作用《ぐるぐるめぐり》でなくてなんであろうか？　問題を精練確立しようというのに、その問題《とい》に対する解答《こたえ》にしてはじめて提供しうべきはずのものを、すでに『前提として』いるではないか？　だが諸原理研究の環域《ベツイルク》ではいつでも指摘されがちな『循環論証《ツィルケル・イム・ベヴァイス》』だとする挙証のような、形式的異論のごときは、探究しようとする具体的方途を考量するようなさいには常に不生産的である。事象了解性《のわかり》のためにはそれら異論はなんの為すところも無く、しかも探究領野《フェルト》への前進をはばむのである。

現事実的にはだが、所述の〔存在〕問題提起にはそもそもなんの循環も存しない。存在者は総じて彼の存在《ある》において〔すなわち彼は在ると〕規定され得はするが、かならずしもそのさい存在意味の顕然たる概念がすでに用いられているとはかぎらない。この事にして然らずとすれば、おそらく誰しもその現事実としての存立を否定しはすまい存在論的認識は、いまだかつてこの世に存しなかったことであろう。いわゆる『存在《ある》』は、もちろん従来のすべての存在論において『前提とせられ』ている、けれどもそれは、使用にたえる概念としてではない——、探されている当のもの〔存在概念〕として前提されているのではない。存在を『前提する』ということは、前もって存在《ある》〔の方〕に注目するという性格をもつのであって、かくこれに注目しておればこそ、前与〔先きわたし〕(二七)されている存在者が、彼の存在において《イン・ザイネム・ザイン》先ず分節されることともなるのである(二八)。存在へのこの先導的注目は、われわれがつねにすでにそのなかで活動しているところの、したがってけっきょく現存在自身の本質構え Wesens-verfassung に属するところの、あの平均的存在了解性から生じたものである。かくのごとき『前提作用』は、一連の命題がそこから演繹的に導き出されるようなひとつの原則を始設《アンゼッツング》することとはおよそ無関係である。『論証の循環』などということは、存在の意味如何の問いを提起することのなかにはそもそも存しえない、なぜならこの問いに答えようとすることは、〔無地盤のところへ或る存在原理をもち出してきて〕演繹的な基礎づけ《アブライテンデ・ベグリュンドゥング》〔すなわち論証〕をやろうというのではなくて、むしろ〔伝承や諸理説の繁茂により蔽い隠された存在地盤・地平（時間）の〕提示的な基礎‐拓開露表《アウフヴァイゼンデ・グルントーフライレーグング》を為そうとするものだからである。

存在の意味如何という問いのなかには、『論証の循環』こそ存しないが、一存在者の存在様態たる「問うこと《ダス・フラーゲン》・発問作用」に対する、「問われた当の事《ダス・ゲフラークテ》」（存在）の、注目すべき『逆位‐ないしは先行関係 Rück- oder Vor-bezogenheit』ということなら存する。(二九)「発問作用が〔一種の存在様態なのだから〕」「問われた当の事〔存在〕」から本質的に〔襲われ、惑わされ・問わされ《ベトゥロッフェン》〕関係づけられている《ベトゥロッフェンハイト》こと《とうこと》、これが存在を問うことのもっとも固有な意味である。この事はだが、現存在という性格をもった存在者は、存在を問うことにひとつの——おそらくはむしろ特筆大書すべき《アウスゲツアイヒネト》〔もっとも優越した〕——関わりをもつ、という事を意味するにとどまる。がこれをもってすでに、みずからの存在的優位における〔在るという点では彼が最も在り優《まさ》れる〕一定の存在者が証示せられており、存在を問うことにおいて第一に「問い掛けられた者」たる役割を演ずべき例の範例たる存在者が優先的に授与 vorgegeben〔先わたし・優差〕されているのではないか？　上来の論究をもってしては、現存在の優位は証示せられてはおらず、また彼こそ第一に問い掛けらるべき存在者なりという可能性は、いわんや必然性は、決定せられてはいない。だが現存在がなんらかの優位らしきものをもつ、ということなら告げられているといわねばならない。

第三節　存在問題の存在論的優位

存在問題の性格づけは、この問題をこの問題たらしめている形式的構造を手引として、この問題が一種独特の問題なることを、しかもこの問題の精練確立には、ましてその解決には、一連の基礎的観察を必要とすることを、明らかにした。存在問題の特筆すべき優越性はしかし、該問題が、その役割とその意図とその諸動機とに関して、十分な画定を見たときにはじめて、完全に明らかとなるであろう。

これまでは、該問題を繰返すべき必要性は、ひとつにはその問題の素性の神厳さから、わけても一定の解答の欠けていることから、それどころかそもそも問題の提起すらロクに為されてはおらぬことから、動機づけられていた。しかし存在《ある》を問うたりして何んの役に立つのかを、人は知りたいでもあろう。こういう問いはたんに最普遍的な普遍性などを相手とする宙に浮いた思弁の仕事にすぎないのか、或いはかかる問いが存在するということがそもそも思弁の仕事にすぎないのか(三〇)——それともこの問いこそ最も原則的にしてしかも同時に最も具体的な問いであるのか？

存在とはいつでも存在者の存在である。存在者の全部《ダス・アル》〔万有〕は、その異った諸区域《ベツイルケ》に応じて特定の事象諸領域《ザッハ・ゲビーテ》の拓開露表や画定の分野《フェルト》となりうる。これら特定事象領域、例えば歴史、自然、空間、生命、生存、言語、等等の方は、それらに応ずる科学的諸探究において主題化された諸対象となりうる。科学的研究なるものは、事象諸領域の挙揚《とりあげ》と最初の画定とは素朴《おお》・粗成《まか》に行うものである。〔けだし事象〕領域《ゲビード》の精練確立は、その根本構造の点ではなんらかのやり方ですでに、事象領域《ザッハ・ゲビート》の方を界限している存在区域《ザインス・ベツイルク》に対する、前科学的な経験や解釈によって、成しとげられているのである。このようにして生じた『根本概念』は、はじめのうちこそ〔事象〕領域の具体的開示のための手引ではある。だがたとえ研究の重点はつねにそうした具体的開示という実証的積極性に存するにしても、研究の本来の進歩となるとそれは、諸成果を蒐集したり、『事典の類《たぐい》』にそれらを収録したりすることにあるというよりは、むしろ、諸事象のかく増大する知識からおおむね反動的に呼びさまされて、当面の領《ゲビ》域《ート》の根本構えを問うという〔批判的消極的な〕ことになってくるのである。

諸科学本来の『活動』というものは、根本諸概念に対する、多かれ少なかれ根本的でありまたその活動自身にとっても洞見《みとおし》のきくような検査《レヴィジオン》〔再見分〕となって演じられるのである。一科学の水準は、その学がみずからの根本概念の危機をどの程度まで切り抜けうるかによって、決定される。諸科学のそうした内在的危機においては、問い掛けられた事象そのものに対する、実証的探究的な発問作用の関係態度は、ぐらついてくる。こんにち学問の諸分科において、研究を新たな基礎の上にすえかえようとする傾向がいたるところで目撃できるゆえんである。

最も厳密でありまたいちばん堅固に組立てられていると思われている学問、数学でさえ、ひとつの『原理的危機』に陥ったのである。形式主義対《たい》直観主義の論戦は、この学の対象たるべきものへの第一次的接近様式の獲得・保証をめぐる争いである。物理学における相対性理論は、自然そのものに固有なる連関は、その連関が『即自的《アン・ジヒ》に』存立せるがままに、これを現わし出そうとする傾向から生じた。自然そのものへの接近諸条件の理論として、その理論は、あらゆる相対性を規定しつつも運動諸法則の不変性はこれを保全せんとするものであり、かくてみずからに先与《さきわたし》されている事象領域の構造如何という疑問に、すなわち物質という問題に、直面する。生物学においては、有機体や生命について、機械論や活力説によって与えられた諸規定の背後を問い、かくして生きとし生ける物を生物たらしめている存在様式を新たに規定せんとする傾向が覚めた。歴史的精神諸科学においては、伝承やその叙述や伝統をとおして歴史的現実性そのものに達しようとする衝動が強化せられた、すなわち、文献史は問題史と成るべきなのである。神学は、神に対する人間の存在を、信仰そのものの意味を範としまたあくまで信仰のうちにとどまってより根源的に解釈しようとつとめる。神学は徐々ながらも、「みずからの教義的組織法が、先ず信ずることにより問わんとする〔問題を提起せんとする〕ことから生じたものでないような、したがってその概念性《つかみかた》が神学的問題構成にとって十分ではないのみならず、むしろこれを遮蔽し歪曲するような、ひとつの『基礎』の上に安んじている」とするルターの洞察を、ふたたび了解せんとしはじめている。

根本諸概念とは、一科学が主題とせる諸対象一切の根本には事象領域なるものが存し、これが先行的でありまたしたがって一切の実証的探究を先導しつつあるのだという了解性《わかり》を得させるような諸規定〔信仰、歴史性、生命、自然、物質、数、等々〕のことである。したがってそれら諸概念が、それらが本物《ほんもの》だという身許証明《あらいだし》と『根本づけ Begründung』とを獲るにはただ、事象領域そのものが同じく先行的であるかをひとつ、根究《ドゥルヒフォ》〔根本的に踏査探究《ルシュング》〕して見るよりほかに道はない。ところがそれら事象領域《ザッハ・ゲビーテ》のおのおのは存在〔せる〕者そのものの区域《ベツィルク》から獲られるのである以上、先行性に関する、したがって根本諸概念を〔根源から〕汲み出そうとするかかる研究は、当の存在〔せる〕者を彼の存在の根本構えにもとづいて解釈することにほかならない。かかる〔一見消極的な〕研究は、実証的・積極的諸科学に先立たねばならないのであり、また先立ちえている。プラトンやアリストテレスの労作がその証拠である。諸科学のそのような基礎ずえ Grundlegung は、一科学の偶然の現況を、自分の『方法《メトーデ》』にもとづいて〔自分流の道を追って〕探究するような追従跛行的《ナーハ・ヒンケント》『論理学』とは原則的に異る。該基礎ずえは、それみずから一定の存在領域のなかへいわば率先とび込んで《フォール・シュプリングト》、その領域をその存在構えの点でまっ先に開示し、かくして獲られた諸構造を、実証的諸科学にとって、問うこと〔が何を問うべきか〕の洞見的指南として、役立てようというのであるから、生産的論理学と称さるべきである。だから哲学的第一義は例えば、歴《ヒス》史《トーリエ》学の概念構成の理論ではなく、だからとて歴史学の客体としての歴史《ゲシヒテ》の理論でもなくて、それ自身本来歴史的《ゲシヒトリヒ》に存在せる者を彼の歴史性《ゲシヒトリヒカイト》にもとづいて解釈することである。だからまたカントの純粋理性批判のもたらす積極的な収穫も、自然一般に属するものを露呈せんがための始設《アンザッツ》にもとづくのであって、認識の『理論』に、ではない。彼の先験的論理学は、自然という存在領域の先天的な事象論理学なのである。

　しかしながら〔存在への〕かかる発問《フラーゲン》——最広義に解されたる、したがってどの存在論的方向や傾向にも身をゆだねない存在論——は、それ自身なおひとつの手引を必要とする。存在論的発問は、実証的諸科学の為す存在的発問に対しては、もちろんより根源的である。けれどもその発問は、それが、存在者の存在如何につき種々の考究を為そうとも、存在一般《そもそもある》の意味如何を究明しないでおくかぎり、依然としてそれは、素朴で非洞見的たるをまぬかれない。いわんや存在の様々な可能的諸仕様《ヴァイゼン》を演繹によらずして構成せんとする一種の系統論（三二）ともいうべき存在論的課題にあっては、『われわれは一体この〝存在〟という語をもって何を本来意味しているのか』ということについて、あらかじめ了解をあたえる必要がある。

　存在問題《あるのとい》が目ざせるものはそれゆえに、存在者をばしかじかに存在せる〔斯く在る〕者として研究ししたがってそのさいいつもすでになんらかの存在了解《あるのわかり》性のなかではたらけるものなる諸科学を可能にする先天的《アプリオーリシュ》制約のみではなく、存在的な諸科学より先にありまたそれらを基づけている諸存在論自身を可能にする先天的制約をもである。すべての存在論は、たとえそれらがいかに豊かで結合堅固な範疇体系を駆使しようとも、それらがもし存在の意味をあらかじめ十分に闡明することなくまたこの闡明をこそそれらの基礎的課題として理解することがないならば、ひっきょうそれらは盲目におわりまたそれらの最固有な意図をはき違えるものといわねばならない。

正しく了解せられた存在論的研究自身が存存問題に、神厳な伝統のたんなる復活とか従来非洞見的なりし問題の振起とか〔という事象的優位〕のほかに、さらに存在問題の存在論的〔存在学的〕優位を与えるのである。ただしこの事象的-学的優位が唯一のものではない。〔すなわち第四節：：〕

第四節　存在問題の存在的優位

学一般は、真なる諸命題の基づけ連関〔論証関係〕の全体として規定せられるおそれがある。この定義は完全でもなければ、また学の真意をもはずれている。諸学は人間の諸態度なのであるからこの存在者（人間）の存在様式をもつ。この存在者をわれわれは術語上現存在 Dasein として言い表わす。学的研究は、この存在者の唯一の、可能的存在様式ではないし、また彼のもっとも近しい、それでもない。現存在自身はさらに、他の存在者よりも、優れて顕わ ausgezeichnet である。この特筆すべき優顕性をひとまず見取せしめねばならない。ために究明は、のちにいたってはじめて本来の提示をなしうる諸分析に、先廻りすることになる。

現存在は、たんに他の存在者に伍してのみ現われるような存在者ではない。彼の特筆すべき優顕性はむしろ次の点にある、すなわち、現存在というこの存在者はおのれの存在において〔換言すればみずから存在しながらもまたはみずからの存在をもって〕当の存在そのものに関わり行く〔換言すればそのものに交渉《ウムゲーエン》・態度《フェルハルテン》する、そのものに関心・腐心する、そのものを問題・疑問とする」[三二]ものである、と。daß es diesem Seienden in seinem Sein um dieses Sein selbst geht. かくのごとき現存在の存在構えにはしからば、彼はみずから存在しながらも当の存在に対してひとつの存在関係《ザインス・フエルヘルトニス》〔存在－態度・交渉・往来・ゆきき《ウム・ガング》〕をもつ、という事が属していることになる。この事はさらにまた、現存在は、おのれの存在において《イン・ザイネム・ザイン》は〔彼が存在《エル・イスト》しておるという点では〕、なんらかの仕方でとにかく、ただし明確に、みずから了解しているという事を意味する。この存在者の特性ともいわるべきは、おのれの存在とともにかつそれをとおして存在そのものが、おのれ自身に開示されてある、ということである。存在了解性がとりもなおさず現存在のひとつの存在規定なのである。したがって現存在の存在的特筆優顕性は、彼が存在論的に存在する、という点にある。[三三]

「存在論的に存在する」とはここではいまだ、「存在論を形成する」という意味にはならない。だからわれわれは、存在論という名称は存在者の意味如何という顕然たる理論的発問のために保留することにして、現存在が「存在論的に存在する」という意味は前存在論的であることを表わすことにする。だからとてこのことはべつに、なんの曰くもなく「存在的に存在している ontisch-seiend」のと同じことではなく、「存在を了解する《フエルシュテーエン》という様な仕様で存在しておる」ことを指すのである。

それに向って現存在がしかじかに関係〔交渉〕することができるしまた常になんらかの関係・交渉をとりむすんでもいる当の存在自身を〔現《ダー》－存在《ザイン》の存在《ザイン》の方を〕われわれは実存 Existenz と名づける。またこの存在者〔現存在〕の本質規定は事象含有的な「何か Was」を申立てても規定されえないし、彼の本質はむしろ、「彼はそのつど《イェー》彼のものとしての彼の存在でなければならない〔彼の存在するということが常に《イェー》彼のものなればこそ彼が存在できている（常自己性・常我性《イエーマイニヒカイト》「四一・四二頁」）〕という点に存するのであるから、現存在という名称は、かくのごとくに存在を為す者《ザイエンデス》を言い表わす純粋な存在作用用語《ザインス・アウスドゥルック》として選ばれている〔のであって事象含有的・実質的な「何か《ヴァス》」の表現ではない〕のである。

現存在は、おのれ自身を、常に彼の実存から、すなわち彼自身で在るか〔自己本来性《アイゲントリヒカイト》〕または彼自身で在らぬか〔非《ウン》－自己本来性《アイゲントリヒカイト》〕という、彼自身の可能性から、了解する。〔自分で在るか在らぬかという〕この両可能性〔のどちらか〕を現存在は、自身で選んでいるか、または両可能性〔のどちらか〕のなかへ陥っているか、またはそのつどすでにその〔どちらかの〕なかで育ち上っているか、のいづれかである。実存〔現《ダー》－存在《ザイン》の存在作用《ザイン》面、彼自身の可能性〕は、これを摑《つか》むかまたは逸《いっ》するかという仕様で、そのつどの現存在自身によってのみ決定せられる。実存〔するかしないか〕の問題《いかん》は常に、実存すること〔実存作用 das Existieren〕によってのみ決着されうる問題である。このさい〔実存の問題《いかん》にさいして先決〕先導的である実存作用そのものについての了解性《わかり》Verständnis をわれわれは、実存的〔在るがままの実存に関する了解性（次の実存論的了解作用に対して）〕das existenzielle と名づける。実存の問題《いかん》は、現存在のひとつの存在的 ontisch〔彼の在るがままの存在に関する、彼の存在上・存在中の〕『出来事』である。この〔存在的出来事の〕ためにはべつに、実存の存在論的 ontologisch〔なぜ存在するかに関する（根拠《わけ》・内幕・構造を語り《レゲイン》 legein—logos—・・・logie 論ずるような）〕構造如何の理論的洞見は要らない。該構造如何の問いは、実存を構成しているところのものを、分解することを目ざすのである。この諸構造の連関をわれわれは実存性 Existenzialität と名づける。この〔実存性の〕分析論は、実存的に〔在るがままに実存していることに関して〕ではなく、実存論的に〔なぜ実存しておるのかに関する構造・内幕・根拠論的に〕了解する作用 ein existenziales Verstehen という性格をもつ。現存在の実存論的分析論の課題は、その可能性と必然性との点では、現存在の存在的〔在るがままの〕構えのなかに、その手本を有する〔予描・範示されている vorgezeichnet〕。

ところで実存が現存在を規定するものであるかぎり、この存在者の存在〔存在構造如何の〕分析は、そのつどすでにつねに、実存性〔実存構造〕への先行的注目を必要とする。実存性をわれわれは、実存する存在者の存在構え Seinsverfassung(三四) として了解している。かくのごとき存在構えという理念《イデー》のなかには存在という理念がすでに存している。したがって現存在の分析論の完遂如何の可能性は、そもそも存在とは何を意味するのかという問いを先行的《よりさき》に精練確立することにかかっている。

諸科学は現存在の為す存在諸仕様《ヴァイゼン》であって、かかる仕様を為して現存在は存在者に態度するが、その存在者はかならずしも現存在自身であるとはかぎらない。現存在にはいっぽう本質的に、「世界なるものの内に存在する〔世をなして存在する〕Sein in einer Welt」ということが属する。現存在に属する存在了解性《あるのわかり》はそれゆえに、いわゆる『世界』というようなものを了解する作用とまたその世界の内部で接しえられる存在者の存在《あるの》を了解する作用とを、等根源的 gleichursprünglich に、行っているのである。現存在(三五)〔作用すなわち「自己開示的、世界内存在作用」〕ではない存在性格の存在者〔すなわち該世界内部的被発見的存在者〕を主題とする諸存在論はしたがって、前存在論的存在了解性という規定性をみずからのうちに蔵するところの、現存在自身の存在的構造に、基づけられておりかつ動機づけられている。

それゆえに、自余一切の存在論がそこよりこそ発しうべき源たる基礎的存在論 Fundamentalontologie は、現存在の実存論的〔現存在の存在たる実存の構造連関（実存性）如何の〕分析論 existenziale Analytik des Daseins のなかで探究されざるをえない。

現存在はしたがって、自余一切の存在者よりも幾重にも優れた優位をもつ。第一の優位は存在的な優位〔最も存在する、存在度最高の、在り優っている優位〕である、すなわちこの存在者〔現存在〕は彼の存在においては実存によって〔彼が存在しておるのは、他のなにものにも依存せず、その存在が自分のものであることに依って〕規定せられているからである。第二の優位は存在論的な優位である、すなわち現存在は彼が実存であるという規定性に基づき彼自身に即して〔彼の本質が実存であるがためにおのれの存在そのものに態度し、これを問い、論じもするがゆえに彼自身（すなわち現存在作用《ダーザイン》）からしてすでに〕『存在論的』であるからである。ところで現存在には——実存了解《わかり》性の構成者として〔現存在とは自分のもの・実存なのだということを了解させている契機として〕——一切の非現存在的存在者の存在《あるの》をも了解する作用が、等根源的に属している。現存在はそれゆえに、一切の存在論を可能ならしめる存在的-存在論的制約としての第三の優位をもつ。(三六) かくして現存在は「自余一切の存在者より先に、存在論上第一番に問い掛けらるべき者」なることが立証せられたわけである。

実存論的分析論の方にしても、その成育は帰するところ、実存〔すなわち現存在の存在〕的すなわち存在的〔なところ〕に根をおろしていなければならない。哲学的-研究的発問作用《フラーゲン》はそれ自身、そのつど実存しつつある現存在の存在可能性として、実存的に〔現存在の存在作用《ザイン》として〕捕捉せられているときにのみ、実存の実存性〔実存諸構造連関〕を開示すべき可能性と、またこれとともに、十分基づけられた〔基礎的〕存在論的問題形成にそもそも着手すべき可能性とが成立するのである。これをもって存在問題《あるをとうこと》の存在的優位も明瞭となった次第で

(三七)
ある。

現存在の存在的‐存在論的優位〔現存在は、在るという点で最も優勢な存在者であるから‐在るを論ずるときにも優先的に問い掛けられねばならないこと〕はすでにはやくから見取せられてはいたが、かならずしもそのさい現存在そのものは彼の純生《ゲヌイーン》な存在論的構造の点で、捕捉せられてはいなかったし、むしろかかる捕捉を要すべき問題とすら成ってはいなかった。アリストテレスは言う、「（人間の）心はなんらかの仕様で〔いわば〕存在者である *ἡ ψυχὴ τὰ ὄντα πώς ἐστιν.*(1)」。人間の存在を構成している『心』は、知覚と思考 *αἴσθησις* und *νόησις* というその〔心の〕存在仕様《ヴァイゼン・ツー・ザイン》で、すべての存在者をば彼らの「在るという事、存在事実《がある》」と「斯く在る、存在様態《である》」という点で、すなわちいつでも彼らの「在る、存在」という点で、発見する、と。パルメニデスの存在論的提言へと遡及せしめるこの命題をトマス・アクィナスはとりあげて独特の論究を加えている。存在者のあらゆる可能なる事象含有的‐類概念的規定性を、存在者のあらゆる特殊様態 jeden modus specialis entis を、なお超え出ており、しかもたとえ何んであろうと、ありとあらゆるものに必然的につけ加わるところの『諸超越者』すなわち存在諸性格を演繹しようという課題の圏内では、真理 das verum もまたかかるひとつの超越者 ein transcendens なることが証示せられねばならない。この証示は、いついかなる存在者とも『相い会する zusammenzukommen』という適合性能をおのれの存在様式としてもつ様なひとつの存在者を引証することによって為される。この最も優勢な存在者、すなわち「その生れを一切の存在者と同じうする様な存在者 das ens, quod natum est convenire cum omni ente」は、心（anima）(2)である。存在論的には闡明されていないとはいえ、ここでひときわ目立つ、『現存在〔心〕』の自余一切の存在者に優る優位は、存在者一切〔万有〕の悪しき主観化とは明らかに、なんの共通するところもない。――

（1） 精神論 Γ 8, 431 b 21, vgl. ib. 5, 430 a 14 sqq.

（2） 真理論、問題 I a 1c, なお小論『類の特性について』における部分的にはより厳密でまた上掲のそれとはちがった超越者『演繹』の遂行、参照。

存在問題の特筆すべき存在的‐存在論的優越性の証示は、現存在の存在的‐存在論的優位の先行的《よりさきなる》告示に基づいている。しかしながら存在問題を存在問題たらしめているあの〔形式的三〕構造の分析（第二節）は、該問題を提起するということ自体のうちにこの存在者の特に優れた機能の存することに逢着した。そのさい現存在は、問うことが〔何者（現存在自身）が、何事（自分の存在）を、何者（自分自身）から、問い確かめ出すのかが〕洞《みと》見《おし》できるものとなるためには、彼みずから前もって存在論的に十分精練確立を見た存在者でなければならないことをみずから暴露していた。しかしいまや、現存在の存在論〔すなわち実存論〕的分析論なるものがそもそも、基礎的存在論を構成するのだという事、したがって現存在は原則としてまっ先におのれの存在に向って「問い掛けらるべき存在者」たる地位にある事が、示されたわけである。

存在の意味〔前的了解性〕の〔主題的ないし学的〕解釈《インタプレタチオン》〔深化・精練・「問い確かめ出し《エルフラーゲン》」・概念的顕然化〕が課題となるようなときは、現存在はたんに第一番に「問い掛け《ベフラーゲン》らるべき存在者」であるだけではなく、彼はさらに、その問いにおいて「問われている《ゲフラークト》当の事〔存在〕」に対して、そのつどすでに彼みずからの存在で対処〔応待・受け答え・「問い確かめ出し《エルフラーゲン》」を〕している存在者でもあるのである。だとすれば存在問題《あるをとう》〔解釈《インタプレタチオン》〕とは、現存在そのものに属している本質的な存在傾向の、すなわち前存在論的存在了解性《あるのわかり》の、徹底化《ラディカリジールング》にほかならない。

第二章　存在問題の精練確立における二重課題。探究の方法とその構図

第五節　そもそもの存在の意味を解釈せんがための地平の拓開露表としての、現存在の存在論的分析論

存在問題の『提起』のうちに存する諸課題の特質を明らかにしたさいに、かのまっ先に問い掛けらるべき地位にある存在者の確立を要するのみならず、この存在者への正しい接近様式をはっきりと獲得かつ保証しておく必要のあることも示されていた。存在問題の圏内では、いかなる存在者が優越した地位をしめるかも究明せられた。しかしながらかかる存在者たる現存在は、いかにして近づかれえ、そして了解的解釈作用においていわば照準を定められるにいたるのか？

現存在のために証示せられた存在的－存在論的優位は、次のような謬見に陥るおそれがある、すなわちこの存在者は、〔彼なる〕存在者自身を『直接《じかに》』摑《つか》み〔解し〕うるという〔存在論的な〕意味においてのみならず、また彼の存在様式が同じく『直接《じかに》』先与《さきわたし》されている（三八）という〔存在的な〕点からしても、彼は存在的－存在論的にまっ先に与えられている存在者であるはずである、と。現存在はもちろん存在的にはただに近い〔解りやすい〕どころかむしろ最も近い者である――それのみかわれわれはおのおのみずから現存在で在る〔現存在として存在する〕。それにもかかわらず、或いはむしろそれゆえにこそ、現存在は存在論的には最も遠い〔解りにくい〕者であ

(三九)る。もちろん、現存在にとって最も自己的なものである彼の存在には、その存在についてなんらかの了解性《わかり》を有しまたそのつどすでに彼の存在についての〔該了解性の深化形成たる〕解釈成果《アウスゲレークトハイト》(四〇)〔解釈性〕のなかにみずから住している、という事が属しはする。だがこの事をもってしては、あたかもその存在了解性が最も自己的な存在構えを主題とする存在論的省察から発源するものに相違ないかのごとくに、彼自身についてのこの最も近い前存在論的存在解釈が適切な手引として使用せられてよいなどという事は、少しも主張されてはいないのである。現存在はむしろ、彼に属する存在様式にしたがって、おのれの存在をば、彼が本質的に、不断にかつ先ずもってそれに向って態度している当の存在者の方から、すなわちいわゆる『世界』から、了解する、という傾向を有する。現存在自身のうちには、したがってまた同時に彼自身の存在了解性のうちには、世界了解性の現存在解釈への存在論的反映が存することをわれわれは提示するであろう。

現存在の存在的‐存在論的優位〔在るという点では最も近く自明的‐なぜ在るかという点では最も遠く不明的という現存在の優れた地位〕はそれゆえに、現存在にとっては彼特有の存在構えは——これを彼に属する『範疇的』構造という意味に解するときは——蔽われたままであるという事の根拠を成しているのである。現存在は彼自身にとって、存在的には『最も近く』、存在論的には最も遠い、しかし前存在論的にはまさか未知だとはいわれない。

これをもってさしあたり告げられている事はただ、この存在者を解釈しようとすると一種独特の困難に直面するが、その困難は、主題化された当対象とまたかく主題化しつつある態度そのものとの存在様式に基づくのであって、べつにわれわれの認識能力の生得的欠陥とか一見容易に充たされそうに見える適切な概念性の欠如などに基づいているのではない、という事だけである。

ところで現存在にはたんに存在了解《あるのわかり》性が属するというだけではなくて、該了解性は現存在自身のそのつどの存《あ》在様式《りかた》と共に、育成せられまた崩壊するがゆえに、該了解性は（その深化形成たる）豊富な解釈成果をほしいままに見せているのである。哲学的心理学、人間学、倫理学、『政治学』、作詩、伝記、歴史記述等は、それぞれに異った方途でまた範囲をも換えつつ、現存在のさまざまな、態度や能力や精力や可能性や運命やに、専念攻究したる結果である。しかしそれらの諸解釈は、それらが実存的には（在るがままの実存に関する解釈としては）おそらく根源的であったであろうように、実存論的にも（実存の根拠・内幕に関する解釈としても）同じく根源的に遂行せられたかどうかという点では、依然として問題を残している。両者（実存的と実存論的と）は、かならずしも相提携するとはかぎらないが、だからとて相排斥するわけではない。実存的解釈は実存論的分析論を要求しうるのであるが、それには哲学的認識なるものがその可能性と必然性との点で理解されていなければならない。現存在の根本諸構造が、存在問題そのものに顕然と定位することによって十分露現せられてこそはじめて、現存在解釈の従来の成果も実存論的に是認せられるであろう。

現存在の分析論はそれゆえに、存在如何の問題にとっての第一番の本願たることに変りはない。だとすれば一方、現存在への主要接近様式の獲得と保証は、いよいよもって焦眉《ブレンネント》の急となる。否定的に言い表わせば、この存在者に向っては、存在と現実性との任意の理念は、それがどれほど『自明な』ものであろうとも、構成的《コンストウルクティーフ》（彼の本質を構成しうるものとして）－独断的に持ちよることは許されない。かかる理念を範とするいかなる『諸範疇』も現存在には、存在論上無吟味に、押しつけることは許されない。接近と解釈との様式はむしろ、この存在者が自身をば彼自身に即して彼自身の方から示現しうる様に〔すなわち現象学的に（二八頁「現象の概念」）〕、選ばれていなければならない。しかもその様式はこの存在者をば、彼が「先ず大抵 zunächst und zumeist」(四一) のところそうで在る様な在り方、すなわち彼の平均的《つきなみの》日常性 Alltäglichkeit において、示すのでなければならない。この日常性に即して明示せられるはずの構造は、現事実的現存在のあらゆる存在様式を通じて終始その存在の規定者であるような本質的な構造なのであって、任意にして偶然なそれではない。現存在の日常性の根本構えにまず注目することにより、この存在者の存在を、予備的に挙揚しうるにいたるのである。

かくのごとくに解された現存在の分析論は、全くもって存在問題の精錬確立という主導的課題に定位しているのみである。このことによりその分析論の限界も規定せられている。この分析論は現存在についての無欠完全な存在論を提供しようと思ってはならない、後者なら、『哲学的』人間学というようなものを哲学上十分な基盤の上に立てようと思うなら、もちろん建立されているにちがいない。だがひとつの可能なる人間学ないしはその存在論的基礎ずえというような意図にとっては、続く解釈は、重要でないとはいえないまでも、若干の『点において』しか寄与するものではない。現存在の分析は、かくたんに完全ではないのみならず、当初はまた予備的 vorläufig である。該分析は初めはただこの存在者の存在を取り出す〔目立たす〕だけでその意味を解釈しはしない。最も根源的な存在解釈のための地平の拓開を該分析はむしろ準備すべきものなのである。この地平〔時間性〕が獲得されてはじめて現存在の予備的分析論は、より高くまた本来的な基盤の上で、みずからの繰返し(四二)〔再分析〕を要求することとなる。

われわれが現存在と呼ぶ存在者の存在の意味としては、時間性 Zeitlichkeit(四四) が呈示せられる。これの証示は、予備的に示された現存在の諸構造をば、時間性の呈する諸様態なりとして、繰返し（四三）解釈することにより確証をうるはずである。しかしながら現存在を時間性なりとするこの解釈をもってまたすでに、そもそもの存在の意味如何という主導的問題に対する解答が与えられているわけではない。ただしかかる解答獲得のための地盤なら準備できたというべきである。

現存在には存在的構えとして前存在論的存在なるものが属するということは、暗示的には告げられていた。現存在なるものは、存在しつつも存在というごときものを了解するというやり方で存在しているのである。このこととの連関を堅持しつつ示されねばならないことは、現存在がそもそもそこよりして存在というごときものを不明確に了解しかくして〔明確に〕解釈するにいたる当のもとたるものは、時間 die Zeit である、ということである。この時間なるものは、すべての存在了解性《あるのわかり》とそしてあらゆる存在解釈のための地平であることが明らかとせられまたかく純生《ゲヌイーン》に把握《ベグリフエン》せられねばならない。この事を洞見できるようにするためには、存在了解性の地平たる時間をば、存在了解的現存在の存在たる時間性〔を源としてそこ〕から、根源的に説明する必要がある。この課題全体のなかにはまた同時に、かく〔地平として純生に把握《ベグリフエン》〕して獲られた時間の概念《ベグリフ》をば、アリストテレス以来ベルグソンを越えてまでもちこたえている伝統的時間概念のうちにみずからの沈澱を見せたともいうべきひとつの時間解釈において、その明確化をとげているところの通俗的な時間了解性《ときのわかり》に対して、くっきりと界限しようとする要求が存する。そのさい、かの〔伝統的〕時間概念もこの通俗的時間了解性も、そもそも時間性から発源するものなる事実とその仕様も明瞭化さるべきはずである。かくして通俗的時間概念にもその自主的権利が返還せられることとなる――「該概念で考えている時間とは空間のことだ」とするベルグソンの提言とはちがって。

『時間』は、久しきにわたって存在者の種々の領域の素朴な探究にとっての、存在論的或いはむしろ存在的標識たるの役目をはたしている。人は、『時間的に《ツァイトリヒ》』存在するもの（自然の過程や歴史の出来事）をば、『非時間的《ウンツァイトリヒ》に』存在するもの（空間的および数量的関係）に対して界限する。人は、命題のもつ『無時間的《ツァイトロースな》』意味をば、命題を陳述する『時間的』経過に対して対別する慣わしをもつ。さらに人は、『時間的』存在者と『超時間的《ユーバーツァイトリヒな》』永遠者との間に『隔絶』をみとめ、その架橋をやってみる。『時間的』とはここではいずれのばあいも、『時間の中《イン・デル・ツァ》に《イト》』存在している、というのと同じことであって、だからまだはなはだ不明瞭な規定であることもちろんである。『時間の中に存在する』という意味で、時間が、存在諸領域を区別する標識としての役目を演じているという、現事実が成立しているのである。いかにして時間がこの特筆すべき存在論的役目を引受けるにいたるのかは、それどころかいかなる権利をもってむしろ時間などというものがかかる標識としての役割を演ずるのかは、いわんや時間のこの素朴に存在論的な使用においてこそ時間のもつ本来の可能なる存在論的重要性が表現せられているのではないかにいたってはなおさら、これまで問われたこともなく探究されたこともなかった。『時間』は、それも通俗的時間了解性の地平においては、いわば『おのずと』この『自明なる』存在論的役割へと陥りかつ今日までその職掌に就いていたといわれねばならない。

これに反して、存在の意味についての精練確立された問題を地盤とするときは、すべての存在論の中心的問題構成はその根を正しく見取され正しく解明された時間の現象から引いているという事実およびその模様が、示されうるのである。

存在は時間から理解さるべきであり、したがって存在の様々な様態や派生態も、時間の種々の変様や派生の結果として、じじつまた時間への注目から了解されうるにいたるときは、同時に存在そのものが——べつに『時間の中なる』存在者たる存在者に限ったわけではなく、みずからの『時間的』性格において見取されうることになる。『時間的』とはそうなればもはや『時間内存在的《イン・デル・ツァイト・ザイエント》』のみを意味することはできない。『非時間的なもの』や『超時間的なもの』もまた、それらの存在《ある》の点では『時間的』である。それもまた、『時間の中なる』存在者としての『時間的なもの』に対する〔非…や超…という〕一種の打消〔欠性《プリヴァチオーン》〕の仕方《かたち》においてのみではなく、むしろ積極的な、むろんこれから明らかにせられる意味において、〔時間的なの〕である。『時間的』という語は前哲学的および哲学的用語法を通じてもっぱら既述の〔時間内存在的〕意義でのみ用いられておりまたこの語は続く諸探究においてはなお別箇の意義を表わすのに必要であるから、われわれは時間〔を源としてそれ〕よりする、存在とその諸性格や諸様態との根源的意味規定性をば、存在の〔時間による根源的すなわち〕時的 temporal 規定性と呼ぶことにする。存在を存在として解釈する基礎的存在論的課題はそれゆえみずからのうちに、〔存在の時間による根源的規定性すなわち〕存在の時性 Temporalität des Seins の露呈を含んでいる。時性の問題構成を開展してこそはじめて、存在の意味如何の問題に対する具体的解答が与えられたことになるのである。

存在はそのつど時間への注目からのみ解しうることとなるのだから、存在問題に対する解答は、孤立した盲目的一命題のうちには存しない。その解答は、それが命題的に陳述するところのものを再述することによっては理解せられていない、とりわけその解答が、不定的結論《こたえ》として、従来の論述様式とはおそらくかけ離れたひとつの『立脚点』のたんなる認知のために、引続き与えられて行くとすればなおさらである。その解答が『新しい』か否かは重要事ではなくて外面事にとどまる。この解答において積極的な点は、『古人』によって準備せられた諸可能性を把握し習おうとするほど、けっこうそれは古いという事になければならない。解答は、その最固有の意味よりいえば、拓開露表せられた地平〔すなわち時間〕の圏内で探究的発問を開始すべしという、具体的な存在論的研究のためのひとつの指示を与えるのであって——しかもそれが与えるものはこの一事につきる。

このように存在問題への解答が、研究のための手引指示ということになる以上は、その指示にもとづくことにより、従来の存在論特有の存在様式、すなわちその存在論の為す発問や発見やはたまた断念等の運命が、現存在的必然《ノートヴェンディグス》事として洞察されるにいたるとき、そのときはじめてその指示は、十分に与えられたことになる。

第六節　存在論史を破壊する課題

すべての研究は——したがって存在問題を中心的活動範囲としている研究もその例にもれず——現存在のひとつの存在的可能性である。現存在の存在はその意味を時間性のなかに見出す。時間性はだが同時に、現存在が『時間内』存在者なりやまたいかにして、等はさておいて、現存在自身の時間的存在様式にほかならぬ歴史性 Geschichtlichkeit を、可能ならしめる制約である。歴史性という規定は、人が歴史（世界史的生起《ヴェルトゲシヒトリヘス・ゲシェーエン》）と呼ぶものよりも先にある。歴史性とは、『生起 Geschehen』という、現存在の存在構えそのものを指すのであって、この生起《ゲシェーエン》に基づいてこそはじめて、『世界歴史《ヴェルトゲシヒテ》』というようなものも、また〔生起的にすなわち〕歴史的《ゲシヒトリヒ》に〔世界生起すなわち〕世界歴史に属するというようなことも、可能とはなるのである。現存在は、〔たんなる言葉やイデーとしての存在ではなく、おのれ自身の実現事実として現に存在せる〕彼の現事実的[四五]〔既然的〕存在においてはそのつど、彼が既に存在した様に存在し、また彼が既にそれで在った『ところのもの』で在る。表明的意識的《アウスドウリユクリヒ》か否かはともかく、現存在は彼の過　去《フエルガンゲンハイト》で在る〔現存在は既在存在する〕。それもたんに、現存在にとってはその過去が、いわば彼の『うしろ』からいつも推しよせてきており、そして彼も過ぎ去りしことどもをなお前在的《フオールハンデン》〔眼前的〕性質として保持しているので、これが時として彼にあとまでも作用を及ぼすという、ただそれだけのことではない。現存在《ダーザイン》が彼の過去で『在る《イスト》』というのは、彼の存在《ザイン》が、大まかに言って、そのつど彼の将来《ツークンフト》から『生起する　geschiet』という彼の存在仕様《ありかた》によるのである。〔現に在りつつかつ既に過去で在りつつ在るのは、将に在るの方から在らしめられている、（第六五節、参照）〕そのつど自分流儀の存在可能仕様《ありえかた》を為しながらまたしたがって自分のものなる存在了解性《あるのわかり》を持しながらも現存在は、ひとつの継承された現存在解釈《アウス》のなかへと育ち入りまたそのなかで育ち上っているのである。該解釈から現存在は自身を、先ず、また一定の範囲内では不断に、了解しているのである。この了解性が彼の存在の諸可能性を開示しまたそれらを規整するのである。現存在自身のものなる過去〔フェルガンゲンハイト、過ぎ去り行き〕は――ということはつねに彼の『世代』のそれを意味するが――現存在に後続する folgt dem Dasein nach のではなくて、彼に先行する geht ihm vorweg のである。

現存在のこの基本的歴史性は現存在自身にとっては隠蔽されていることもある。だが該歴史性は、なんらかのやり方で発見せられ、そして養育されることもありうる。現存在は伝統を発見し、保護し、またそれに表明的《ことさら》に専念追随しうるものである。伝統の発見、伝統が『引渡す』ものとその引渡し方との開示、ふたつはそれぞれ独立の課題として採りあげられうる。現存在はかくして、歴史学的《ヒストーリッシュ》に、問いかつ究めるという存在様式《ありよう》をとるにいたる。歴史学《ヒストーリエ》――より精確には歴史学性《ヒストリチテート》〔歴史学的問い究め〕――はしかし、問うという現存在の存在様式としてのみ可能なのである、なぜなら、問うておる現存在がその存在の根本において歴史性《ゲシヒトリヒカイト》により規定されているからである。歴史性が現存在にとって隠蔽されているとすれば、また然る間は、歴史学的問いと歴史発見との可能性も彼にとってはこばまれている。歴史学の欠如は、現存在が歴史的である事〔彼の歴史性〕に対する反証ではなく、この存在構え〔歴史性〕の衰退《おとろえ》様態なのであって、むしろその事を証するものである。一時代が非歴史《ウンヒストー》学的《リッシュ》であるというのは、その時代が『歴史的』であるからにほかならない。

他方また現存在が、おのれのうちに存する可能性を、それもただおのれの実存をおのれに洞見させるという可能性のみならず、実存性そのものの意味如何を、すなわち先ずもってそもそもの存在の意味如何を問うという可能性をもつかんだとすれば、かつまたかかる問いにおいて現存在の本質的歴史性に対する視見《ブリク》が開けたとすれば、例の存在的‐存在論的必然性について示されていたあの存在如何の問いはそれ自身歴史性によって性格づけられている、という洞察に達するのは必然のことである。そこで存在問題の精練確立は、その問い自身歴史的なものだという最も固有な存在意味よりして、存在問題そのものの歴史を問うべしという、すなわち歴史学的に成るべしという指図を受けとることとなり、かくして過去を積極的にわがものとすることにより最も固有な問題可能性を全面的に領有しうるにいたるのである。存在の意味如何の問題は、それ自身に属する遂行様式にしたがって、すなわち先ずもって現存在をその時間性と歴史性とにおいて解明すべきものとして、自身を歴史学的な問題として了解すべき域にまで、それみずからで達しているのである。

現存在の身辺的で平均的な存在様式――この在り方で彼は先ず歴史的にも存在しているのであるが――の点より見た彼の基礎的諸構造の、予備的解釈は、いっぽう次の事をも明らかにするであろう、すなわち、現存在は彼がその内に存在せる彼の世界へと頽落しかつ反射的にこの世界をもととしてそこから自己を解釈するという傾向をもつのみならず、この事と相まって現存在はまた、彼が多少とも顕然とつかんでいる伝統にも頽落しているという事、これである。この伝統は現存在から、自己指導や、問うたり選んだりする作用を奪い去る。この事はまた、現存在の最も固有な存在に根をおろしているような了解性とこれの育成〔すなわち解釈〕可能性に関しても、すなわち存在論的な面についても、大いに言われうることである。

そのさい支配をふるうにいたる伝統は「先ず大抵《ツネーヒスト・ウント・ツマイスト》（日常底）」は、それが『引渡す』ところのものに近づかしめるどころか、むしろこれを隠蔽するとしたものである。伝統は、継承されたものを自明性へと引渡しそして、継承された諸範疇や諸概念が一部分は真正なやり方でそこから汲み出されてきたところの根源的『源泉』にいたる通路《ツーガング》を塞いでしまう。のみならず伝統なるものは、第一そうした由来について忘却せしめるものである。そうした遡行が必要なのだとする了解をすら、伝統は不要のものだと教えこむ。伝統が現存在の歴史性を根こぎにしておるのであって、その程度たるや、現存在はもはやただ、最遠隔にして最無縁なる諸文化のなかに哲学思索の可能なる諸種の典型・方向・立脚点の多姿多様性を見んとする興味においてしかみずから動こうとせず、しかもかかる興味をもって彼自身の無地盤性〔根こぎ〕を隠蔽せんとしておる程である。かくて、現存在はあらゆる歴史学的興味と、文献学上『事象的』な解釈に対するあらゆる熱中にもかかわらず、過去の生産的獲得同化という意味においてのみ言われうる過去への積極的遡行なるものを可能にする最も基本的な条件をもはや了解しない、という結果が招来されるのである。

存在の意味如何の問いは、ただに未解決であるのみならず、ただに十分提起されていないのみならず、『形而上学』に対するあらゆる興味にもかかわらず忘却せられたのだということが、開巻冒頭（第一節）で示されていた。ギリシャ存在論および、さまざまな親子関係と迂余曲折を経て今日なお哲学の概念性《つかみかた》を決定しているその歴史とが、現存在が自己自身をもそもそもの存在をも『世界』の方をもととしてそこから了解するという事や、またかくのごとくにして生長した存在論が衰亡して伝統に脱し、しかもその伝統が存在論を自明のことにまで下落させたり、また（ヘーゲルにおいて然るがごとく）たんに新たに改修を要すべき素材にまで零落させたりしている事の、証拠なのである。この根こぎにされた〔かく存在の意味を問うという自己の根著地盤を遊離した、宙に浮いた〕ギリシャ存在論が、中世にいたっては教義を確立させることともなる。該存在論の組織法は、継承された諸断片をひとつの構築にまで組立てるということとはおよそ別箇のことであって、存在に関するギリシャ的根本諸見解の教義的《ドグマーティシュ》・独断的引継ぎという範囲内では、この組織法にとってはまだ採りあげられないで今後にもち越されねばならない多くの仕事が存するのであった。かくしてスコラ的刻印を打たれつつギリシャ存在論は、本質的な点では、中途スワーレスの形而上学的諸論究 Disputationes metaphysicae を経て近世の『形而上学』および先験哲学へと移行し、さらにヘーゲルの『論理学』の基礎と目標をも規定するのである。かかる歴史の経過中に規定せられた特筆すべき存在諸区域が視見《ブリック》に入り、そしてそれ等が以来第一に問題系《プロブレマーティク》（四六）を（すなわちデカルトの「我は思惟する ego cogito」、主観・主体、自我、理性、精神、人格等を）導いて行くかぎり、これ等は、これ等が在《あ》るというその存在《あり》とその存在《あり》の構造とに関しては、存在問題《ありのとい》一般に対する怠慢に呼応して、依然として不問に付されているのである。むしろ、伝統的存在論の範疇的存立は、それに応じた諸種の形式化やもっぱら消極的な諸限定をともなってこの存在者〔自我とか主観〕に転移せられるか、さもなければ主観の実体性を存在論的に解釈せんとする意図のもとに弁証法が援用せられることになるのである。

存在問題そのもののために、その問題自身の歴史の洞見《みとおし》が獲られねばならないとすれば、硬化した伝統の解きほごしと伝統が熟せしめたさまざまな遮蔽物の取りのけとを必要とする。この課題をばわれわれは、存在に関する最初にしてまた以来先導的な諸規定がそのなかで獲られていた当の根源的諸経験に至らんがために、存在問題を手引として行われるところの、古代存在論の伝承的存立の破壊、として了解する。

存在論的根本諸概念の由来を右のごとくにして証示するということは、それらのためにそれらの『出生証書』を探究して起草してやることであるから、存在論的立脚諸点の悪しき相対化とはなんの関わりもない。右の破壊とは、存在論的伝統を振り棄てるというような否定的意味をもつものでもない。破壊は反対に、伝統をばその肯定的諸可能性において、ということはつねにその限界において、画定すべきものであって、この限界は、そのつどの問題提起と、またこれにより予め画されている可能なる探究分野の限定とによって、現事実上与えられているのである。破壊は、過去に対して否定的態度に出るのではなく、その論難《クリティーク》が向けられるのは、『今日』に対してであり、かつ、学説誌的《ドクソグラーフイシュ》であれ精神史的であれ問題史的であれ、存在論の歴史の支配的取扱様式に対してである。こうした破壊は、過去を無効として葬り去るものではなく、肯定的な意図をそれはもつ。それの否定的なはたらきは、非表明的で間接的たるにとどまる。

存在問題の原則的精練確立を目標とするこの論文の枠内では、〔存在〕問題提起にこそ本質的に属しておりかつこの内部でのみ可能でもあるところの、存在論史の破壊ということは、その歴史を原則的に決定しているような幾つかの駅次〔カント図式論、デカルト『cogito sum』、アリストテレス時間論〕に対してしか遂行せられえない。

破壊の肯定的傾向にしたがって、まず最初に、存在論の歴史の経過において、そもそも存在の解釈が時間の現象と主題的に接合せられたか何うかとまたその程度の如何、およびこのために必要な時性の問題系が原則的に露呈せられたか何うかとまた露呈可能であったか何うか、これらの問いが提起されなければならない。探究途上の一行程を時性の次元の方向へとみずから進んだところの、ないしは現象自体に強いられてよぎなくその方向へと逐いやられたところの、最初にして唯一の人はカントである。時性の問題系がいったん確立をみたあかつきは、図式論の暗がりに光を投ずるということも成功するであろう。そのときはこの方途によってまた、なにゆえにカントにとってはこの領域が、それのもつ、本来の諸次元と中心的な存在論的役割との点で、依然として閉されていざるをえなかったかということも示されうるのである。カント自身、彼が暗い一領域のなかへとあえて踏みこんだことを知っていた、すなわち『諸現象とそれらのたんなる形式とに関するわれわれの悟性のこの図式性〔言い換えれば「時性」〕は、人間の心の奥底に秘められている一種の術《クンスト》であって、この秘術〔時性〕の真の操縦をわれわれがいつの日か自然から読みとってこれを包まず公開するということは到底できないであろう。[1]』と。もしも『存在《ある》 Sein』という表現が、なにごとかを明らかならしめうる意味を有するとすれば、カントをしてここでいわば身を退《ひ》かしめている当のもの〔時性〕こそ、主題的かつ原則的に明らめられねばならない。結局のところ、後続の分析において『時性』という名称のもとに明示される諸現象こそ、『通俗的理性』の最も内密の諸判断なのであり、これらの分析論をカントは、『哲学者らの仕事』だとしているのである。

(1) 純粋理性批判、第二版、一八〇頁および次頁。

時性の問題系を手引とする破壊の課題を追究しつつ後続の論文〔予定せられていた第二部第一篇〕では、図式性の章と、そこから発してカントの時間論とを、解釈しようとする。これと同時にまた、なにゆえにカントには時性の問題系への洞察が終始こばまれねばならなかったかも示される。二つの事がこの洞察をさまたげたと言いうる。一つには、存在問題一般の怠慢と、これが然らしめるところの、現存在を主題とする存在論の欠如、カント的に言えば、主観の主観性の先行的な存在論的分析論の欠如である。これに代えるにカントは、あらゆる重要な形成の促進にもかかわらず独断的にデカルトの見地を引受ける。二つには、彼の時間の分析は、この〔時間という〕現象を主観のなかへとり戻したにもかかわらず、相変らず伝承された通俗的時間了解性に定位しており、この事がカントをしてついに、『先験的な時間規定』の現象を、その現象特有の構造と機能とにおいて露呈することをさまたげるにいたったのである。伝統の及ぼすかかる二重の余波をこうむって、時間と『我は思惟す Ich denke』との決定的な連関は、完全な暗闇におおわれたまま、問題とすら成ることがない。

　デカルトの存在論的見地を引受けることによりカントは、ひとつの重大な怠慢を犯したことになる。すなわち現存在の存在論の怠慢をである。この怠慢は、デカルトに最固有な傾向を意味するものとして、決定的怠慢といわねばならない。『われ思惟すわれ在り cogito sum』をもってデカルトは、哲学にひとつの新たにして確実な地盤を据えようとする要求をもつ。ところが彼がこの『根本的《ラデイカール》』な発足にもかかわらずそのさい無規定のままに放って置いたのが、「思惟を為す事物《もの》・思惟者 res cogitans」の存在様式、より精確に言えば、『われ在り』の「在り」の意味である。『われ思惟すわれ在り』の存在論上不明瞭な基礎を露呈することは、存在論史をたどる破壊的遡行途上、第二の駅次に滞在することになる。解釈はここで、デカルトがそもそも存在問題を怠慢にせざるをえなかったという証拠を提出するにとどまらず、またなにゆえに彼が、「われ思惟す《コーギトー》」という絶対的『確実存在《たしかなり》』をもって、この存在者〔思惟者〕の存在如何を問うの要なしとする見解にいたったかという事をも示す。

　ところがデカルトにとっては、かかる怠慢に、またそれと相まって、「思惟を為す事物《もの》・思惟者」が「思考」であるのか「心」であるのか res cogitans sive mens sive animus という存在論上全くの無規定に、止まっているだけが能ではない。デカルトは彼の『省察』の基礎的諸観察をば、彼により不動の基礎 fundamentum inconcussum として始設(四七)せられた存在者〔思惟者〕への中世存在論の転移という方途において成しとげる。「思惟を為す事物《もの》」は存在論上、存在者 ens として規定せられる、しかもこの存在者《エンス》の存在意味は、中世存在論にとっては、この存在者《エンス》をば「造られた〔被造的〕存在者 ens creatum」だと解することにより確定されているのである。「無限〔定〕なる存在者 ens infinitum」としての神は「造られていない〔非被造的〕存在者 ens increatum」である。何物にせよそれが造り出されてあるのだという最広義での被造性は、古代の存在概念を構成するひとつの重要な契機である。〔デカルトによる近世的〕哲学思索の一見新たなる開始は、その実、非運なる偏見の扶植たることを暴露するが、この偏見によって次の時代は、存在問題を手引とする『情意 Gemüt』の主題的な存在論的分析論を怠ると同時に、またその分析論をして、継承された古代存在論との批判的対決たらしめることをも怠ったのである。

　デカルトが中世スコラ学に『依存して』おりまたその学の術語を使用するという事は、中世を識る者のだれもが認めているところである。しかしこの『発見』をもってしては、「思惟を為す事物《もの》」の存在論的な規定ないし不規定におよぼす中世存在論のこの影響が後の時代に対してどれ程の原則的射程を有するかが依然として不明である間は、哲学的にはなにものも獲られてはいない。この射程は、存在問題に定位することにより古代存在論の意味と限界とがあらかじめ呈示されていてこそ、はじめて商量されうるのである。言い換えれば、あの破壊は、古代存在論の地盤を時性の問題性のはなつ光のなかで解釈しようとする課題に直面するのである。そのさい明らかとなる事は、存在者の存在についての古代の解釈は、最広義における『世界』ないしは『自然』に定位しているという事、および該解釈はじじつまた『時間』からする存在の了解《わかり》性を獲ているという事である。これを証する外面的記録としては——ただしもちろんそれまでのものにすぎないが——存在論的‐時的に『臨在性、現在そこに臨場して在ること Anwesenheit』を意味するところの「παρουσία 臨在《パルーシア》・現に在り・現在」ないし「οὐσία 真現《ウー》実存《シア》在」としての存在の意味規定である。存在者はみな、彼が存在するという点では、『臨在性《アンヴェーゼンハイト》〔現に在ること〕』(四八)として解されている、すなわち彼は一定の時間様態に、『現在 Gegenwart』(四九)に、かんがみて了解されているのである。

ギリシャ存在論の問題系は、あらゆる存在論のそれと同じく、その手引を現存在そのものから入手しなければならない。現存在すなわち人間の存在は、通俗的ならびに哲学的『定義』においても同じく、「言葉《ロゴス》をもてる動物 ζῷον λόγον ἔχον」、語りうるということによりその存在が本質的に規定されているような生き物、として限定されている。語るということ das λέγειν (第七節、B、参照)は、話し掛けたり談じ合ったり(五〇)しているときに出会われる存在者の存在構造を獲んがための手引である。だからこそプラトンのもとで育成される古代存在論は『弁証法、討論術、対話体 Dialektik』と成るのである。この「語る《レゲイン》」という存在論的手引そのものの精練《ねり》が進むにつれ、すなわち言葉《ロゴス》の『解釈学 Hermeneutik』とともに、存在問題をもっと根底から説述せんとする可能性が生ずる。かの『弁証法』は、しんの哲学的難物《もてあまし》であったが、〔もはや〕余計なものとなる。だからアリストテレスは弁証法には『もはやなんの了解も』なかった、というのは彼は弁証法を、ひとつのより根底的な地盤の上に置いて止揚してしまったからである。語る《レゲイン》ことそのことないしは「認知するということ das νοεῖν」は――眼の前に前在性《フォールハンデンハイト》(五一)のままにすなおに知覚することであって、このことをすでにパルメニデスはとりあげて存在を解釈するための導きの綱としたが――或物を純粋に『現前する〔現在化する〕Gegenwärtigen』という時的《テンポラール》な構造をもつ。その者においてその者なることを在りのまま現わしかくて本来《ほんとう》の存在者だと了解される存在者はしたがって――「Gegen-wart〔(その者に)対し-向けられおる、対-向《ゲーゲン-ヴァルト》、すなわち〕現-在」(五二)にかんがみて解釈せられている、すなわち彼は臨在性《アンヴェーゼンハイト》(五三)(真に現に在る)《ウーシア》として理解せられている。

このギリシャ的存在解釈はしかし、そのさい役目をつとめているあの手引に関してはなんらはっきりとしたわきまえもなく、すなわち、〔現に在る、現在、をその様態としてふくむ〕時間のもつ基礎的な存在論的役目という点についてはその見識どころかその了解性《わかり》すらなく、またかかる役目の可能なるべき根拠《わけ》を察知することもなしに、行われているのである。むしろ反対に、時間《とき》そのものが他の存在者中の一存在者として受けとられ、したがって時間そのものに関しても、時間《とき》に暗に素朴に定位せる存在了解性《あるのわかり》の地平から時間の存在構造を捕えようとしているのである。

引続いて、存在問題を原則的に精練しようとする枠内〔予告せられていた第二部第三篇〕では、古代存在論の諸基礎に関する――なかんずくアリストテレスのもとでとげられた該存在論の学的に最高至純な段階に関する――詳細な時的解釈は告げられることができない。その代り、存在に関する古代の学問の基礎と限界との識別点

Diskrimen ともみなされうるところの、アリストテレスの時間論文(1)に関する解釈が与えられる。

時間に関するアリストテレスの論文は、時間現象に関しわれわれに伝承されている最初の詳説的解釈である。その論文は後続のすべての時間見解を――ベルグソンのそれをも含めて――本質的に規定したのである。アリストテレスの時間概念を分析することから、同時にひるがえって明らかとなる事は、カントの時間見解もアリストテレスによって明示された諸構造のなかで躍動しているという事であり、この事は、カントの存在論的根本定位が――ひとつの新しい問題を投じたという全面的相違にもかかわらず――依然としてギリシャ的定位にとどまっている事を意味する。

存在論的伝承の破壊が遂行せられてこそはじめて、存在問題はその真の具体化を獲るのである。これを獲ることにより存在問題はみずから、存在の意味如何の問いの不可欠性《ウンウムゲングリヒカイト》を十二分に証明することができ、またかくしてこの問いを『繰返す』という題目の意味をも明かすことになるのである。

〔在るを問うという〕この領野においては、『事がらそのものが深く包み隠されている(2)』のだから、いかなる探究もその成果についてみずから買いかぶるようなことはないであろう。なぜなら、かくのごとき問いは、『在る』とは何を意味するのかという問題に対する解答が汲み出されそうな一層根源的で一層一般的な地平を開示しうる可能性に直面しようと、たえずみずからつとめるからである。こうした可能性に関しては、一般にまず、存在如何の問いがふたたび覚醒され、そうして統制のとれた論議の領野が獲られた《ゲヴォンネン》ときにのみ、真面目に、そうして積極的収穫《ゲヴィン》をともなって、討議されうるのである。

（1）　自然学、Δ 10, 217, b 29—14, 224, a 17.

（2）カント、純粋理性批判、第二版、一二一頁。

第七節　探究の現象学的方法

探究の主題的対象（存在者の存在、ないしはそもそもの存在意味）の予備的性格づけをもって、すでにまた探究の方法も予描されているように見える。存在者と存在との識別、およびこの存在そのものの解明、これが存在論の課題である。また、存在論の方法は、歴史的に伝承された存在諸論や同様の試論に助言をあおごうとするかぎり、極度に疑わしいものといわねばならない。存在論という術語は、当探究では形式上広い意味に用いられているのであるから、存在論の歴史を追究することによって存在論の方法を闡明するというやり方は、またおのずから禁じられねばならない。

存在論という術語を用いたからといって、べつに、自余の諸分科との連関にあるような一定の哲学的一分科を標榜しているわけではない。予め与えられている一分科のもつ課題では、だいいち、満足されうべくもない。むしろ反対であって、分科なるものはあらゆるばあい、一定の問題の事象的必然性と、『事象そのもの』から要求された取扱様式とをもととして、形成されるのである。

存在の意味如何を指導的問題とすることにより当探究は、哲学一般の基礎的問題を固持する。この問題の取扱様式は現象学的なそれ die phänomenologische である。このことによって当論文は、一つの『立脚点』にも一つの『方向』にも身をゆだねることはできない、というのは現象学は、その学にして自己みずからをわきまえているかぎり、両者のいずれでもなくまたそのいずれにも成りえないからである。『現象学』という語は、何よりも先ず、ひとつの方法概念 Methodenbegriff を意味する。この方法概念によって明らかにせられるのは、哲学的研究対象の、事象含有的な何か Was という性格ではなくて、それの如何に Wie という性格である。方法概念が、いよいよ本来の面目を発揮しそして一科学への原則的指導をより包括的に行えばおこなうほど、該概念は、いよいよ根源的に事象そのものとの直談《じきだん》に根ざしており、技術的操法なるものからは相去ることいよいよ遠いといわねばならない。そういう操法が理論的諸分科のうちにも数かず見うけられるのであるが。

『現象学』という名称はそれゆえ、『事象そのものへ！』という法式で示されうるひとつの格率を表明している、――一切の宙に浮いた構成や偶然の発見とは違って、証示されたと見えるにすぎぬ概念の引受とは違って、幾世代を通じてしばしばひとかどの『問題』だと振れ込んでいる偽問題とは違って。だがそんな格率なら、あまりにも自明なるのみならず実にあらゆる科学的認識原理の一表現ではないか――と人は返報しもしよう。しかし人は、なにゆえにこの自明性〔右の格率〕がことさらに一研究を表示する名称として採用されねばならぬかを洞察しない。問題はじじつ、『自明性』ということに存するのであって、このことをわれわれは、当論文の前途《フォールゲーエン》を照らすのに必要とおもわれる範囲内で、さらに明らかにしようと思う。われわれは現象学の予備概念《フォールベグリフ》を開展するにとどめる。

現象学 Phänomenologie という語は二つの部分から成っている、すなわち現象《フェノメーン》と学《ロゴス》とであって、二つはギリシャ語の両術語、φαινόμενον《ファイノメノン》 und《と》 λόγος《ロゴス》、にまで遡る。外見からすれば現象学《フェノメノ・ロギー》という名称は、神学《テオ・ロギー》、生物学《ビオ・ロギー》、社会学《ゾチオ・ロギー》というのと同じ造語法によっており、これらの名前はそれぞれ、神《ゴット》の・生命《レーベン》の・共同社会《ゲマインシャフト》の・学《ヴイセンシャフト》、と訳される。この伝でゆけば現象学は、現象の学 die Wissenschaft von den Phänomenen とでもいわれえよう。現象学の予備概念は、当名称の成立両部分たる『現象』《フェノメーン》と『学』《ロゴス》とが何んのことをさしているのかという性格づけと、両部分の結合から成る名前の意味を確立することとによって呈示されねばならない。ヴォルフ学派に端を発したと思われるこの語自身の歴史は、ここでは重要でない。

A. 現象の概念

『現象 Phänomen』という術語の語源たるギリシャ語の φαινόμενον は、φαίνεσθαι という動詞から由来し、これは「自身を現わす・現われる sich zeigen」という意味である。それゆえ φαινόμενον〔という名詞〕は、「自身を現わす者・みずから現われる者・自己示現者、露現せる者」を意味する。φαίνεσθαι〔という動詞〕の方は、「白日のもとに曝す・明るみに出す・曝露する」という意の〔動詞〕φαίνω《ファイノー》の、中動態の形(五四)であって、φαίνω《ファイノー》に属する語幹 φα-《ファ》は、そのなかでこそ或物が露現し、その物自身に即して見取されうる「光・明るみ、φῶς《フォース》」に等しい。それゆえに『現象』という語義に関しては、「即自己自身的自己示現者〔すなわち自身をば、自身以外のものによって仮象することなく、自身に即し、在るがまま、みずから示現する者〕das Sich-an-ihm-selbst-zeigen-de」、「露現者 das Offenbare」という意義を固持しなければならない。die φαινόμενα《ファイノメナ》すなわち『Phänomene 諸現象』とはしからば、白日のもとに曝されているもの、または明るみにもち出されうるもの、ギリシャ人らがともすれば単純に τὰ ὄντα《ダス・ザイエンデ》(存在者〔ここでは「もの・事物」というほどの意〕)と同一視していたものの総体のことである。ところで、存在者《ザイエンデス》はおしなべて、彼への接近様式の如何に応じて種々異った仕様で、自身をば彼自身の方から示現しうるものである。それどころか、存在者は、彼が彼自身に即してはそんな者ではない様《よう》な者として自己を示現する、という可能性すら成立つ。この様《よう》な自己示現を成せる存在者は、『・・・云云・・・の様《よう》に見えている』、のである。こういう自己示現をわれわれは「らしく見える・仮象する Scheinen」と呼んでいる。ギリシャ語においても φαινόμενον《ファイノメノン》 すなわち現象という語は、「の様に見えるもの」、『外見的・仮象的なもの das Scheinbare』、『外見・仮象 der Schein』という意義をもつ。〔例えば〕「φαινόμενον《ファイノメノン》 ἀγαθόν《アガトン》, 善き現象《ファイノメノン》・外見」とは、一見〔善〕の様《よう》に見えはするが――『実際は』申立てられているそれとは似てもにつかぬような一種の善〔偽善〕のことを指す。現象概念の了解をさらに進めんがためには一切は、現象《ファイノメノン》の両義として指摘せられたこと（自己示現者『現象』と仮象『現象』）がその構造上相方いかに関連しているかを見取《ゼーエン》することにかかっている。およそ或物が、自分の意味は、自己示現という、すなわち現象であるという点にあるのだと主張するかぎりにおいてのみ、その物はまた、彼がそれではないものとして示現され得もするし、『・・・の様に見えるだけ』でもあり得るのである。現象《ファイノメノン》（『仮象《シャイン》』）という意義のうちにはすでに、根源的な意義（現象《フエノメーン》すなわち露現者《ダス・オフエンバーレ》）が、第二義を基づけるものとして、ともに含まれている。われわれは術語上、『現象《フエノメーン》』という名称には、現象《ファイノメノン》のもつ積極的で根源的な意義を振りあて、そして現象《フエノメーン》の欠如的変様としての仮象《シャイン》から、現象《フエノメーン》を区別する。だがこの両術語が表示するものは、さしあたり、いわゆる『あらわれ Erscheinung』とか『単なるあらわれ bloße Erscheinung』と呼ばれているものとは、全然無関係である。

いわゆる『病気のあらわれ・症候 Krankheitserscheinungen』と言われているのがそれである。ここでは肉体上の出来事が指されているが、その出来事は、自らを示現しており、したがって自己示現者ではあるがその示現においては、自らを示現しない何ごとかを、『暗示している indizieren』のである。こうした出来事の出現、すなわちその自己示現は、なんらかの障害の前在《あること》を伴っているが、障害そのものは自らを示現しない。「あらわ《エルシャイヌ》れ《ング》」は、『何ごとかの』あらわれ〔すなわち表われ〕としては、かならずしも、自己みずからを示現することではない、むしろ、自己を示現しない何ごとかを、自己を示現する或ることによって、届け出ることである。「あらわ《エルシャ》れる《イネン》」ということは、「自己を示現しない」ということである。この『ない』はだがけっして、さきの仮象《シャイン》の構造を規定している欠如的《プリヴァティーフ》な「ない」と混同してはならない。「あらわれるもの das Erscheinende」という仕様では自己を示現しないものは、またけっして〔仮りにあらわれるすなわち〕仮象する scheinen」こともありえない。およそ暗示、表示、徴候、象徴等はみな、相互にどれほど異っていようとも、形式上よりすれば、「あらわれる Erscheinen」という上記の根本構造を有する。

『あらわれる《エルシャイネン》』ということは、現象《フエノメーン》という意味での自己示現でないことはたしかだが、「あらわれる」というからにはやはり、何ものかの自己示現に基づいてのみ可能である。とはいえ、「あらわれる」ということをかく可能にもしているこの自己示現は、「あらわれる」ということ〔表われ・表徴〕そのことではない。「あらわれる」ということは、自己を示現する或る事によって届け出ること Sich-melden である。そこでもし人が、われわれは『あらわれ《エルシャイヌング》』という語をもって、或る物が、それ自らは「あらわれ」ではなくても、或る事を成して「あらわれ《エルシャイント》〔表わされ〕ている」その事を指すのだと言うならば、これによっては、現象《フエノメーン》の概念が画定されたわけではなく、むしろ前提されているのである。しかもこの前提が依然として隠蔽されているということは、『あらわれ《エルシャイヌング》』を右のごとく規定しながらも、『あらわれる《エルシャイネン》』という語を両義に用いているからである。〔すなわち、〕或る物が、或る事を成して『あらわれ〔表わされ〕ている』というときは、その事を成して或る物が、「届け出されている《ジヒ・メルデト》」のであって、だから「自己を示現してはいない《ジヒ・ニヒト・ツァイクト》」、ということを意味する。また、『それ自らは〝あらわれ〟ではなくても』というときには、その「あらわれ」は、「自己示現」の意味に用いられている。だがこの自己示現は、その事を成して或る物が届け出されている『当の〔届け〕事』に、本質的に属している。現象《フエノメーネ》はしたがってけっして「あらわれ《エルシャイヌンゲン》」ではない、ただしあらゆる「あらわれ」は現象に依拠する。人あって現象《フエノメーン》をば、こともあろうに『あらわれ』などという不分明な概念の助けをかりて定義するとすれば、万事は逆立ちを呈し、またそんな立ち方で為される現象学の『批判』なるものが、世にも珍らしい暴挙となるのは言うまでもない。

『あらわれ』という語はそれみずから、さらにまた二重の意義を表わしうる、すなわち、或るときは、「自らは示現しない」が「届け出られている」という意味で「あらわれている」ことを指すのかとおもえば、また或るときは、「自らを示現しない或る物」を自らを示現して告げている——その〔告げごと〕届け出自体を指すこともある。そうしてさいごには、「あらわれる《エルシャイネン》」ということは、自己示現《ジヒ・ツァイゲン》という、現象《フエノメーン》の真意義を、表わす名称として用いられもする。こうした別箇の三事態が『あらわれ《エルシャイヌング》』という語で表示されるとすれば、混乱は避けがたいといわねばならない。

混乱はだが、『あらわれ』がなおもひとつの別義を採るとき、著しく増大する。もし人が、露現しない者を自分自ら現われ出て告げるというその〔告げごと〕届け出をば、それ自ら露現しない者が呈する光景であり、この者より発する射光だと解し、しかも、露現しない者たるや断じて露現しないことをその本質とすると考えているとすれば——そのときは「あらわれ」とは、「惹起《ひきおこし》ないしは惹起事態《ひきおこされたこと》」と同義となるが、惹起事態はしかし、惹起者《ひきおこすもの》の〔ように〕自己本来的〔に〕存在〔しているの〕ではないから、それは、『単なる現象《あらわれ》』という意味での「あらわれ」

である。惹き起された届け出は、もちろんそれ自ら現われ出てはいるが、しかも、その届け出は、それが届け出ている何物かの射光として、むしろその何物かを、まさにかく届け出るということ自体において、つねに隠蔽することになる。しかし、かく隠蔽して現わさないということはまた、〔歪曲して現わすということ〕仮象《シャイン》ともちがう。カントは「現象《あらわれ》 Erscheinung」という術語を、こうした繋ぎ合せにおいて用いる。彼によれば「現象《あらわれ》」は、『経験的直観の対象』、すなわち該直観のうちに自己を示現する者である。この自己示現者（真の根源的意味での現象《フエノメーン》）がまた同時に、「現象《あらわれ》」のうちに自己を隠蔽している何物かの発する届け出的射光としての、『現象《あらわれ》』なのである。

ひとつの自己示現者によって届け出されていることを意味する『あらわれ《エルシャイヌング》』は、ひとつの現象《フエノメーン》によって構成されているのであるが、この現象《フエノメーン》が消極的には仮象《シャイン》にまで変様することもある以上、「あらわれ《エルシャイヌング》」もまた「単なる仮象」となりうる。一定の照明のもとでは誰しも、彼が紅い頬をしている様にも見えるし、この紅さの現われは熱がある届出《しらせ》とも思われようし、このことはさらに、身体の故障を暗示することにもなろう。

現象 Phänomen ——「即自己自身的自己示現 das-sich-an-ihm-selbst-zeigen」——は、或る物の最も優顕な出会様式を意味する。「あらわれ Erscheinung」はこれに反して、存在者そのものにおける存在的な指示関係〔すなわち存在者そのものがどの様に在るかに関する指示〕を意味する、だからこの指示者（届け出・告げごと）がその役目を果しうるのはもちろん、彼が、即自己自身的に自己を示現するときにのみ、すなわち『現象』であるときにのみ、可能である。「あらわれ《エルシャイヌング》」と仮象《シャイン》とは、ともに現象《フエノメーン》に基づいているが、ただその基づき方を異にする。「現象 Phänomen」、「仮象 Schein」、「あらわれ Erscheinung」、「単なるあらわれ bloße Erscheinung」というような様ざまな名称で呼ばれている『様ざまな現象 Phänomene』の混乱した多様性は、最初から現象《フエノメーン》の概念が「即自己自身的自己示現者」として了解されているときにのみ、解きさばかれうるのである。

現象概念を右のように捕えたにしても、いかなる存在者が現象だと認定されるのかが無規定にとどまり、またそもそも自己示現者がそのつど、一存在者であるのか、それとも存在者の一存在性格であるのかが未決定にとどまる以上は、もっぱら形式的な現象概念だけしか獲られてはいない。だが自己示現者のもとに存在者が、それも例えばカントが意味するごとく経験的直観によって近づけるような存在者が、了解されているとすれば、形式的現象概念はそのさい、正しい適用を見たわけである。こういう用法における現象《フエノメーン》は、通俗的現象概念の意義を充すものである。この通俗的現象概念はだが、現象の現象学的概念《ベグリフ》ではない。現象学的《フエノメノローギシュ》に、現象《フエノメーン》という名のもとに、理解《ベグリフエン》せられているものを、カントの問題構成の地平に立って、具体的に説明しようとするなら、もろもろの相違点はともかくとして、およそ次のように言うことができよう、すなわち、「諸現象《あらわれ》」のうちに、換言すれば通俗的に了解された現象《フエノメーン》のうちに、そのつど先行的かつ終始同行的に、非主題的にもせよ、既に自己を示現しているものは、主題的に、自己示現にまでもたらされうるのであって、またこの「かくのごとく〔主題的〕に即自己自身的に自己を示現する者」（『直観の両形式』）が、現象学の現象なのである、と。なぜなら、カントが、空間とはそのうちになんらかの秩序が成立つ先天的場所なり、と言うとき、この言をもって彼は、事象に基づいた先験的陳述たることを要求している以上は、空間と時間とはかくのごとく〔主題的〕に自己を示現しえなければならず、すなわち両者は現象となりえなければならないこと明白だからである。

さて、自己示現者がどれほど詳しく規定されていようと、この点とは別に、今や現象学的現象概念がそもそも了解せられねばならないとすれば、このためには、形式的現象概念と、通俗的意義でのその正しい適用との、意味を洞察するということが不可欠の前提となる。――現象学の予備概念を確定するに先立ち、ロゴスの意義を画定しなければならない、かくしてこそ、現象学とはそもそも、いかなる意味で現象『の学』と言われうるのかが、明らかとなるのである。(五五)

B ロゴスの概念

ロゴスの概念は、プラトンやアリストテレスのもとでは多義である、それも、多くの意義が、ひとつの根本意義によって積極的に導かれていないで、相互に背馳するような観がある。このことは実はただ、解釈が根本意義をその第一義的内実において適切に捕ええない間だけ保たれている外観にすぎない。われわれが、「ロゴス λόγος」の根本意義は「語るということ・語り Rede」なり、と言うなら、この文字通りの飜訳は、「語り《レーデ》」そのことが何を意味するかを規定してはじめて、十分通用することになろう。ロゴスという語の後代の意義史、なかんずく後世の哲学による種々の勝手な解釈《インタ》は、ロゴス本来の、「語り」というあまりにも明明白白たる意義をたえず隠蔽する。ロゴスは『飜訳される』という事はつねに、理性、判断、概念、定義、根拠、関係等として解釈《アウス》されるという事である。だがどうして『語り』は、ロゴスがいま挙げたすべてを、それも学的言語使用の圏内で、意味するにいたるほど、かくもみずからを変様しうるのであろうか? ロゴスが陳述の意味に、また陳述の方は『判断』として、了解されるときですら、この一見正当と思われる飜訳をもってしても、基礎的意義はやはり逸しられているおそれがある、特に判断が今日言われている『判断論』というような意味に解されるときは、なおさらである。もし人が判断を『結合』とか『態度決定』(承認――否認)とかいう意味に解しているとすれば、ロゴスは、判断を意味するものではなく、いづれにしても第一義的には、判断を意味するものではない。

「語り」としてのロゴスはむしろ、δηλοῦν, すなわち「語りにおいて『語られ』ている当のものを明らかにする」こと、と同義である。アリストテレスは「語り」のもつこの機能をより確然と ἀποφαίνεσθαι(1)〔何物かを其物自身の方から自分の為に出して見せること〕として説明した。ロゴスは何物かを「見せる」(φαίνεσθαι 自分の為に見せる)のであるが、それはすなわち、語られている当の物〔対象〕を、それも、語りつつある者の為に(五六)(中動態)、ないしは互いに語り合いつつある者たちの為に、見せるのである。「語り」は、語られている当の物自身「の方から〔提出しつつ〕…、ἀπὸ…」『見せる・供覧する läßt sehen』のである。「語り」(ἀπόφανσις 提出供覧)においては、それが本物であるかぎりは、語られた何か〔言《こと》・ことがら〕は、語られる当の物〔対象〕を源としてそこから汲み出されているはずである、したがって、語るということによる伝達は、それが言った言《こと》において、それが語っている当の物〔対象〕を公開し、かくして他人をしてこれに近づくをえしむるのである。これが「ἀπόφανσις 提出供覧」としてのロゴスの構造である。『語り』でありさえすればみなこの、「提出しつつ《アウフヴァイゼンデス・》見せる《ゼーエン・ラッセン》」という意味での公開作用の、様態をとるとはかぎらない。例えば願いごとを言うこと(εὐχή)も公開はしようが、その様態を異にする。

(1) 判断論第一章―第六章。さらに形而上学 Z. 4 およびニコマコス倫理学 Z. 参照。

語る(見せる)というはたらきは、それが具体的に遂行されるときは、話す、すなわち言葉による音声的発表、という性格をとる。ロゴスは、「声である、ただし見た像をともなう声 φωνή und zwar φωνὴ μετὰ φαντασίας」である――すなわち音声的発表であるが、そのなかではつねに何物かが見られていねばならない。

また、ἀπόφανσις としてのロゴスの機能は、「何物かを提出して見せる」ということに存するがゆえにのみ、ロゴスは、「σύνθεσις〔綜〕合」という構造形式をもちうるのである。「Synthesis 綜合・綜《す》べ合せる」とはここでは、諸表象の結合や連結、心的出来事の取扱いを言うのではない、そうした結合に関しては、内なるそれが、外なる物理的なものと、いかにして一致するのかという『問題』も生じないではいないであろう。この「συν 合」は、ここでは純粋に「apophantisch 提出供覧的な〔したがって提示言明的、提言的、かくして命題的ともなりうる〕」意義をもち、或る物と或る物との合同 Beisammen において、或物を或物「として als」、見せることを意味する。

さらにまた、ロゴスとは「見せる」ということであるから、それゆえロゴスは、真《ヴァール・ザイン》であり、または偽《ファルシュ・ザイン》でありうるのである。肝心なことはだから、『一致』という意味において構成されているような真理概念は寄せつけない、ということである。この〔一致という〕理念は、「ἀλήθεια 真理」という概念における第一義的な理念ではけっしてない。「ἀληθεύειν 真理を語ること」としてロゴスが『真である《ヴァール・ザイン》』という意味は、「ἀποφαίνεσθαι 何物かをその物自身の方から当事者の為に出して見せること」としての「λέγειν 語るはたらき」において、語られている当の存在者をばその隠蔽性から取り出して、その者を非隠蔽者《かくれなきもの》として（ἀληθές 真に）見せる、「露呈する・蔽いをとりのける・発見する entdecken」ということである。同様に、『ψεύδεσθαι 欺く・不真理を語ること』〔としてロゴスが〕『偽である《ファルシュ・ザイン》』という意味は、「蔽い隠す verdecken」という意味での騙すことと同義である、すなわち、（見せるというやり方で）或る物の前へ何物かを据え置いて、或る物を何物かとして見せかけるが、或る物はそんな物ではないのである。

『真理《ヴァールハイト》』とはかくのごとき意味をもち、またロゴスとは「見せる」という一定の様態なのであるから、ロゴスはかならずしも真理の第一義的『場所《ありか》』として認定されるわけには行かない。もし人が、今日ではほとんど通例とまでなっているように、真理をば『本来より』判断に所属するものとして規定するなら、しかもこの提言に対しあまつさえアリストテレスを援用するとすれば、この援用は正しくないのみならず、なかんずくギリシャの真理概念を誤解していることになる。ギリシャ的意味において、しかも上記のロゴスよりもいっそう根源的に、『真《ヴァール》で』あるのは、「αἴσθησις 感覚」、すなわち、或る物の卒直な感官的知覚である。或る感官知覚《アイステーシス》が、そのつど自分の「ἴδια 独自対象」を、すなわち、ちょうど当アイステーシスによってのみまたそれにとってのみそのつど純生に近づかれうる存在者を目ざすかぎり、例えば視覚なら色彩を目ざすかぎり、その知覚はつねに真である。という意味は、視覚はつねに色を露呈し、聴覚はつねに音を露呈する、ということである。存在者を当の存在者たらしめている最単純な存在規定の卒直な諦視的知覚、すなわち純粋な「νοεῖν 知覚」は、最も純粋にして最も根源的な意味で『真』である――というのはそれは、もっぱら露呈・発見《エントデッケン》するのみであり、したがってけっして隠蔽《フェルデッケン》しえないからである。この νοεῖν は、けっして隠蔽しえず、けっして偽でありえない、たかだかそれは、「不知覚 Unvernehmen」、「ἀγνοεῖν 不認知・看過」でしか、卒直で適切な接近にこと欠くだけでしか、ありえない。

もはや純粋に見せるという遂行形式を有しないため、提示するにはそのつど他の何物かに頼り、したがってそのつど或る物を或る物として見せるというやり方を為すものは、この「「として」という」合同・綜合構造《ジュンテージスシュトゥルクトゥール》とともに、蔽い隠す《フェルデッケン》という可能性を、引受ける。『判断の真理』とは、ただこのような隠蔽に対する反対の場合にすぎない――すなわち、幾重にも基づけられた真理現象にすぎない。実在論も観念論も同じくギリシャ的真理概念の意味を根本的に逸しているが、この概念に発せずしてはだいいち、『イデア説 Ideenlehre』のごときものが哲学的認識でありえたという可能性を了解することはできないのである。

また、ロゴスの機能は、或る物を卒直に見せる、すなわち、存在者を「知覚・認知〔理解〕させる Vernehmenlassen」、ということに存するのであるから、ロゴスは「理性・理解力 Vernunft〔—von vernehmen, urspr. Wahrnehmen〕」をも意味しうるのである。さらにまた、ロゴスは「λέγειν 語るというはたらき」の意に用いられるのみならず、同時にそのはたらきにより「語られている当のもの λεγόμενον」すなわち「表示される物その物」の意にも用いられるし、しかも後者は、およそ行われつつあるあらゆる話し掛けや談合にとってはそのつど既に前在していてその基礎を成している「基体 ὑποκείμενον」にほかならないから、λεγόμενον としてのロゴスは、根拠《グルント》、理由・原因《ラティオ》をも意味するのである。さいごにまた、λεγόμενον としてのロゴスは、或る物として話し掛けられている者は、或る物に対するその者の関係において見取されているのであり、その者はしたがって『関係づけられている』のだと解されもするから、ロゴスは関係や比較という意味をもつのである。

『提出供覧的《アポファンティシュ》〔したがって提示言明的、提言的、命題的《アポファンティシュ》〕な語り《レーデ》』という以上の解釈をもって、ロゴスの第一次的機能を明らかにするには、十分とおもわれる。

C. 現象学の予備概念

『現象 Phänomen』と『ロゴス Logos』との解釈において提示されたものを具体的に思い浮べて見るとき、

これら両名称により指されているものの間にはひとつの内的連関の存することが目につく。現象学 Phänomenologie という言葉はギリシャ語では「λέγειν τὰ φαινόμενα 現象を語ること」と言い表わすことができるが、λέγειν とは「ἀποφαίνεσθαι 或る物をその物自身の方から出して見せること」を意味する。したがって現象学とは、ἀποφαίνεσθαι τὰ φαινόμενα, すなわち、「自己を示現する者をば、その者がその者自身の方から自己を示現するとおりに、その者自身の方から見せる」ということである。これが、みずからを現象学と名告《なの》る研究の、形式的意味である。だとすれば、さきに方式化された『事象そのものへ！』という格率以外、なにごとも表白されてはいない。

現象学《フェノメノ・ロギー》 Phänomenologie という名称はしたがって、〔語形はともかく〕その意味よりすれば、神学《テオ・ロギー》 Theologie 等々の称呼とはまた別箇のものである。これらの称呼は、それぞれになんらかの事象を領する当該科学の対象を名ざしている。『現象学』とは、その学の研究の対象を名ざしているのでもなく、またこの名称は、その研究が領する事象の特性を表わしているのでもない。この語はただ、この学において論じらるべき当のものの提示と取扱様式とを、何うするか、についての解明を与えるのみである。現象『の von』学〔現象『の方から』学ぶこと〕が言わんとするところは、その学が自分の対象を捕捉するには、その対象にして究明を要する点はことごとくこれを、直接の提示《アウフヴァイズング》したがって直接の〔身許〕証示《アウスヴァイズング》において、論じねばならないという事、これである。『記述的現象学 deskriptive Phänomenologie』という実は同義反復的表現も、これと同じ意味である。記述とはここでは、例えば植物形態学に類するような取扱様式をいうのではない——この〔記述という〕名称もまた、身許証示をしないような規定行為は一切これを差控えるという、一種の妨止的意味をもつのである。記述そのものの性格は、ロゴスの特殊意味であるが、『記述せらる』べき、すなわち現象《フエノメーネ》の出会様式どおりに学的に規定せらるべき物の『事象性格 Sachheit』によって、まっ先に決定されるのである。形式的現象概念の意義よりしても、通俗的なその意義よりしても、存在者が即自己自身的に自己を示現するように彼を提示しさえすればことごとくこれを現象学と呼んでも、形式的にはさしつかえないのである。

さて、形式的現象概念がその形式性を脱却して現象学的現象概念となるにはどんな点が顧慮されねばならないか、またいかにして後者は通俗的現象概念(五七)から区別されるのか？　現象学が『見せる』べきはずのものは、何であるか？　最も優顕な意味で『現象《フエノメーン》』と名づけられねばならないものは、何であるか？　おのれの本質上必然的に、表明的提示の主題たらざるをえないものは、何であるか？　明らかにそれは、「まずたいてい〔日常底《ふだん》〕」はむしろ自己を示現せぬもの、すなわち「まずたいてい」自己を示現せる者に対しては隠れているもの、だが同時に、「まずたいてい」自己を示現せる者に本質的に属し、しかもこの者の意味や根拠を成せるもの、である。

かく特別の意味で、もともと隠れて verborgen いるもの、ないしは再び隠蔽 Verdeckung のなかへと落ち戻ったもの、または『擬態して verstellt 〔置き換えられて〕』しか自己を現わさぬものは、あれやこれやの存在者ではなくて、さきの諸考察が示したように、存在者の存在である。この存在は、それが忘却されそして存在と存在意味への問いが生じないでもすむほどに、過度に隠蔽されていることがある。したがって現象《フエノメーン》と成ることを、最も優顕な意味で、すなわち彼の最も自己的な事象内実よりして要求するものを、現象学は対象として主題的に『つかんだ in den »Griff« genommen』ことになる。

現象学は、存在論の主題となるべき者への接近様式であり、またその者の身許を証示する決定様式でもある。

存在論は現象学としてのみ可能である。現象の現象学的概念は、自己示現者として、存在者の存在、その存在の意味、その存在の様ざまな変様や派生態を意味する。また「自己示現 Sichzeigen」ということは、ただ「表に現われ・表われ Erscheinen」さえすればいいというような、任意なあらわれ方をいうのではない。存在者の存在には、『その背後に』なお『あらわれ〔表面化し〕ない』何物かが存するなどということは、絶えて無いことである。

現象学の現象の『背後に』は、本質上、他の何物も存しない、だが現象と成るべきはずのものが隠れているおそれは、大いにある。かつまた、現象なるものが「まずたいてい」は与えられていないがゆえにこそ、現象学が必要なのである。隠蔽性《フェルデクトハイト》は、『現象《フェノメーン》』に対する反対概念である。

現象が隠蔽されうる様式は様ざまである。先ず現象は、そもそもそれが未だ〔蔽いをはがされ〕発見されていない unentdeckt という意味で、隠蔽されていることもありうる。こうした現象の存立に関しては、認知も不認知も存しない。次に現象は、埋没されている verschüttet こともありうる。これは、その現象が以前一旦発見されてはいたが再び隠蔽に没したことによるのである。隠蔽は完全に行われることもあるが、通常は、以前発見されたものは、たとえ仮象《シャイン》に脱するとも、なお見うるとしたものである。「ところが仮象《シャイン》のかずほど、『存在《ザイン》』がある。Wieviel Schein jedoch, soviel »Sein«.〔千差万別の仮象即千態万様の『存在』とは！〕」こういう隠蔽は、『擬態』として、最も頻繁でまた最も危険なものである、というのはここでは、欺瞞や誤導の様ざまな可能性がとくに執拗だからである。使用にたえるとはいえ、その立脚地盤が蔽われているようなそれら〔千態万様〕の存在構造とその概念とは、おそらく、一『体系』の内部ではそれらの権利を要求しもしよう。それらは、一体系中の構成的連繫に基づいているために、それ以上なんの是認を要するまでもない『明瞭な』もの、したがってまた演繹促進の出発点として用いるにたるもの、という装いを呈している。

隠蔽《フェルデクング》それ自身はまた、それが「もとからの隠れ《フェルボルゲンハイト》」ないしは埋没《フェルシュットウング》ないしは擬態《フェルシュテルング》の意味に解されようとも、さらに二重の可能性をもつ。すなわち偶然的な隠蔽と必然的なそれとであって、二つは被発見物の存立様式に基づく。根源的に汲み出された現象学的な、概念や命題にしても、伝達された陳述としては、みな退化すべき可能性のもとにある。それらはみな、空虚な了解性《わかり》によって与え継がれ、それらの地盤立脚性を失いゆき、そして宙に浮いた提題と成る。根源的には『つかみ〔扱い〕やすいもの』das ursprünglich »Griffige« が硬化してつかみ〔扱い〕にくくなる《ウングリフイヒカイト》という可能性は、現象学自身の具体的研究のうちにある。またこの研究のむつかしさはまさに、その研究をしてそれ自身に対し、積極的意味で批判的ならしめねばならない、という点にある。

現象学のもろもろの対象のなかから、まず第一番に、勝ち取られなければならないのは、現象《フェノメーン》〔すなわち即自己自身的自己示現者〕という様態《ありよう》で出会ってくる、存在《あり》と存在諸構造《ありのかまえ》との、様式《ありさま》である。この点よりして、分析の出発 Ausgang は、現象への接近 Zugang と主要隠蔽物の透過 Durchgang と同じく、自己独自の方法的保証を要求する。諸現象の、『原的 originär』にして『直観的 intuitiv』な、捕捉と解明《エクスプリカチオン》という〔現象学的〕理念は、偶然で、『直接で』、しかも迂カツな『直視 Schauen』という素朴性の反対である。

現象学の、画定された、予備概念を地盤として、いまや、『現象的 phänomenal』と『現象学的 phänomenologisch』という両術語の意義も、確定せられうる。『現象的』とは、現象という出会様式において与えられていて解明可能《エクスプリチールバール》なものを、名づける。だから右に、現象的諸構造〔すなわち現象の様態における存在と存在諸構造との出会様式云云」、と言われたのである。『現象学的』とは、提示と解明《エクスプリカチオン》との様式に属するもののすべて、および当研究において要求された概念性を構成するもののすべてを、名づける。

現象学的に了解された現象はつねにただ、存在《あり》をつくりあげているもの、のみであり、存在《あり》とはそのつど、存《ありつ》在者《つあるもの》 Seiendes の存在《あり》 Sein であるから、〔在りを蔽う遮蔽物を取払って〕存在《あり》を拓開露表《フライレーゲン》せんと目論むには、予め存在者その者を適正に持ち出すことが必要である。この者は、同じく〔適正に〕、彼に純生に《ゲヌイーン》〔はえぬきに〕所属する接近様式において、示されねばならない。かくして、通俗的現象概念は現象学上重要適切なものとなるのである。範例とするにたる存在者〔七頁をも参照〕の『現象学的』保証という予備課題は、当分析論本来の〔予てからの〕出発点として、つねにすでに、この分析論の目標によって予描・示範せられている。

事象内容の点よりすれば、現象学は存在者の存在の学——存在論である。存在論の諸課題を解説したさいに、存在論的 - 存在的に特に優れて顕わな存在者を、すなわち現存在を主題とする底の、基礎的《フンダメンタール》な、存在論の不可欠性が生じていたが、けだしこの存在論にしてはじめて、存在とはそもそも何を意味するのかという問い、この基《カル》本的《ディナール》な問題に、直面しうるのである。いずれ探究がみずから証することであろうが——現象学的記述という方法は解釈 Auslegung を意味するのである。現存在の現象学《フェノメノ・ロギー》の「ロゴス〔すなわち語り方、提示言明・提言・立言の方式、したがって解明方式〕」は、「ἑρμηνεύειν〔五八〕解釈する」という性格をもつが、解釈することによって、存在の本来的意味につき現存在自身に属する存在了解性と彼自身の存在の根本構造とが、告知せられる。現存在の現象学は、根源的語義においての Hermeneutik 解釈学であって、その義によればこの語は、解釈の仕事、という意味である。さて、存在の意味と現存在の根本構造との暴露によって、さらには現存在でない存在者に対するあらゆる存在論的探知のための地平一般が露表されるかぎりでは、この解釈学はまた同時に、あらゆる存在論的探究の可能の制約(五九)を精練確立するという意味での、『解釈学』ともなる。そしてさいごに、現存在が——実存の可能性のうちに存在する者として——他のすべての存在者に対して存在論的優位をもつかぎりでは、現存在の存在の解釈としての解釈学は、一種特別の第三の——哲学的に解すれば実存の実存性の分析論という第一番の、意味を受取ることになる。この〔さいごの〕解釈学のうちにはさらに、その学が、現存在の歴史性《ゲシヒトリヒカイト》を、歴史学《ヒストーリエ》の可《あ》能性の存在的制約《りうるじようけん》として、存在論的に精練確立するかぎりでは、歴史学的精神諸科学の方法論が、これはただ派生的意味でしか『解釈学』とは称されえないにせよ、根づいていることになる。

哲学の根本主題としての存在は存在者の類〔類概念〕ではない、しかも存在はあらゆる存在者に該当する。存在の『普遍性』はもっと高いところに求められなくてはならない。存在と存在構造とは、いかなる存在者をも、また存在者について可能なるいかなる存在的規定をも、超え出ている。存在は超越者 das transcendens そのものである。現存在の存在の超越性は、そのうちに最も極端な個別化 Individuation の可能性と必然性が存する以上、最も優越した超越性である。超越者としての存在の開示はすべて、超越論的〔先験的〕transzendental 認識である。現象学的真理（存在の開示性）は超越論的真理 veritas transcendentalis である。

存在論と現象学とは、哲学に属する諸部門中の異なった二部門ではない。両名称は、哲学そのものの特性を、対象と取扱様式とに応じて表示しているのである。哲学は——現存在の解釈学から出発するかぎり、後者は、実存の分析論として、すべての哲学的問い《ダス・フラーゲン》を導く糸の先端を、その問いが其処より発せられ entspringt またひるがえって zurückschlägt 其処をば問うている其の処〔起問即帰問の処(六〇)、現存在の存在、実存〕に結びつけたわけだから――普遍的な現象学的存在論である。

以下の諸探究は、あの『論理的研究 Logische Untersuchungen』をもって現象学を切り開いた人、E・フッセルによってすえられた地盤に立ってのみ、可能となったのである。現象学の予備概念について以上の解説が示すところでは、その学にとって本質的な点は、哲学的『方向』として現実に存する、という点にあるのではない。現実性より、さらに高いところに、可能性はある。現象学への了解は、一にその学を可能性[1]としてつかむという点にある。

（1）以下の探究が『事象そのもの』の開示において若干の進歩をみせているとすれば、それはだれよりもE・フッセルのお蔭である。彼は、著者のフライブルク遊学時代を通じて、懇切な個人的指導と、さらに未発表諸探究のきわめて自由な寄託によって、著者を、現象学的研究の多種多様な領域に親しませてくれた。

以下の分析における、用語の扱いにくさと『不美《まず》さ』、という点を顧慮すれば、一言つけ加えてもよいであろう、すなわち、存在者について物語りつつ報告するという事と、存在者を彼の存在において捕える《ファッセン》〔発表する、起草する〕という事とは、別事《べつごと》である。後の方の課題のためには、ほとんど言葉が欠けているのみならず、だいいち『文法』が無い。もし古人の、その水準においてわれらの比肩すべくもない存在分析的諸研究を引き合いに出すことがゆるされるなら、人はまずプラトンの『パルメニデス』の存在論的諸篇かアリストテレスの『形而上学』第七巻第四章をば、ツキュディデスの物語風などの一章とでも比べてみるとよい、そうすれば人は、当時のギリシャ人らに彼らの哲学者が押しつけた前代未聞のかずかずの語法語形に接するであろう。しかも力量の点で本質的に劣っているうえに、開示すべき存在領域の方は、ギリシャ人らに先に与えられていたそれより、存在論上はるかに困難であるばあいには、概念構成の面倒さと用語の生硬さは高まるであろう。

第八節　論文の構図

存在の意味如何の問いは、最も普遍的でまた最も空虚な問いである。とはいえこの問いのうちにはまた同時に、そのつどの現存在〔によって問われるということ〕への、この問い自身の最も尖鋭な個別化の可能性が存するのである。『存在』という根本概念を獲得して、そしてその概念から要求された存在論的概念性〔時間性〕とまたこれの必然的諸変様とを描き出すには、具体的手引とでもいうものが必要である。存在という概念の普遍性は、その探究の『特殊性』と背馳するものではない――すなわち、そのなかで存在了解性と可能的存在解釈《アウスレーグング》(六一)とのための地平が獲られるはずの、現存在という一特定存在者に対する特殊解釈《インタープレタチオン》(六二)の途上において、存在の概念に肉迫することをさまたげはしない。この存在者自身はだが彼自身において『歴史的《ゲシヒトリヒ》』である、したがってこの存在者に対する最も彼自身に即応した存在論的照破《ドゥルヒロイヒトゥング》は、必然的に『歴史学的《ヒストーリシェ》』解釈《インタープレタチオン》となる。

存在問題の精練確立はそこで二つの課題に分れる、これに応じて当論文の編制も二部に分たれる、すなわち

第一部　現存在《げんにあり》を解釈して時間性にいたり(六三)、かくして時間が存在《ありいかん》問題の超越論的地平であることを明らかにする課題。

第二部　時性の問題構成を手引として存在論の歴史を現象学的に破壊する課題の要綱。

第一部は三篇に分れる

一、現存在の予備的基礎分析。

二、現存在と時間性。

三、時間と存在。

第二部も同じく三つに分れる

一、時性の問題構成の前段階ともいうべき、図式性と時間とに関するカントの説。

二、デカルトの『われ思惟すわれ在り《コーギトー・スム》』の存在論的基礎と、『思惟者《レース・コーギタンス》』の問題構成にみられる中世存在論の継承。

三、古代存在論が発した現象的基盤とまたそれが達した限界とを判別せしむるに足る、アリストテレスの時間に関する論文。(六四)

第一部

時間性にもとづくとする現存在の学的解釈《インタプレタチオン》と、存在如何の問いの超越論的〔先験的〕地平としての時間の解明

第一篇　現存在の予備的基礎分析

存在如何の問いにおいて第一に「問い掛けられた者《ダス・ベフラークテ》〔問いの受け手〕」は、現存在という性格をもつ存在者である。現存在の予備的な実存論的分析論はそれみずから、一見それと平行する観ある諸探究に対して、それ独自の様式を範として予め描き出される開展と界限を必要とする（第一章）。当探究が確定した端緒《アンザッツ》を堅持しつつ、現存在を拓開してひとつの基礎構造を露表せねばならない、すなわち「世界内存在 das-In-der-Welt-sein」を（第二章）。現存在解釈にとってのこの『先天者《ダス・アプリオーリ》』は、寄せ集めてつくられた規定（六五）〔「世界-内-存在」〕ではなくて、根源的にも常住ふだんにも全一な構造《かまえ》〔「世界内存在」〕である。この構造はだが、これを構成せる〔三つの〕諸契機に対してはそれぞれちがった注目をゆるす。この構造はそのつど先行的全一者なることをふだん視見《ブリック》（六六）のうちに保全して、これら〔三〕契機を現象的に挙示対照して見ねばならない。かくして分析の対象は、みずからの世界性《ヴェルトリヒカイト》における世界〔世界の世界（本質）性〕（第三章）。共同存在および自己存在としての、「世界内存在」（第四

章）。「内存在《イン・ザイン》」そのもの（第五章）、となる。この〔全一な〕基礎構造の分析を地盤として、現存在《げんにあり》の存在についての予備的告示《さきぶれ》が可能となる。その存在《あり》の実存論的意味がゾルゲ〔慮《りょ》、関心《かかわり》〕である（第六章）。

第一章　現存在の予備的分析の課題の開展

第九節　現存在の分析論の主題

その者の分析が課題となっている当の存在者は、そのつどわれわれ自身である。この存在者の存在はそのつどわがもの je meines である。〔だから〕この存在者の存在作用《ザイン》(六七)においては、この者は自分で自分のものなる存在に態度する。〔この存在者が存在しておるということは、「彼が存在しう可きように zu seinem Sein」彼みずから態度しておることである。〕こういう存在《あり》を存在する者として彼は、「彼自身のものなる存在に seinem eigenen Sein」〔ただし旧版では「seinem eigenen Zu-sein 彼自身の在る-可きかたへ、すなわち彼自身のものなる可-在《ツー・ザイン》、可能-存在に」〕引渡されている。この存在者がそのつどみずからそれへと関わり行く(六八)〔関心する〕当のものが、存在である。現存在のこの性格描破から次の二事〔即一的両面《アイン・ドペルテス》〕が招来される、すなわち

一、この存在者の『本質』は、「彼が在りう可き点に、彼の可-在《ツー・ザイン》、可能-存在に」ある。この存在者の「何で《ヴァス・》あるか《ザイン》」(essentia 本質)は、かかることにつきそもそも語られうるものとすれば、彼の存在(existentia 可能存在作用、実存)から理解せられねばならない。このさいまさに次のような存在論的課題が示されねばならない、すなわち、われわれがこの存在者の存在のために実存 Existenz という呼び名をえらぶにしても、この名称は、「existentia 現実存在・現存」という伝承的術語が表わしている存在論的意味をもちはせずまたもつわけもない

という事、かかる existentia は存在論的には「前在存在〔眼の前に在ること〕Vorhandensein」と同義であって、こういう存在様式は、現存在という性格をもつ存在者には本質上属さないという事、これである。おこりうべき混乱は、われわれが、「existentia 現実存在」という名称の代りにつねに「前在性 Vorhandenheit」という解釈的用語を用い、また「Existenz 実存」は〔現存在の〕存在規定だからもっぱら現存在にのみ振りむけることにするなら、避けられよう。

現存在の『本質』は彼の実存にある。この存在者に即して露呈されうる諸性格はそれゆえに、斯く斯くの『外見を呈する』前在的一存在者の前在的『諸性質』ではなくて、そのつど彼にとって可能なる存在諸仕様《あるのやりかた》 die Weisen zu sein でありまたこれに尽きる。この存在者が「斯く在る Sosein」ことの一切は、まず第一に存在である。かかる存在者を呼ぶにわれわれが用いる『現存在』という名称はそれゆえに、その者の「何か Was」をば、机、家、樹と言ったぐあいに、言い表わすのではなく、存在《ある》ということの言表である。

二、この存在者が彼の存在においてそれへと関わり行く(六九)〔関心する〕当の存在とは、そのつど自分のもの《イェーマイネス》である。現存在はそれゆえに、前在者としての存在者についての一類概念の事例や見本だと解されることは、存在論上だんじてゆるされない。かかる〔前在的〕存在者にあっては、自分の存在《あること》に対しては『無関心』である、精確に吟味すれば、かかる存在者にあっては、自分の存在に対しては無関心であることも有関心であることもありえないといったぐあい『である »ist« so〔斯存《ゾー・ザイン》〕』。現存在に話しかけるばあいには、この存在者の常自〔己〕性 Jemeinigkeit という性格にしたがって、いつでも人称代名詞をそえて話されねばならない、すなわち『私は在る《イヒ・ビン》』、『君は在る《ドゥー・ビスト》』と。

さらにまた、「現存在は自分のものである」というのは、そのつどこれかあれかの存在仕様《あるのやりかた》をなしてのことである。どんな仕様で「現存在がそのつど自分のものである」のかは、現存在によってすでにつねに如何様にか決定ずみのことである。「Das Seiende, dem es in seinem Sein um dieses selbst geht, おのれの存在の内に在りながらもおのれの存在そのものを巡り出る（七〇）〔Vgl. S. 192. »über sich hinaus«〕ごとき存在者〔すなわち「内存即超存的・既在即予在的存在者」、詳言すれば「自ら存在しながらも、自分の存在そのものを相手とし、それをつかんではつかみそこね、投げ展《ひら》いては投げ出され、それを問いつつ逆にそれから問わされつつ（Vgl. S. 8. eine Rück- oder Vorbezogenheit）、それを危うくし、それを賭し、そのつどそれを挙げて、自らの存在そのものに関わり行く存在者」、さらに別言すれば「彼にとって彼の存在《ある》（や否やの一大事、在りうる）を決するのが彼自身の存在にほかならぬような存在者」〕は、彼の最も自身的《アイゲンスト》な可能性としての彼の存在に、態度する者である。現存在はそのつど自分の可能性で在る ist,（七一）〔すなわち、「可能性で存在する」のであって「…である《イスト》（一斯存《アイン・ゾー・ザイン》）」ではない。「現 - 存在する」即「可能 - 存在する」なり、〕したがって彼は、もはや単なる一前在者がその性質をもつごとくに彼の可能性を『もつ』のではない。また、現存在は本質的にそのつど彼自身の可能性で在るがゆえに、この存在者は彼の存在によって自己自身を『選び』、獲得し能うのであり、また彼は自己を失うことも、ないしは決して、または『見せかけ』としてしか、それを獲ないことも、ありうるのである。彼が自己を失ったとか未だ自己を獲得していないとかいう事はこれただ、彼が彼の本質からして自己本来者 eigentliches すなわち自己所有者でありうればこそ起りうる事である。自己本来性 Eigentlichkeit と非 - 自己本来性 Uneigentlichkeit との両存在様態は——この両語は厳密な語義において術語として選ばれているのであって——現存在がそもそも常自己性によって規定されていることに基づく。現存在の非‐自己本来性はだがべつに、『減退した』存在とか『低下した』存在程度とかを意味するのではない。非‐自己本来性は現存在を、その多忙や活気や利害や享楽力といったような、むしろ彼の最も充実した具体面において、規定するものである。

　素描された現存在の両性格、すなわちまず「essentia 何んであるか《ヴァス・ザイン》という実質」に対する『existentia 在りえんとする現存在の存在作用《ザイン》、実存』の優位と、ついで常自己性とは——こういう存在者の分析論というものは一種特異なる現象的領界に直面するものだということを、すでにものがたっている。この存在者は、世界の内部に前在するにすぎぬ様な者の在り様《よう》はけっして有しない。だからまた彼は、前在者を目前に見出す様なやり方では、主題として「先与《さきわたし》・優先 vorgeben」されたことにはならない〔むしろ主題ともされずに「後与《あとまわし》・貶逐」されていることになる〕。この存在者の正当な先与《フォールガーベ》〔すなわち存在的‐存在論的優位者たる現存在こそまっ先に分析論の主賓《テーマ》として遇されねばならないという、彼の受くべき、優先性《フォールガーベ》〕は、自明な事であるどころか、むしろこの事の決定自体が、この存在者の分析論の主要部分を成すのである。この存在者の存在をはたして了解させうるかどうかという可能性は、この存在者の正しい先与《さきわたし》(七二)がはたして行われたかどうかという保証にかかっている。分析は、それがどんなに予備的でも、正しい始設《アンザッツ》の保証を要求するということにはなんの変りもない。

　現存在は、彼がそれで在る(七三)〔…で存在する〕しまた彼が存在しつつとにかくそれを了解もしている可能性というものから、そのつど存在者として規定されている。これが、現存在の実存構えの形式的意味である。この点にまた、彼の存在についての問題構成は彼の実存の〔構造連関すなわち〕実存性から展開すべしという、この存在者の存在論的解釈のための指示が存する。この指示はだが、現存在をば実存についての可能なるなんらかの具体的理念から構成すべし、ということを命じはしない。現存在は、その分析の出発においては、かならずしも特定の実存《エクシスティーレン》作用のもつ差異性において解釈せらるべきではなく、むしろ彼の差異無き「Zunächst und Zumeist 先ずは大抵性、得て在り易くまた大抵そう在るを常とする日常底」において露呈せらるべきである。現存在の日常性のこの無差異性は、無には非ずして、むしろこの存在者の積極的なひとつの現象的性格である。この存在様式より出でてまたこのなかへと還るということが、ありとあらゆる実存行為《エクシスティーレン》の実状である。現存在のこの日常的無差異性をわれわれは平均性 Durchschnittlichkeit と名づける。

さてまた、平均的日常性はこの存在者の存在的な卑近性《ツネーヒスト》を成しているために、該日常性は、現存在の解明において、再三再四、超略せられ übersprungen たしまたせられるのである。存在的に最も近くして周知なるものは、存在論的には最も遠くして未知なるものであり、かつその存在論的意味において不断に看過《ユーバーゼーエン》せられているものである。じじつ、アウグスティヌスも、「私にとっては何が私自身に最も近いか? Quid autem propinquius meipso mihi ?」と問うて、これに答えるに「私は真実この問題に苦しみ、それも私自身に関して苦しんでいるのである——いまや私は私にとってあまりにも多くの困難と流汗を要する荒地となった〔創世記三の一七以下参照〕ego certe laboro hic et laboro in meipso: factus sum mihi terra difficultatis et sudoris nimii.」(1)と言わざるをえなかったが、この事〔かような困難〕はたんに、現存在の存在的かつ前存在論的不可洞見《みとおしがた》性《さ》についてのみ言われうることではなく、この存在者を現象的に最も身近かな彼の存在様式においてただに逸しないのみならず、積極的性格づけにおいて彼への通路を開こうとする存在論的課題についても、さらに声を大にして、言われてよいのである。

44

（1）　告白録、第一〇巻、第一六章。

現存在の平均的日常性はだが、たんなる『外見《アスペクト》』だと解されてはならない。その日常性のうちにも、したがって非‐自己本来性という様態のうちにすら、実存性の構造は先天的に存するのである。〔すなわち〕該日常性においても現存在は一定のやり方でおのれの存在に、すなわちたとえそれ〔おのれの存在〕から逃避しそしてそれを忘却するという様態においてにもせよ、要は平均的日常性という様態において彼がみずからそれに態度せるところのおのれの存在に、関わり行くものである。(七四)

現存在を彼の平均的日常性において解明するという事は、だがべつに、ただモウロウたる無規定性という意味において平均的諸構造を与えようとするのではない。存在的には平均性《つきなみ》〔平凡〕というやり方で存在しているものも、存在論的には、例えば現存在の自己本来的存在のもつ存在論的諸規定と構造上区別のつかぬような並外《なみはず》れ〔非凡〕な諸構造において、捕えられるということは、大いにありうることである。

現存在の分析論から派生するすべての解明契機《エクスプリカーテ》は、現存在の実存構造を考慮して獲られているのである。解明契機はみな実存性から規定されているゆえに、われわれは現存在の存在諸性格を、実存諸疇 Existenzialien と名づける。これらは、われわれが諸範疇 Kategorien と呼んでいるところの、非現存在的存在者の存在諸規定とは、峻別せられねばならない。そこでこの〔範疇という〕用語は、その初原的な存在論的意義において取上げられかつ固持せられることになる。古代存在論は、その存在解釈をやってみる恰好の地盤として、世界の内部において出会われる存在者を有している。この存在者への接近様式としては、「知覚作用ないしは語り das νοεῖν bzw. der λόγος」だと思われている。このなかにおいて存在者が出会われる。この存在者の存在はしかし、最も優れた

「語るはたらき λέγειν」(Sehen lassen 見せるというはたらき)において捕えられうるのでなければならない、したがってこの存在は最初から、それが存在しているものとして、またあらゆる存在者のうちに既に存在しているものとして、了解されていることになる。存在者《あるもの》を云云《ベシュプレッヘン》する(λόγος 語る)にはそのつど既に先ず存在《あり》への語《アン》りかけ《シュプレッヘン》が先行する〔存在《あり》を先ず認　定《アンシュプレッヘン》すればこそ存在者《あるもの》を云　云《ベシュプレッヘン》しうる段となる〕という事、これが「das κατηγορεῖσθαι 範疇作用」というものである。この語の第一番の意味は、公けに訴える、万人の前で或る人に向って或る事を面責する、ということである。存在論的に用いられるとこの術語は、存在者がそのつど存在者であるゆえんのもの〔存在〕を存在者に向って面責する、すなわち存在者をば彼の存在において〔とは、彼が存在しているということを〕万人に見せる、ということである。かかる見るというはたらきにおいて、見られたものと見られうるものとは、「die κατηγορίαι 諸範疇」である。それらは、ロゴス〔語り、見せ〕において種々の仕方で先ず語りかけられ〔認定され〕次いで云云され〔論ぜられ〕(七五)うる存在者の、先天的諸規定を包括する。実存疇と範疇は、存在性格の両様の根本可能性である。この両可能性に応ずる存在者は、彼に先ず「問い掛ける《ベフラーゲン》」にあたっては、それぞれに異った問い方を要求する、すなわち存在者なるものは、或る誰か ein Wer (Existenz 実存)であるか、または或る何か ein Was (最広義での前在性)であるか、である。存在性格のこの両様態の連関如何に関しては、存在問題の闡明された地平から、はじめて論じられうるのである。

緒論においてすでに、現存在の実存論的分析論のうちでは、存在問題自身とほとんど同程度の喫緊事たる一課題がともに促進させられる、ということが暗示されていたが、その課題とはすなわち、『人間とは何であるか』という問いが哲学的に究明されうべきものとすれば、明らかとなるに相違ないところの、例の〔世界内存在という

〔四一頁〕」先天者《ダス・アプリオーリ》を拓開露表しようとすることである。現存在の実存論的分析論は、あらゆる心理学、人間学、いわんや生物学、よりは以前にある。現存在についてのこれら可能なる諸探究との境を画することにより当分析論の主題は、さらに厳に画定せられうる。これと同時にその分析論の不可欠性もまた、さらに徹底した証明をうることになる。

第一〇節　人間学、心理学、および生物学に対する現存在分析論の界限

或る探究の主題をひとまず積極的に描いて見せたあとでは、その探究にとっての禁止条項的描写はつねに肝要なことである、生じてはならぬことどもに関する論究はえて不生産的とはなるにしても。現存在を目ざして為されてきた従来のもろもろの問題提起や探究は、それらの事象的多産性にもかかわらず、本来的、哲学的問題を逸していたという事、したがってそれらが、かかる逸脱を改めようとせぬかぎり、それらが実は得ようと努めているものを達成できるという要求を起すことは許されないという事、これが、示されねばならないのである。人間学と心理学と生物学とに対して現存在の分析論を界限するということは、原則的に存在論的な問題にのみ関係をもつ。『科学理論的』には、かかる界限はすでに次の理由からだけでも必然的に不十分なものである、すなわち、右に挙げられた三科学の学問構造は――かならずしもそれら科学の促進にたずさわる人人の『科学性』とは言わないが――今日徹底的に疑問視されておりまた新しい刺激を要するが、かかる刺激は存在論的問題性から生ずべきはずだからである。

史的《ヒストーリッシュ》定位においては、実存論的分析論の意図は以下のごとくに表明されることもできる、すなわち、デカルトは、近世の哲学的発問の出発基盤たる「われ思惟すわれ在り《コーギトー・スム》」の発見が彼に帰されているように、「自我《われ》の思惟 46
作用 das cogitare des ego」を——或る限界内では——探究した。これに反して彼は「われ在り das sum」をば、「われ思惟す das cogito」と同じように根源的に始設《アンゼッツェン》しておきながら、全く究明せずに放置する。当分析論は、「われ在り《スム》」の存在《あり》如何という存在論的問題を提起する。この存在《あり》が決定せられてこそはじめて、「cogitationes 思惟・意識」の存在様式も捕えうるにいたるのである、と。

当分析論の意図をかく史的に例解するということは、もちろんまた同時に誤りにも誘いやすい。この分析論の最初の諸課題の一つは、当初に与えられがちな自我とか主観とかいうような始設《てがかり》は現存在という現象的存立を根本から逸せしめるものなる事を、証示することにあるであろう。『主観・主体《ズブイエクト》』という理念はことごとく——それが予め存在論的根本規定によって純化せられていないようなばあいは——たとえ人が存在的にはいかほど熱心に『心の実体《ゼーレン・ズブスタンツ》』とか『意識の事物化』に陥らないよう用心しようとも、存在論的にはやはり基体 subjectum (ὑποκείμενον) の始設《アンザッツ》を共に行っているのである。事物性そのものがまず自分の存在論的由来如何の身許証明《アウスヴァイズング》を呈示する必要がある、かくしてはじめて、主観、心、意識、精神、人格等という事物化されざる存在のもとには、何がいったい積極的に了解されうるのかが、問われうるにいたるのである。これらの名称はみな、特定の、『形成化されうる』、現象区域を名ざしている。これらの名称の使用はだが、その名称が表示する存在者の存在如何を問うことを不思議にも不必要とする事と、結託しているのが常である。それゆえわれわれがこれらの名称を、『生』や『人間』という用語と同じく、われわれ自身がそれであるごとき存在者の称呼のために避けるにしても、それは術語上の恣意からではない。

だが他方では、すべての学的な真摯な『生の哲学《レーベンス・フィロゾフィー》』――この語は植物の植物学と言うのと同じことだが――が正しく了解されている傾向のうちには、現存在の存在の了解にいたろうとする傾向が暗に含まれている。『生《レーベン》』そのものがひとつの存在様式であるのに存在論的に問題となることがないという事、これはあくまで奇異なことであり、また『生の哲学』の原則的欠陥でもある。

W・ディルタイの諸研究は『生』への絶えざる問題によって駆り立てられる。彼はこの『生』の『諸体験』を、それらの構造連関と発展連関とにしたがって、この生そのものの全体から了解しようとつとめる。彼の『精神科学的心理学』の哲学的重要性は、その学がもはや心的な元素や微粒分子に定位することなく、したがって心的生活をもはや細断ビ縫することなく、むしろ『生の全体』とその『諸形姿』を目ざすという事のうちに求めらるべきではないのであって――彼が、それらすべて〔の功績〕にもかかわらず何よりも先ず、『生』への問題にいたる途中にあった、という点に認められねばならないのである。もちろんここでもまた、彼の問題構成と、それが言葉に表わされねばならなかった概念性とが達しえた限界は、きわめて鮮明に現われている。だがこの限界は、ディルタイやベルグソンと共に、彼らによって決定された『人格主義《ペルゾナリスムス》』の全方向と、哲学的人間学への全傾向とが、ともどもに共有しているものである。また人格性についての原則上より根底的でより洞見的な現象学的解釈といえども、現存在の存在を問うという次元には達していない。その発問と遂行様式と世界観的定位はことごとく異ってはいるが、フッセル[1]とシェーラーの人格性の解釈は、消極面では、一致している。彼らは、『人格存在 das Personsein』そのもの如何という問いはもはや提起しない。われわれはシェーラーの解釈を例として選ぶ、というのはそれが文献上入手できるからばかりではなく、(2)彼は人格存在を人格存在として顕然と強調しかつそれを、あらゆる『心的なもの』に対して行動特有の存在を界限するという方途において、規定しようとするからである。シェーラーによれば人格は、事物または実体だと考えることは許されない。人格は『むしろ das Er-leben〔得る-生きる《エル・レーベン》、すなわち生きて-体得する、身をもって-験する、体に-験する〕体-験ということの直接的に共に体験された統一である――、直接的に体験されたものの背後や外にあるたんに思惟されただけの事物ではない。(3)』人格は事物的な実体的存在ではない。さらにまた人格の存在は、一定の法則にしたがう理性行動の主体であるということで、片づくようなものではない。

(1)『人格性』に関するE・フッセルの探究はこれまで公けにされていない。この問題構成の原則的定位はすでに「ロゴス」第一巻（一九一〇年）三一九頁『厳密科学としての哲学』なる論文中に示されている。この探究は『純粋現象学および現象学的哲学考案』(七六)(Husserliana IV, フッセル著作集第四巻）の第二部において引続き進捗せしめられるが、その第一部（この年報第一巻〈一九一三年〉参照）ではあらゆる実在性の構成の研究地盤たる『純粋意識』の、問題構成が述べられる。第二部は構成分析の細叙であって三篇を成して扱われる、すなわち一、物質的自然の構成。二、動物的自然の構成。三、精神的自然の構成（自然主義的観点に対立する人格主義的観点）。フッセルは彼の論述を以下の語をもって始める、『ディルタイはもちろん目標とさるべき問題と遂行さるべき仕事の方向をつかんではいたが、決定的な問題方式化と方法上正しいその解決にまでは未だ迫ってはいない』、と。この労作をひとまず仕上げておいてからフッセルは当問題になおも徹底的に専念し、そしてフライブルクでの彼の講義においてその主要部分を伝えたのであった。

(2) この年報(七七)第一巻の二（一九一三年）および第二巻（一九一六年）とくに二四二頁以下数頁、参照。

(3) 前掲第二巻、二四三頁。

人格は、事物ではなく、実体ではなく、対象ではない。この主張によっては、人格の統一に対しては自然事物のそれに対するのとは本質上異った構成をフッセル(1)が要求するとき彼が暗示していることと同じ事が、強調されている。シェーラーが人格について語っていることを、彼もまた行動に対して確言している、すなわち『行動というものはしたがってけっして一対象ではない、なぜなら行動の存在の本質には、ただ実行そのものにおいてのみ体験されえかくして反省において与えられうる、ということが属しているからである(2)』。行動は心的でない何物かである。人格の本質には、人格というものは志向的諸行動の実行においてただ実存するのみ、ということが属する。それゆえ人格は本質的に対象ではない。あらゆる心的客観化は、したがって行動を心的な何物かだと解することはすべて、人格剝奪化《エントペルゾナリジールング》・脱人格化と同じ事である。人格はいかなるばあいでも、ひとつの意向の統一によって結合されている志向的諸行動の実行者として与えられている。心的存在はそれゆえ人格存在とはまったく無関係である。行動は実行せらるるのであり、人格は行動の実行者である。しかしながら、『実行する』ということの存在論的意味はどういうことであるか、人格の存在様式は積極的に存在論的には、いかに規定せらるべきか？　とはいえ批判的問いはここに立止っているわけにはゆかない。その問いは、人が肉体的－心的－精神的統一と解するを常とするあの全体的人間の存在如何に、立向っているのである。肉体、心、精神はさらにまた、特定の探究を意図するさいには、それぞれ主題的に分離されうべき現象諸区域だと称されもしようから、或る限界内では、それらの存在論的無規定性は取りあげるには及ばないかもしれない。しかしながら人間の存在如何の問いにおいては、当の存在は、さなきだにあらためてまず規定してかからねばならないような肉体とか心とか精神という様な存在諸様式からの合計的計算で得られるわけにはゆかない。のみならず、こんな方法で先発せるひとつの存在論的試みにとってすら、全体者の存在という一理念が前提とされざるをえないであろう。ところが現存在の存在如何という原則的問いを、建て損じたり誤まらしめたりするものは、万般にわたる、古代的－キリスト教的人間学への定位であって、この学の不十分な存在論的基礎に関しては、人格主格も生の哲学もこれを見逃している。伝統的人間学が蔵しているものには次のごときがある――

一、人間の定義としては、理性ある生物、理性的動物 animal rationale なりと解釈された「言葉を持てる動物 ζῷον λόγον ἔχον」である。「動物 ζῷον」の存在様式はここでは、前在存在《フォールハンデン・ザイン》とか天然的発生《フォールコンメン》の意味に解されている。「言葉 λόγος」の方はもっと高度の稟質とせられているが、その存在様式は、かかる組立てより成る存在者の存在様式同様に、依然として不明である。

二、人間の存在と本質との規定にとっての他の手引は神学的なそれである、すなわち「神言いたまいけるは、我らに象どりて我らの像のごとく我ら人を造れり。καὶ εἶπεν ὁ θεός· ποιήσωμεν ἄνθρωπον κατ' εἰκόνα ἡμετέραν καὶ καθ' ὁμοίωσιν, faciamus hominem ad imaginem nostram et similitudinem.」(3)と。キリスト教的－神学的人間学は右の古代の定義をも採用しつつ、ここから、われわれが人間と呼んでいる存在者に対するひとつの解釈を獲てきている。しかしながら神の存在が、存在論的には古代存在論の方便をもって、解釈せられると同じように、有限的存在者 ens finitum の存在にいたってはなおさらのこと、同じ筆法で、解釈せられるのである。キリスト教的定義は、近世を経るうちに、脱神学化 entheologisiert された。しかし、人間は自己以上へと超え行く或るものだとされる『超越』の理念は、その根をキリスト教的教理のうちに有しているが、その教理は人間の存在をいつでも存在論的に問題としていたなどとは、その教理について言われうることではないであろう。人間は一悟性的生物以上のものであるとするこの超越理念は、種々の変化を経てできあがったものである。その理念の由来については次の引用文によって例証されるであろう、すなわち『理性、知性、思慮、判断等がたんに地上での生活を導くのに十分であるのみならず、これらによって人間がつねに神と永遠の祝福へと超越して行くかぎり、これらの卓越した贈物によって人間の地位は最も優れたものになったといわねばならない His praeclaris dotibus excelluit prima hominis conditio, ut ratio, intelligentia, prudentia, iudicium non modo ad terrenae vitae qubernationem suppeterent, sed quibus transcenderet usque ad Deum et aeternam felicitatem[4]』『人間が神とその言葉とを讃仰するということは、彼がその本性上、いくらか神に近く生まれたものであり、いくらか多く神に似ており、神に与かろうとするかたむきをもつということを、彼みずから明らかに示しているが、これら一切は疑いも無く、彼が神の姿にかたどって創られていることから生ずるのである。Denn daß der mensch sin ufsehen hat uf Gott und sin wort, zeigt er klarlich an, daß er nach siner natur etwas Gott näher anerborn, etwas mee nachschlägt, etwas zuzugs zu ihm hat, das alles on zwyfel darus flüßt, daß er nach der bildnus Gottes geschaffen ist.[5]』

（1）「ロゴス」第一巻、前掲箇所、参照。

（2）前掲二四六頁。

（3）創生記一の二六。

（4）カルヴィン、キリスト教の掟　第一巻、一五、第八節。

（5）ツヴィングリ、神の言葉の明らかさについて。（独乙語著作《ドイチエ・シュリフテン》集　第一巻、五六）。

伝統的人間学にとって重要な両根源、ギリシャ的定義と神学的手引とは、『人間』という存在者の本質規定に熱中のあまりこの存在者の存在を問うということを忘却しており、この存在をばむしろ、自余の被造的事物の前在存在 Vorhandensein という意味で『自明』のものだと解している、という事を示すのである。この両手引は、近世的人間学のうちでは、思惟を為す事物《もの》〔思惟者〕res cogitans、意識、体験連関というような方法的出発とからみ合っている。しかも cogitationes 思惟・意識の方も、存在論上無規定にとどまるか、ないしはまたもやその『存在』にはなんの疑問も存しない『所与物』として暗に『自明』だと解されているかぎりは、人間学的問題構成は、その決定的な存在論的基礎の点で、依然として無規定であるをまぬかれない。

同じ事が、今日その人間学的傾向を蔽うべくもない『心理学』についても、大いに言われうるのである。存在論的基礎の欠如は、人間学と心理学とを、一般的生物学というもののなかへと建て込むことによっては、補いのつくものではない。生物学は、『生命の学』であるかぎり、まず〔生命を〕捕捉してこれを解釈するという順序を踏まんがためには、現存在の存在論に基づいていねばならない、終始この存在論のみに、とは言わないまでも。生命は一種独特な存在様式である、しかし本質的には現存在のなかでしか接近されえない。生命の存在論は、一種の否定－奪取的《プリヴァティーフ》(七八)ともいわるべき解釈途上において遂行されるのであって、この存在論では、「もはやただ生きるのみ Nur-noch-leben」というようなことが在りうるのは、どんなことで在らねばならないのかを、規定するのである。生命は純然たる前在存在でもなければ、また現存在でもない。現存在はまた、人が彼を〔存在論上無規定に〕——まず生命として、しかもそのうえになお他なる何物かとして、始設《アンゼッエン》するようなやり方では、存在論上けっして規定されることはできない。われわれ自身がそれであるこの存在者の存在様式 Seinsart 如何の問いに対する一義的で存在論上十分基づけられた答えが、人間学、心理学、生物学に欠けているという事実を指摘してみたところで、それら諸科学の実証的営みに対してはなんの判決も下されたわけではない。だが他方つねにあらためて意識されねばならない事は、そうした存在論的基礎なるものはけっして、おくればせに経験的材料をもととして仮定的に開示されることはできないという事、それはむしろ、経験的材料がたんに集められるにすぎないときでも、すでに『そこに〔現に、現われて、開示されて〕da』在るのだという事、これである。実証的研究がそうした基礎には目もくれずまたこれを自明のことと思っているにしても、その事はべつに、そうした基礎が、根底にあるのではなく、またそれが、実証的科学の提言がつねに問題的《ぎもん》でありうるよりもさらに根本的な意味で問題的である、という事の証明とはならない。(1)

(1)　しかし、先天者《ダス・アプリオーリ》を開示するということは、『先天主義的《アプリオリスティシュ》』に構成する、ということではない。E・フッセルによってわれわれは、あらゆる真正な哲学的『経験』の意味をたんに了解することのみならず、このために必要な仕事道具《ヴェルクツオイク》の取扱い方をも学んだのである。『先天主義《アプリオリスムス》』は、自分みずからを了解しているあらゆる科学的哲学の方法である。アプリオリスムスは構成することとはなんの関係もないのであるから、先天者の研究《アプリオーリフォルシュング》には、現象的地盤を正しく準備することが必要である。現存在の分析論のために準備せられねばならない最も近い地平は、現存在の平均的日常性のうちにある。

第一一節　実存論的分析論と、原始的現存在の解釈。『自然的世界概念』獲得の困難

現存在を彼の日常性において解釈するということは、ひとつの原始的な現存在段階を記述するということと同じ事ではない、かかる段階の知識は経験的に人間学によって取次がれてもいよう。日常性は原始性とは合致しない。日常性はむしろ、現存在が、高度発展をとげて分化した文化のなかで活動しているときでも、否むしろかかるときこそ、現存在のひとつの存在様態でありうるのである。他方、原始的現存在も非日常的存在という彼の可能性を有しているし、また彼は彼特有の日常性を有してもいる。『原始的諸民族の生活』に定位して現存在を分析するということが実証的な方法的意義を有しうるのは、『原始的諸現象』が当該現存在のすでに行き過ぎた自己解釈によって、隠蔽されたり複雑化されたりは、まだあまりしていないばあいにかぎる。原始的現存在はしばしば、〔前現象学的意味に解された〕かかる『諸現象』に根源的に自己を没却しているとき、さらにいっそう直接的に語り出ずる〔自己を吐露する〕としたものである。われわれから見ればおそらく稚拙で無骨な概念性《つかみかた》でも、かかる諸現象の存在論的構造を純生《ゲヌイーン》にきわだてるためには実証的に役立つであろう。

しかしこれまでわれわれには、原始人の知識は、人種学によって準備せられた。ただしこの学は、まず材料を『取りあげ』てそれを選り分けたり仕上げたりするに当って、すでに、人間的現存在一般についての一定の予備概念や解釈のなかではたらいている。人種学者が携行におよぶ、日常心理学はもとより科学的な心理学や社会学ですら、踏査さるべき諸現象の適切な、受入れ可能性と解釈と伝達とのために、科学的保証を提供しうるかいなかは決定のかぎりでない。ここにおいてもまた、前述の諸科学におけると同様の事態が看取される。人種学そのものがすでに、現存在の十全な分析論を手引として前提する。だが実証的諸科学は哲学の存在論的仕事を待つことも『でき』ねば待つべきでもないから、研究の進行は、『進歩』としてではなく、存在的被発見物の、繰返し

Wiederholung と存在論的により洞見的な純化として、行われることになろう。(1)

（1）　最近E・カッシーラーは神話的現存在を哲学的解釈の主題とした。『象徴的諸形式の哲学』、第二部、神話的思考、一九二五年、参照。この探究によって人種学的研究にとってはさらに広範な手引が与えられる。哲学的問題構成というがわから見るときは、この解釈の基礎ははたして十分洞見的であるかどうか、とりわけカントの純粋理性批判の建築術とその体系内実とがそもそもかような課題のための見取図を提供しうるかどうか、ないしそこにはひとつの新たにしてもっと根源的な始設《アンザッツ》が必要ではないか、といったような問題が残存する。カッシーラー自身は、彼がフッセルにより開示された現象学的地平に言及している一六頁および次頁の註が示しているように、かかる課題を可能だと見ている。著者がカント協会ハンブルク支部において一九二三年一二月行った『現象学的研究の課題と方途』に関する講演のさいたまたまカッシーラーとまじえることのできた話し合いにおいては、右講演中に概説しておいた実存論的分析論なるものが、必要だという点ではすでに意見の一致を見た。

存在的研究に対する存在論的問題構成の形式的界限がどれほど容易であろうとも、現存在の実存論的分析論の遂行、とりわけその始設〔初設定〕Ansatz（七九）は、依然として困難なしにはすまされない。該分析論の課題のうちには、ながらく哲学を悩ましまたそれをみたすのを哲学が再三断念したところのひとつの未可得物〔欠所・所望物・未決問題〕Desiderat が蔵されている、すなわち『自然的世界概念』という理念の精練確立である。この課題の成果ある着手のためには、きわめて多様ではなはだかけ離れた諸文化や現存在諸形式に関して今日われわれが接しうる豊富な知識が、すこぶる好都合であるかの観がある。これはだが外観にすぎない。実は、かかる過剰なる知識が、本来の問題を見損わしめるもとである。混合主義的な、比較一辺倒や類型化は、すでにそのこと自体、真なる本質認識を与えない。多様なるものを一つの表に仕組んで俯瞰しえたにしても、そこに秩序づけられて現存しているものを、現実に了解しえたとはかぎらない。秩序の真の原理はそれ特有の事象内実を有するが、これは、秩序づけることによってはけっして発見せられず、むしろ秩序づけることのうちにすでに前提されているのである。そこで種々の世界像の秩序のためには、そもそも世界なるものの顕然たる理念を必要とする。しかも『世界』それ自身が現存在の一構成契機であるとすれば、世界現象の概念的精練確立は、現存在の根本構造〔「世界－内－存在」〕への洞察を必要とする。

この章での肯定的性格づけと否定的考量とは、次の解釈の、傾向と発問態度との了解を正しい軌道にのせようとする目的を有していた。既成の実証諸科学の促進のためには、存在論は間接的にしか寄与しえない。ただし存在者の認知を越え出て存在如何を問うことが一切の学的探求の刺《シュタッ》〔激の〕針《ヒエル》だとするならば、存在論は自分自身のためにひとつの自主的目的を有するものといわねばならない。

第二章　現存在の根本構えとしての「世界内存在」一般

第一二節　「内存在」そのものの方に定位しての「世界内存在」の予描

予備的論究（第九節）においてわれわれはすでに存在諸性格をきわだてておいた、それらは続く探究のために信頼できる光を投ずるわけであるが、また同時にこの探究においてそれら自身の構造が具体化されることになる。現存在は、彼の存在において自己を了解しつつ〔sich in seinem Sein verstehend 自分が存在しておるということを自分で了解することにより〕この存在に態度しておる存在者である。これをもって実存の形式的概念が告げられたのである。現存在は実存する、のである。現存在はさらに、そのつど己れ《イェーわ》自身であるところの存在者である。実存しつつある現存在には、この常自己性《イエーマイニヒカイト》が、自己本来性と非－自己本来性との可能の制約として、属する。現存在はそのつど、これら両様態の一つを成すか、ないしは両様態の無差別を成して、実存する。

ところで現存在のこれらの存在諸規定は、われわれが「世界内存在 das In-der-Welt-sein」と名づける存在構えに基づいて先天的《ア・プリオーリ》に、見取《ゼーエン》され了解せられねばならない。現存在の分析論の正しい始設《アンザッツ》は、この構えを解釈することにある。

『世界内存在』という合成語は、すでにその語の打刻《うちだし》からして、その語によってひとつの統一的現象が指されているということを告げている。この基本的実態は全体的に見取《ゼーエン》されねばならない。接合可能な成立諸部分へは解体できないということは、この構えを構成している構造諸契機の非一性《メールフエルテイヒカイト》と背馳しはしない。この語をもって告げられる現象的実態は、じじつまた三重の観点をゆるす。全体的現象だという点にあらかじめ留意しつつその実態を追究するとき、以下のごとき〔三契機〕が取り出される——

一、『世界内 das »in der Welt«』。この契機との関連において、『世界』の存在論的構造を問い求めて《ナーハフラーゲン》「世界性 Weltlichkeit」を世界性たらしめている理念を確定しようとする課題が生ずる（当篇第三章、参照）。

二、そのつど「世界内存在」というやり方で存在している「存在者 das Seiende」。この存在者とともに、われわれが『誰か Wer?』という問い方で問い求めている者が、追究せられる。現存在の平均的日常性という様態で存在しているのは誰なのかということが、現象学的提示において確定されるはずである（当篇第四章、参照）。

三、「内存在そのもの das In-Sein als solches」。この「内性 Inheit」自身の存在論的構成が露呈せられねばならない（当篇第五章、参照）。この構造諸契機のうちどれか一つを取り上げるということは、他〔の二つ〕をもともに取り上げていることになる、すなわち、いつでも全体現象を見取《ゼーエン》しているということである。「世界内存在」はもちろん現存在の先天的に必然的な構えではあるが、彼の存在を完全に規定するには、まだとうてい十分とはいわれない。右に取り出された三現象の主題的個々分析に先立ち、さいごに挙げられた構造契機に定位すべきであるというその契機の指標的性格づけが、試みられねばならない。

「内存在 In-Sein」とは何を意味するか？　この語をわれわれはまず、『世界内に』「内存在」することだと、補ってみて、そして、この「内存在 In-Sein」を、『…云云…の内に、中に存在する Sein in…』ことだと、解しがちである。この用語〔Sein in‥〕では、コップの『中に』ある水、タンスの『中の』着物といったぐあいに、他の存在者の『中に』ある様な存在者の存在様式が指されている。われわれはこの『中 in』をもって、空間の『中 in』にある二つの延長物の、その空間の中におけるそれらの場所に関する相互の存在関係を指している。水とコップ、着物とタンス、両者は、空間の『中に in』おけるひとつの場所『に an』、同じ仕様で存在している。この存在関係は拡大されうる、例えば、講堂の中の椅子、大学の中の講堂、町の中の大学、等を経てついには、『宇宙の中の』椅子、にまでいたる。このように「相互『内』存在 »In«-einandersein」として規定されうるこれらの存在者は、世界の『内部 innerhalb』に現われる諸事物として、みなすべて前在存在《フォールハンデン・ザイン》という同一の存在様式を有する。或る前在者の『中に in』前在存在すること、一定の場所関係という意味で同一の存在様式をもつ或る物と共に前在存在することは、われわれが範疇的 kategorial と名づけている存在論的性格であって、かかる性格は、現存在に非ざる存在様式をもつ存在者に属する。

「内存在 In-Sein」はこれに反して、現存在の存在構えを意味する、したがってひとつの実存疇 Existenzial である。だとすればこれをもって、或る前在存在者の『中 in』にある或る有体的事物（人体）の前在存在が考えられているわけがない。『in 内、中』が根源的にはまったく、上記のような空間関係を意味しない[(1)]と同様に、「内存在 In-Sein」は、前在者らの空間的ないわゆる『相互内性 Ineinander』を意味しはしない。『in 内、中』は、「innan-, wohnen, habitare, sich aufhalten, ‥に‐住む、に‐住する、に‐滞在する〔ないし、‥に内‐住する、に内‐滞在する〕」といういさいの〔接頭語〕「innan-, ‥に内‐」から派生した語である。『an, に、において』は、私は云云に慣れている、云云と昵懇である、日日云云を事とする、という意味をもつ。したがってそれ〔in〕は、「habito 私は住む」と「diligo 私は尊重する」という意味での colo の意義をもつ。〔colo は、私は住む、住みつく、耕す、世話する、尊重する、愛する、等の意義をもつ。〕この意義において「In-Sein 内存在」するような存在者の特性をわれわれは、常に私自身である〔常自己性的〕存在者として表示しておいた。『bin 私が在る』という語は『bei の許に』と関連がある。したがって『私が在る ich bin』とはこれまた、…しかじかに昵懇《ねんごろ》なるものとしての世界「…の許に私が住む、滞在する ich wohne, halte mich auf bei…」ことを意味する。「Sein 存在《ある》」は、『ich bin 私が在る』の不定法として、すなわち実存疇として解されるときは、「…の許に住む wohnen bei…」、「…と昵懇である vertraut sein mit…」ことを意味する。「内存在」はしたがって、「世界内存在」という本質的構えを有する現存在の、存在を表わす形式的な実存論的用語である。

（1） ヤーコプ・グリム、小論集、第七巻、二四七頁、参照。

世界『の許での存在 Sein bei』は、「世界における没却 Aufgehen in der Welt」〔世界における、すなわち世界を成しての、自己解消・世界への自己喪失・浮世のぼせ（八〇）、頽落《フェルファレン》〕というさらにくわしく解釈さるべき意味において、「内存在」に基づけられている一実存疇である。この分析では現存在の根源的な存在構造を「Sehen 見る・見取する」ことが主眼なのであり、その構造の現象的内実にしたがってこそ存在諸概念も分節せられねばならないのだし、またその構造は伝承的な存在論的諸範疇をもってしては原則として理解されえないのであるから、この『の許での存在』もさらに明らかにせられねばならないのである。われわれはふたたび、言語的には同一手段によって表現されるとはいえ存在論的には本質的に異れるもの――すなわち範疇的存在関係、に対する対別・対照という方途を選ぼうとおもう。とかく無視されがちな基礎的な存在論的区別を現象的に現前せしめるということは、『自明なること』を詳論するという危険をおかしても、あえて表明的〔ことさら〕に遂行せられねばならない。ところが存在論的分析論の立場から言えば、われわれは、まだとうていこの自明なることどもを十分に『つかんだ』とは申されず、それらの存在意味にいたってはなおのこと解釈できてもおらず、したがって〔それらの〕適切な構造概念を確実な打刻《うちだし》のもとに所有するなどとはいよいよもって申され難いことである。

世界『の許に存在する』ことは、実存疇なのであるから、出現する諸事物が「一緒に前在的に存在する《バイザンメン・フオールハンデン・ザイン》」というようなことを指すのではけっしてない。『現存在』と呼ばれる存在者の、『世界』と呼ばれる他の存在者との、『相互並存 das Nebeneinander』、などということはありえない。二箇の前在者が「一緒にあること das Beisammen」をわれわれは、言語的にはもちろん、つねづね以下の例のごとくに言い表わしはする、すなわち、『机が戸の〝そば bei〟にある』、『椅子が壁に〝接触している berührt〟』と。だが『接触する』などとは、厳密に解すれば、けっして言われうることではない、それも、精密な検査のもとでは椅子と壁との間にはけっきょくいくらかの空隙が確認できるという理由によるのではなく、椅子は原則上、たとえその空隙がゼロに等しかろうとも、壁に触れる《ベリューレン》ということはできないからである。これができるための前提としては、壁が椅子『にとって für』出会し begegnen うるということにあるであろう。存在者が、世界の内部に前在する一存在者に触れるということができるためにはただ、前者が生来「〔世界〕内存在 In-Sein」という存在様式を有し——彼の「現-存在 Da-sein」と共に〔彼が現に、現われて、そこに-在る、当の Da 現境と共に〕既に世界というものが彼に発見されていればこそ、この世界の方から存在者が接触において自己を露現しうるので、彼の前在存在に接近できることにもなる、というばあいにかぎるのである。二つの存在者にして、それらが世界の内部に前在的に存在し、のみならずそれら自身において無世界的に存在するとすれば、それらはけっして相互に『触れる』ということはできず、どちらも他方『の許に存在する』ということはできない。『のみならずそれらは無世界的に存在する』という右の追加は、添えられないではすまされない、というのは、無世界的でない存在者、例えば現存在自身もまた、世界の『内に、中に in』前在的に存在しているからである、より精確に言えば、彼とても、一定の限界内では一定の権利をもって、ただの前在者だと解されうるからである。かく解されえんがためにはどうしても、「内存在」という実存論的構えから全く眼をそらすかないしはそれを全然無視しなければならない。『現存在』についての、一前在者としての、したがって「もはやただ前在するにすぎぬ者 ein nur noch Vorhandenes」としての、かかる可能的解し方を、現存在に特有な、『前在性』のやり方〔前在性を生みだす現存在の特有性〕と混同してはならない。〔現存在があらしめている〕この前在性は、現存在特有の構造から眼をそらしたのでは近づかれうるよしもなく、先ずその構造を了解することによってのみ近づかれうるのである。現存在は、かれ最特有の存在を、一定の『事実的前在存在(1) tatsächliches Vorhandensein』の意味に了解している。しかるに、自分のものなる現存在という事実の『事実性 Tatsächlichkeit』は、岩石の類《たぐい》の事実的出現とは、存在論上根本的に異っている。そのつど各現存在がそれである「現存在事実 das Faktum Dasein」の事実《タートゼヒリヒカイト》性をわれわれは、彼の「現事実性 Faktizität」と名づける。この存在規定性のからみ合った構造《かまえ》は、すでに露呈された現存在の実存論的根本三つ構《がま》え〔世界‐に内存在‐する者〕の光のなかでこそはじめて、それ自身問題として捕えられうるのである。現事実性という概念は、『世界内部的』一存在者の「世界内存在」を包蔵する、という事はただし、その一存在者は、彼自身のものなる世界の内部で彼に出会する存在者の存在《あり》によって捕縛されているのが彼の『運命《ゲシック》』なることを

みずから了解しうるという事である。（八一）

（1）　第二九節、参照。

まず大切な事は、実存疇としての「内存在」と、前在者相互間の範疇としての『内部所在性 Inwendigkeit』との存在論的差異を見取することにある。われわれが「内存在」をこのように差別するからといって、かならずしも『空間性』のあらゆる様式を現存在に拒否しようというのではない。反対に、現存在は一種特有な『空間内存在 Im-Raum-sein』をすら有しているが、これはだが、そもそも「世界内存在」に基づいてのみ可能なのである。「内存在」はそれゆえに、次に述べられるような、存在的特性表示によっては、存在論的にはむろん明らかにはされえない、すなわち、「一世界内に内存在する das In-Sein in einer Welt」ということはひとつの精神的特性であるが、人間の『空間性』は彼の肉体性の一性質であって、肉体性はまた同時に常に物体性に『基づく』、と。これをもって人はまた、かかる特性ある精神事物と一物体事物との「並置 - 前在 - 存在 Zusammen-vorhanden-sein」なるものの前に立たしめられることになる、しかもかく並置せしめられた存在者を当の存在者《あるもの》たらしめている存在《ある》は、いよいよもって不明たるをまぬかれない。「世界内存在」を現存在の本質構造として了解してこそはじめて、現存在の実存論的空間性 die existenziale Räumlichkeit を洞察しうるのである。これを洞察しておれば、かかる構造を見取しないとか初手から抹殺するとかいうことは起りえないはずであるが、かかる抹殺を生ぜしめる、存在論的とはいえないが、いわゆる『形而上学的』な動機は、「人間は当初は精神的事物であるが、この事物があとから空間の『中へ in』移置されるのだ」とする素朴な意見に発するのである。

現存在の「世界内存在」は、現存在が現事実するやいなや、そのつどすでになんらかの「内存在」諸様態のなかへ、自己分散〔気を散らす、気を取られる〕sich zerstreut はおろか自己寸裂〔自己徒消〕sich zersplittert さえも、しているのである。「内存在」のかかる諸様態の種種相は次の列挙によってその見本が示されうる、すなわち、何かを為さねばならず、何かを造り、何かの始末をつけたり世話をやいたり、何かを用いてみたり、何かを廃したり失くしたり、企てたり、やり遂げたり、捜し出したり、問い掛けたり、観察したり、談じ合ったり、決定したり……。「内存在」の為すこれらのやり方は、「配慮する、配慮作用 Besorgen」という存在様式を有するが、これについてはいづれ詳細な特性描写がなされるはずである。中止、等閑、断念、休息といった様な衰退的諸様態 die defizienten Modi もまた、すなわち配慮作用の諸可能性に関して『もはやただ云云にすぎない Nur noch』底のあらゆる諸様態もまた、配慮作用のとる諸様態であることにかわりはない。『配慮する』という名称は、当初はそれ自身前学問的意義を有し、何かを仕遂げる、片づける、『始末をつける』という意味である。この語はまた、「sich etwas besorgen 自分のために何かを配慮する」という形では、『自分のために何かを verschaffen 供給調達する』という意味となる。さらにわれわれはこの語を、もっと特異な用法においても用いている、すなわち、「この計画が失敗におわりはせぬかと、私は気遣う ich besorge, daß…」と。『Besorgen 配慮する、慮《ゾルゲ》を配る、心を配る』とはここでは、「befürchten 心配する、おそれる」というような意味である。これらの前学問的、存在的諸意義に対して、当探究では『配慮作用《ベゾルゲン》』という用語は、存在論的術語（実存疇）として、可能的「世界内存在」という存在作用《ザイン》を言い表わすのに、用いられる。この術語が選ばれたのは、例えば現存在が先ずもってかつ広域にわたって経済的かつ『実践的』であるからではなく、現存在の存在そのものがゾルゲ〔慮〕Sorge として明らかにされねばならないからである。この語、慮《りょ》・ゾルゲは、またもや存在論的構造概念として捕えられね

57

ばならない（当篇第六章、参照）。この語、慮《ゾルゲ》は、箇箇の現存在のうちに存在的に見出されるような『面倒厄介《ミューザール》』、『意気消沈《トウリユーブジン》』、『生活配慮《レーベンス・ゾルゲ》』、等とはなんの関係もない。これらは、『無思慮気軽《ゾルクロージヒカイト》』や『明朗陽気《ハイターカイト》』と同様に、存在論的に解された現存在が慮《ゾルゲ》であるがゆえにのみ、存在的に可能なのである。現存在には本質的に「世界内存在」が属しているから、世界への彼の存在作用《ザイン》は本質的に配慮作用《ベゾルゲン》である(八二)。

「内存在」は、すでに言われたように〔現存在の本質的構成契機、実存疇なのであるから〕、現存在が、ときに有しときに有せず、それ無くともそれ有ると同じく存在しうるというごとき、一『性質』ではない。人間は、彼がときとしておのれに「さし向ける・呈上《ツーレークト》する」ような『世界』に対する存在関係『である』のではなく、さらにそれを持つのでもない。現存在は、『当初は』、いわば「内存在をまぬがれた」存在者であるが、ときには気まぐれに、世界への『関係』をも採ろう、というごき者ではけっしてない。世界への関係をそんなふうに採るということも、現存在が、実は、「世界内存在」として存在するがゆえにのみ、可能なのである。この存在構え〔世界内存在〕は、現在在という性格の存在者のほかになお他の存在者が前在していて現存在と出会うということによってはじめて成立するのではない。この他の存在者が現存在『と出会い』えんがためには前者はただ、そもそも世界というものの内部で彼自身の方から現われうるのでなければならない。〔しかるに世界というものは、かような世界内部的一存在者ではない。〕

今日しばしば口にされる『人間はその環境 Umwelt を持つ』という文句は、この『持つ《ハーベン》』が無規定であるかぎり、存在論的にはなにごとも述べられてはいない。この『持つ』は、それが可能なことだとすれば、「内存在」という実存論的構えに基づいていなければならない。この〔内存在という〕やり方で本質的に存在する者であればこそ現存在は、環境的に出会する存在者を明らかに発見でき、それに通じ、それを処理しうるのであり、『世界』を持ちうるのである。『環境を持つ』という存在的には陳腐な文句も、存在論的にはひとつの問題である。この問題を解くという事は、事前に、現存在の存在を存在論的に十分に規定する、という事にほかならない。生物学において——なかんずくK・E・フォン・ベール以来ふたたび——〔『環境《ウムヴェルト》』も生物学的環境いわゆる『外囲《ウムゲーブング》』もそれに基づく〕現存在の存在構えが使用せられているが、だからとてその構えの哲学的使用までも『生物学主義』だと断ずることはゆるされない。なぜなら生物学も実証科学であるから現存在の存在構造《かまえ》を見出して規定したりはできないからであり——生物学こそこの構造《かまえ》を前提としかつ不断に使用せざるをえないからである。この構造が事前に現存在構造として理解されているときにのみ、この構造はじじつまた、生物学の主題的対象〔生命《レーベン》〕にとっての先天者《アプリオーリ》であることが、哲学的に明らかとなるのである。このように理解された存在論的構造に定位することによってはじめて、否定-奪取《プリヴァチオーン》（八三）という方途において、『生命』の存在構えも先天的《アプリオーリッシュ》に限定されうるのである。存在的にも存在論的にも優位をもつのは、配慮作用としての「世界内存在」である。現存在の分析論においては、〔世界内存在という〕この構造が基礎に存することが、解釈し出されるのである。

しかしながら上来述べられてきたこの存在構えに対する規定は、もっぱら消極的陳述に終始していはしないか？ というのはわれわれはつねに、かくも基礎的だと称されているこの「内存在」なるものは、云云に非ず、とのみしか聞いていないからである。じじつ然り《イン・デル・タート》（八四）である。とはいえ消極的特性記述のかかる優勢は、偶然ではない。その記述は、むしろその現象〔内存在〕の特異性をこそ表示しておりまたそれゆえに、真なる、その現象に適切なる意味において、積極的である。「世界内存在」の現象学的提示は、様ざまな擬態や隠蔽の棄却という性格を有するが、そのわけは、この現象〔世界内存在〕そのものが、つねにすでにおのおのの現存在によってなんらかのやり方で『見取され』ているからである。ということはまた同現象が、現存在の根本構えを成しているために、現存在の存在とともに彼の存在了解性にとってそのつどすでに開示されているからである。同現象はまたじじつ、たいていはつねにすでに同じく根本的に誤解せられているか、または存在論的には不十分に解釈せられている。しかしながらこの〝なんらかのやり方で見取しながらしかもたいていは誤解する〟ということはそれ自体、現存在自身のこの存在構え以外の何物にも基づいてはいない、というのはこの構えに即応して現存在は、彼自身を——またしたがって彼の「世界内存在」をも——存在論的には先ず、彼自身に非ずとはいえ彼の世界の『内部で』彼に出会うごとき存在者とその存在から、了解しているからである。

現存在自身のなかでは彼にとって、この存在構えはつねにすでにとにかく周知ではある。ところでこの存在構えが認識せられねばならないという段になると、そうした課題における明確な認識作用は、まさに自分自身をば——世界認識作用として、世界に対する『心』という範例的関係としてしまう。世界を認識すること（νοεῖν 知覚作用、認識作用）、ないし『世界は』と呼び掛けたり『世界』について談ずること[八五]（λόγος 語り）は、それゆえ「世界内存在」の第一次的様態を演じているわけだが、当の「世界内存在」の方は、かならずしもその実状どおりに理解されているとはかぎらない。ところでこの存在構造は、存在論的には依然として近づきがたいとはいえ、存在的には存在者（世界）と存在者（心）との間の『関係』として経験されているゆえに、かつまた存在というものは先ず、世界内部的存在者たる存在者をば存在論的支柱として、了解されがちであるゆえに、右の両存在者間の関係は、それら両存在者を基として、かつまたそれらのもつ存在の意味で、すなわち前在存在として、理解されようとするかたむきがある。「世界内存在」は――前存在論的には経験せられ見知られているとはいえ――存在論的に不適当な解釈の途上においては、見失われて行く。そうなっては現存在構えはもはやただ、不適当な解釈による打刻《うちだし》において――それも自明なるものとして――しか、知られていないことになる。こういうふうにして現存在構えはついに、認識論や『認識の形而上学〔二〇八頁をも参照〕』の諸問題にとっての、『自明直証的』出発点となるのである。なぜなら、『主観』が『客観』に、またその逆に、関係するということ以上に自明なことがあろうか？　この『主観‐客観‐関係』こそは前提されざるをえない、という事になるからである。この事はだが、その存在論的必然性となかんずくその存在論的意味とが不明のままに放置されるときは、やはりひとつの――その現事実性においては侵しがたいとはいえ――まさにそのゆえにきわめて非運な前提たることをまぬかれない。

「世を識る《ヴェルト・エルケンネン》というはたらき」は、たいていのばあいはもっぱら、「内存在」という現象のみを範例的に代表するのであって、たんに認識理論にとってのみの範例的代表ではないのであるから――というのは〔内存在の為す〕実践的態度は『非かつ無‐理論的』態度だと解されているからである――、また認識作用《エルケンネン》のかかる〔理論的〕優位によってその作用本然の存在様式が誤解せしめられるから、だから、「世界内存在」は「世界認識作用《ヴェルト・エルケンネン》」に注目することによりさらに鮮明に露表され、そして「世界を認識すること《ヴェルト・エルケンネン》」は「内存在していること《イン・ザイン》」の実存論的『様相』であるということが、見取せしめられねばならないのである。

第一三節　基づけられた〔高次〕様態において示される「内存在」の範例。世界認識作用

「世界内存在」は現存在の根本構えであり、このなかでこそ現存在は、一般に活動しているのみならず、とくに日常性の様態で活動しているとすれば、「世界内存在」はまたつねにすでに存在的には経験されているはずである。全面的隠蔽に終始するなどということは、とりわけ現存在が、自分が存在しているのだという了解性《わかり》を、それがいかに無規定なわかりかたにもせよ、つねに用いている以上はなおさら、解しがたいことであろう。しかし『世界認識作用という現象』そのものは、それが捕えられていたにしてもまたすでに、ひとつの『外面的』、形式的解釈に陥っていたのである。このことの例証は、今日でも普通に行われているところの、『主観と客観との間の関係』としての認識作用の始設《アンゼッツング》（八六）であるが、かかる『関係』のうちには『真理』と同量の空虚がある。主観と客観とはあながち、現存在と世界とに合致するものではない。

「内存在」をば、存在論上まず第一に、「認識を為す世界内存在」ということのがわから、規定してかかるという事がさしつかえないとしたときですら、この規定のうちにもやはり、「世界の内に存在しつつも世界に対して存在する作用」としての認識作用の、現象的性格づけが、第一の必要課題として存するであろう。〔「世界－内かつ対－存在」という〕この存在関係が反省されるにおよんで、自然《ナトウール》と呼ばれる一存在者が、認識されるものとして、まず与えられることになる。〔自然という〕この存在者において、認識作用そのものに見《まみ》えるということはできない。認識作用がそもそも『在る』とすれば、一にもってそれは、認識を為す存在者にのみ属する。ただしこの存在者、人間というもの、においても認識作用は、前在しているのではない。どんなばあいでも認識作用なるものは、たとえば肉体的性質のように、外面的に確認されうるものではない。ところで認識作用は、かかる存在者に属しはするが、外面的性質ではないとすれば、それは『内面に innen』存しねばならない。いまや人は、認識作用はまずもってかつ本来的には『内部に drinnen』存し、否むしろ一般に物理的や心理的存在者の存在様式はまったく有しないという事を、いよいよ疑義なく固持すればするほど、ますます無前提に人は、認識の本質如何の問いと、主観客観間の関係の解明とにおいて、前進するものと信じている。なぜならここにいたってこそはじめてひとつの問題が生じうるからである、問題とはすなわち、この認識を為す主観はどの様にして自己の内部的『領界《スフエーレ》』を抜け出て『他なる外部なる』そのなかへと入り込むのか、いかにして認識作用はそもそも対象なるものをもちうるのか、主観が他の領界のなかへとあえて飛躍しなくともけっきょく彼は対象を認識できるのだとすれば、対象自身はいったいどのように考えられねばならないか？ と。だがこの、手を変え品を変えての始設《アンザツ》〔設問〕にもかかわらず、認識を為す当の主観の存在様式《ありよう》如何の問いはいずこにも起されてはいない、そのくせ人は、主観の認識作用が取扱われるときには、つねにすでに主観の存在仕様《ありかた》をこそたえず暗に主題としているではないか。もちろんわれわれは、主観の内部とか『内部領界』とか言っても、『箱』や『容器』というような考え方をしているのではない、という確言をときおり耳にする。しかし認識作用が先ずはその内にこそ内蔵されているというこの内在性《インマネンツ》のもつ当の『内性《うち》 das Innen』が積極的には何を意味するかという事、またいかにして認識作用のかかる『内部存在』という存在性格が、主観の存在様式に基づくのかという事、これらに関しては沈黙が守られている。またたとえこの内部領界が如何様に解釈せられようとも、ただたんに、いかにして認識作用は該領界を『抜け出る』ことができてひとつの『超越性《トランスツエンデンツ》』を獲るにいたるのかという問題のみしか提起されないとすれば、人は、いったいかくのごとき謎を課するこの認識作用なるものはそもそも何んでありまたいかに在るかをば前もって闡明もせずに、いたずらに認識作用を問題視しているのだという事が、あばかれるまでである。

こんな始設〔問題の起て方〕では人は、認識作用のごく暫定的《まえぶれ》なる主題化にさいしてもすでにそれとなく申し添えられる次の事がらに対しては、もともと盲目たるをまぬかれない、すなわち、認識作用は、「世界内存在」としての現存在の一存在様態である、したがってこの存在構えのうちに認識作用はみずからの存在的基づけをもつ、と。現象的実態すなわち――認識作用は「世界内存在」の一存在様式なり――というこの指摘に対して、人は以下のごとくに応酬するかもしれない、すなわち、かくのごとき認識作用の解釈によっては実に認識問題が否定せられる、主観の超越作用においてこそはじめて到達さるべきはずの「自分の世界の許に、認識作用は既に在るのだ」と前提する以上は、その上いったい何を問うつもりなのか？　と。いま応酬された反問のうちにはまたしても、現象としての身許の明らかでない、構成的な、『立脚点』がのさばり出ているが、この点は見逃すとしても、いったいいかなる法廷にして、認識作用という現象自体とも認識を為す者の存在様式とも別箇なる認識問題などというものが、はたして成立つかどうかまたいかなる意味で成立つかにつき、判決を下すのであるか？

いまやわれわれが、認識作用そのものの現象的実態どおりに現われるものは何か、と問うにあたっては、認識作用そのものはあらかじめ、現存在の存在作用を本質的に構成しているものにほかならぬ「世界の許に既に存在する作用 Schon-sein-bei-der-Welt」に、基づいているのだという事が、固持せられねばならない。この「許に既に存在する作用」は、当初は、純然たる一前在者に目をすえたたんなる傍観作用《ベガッフエン》ではない。「世界内存在」は、配慮作用なのであって、配慮された世界によって〔自己を〕奪い去られている。認識作用が前在者についての観察的規定作用でありえんがためには、あらかじめ、世界に対する配慮的交渉作用の一種の衰退 Defizienz〔もはやただ・・のみ、das Nur-noch・・, という様態〕を必要とする。あらゆる生産や活動等の差控えにおいて配慮作用は、「内存在」の呈する「今やただ唯一残存的様態《のこるはそれのみ》」のなかへ、すなわち「何かの許にもはやただ停滞《フェルヴァイレン》するのみ」という衰退様態のなかへ、置き換えられる。世界内部的に出会する存在者をもはやただ彼の純然たる形観 Aussehen（εἶδος 形相）においてのみ出会わせる様な、世界に対するこの存在様式《ありよう》に基づいてこそ、またこの存在様式の様態としてこそ、世界内部に出会し来る者を、明確に〔意識的に《ことさら》〕諦視する、ということが可能なのである。この諦視作用 Hinsehen はいつも、何かに向って一定の方向を定めること、すなわち前在者に照準を置くことである。該作用は出会する存在者から前もってひとつの『視点・着眼点《ゲジヒップンクト》』を受けとっている。かかる諦視作用は、世界内部的存在者の許に自立的に滞在《ジヒ・アウフハルテン》するという様態をすら呈するにいたる。かかる様態における『滞留 Aufenthalt』――あらゆる営業営利の差控《ジヒ・エントハルテン》えとしての――において、前在者の知覚〔認知〕作用 Vernehmen が遂行される。知覚〔認知〕作用は、或る物を或る物だとする「語り掛け〔認定〕と談論 Ansprechen und Besprechen」(八七)という、遂行様式をもつ。こういう最広義における解釈作用 Auslegen を地盤とすることにより、知覚認知作用は規定作用 Bestimmen となる。知覚認知されそして規定されたものは、種種の文章・命題において言表され、そうした陳述物 Ausgesagtes として保有《ベハルテン》〔記憶〕せられ保管《フェルヴァーレン》せられうる。何かに関する一陳述をば知覚認知して保有するというこの作用は、それ自体、「世界内存在」の為す一作用なのであって、主観が何かについての諸表象《かんがえ》を自己に得ようとするさいの『先例・模範《フォールガング》』だと解釈されてはならない、またそのように〔先例によって〕自己のものとされたような諸表象は『その〔自己・主観の〕内部に』貯蔵《アラフベヴァールト》されているにとどまるから、それらに関してはときとして、いかにしてそれらは現実と『一致する』のか、という問題も生じうるのである。

「…に自己を向けかくして捕える」という作用においても現存在は、彼が当初とじ込められている彼の内部領界からわざわざ抜け出すわけではないのであって、つねに既に彼は『〔自身の〕外部に』、すなわちそのつど既に発見されている世界で彼に出会う存在者の許に存在しているのが、彼の第一次的存在様式である。また、認識さるべき存在者の許での規定作用的滞在作用にしてもべつに、内部領界から立去るわけではなくて、対象の許にかく『外部存在』しつつも現存在は、正しく了解された意味では、『〔自身の〕内部に』存在〔内存在〕しつつある、すなわち、認識を為すのは「世界内存在」としての彼自身だからである。またさらに、認識されたものの知覚認知作用は、捕えんとして外へ出て獲物をたずさえて再び意識という『容れ物』の中へ帰入することではなくて、知覚認知、保管、保有の作用においてもまた、認識を為す現存在は彼が現存在たることにより依然として外部に在るのである。存在者の存在連関について『ただたんに』知るというだけのときでも、該連関を表象する『にすぎぬ』ときでも、『もっぱら』それを『思考する』のみのときでも私はやはり、ひとつの原的 originär な捕捉作用の許に在ると同じく世界内における外部なる存在者の許に在るのである。以前認識されたものに対するあらゆる存在関係が一見消滅したかにみえる何事かの忘却でさえも、根源的「内存在」の一変様として理解されざるをえない、あらゆる欺瞞もいかなる誤謬も同様に。

世界認識作用を構成せる、「世界内存在」の諸様態の、基づけ連関を呈示したが、この事から、認識作用において現存在は、現存在のうちでそのつど既に発見ずみの世界に対するひとつの新たな存在境位 Seinsstand を獲るという事が明らかとなる。この新たな存在可能性は、みずからを自主的に形成し、それ自身課題と成り、かくして学として「世界内存在」を指導する役を引受けることができる。認識作用がしかしまっ先に主観の為す一世界との『交通 commercium』を創りだすのでもなく、また世界のおよぼす一主観への影響からこの交通が生ずるのでもない。認識作用は、「世界内存在」に基づける、現存在の一様態である。それゆえに、根本構えたる「世界内存在」をこそ先ず始めに解釈すべき必要がある。

第三章　世界の世界性

第一四節　世界一般の世界性の理念

「世界内存在」は、まず第一に『世界』というその構造契機に注目して明らかにされなければならない。この課題の遂行は、一見容易と思われ、またそんな課題はうちすててもよいのだと今なお信じられているほど平凡に見える。『世界』をば現象《フエノメーン》〔すなわち即自己自身的自己示現者〕として記述するということは、いったい何を意味するのか？　世界の内部に『存在している者《ザイエンデス》』に即して自己を示現する者を、見せる、ことを意味する。その第一歩は、世界の『中に』一般に見うけられる物ども、家屋、樹木、人人、山嶽、星晨などを列挙することである。われわれは、こうした存在者の『形観《アウスゼーエン》』を描写し abschildern、またそれらの上に起りかつそれらによって起される出来事を物語る erzählen ことができる。かかることはだが明らかに、前現象学的な『仕事』にすぎず、現象学的にはだいいち重要でない。かかる記述は、終始、存在者に固着している。その記述は、存在的である。求められているのはだが実に、存在である。現象学的意味における『現象《フエノメーン》』〔即自己自身的自己示現者〕とは、存在および存在構造として自己を示現する者だと、形式的に規定されていた〔第七節〕。

『世界』を現象学的に記述するということはしたがって、世界の内部に前在する存在者の存在を提示し、概念的‐範疇的に確定することを意味する。世界の内部なる存在者は、事物《ディング》、すなわち自然事物および『価値の附帯せる』事物である。諸事物の事物性が問題と成る。そして価値附帯的事物性が自然事物性を土台として構築されるかぎり、自然事物の存在、すなわち自然そのものが、第一次的主題である。万事万物を基づけている〔基体《ズブストラート》たる〕自然事物、すなわち実体《ズブスタンツ》の存在性格は、実体性《ズブスタンツィアリテート》である。これの存在論的意味は何か？　この問いをもってわれわれは探究を、ひとつの一義的問題方向のなかにもたらしたのである。

しかしわれわれはこのさい、存在論的に『世界』を問うているであろうか？　右の方向にすすむ問題構成は疑いもなく存在論的である。けれどもかかる問題構成にとっては、数学的自然科学において〔自然《ナトウール》という〕この存在者に関して与えられる根本的陳述に即応して、自然《ナトウール》の存在の最も純粋な説明が成功するときですら、こういう存在論はけっして、『世界』という現象には遭遇しない。自然はそれ自身、世界の内部において出会しかつ種種の方途と段階において発見されうるところの、ひとつの存在者である。

それならわれわれ、現存在が「まずたいてい」のばあいその許に滞在せる当の存在者に、すなわち『価値附帯的』諸事物に、あらかじめ依拠すべきであろうか？　これらこそ『本来』、われわれがそのなかで生活している世界を現わしているのではないか？　おそらくそれらは『世界《よ》』というものを、よりどぎつく、現わしていることは事実であろう。だがそれら事物もやはり世界の『内部』にある存在者である。世界内部的存在者の存在的描写も、その存在者の存在論的解釈も、したがって『世界』という現象には遭遇しない。『客観的存在』にいたらんとするこれら両接近様式のうちには、『世界』は既にただし異った仕様で『前提せられて』いる。

けっきょく『世界』は一般に、右の〔自然事物や価値附帯的事物という〕存在者の規定として話し掛けられ〔規定だと見なされ・認定され」うるのではないか？　われわれはだがやはり、右の存在者を世界内部的《インナーヴェルトリヒ》と名づけているではないか。『世界』はそのうえ、現存在の一存在性格ですらあるのか？　しからば『先ず』、各現存在が各自の世界をもつわけか？　だとすれば『世界』は『主観的なもの』と成りはしないか？　かくては現にわれわれがその『中に』存在しているひとつの『共通』世界なるものは、もはやいったい、いかにして可能なのであるか？　また、『世界』如何の問いが提起されるばあいには、いかなる世界のことが指されているのか？〔それは、〕これやあれやの世界のことではない、むしろ世界一般の世界性 die Weltlichkeit der Welt überhaupt〔世界をばそもそも世界たらしめている世界（本質）性〕のことである。しからばいかなる途《みち》をすすめば、われわれはこの現象〔世界性〕に遭遇できるか？

『世界性』とは、ひとつの存在論的概念であって、「世界内存在」を構成せる一契機〔たる世界〕の構造を意味する。「世界内存在」をわれわれは現存在の実存論的規定として知っている。世界性はしたがって、それ自身ひとつの実存疇である。われわれは存在論的に『世界』の如何を問うが、けっして現存在の分析論の主題的分野から立去るわけではない。『世界』は存在論上、現存在そのものの一性格であって、本質的に現存在ではないごとき存在者の規定ではない。この事はだが、『世界』という現象を探究する途が、世界内部的存在者とその存在との上に採られねばならない事を、さまたげるものではない。現象学的『記述』という課題は明明白白のことに属するどころか、すでにその課題のまんぞくな限定からして、本質的な存在論的諸闡明を要するのである。

『世界』という語の既述の吟味と頻繁な使用とから、その語の多義性は明白である。この多義性のもつれを解くには、諸種の意義をもたされた諸現象とそれらの連関とを示せばよいであろう。

一、世界は、存在的概念として使用され、そのさいは世界の内部に前在存在しうる存在者の一切を意味する。

二、世界は、存在論的術語としての役をはたすが、このさいは「一、」に言われた存在者の存在を意味する。ただし『世界』は、存在者の多様を包括しているそれぞれの領域《レギオーン》の名称ともなる、例えば世界は、数学者の『世界』というような言い方では、数学の可能的諸対象の領域と同じ意味である。

65

三、世界は、またも存在的意味に了解されることがあるが、このさいはもはや、現存在とは本質的に異ったところのかつ世界内部的に出会われうるところの存在者としてではなく、『その内 worin』でこそおよそ現事実たる現存在がその者どおりに『生活している』当の場《ば》として、了解されている。世界はここでは、前存在論的に実存的な、意義をもつ。ここではまた異った可能性が成立つ、世界はすなわち、『公共的な』「われわれ - 世界」die »öffentliche« Wir-welt か、または『自分のものなる』身近かな（家庭的）環境界 die »eigene« und nächste (häusliche) Umwelt を意味する。

四、世界はさいごに、世界性 die Weltlichkeit という存在論的 - 実存論的概念を言い表わす。世界性自身は、特殊的『諸世界《ヴェルテン》』のそれぞれの構造全体にまで変様しうる、とはいえそれ自身のうちに、世界性一般という先天《ダス・アプ》者《リオーリ》はこれを蔵している。われわれは世界という語を、術語としては、「三、」において確定された意義を表わすのに用いることとする。この語がときおり「一、」に言われた意味に用いられうるさいには、その意味たることの目印として引用符〔『　』〕を附することにする。

この語が『世界的 weltlich』と変化したさいには、術語上、現存在の一存在様式を指すのであって、けっして、世界の『中に』前在せる存在者の存在様式を指すのではない。該存在者をわれわれは、世界所属的または世界内部的 weltzugehörig oder innerweltlich だと称えることにする。

従来の存在論を一見しただけでも、「世界内存在」という現存在構えの誤認はつねに、世界性という現象の超略〔省略《とばし》〕Überspringen と提携していることが看取される。そのかわり人は世界をば、世界内部的に前在せる、とはいえ当初は全然発見されてもいない存在者の存在から、すなわち自然《ナトウール》から、解釈しようと試みる。自然とは——存在論的‐範疇的に解すれば——可能なる世界内部的存在者の存在の、極限《グレンツファル》〔どんづまり〕である。自然としての存在者を現存在が発見するには、自分の「世界内存在」のとる一定の様態においてしか為しえない。この〔一定様態たる〕認識作用は、世界の一定の脱世界性化 Entweltlichung〔一定の作用で世界からその世界（本質）性を脱却させる〕という性格をもつ。世界内部的に出会する一定した存在者の存在諸構造の範疇的総和としてのいわゆる『自然《ナトウール》』は、世界性を了解させることはけっしてできない。じじつまた、例えばロマン主義における自然概念が意味する『自然』という現象も、世界概念をもととして、すなわち現存在の分析論をもととして、はじめて存在論的に理解されうるのである。

世界の世界性を存在論的に分析するという問題の見地に立てば、伝統的存在論は——それがこの問題をそもそも見取しているとすれば——ひとつの袋小路のなかをさまよっている。他方また、現存在の世界性と彼の為す世《フェル》界化《ヴェルトリヒュング》の諸可能性および諸様式との解釈はかならずや、なにゆえに現存在が世界認識という存在様式において存在的にも存在論的にも、世界性という現象を超略するかを、示すであろう。この超略という現事実のうちにはまた同時に、世界性という現象に接近《ツーガング》するために超略を阻止する正しい現象的出発《アウスガング》が為されえんがためには、特殊の予防策を要するという暗示が、ふくまれている。

このための方法的指示はすでに与えられていた。〔すなわち、〕「世界内存在」は、したがってまた世界も、現存在の〔最も近しい、親近な〕身辺的 nächst 存在様式たる平均的日常性《つきなみなるふだん》という地平〔現象的地盤〕において、分析論の主題とならなければならない。日常的《ふだん》「世界内存在《よにある》」がもっぱら追究されねばならない、またそれを現象的拠点とすれば世界というようなものが視見に入り来らざるをえないのである。

日常的現存在にとっての身辺的世界は環境〔環境界、環境世界〕die Umwelt である。探究は、この平均的《つきなみに》「世界内存在《よにある》」という実存論的性格から世界性一般の理念にいたる行程を採る。環境世界の世界性（環境界性 die Umweltlichkeit）をわれわれは、身辺的に出会する環境‐内部的存在者の存在論的解釈を通しての〔遮蔽諸物の〕透過《ドウルヒガング》において、探求する。〔出発《アウスガング》、透過《ドウルヒガング》、接近《ツーガング》、三六頁下。〕環境《ウム・ヴェルト》なる語は、その『環〔まわり、めぐり、辺り〕das Um』のうちに、空間性への一示唆を蔵する。環境にとって構成的なこの『環囲性 das Umherum』は、だがはじめから『空間的』な意味をもっているわけではない。環境に属すること争いがたいこの空間性格は、むしろ世界性の構造から、はじめて開明されうるのである。ここからこそ、第一二節に告示された現存在の空間性は、現象的に見取されうるのである。ところで存在論は、空間性から発足して、『世界』の存在を「延長的事物 res extensa」として解釈することは、まさに試みもした。かような『世界』の存在論にいたろうとする、それでいて〔延長的事物に定位するのでなく〕存在的にも存在論的にも現存在とは合致しない「思惟を為す事物《もの》・思惟者 res cogitans」に逆定位したる、最も極端な傾向は、デカルトのもとに現われている。こういう存在論的傾向に対する区別によって、ここに試みられる世界性の分析は明瞭化されうる。この分析は三つに区分して行われる、すなわち、A、環境界性《ウムヴェルトリヒカイト》と世界性一般との分析。B、デカルトにおける『世界』の存在論に対する世界性の分析の例解的対照。C、環境《ウム・ヴェルト》の環《ウム》性 das Umhafte と現存在の『空間性』。

A．環境界性と世界性一般との分析

第一五節　環境界内で出会する存在者の存在

身辺的に出会する存在者の存在の現象学的提示は、日常的「世界内存在」を手引として行われるが、この日常的「世界内存在〔作用〕」をわれわれは、世界内でのかつ世界内部的存在者との交渉 Umgang とも名づける。この交渉は既に、配慮作用の諸仕様の多様性のなかに自己を分散して〔気を取られて〕しまっている。かかる交渉にみられる身辺的様式は、既述のごとく、「もはやただ知覚認知するだけの認識作用《エルケンネン》」〔配慮作用の一衰退様態〕ではなくて、労働や使用の行為を為しつつある配慮作用であって、これはまたこの作用特有の『認識《エルケントニス》』を有する。現象学的問いは、先ずかかる配慮作用において出会われる存在者の存在に向けられる。ここで必要とされる「見るはたらき、見取作用 das Sehen」を確保するためには、方法に関する前置きを述べる必要がある。

存在の開示と解明とにおいては、存在者はいつでも前主題《フォール・テマーティシュ》的かつ副主題《ミット・テマーティシュ》的なものであって、本来的主題となるのは存在である。当面の分析の圏内では、前主題的存在者としては、環境的配慮作用のうちに現われる者が、始設《アンゲゼット》〔端緒・手がかりと〕せられている。この存在者はこのさい、理論的なる『世界』－認識作用の対象ではない、彼は、使用されたもの、製作されたもの、等等である。この様に出会する存在者であるため彼は、或る種の『認識作用』の視見《ブリック》には、前主題的と映ずるのである、すなわち、その作用が現象学的なものとして、まず第一に主として存在を見取《ゼーエン》し、かくて存在のこの主題化をもととして、当面の存在者を「も共に〔副的に《ついで》〕主題化する mitthematisiert」というような認識作用の視見には、である。こういう現象学的解釈作用はしたがって、存在者の「存在的《であるてき》 seiende」諸性質の認識作用ではなくて、むしろ存在者の存在構造を規定する作用である。存在の探究としては該解釈作用は、いつでもすでに現存在に属しかつ存在者とのあらゆる交渉のうちに『活きて lebendig』いるものなる存在了解性《ありのわかり》をば、いかんなく自主独行せしめかつ意識表明化することに成る。現象学上前主題的存在者、ここではすなわち使用されたものや、製作において見出されるものは、そうした配慮作用のなかへと自己を移すことにより近づかれうるのである。厳密に考えるとこの自己を移すという文句は誤りをまねきやすい。なぜなら配慮的交渉というこの存在様式のなかへ、われわれはなにもわざわざ自分を移置するにはおよばないからである。日常的現存在は既に常にこの様式で存在するのである、例えば、ドアを開きつつ、私は把手を使用している。この様に出会する存在者に接近しようとするなら、ことさらに彼に迫って同行しようとするような解釈傾向は、むしろ排除されなければならない、それというのもかかる解釈傾向こそが、かく〔右の一例〕のごとき『配慮作用』の現象を蔽い隠すのであり、これと相まって、彼に対する配慮作用のうちでこそ彼自身の方から彼が出会してくる様な〔wie 様式の〕存在者を、いよいよもって隠蔽してしまうからである。かかる見損いがえて犯されやすいということは、われわれがいま次のごとくに問い求めざるをえないということにより明らかとなる、すなわち、いかなる存在者が、前走主題《フォール・テーマ》と成るべきでありまた前走現象《フォール・フェノメナール》的な地盤として確認さるべきか？　と。

事物《ディング》、と人は答える。しかしこの自明な答えをもってしては、求められていた前走現象的地盤は、おそらく既に逸しられていよう。なぜなら、存在者を『事物』（res）だと呼ぶ《アンシュプレヘン》〔認める〕作用のうちには、暗に予決〔こっそりと先づかみ《ウンアウスドウリユクリヒ・フォールグライフェン》〕しているような存在論的性格決定が存するからである。か様な存在者からその存在へと問い進んでいく分析は、事物性《ディングヒリカイ》や実在性《レアリテート》に、行き当る。存在論的説明はかくのごとく前進することにより、実《ズブ》体性《スタンツイアリテート》、物質性《マテリアリテート》、延長性《アウスゲデーントハイト》、併存性《ネーベンアイナンダー》……等という存在諸性格を見出す。しかしながら配慮作用において出会われる存在者は、右のごとき存在性《ザイン》においては、前存在論的にも当初に蔽われている。『当初与えられた』存在者を事物と名づけるのでは、存在的にはたとえ何か他のものが指されているにしても、存在論的には道をふみ違えている。〔事物と名づけることにより〕何を人は本来指しているのかは、依然として不定である。でなければ人は、この『事物』の性格を、『価値附帯的《ヴェールトベハフテテ》』事物として表示する。価値とは存在論的には何を意味するか？　この『くっ附く《ハフテン》』とか「附帯している《ベハフテト・ザイン》」とかは、範疇的にはいかに解すべきか？　この価値附帯性という構造の不明瞭はさておき、配慮的交渉においてこそ出会する者の現象的存在性格が、これをもって言い当てられているであろうか？

ギリシャ人は『事物』を表わす適切な一術語、プラグマタ *πράγματα*, を有していた、それは、人人が配慮的交渉（プラークシス *πρᾶξις* 実用）において相手とする物〔実用物〕を意味する。ギリシャ人はだが、実用物《プラグマタ》特有の『実用的 pragmatisch』性格の方は存在論上むしろこれを曖昧に放っておき、規定するにプラグマタを『当初』『たんなる事物』だとしていた。配慮作用において出会する存在者をわれわれは道具 Zeug と名づける。〔配慮的〕交渉においてこそ、文房道具、裁縫道具、工作道具、乗物道具、計量道具等は出会われうるのである。道具の存在様式を露呈しなければならない。この事は、道具を道具たらしめているもの、道具性を、先ず画定する事を手引として行われる。

厳密に言えば、一つの道具が『在る』わけではけっしてない。道具が存在しえんがためには、いかなるときも常に道具全体なるもの ein Zeugganzes を必要とし、この全体のなかでこそ道具は、彼がそれである所定の道具でありうるのである。道具は本質的に、『…云云…の為の或る物 etwas, um zu…』である。この『の為 das Um-zu』の諸種の様式、例えば有用性、寄与性、使用可能性、手頃性《ハントリヒカイト》等が、道具全体性《ツオイク・ガンツハイト》を構成している。『の為』という構造のうちには、或る物の或る物への指示 Verweisung が存する。「指示」という名称をもって告げられている現象は、その存在論的出生《ゲーネジス》〔起源〕に関しては、続く諸分析にまってはじめて明らかにされうる。当面の喫緊事は、指示の多様性ということを現象的に視見《ブリク》に入来させる事にある。道具は、その道具性にしたがって、つねに他の道具への所属性〔を基としてそこ〕から存在しえている。すなわち、文房具、ペン、インク、用紙、下じき、机、ランプ、家具、窓、ドア、部屋、といった具合にである。これら『諸事物』はけっして、まず単独に出現して、しかるのち実在者の合計としてひとつの部屋を充しているのではない。最も近しく出会している者は、たとえ主題的には捕捉せられておらずとも、部屋である。この部屋はさらにまた、幾何学的空間の意味で『四つの壁にかこまれた間』としてではなく——住み道具《ヴォーン・ツオイク》として出会われているのである。この部屋のなかから〔その屋内《アイン》に、調整 Ausrichtung のよろしきを得て『調度 Eingerichtetes』たるべき〕『配列 Einrichtung』が現われるのであり、後者のなかでそのつどの『個々の』道具が現われるのである。個個の道具より前に、そのつど既に道具全体性が発見されている。

そのつど道具に合わせて裁ち与えられる交渉、唯一この交渉においてのみ道具は純生《ゲヌイーン》に、彼の存在において彼を示現する、〔一物体でなく、道具の在りつつ在ることが現象する〕のであって、例えば、ハンマーを持って打つことは、この存在者を出現的事物として主題的に捕捉することでもなければ、ましてその行使がその道具構造そのものをわきまえているわけでもない。ハンマーを振うことは、しからばただハンマーの道具性格についての一わきまえしかもはや有しないの〔かというと、そう〕ではなくて、その道具がそれ以上打手附けにはもはや存在しえないほどにまで、その道具を身に附け・体し・おのがものとしている、と言わねばならない。かくのごとき行使的交渉においては配慮作用は、当面の道具の構成契機たる「の為」の指示に従う。ハンマーという事物が、たんに傍観《ベガッフェン》されることいよいよ少く、行使されること有効適切なればなるほど、彼に対する関係はいっそう根源的となり、ますます彼は浄裸裸に、彼がそれであるもの、道具として、出会って来る。ハンマーを振うこと自体が、ハンマー固有の『手頃さ Handlichkeit』を発見する。その在り様においてこそ道具が彼自身の方から自己を露現するさいの、道具のこの存在様式を、われわれは、用在性 Zuhandenheit と名づける。道具は、この『即自存在 An-sich-sein』を有する〔すなわち用在性という在り様でこそ道具自身に即した存在を成しうる、用在性すなわち道具の自体存在《アン・ジヒ・ザイン》である〕がゆえにのみ、したがってもはやたんに出現するだけではないがゆえにのみ、最広義において手頃《ハントリヒ》でありいつでも手にしうるのである。しかじかの性質をもった事物の『形観』を、いかに鋭くとも「もはやただ諦視する〔見遣る〕hinsehen だけ」〔の配慮的衰退様態〕では、用在者を発見することはできない。事物へのたんに『理論的』にすぎぬ諦視《みやり》的視見《ブリク》〔瞥見《ブリク》〕は、用在性を了解する作用を欠いている。行使的‐操作的交渉はだが盲目ではない、該交渉はそれ自身の「視様式 Sichtart」を有し、これが操作を導きかつ操作に操作のための「特別の事物性《ディングハフティヒカイト》」〔すなわち道具〕を授ける。道具との交渉は、多種多様なる『の《ウム》為《ツー》』の指示に従う。かくのごとき適従作用を導く視《し》 Sicht は用視 Umsicht〔『の為《ウム》』‐視《ジヒト》〕(八八)である。『実用的』態度は、無視性《ジヒト・ロージヒカイト》という意味で『無理論的〔無静観的〕atheoretisch』なのではない、また理論的〔静観的〕態度に対するその相違は、ここでは観察されるがそこでは行動されるという点に、また行動は盲目に終始しないためには理論的認識作用を使用するという点に、のみ存するのではなくて、観察作用は、行動がおのれの「視」を有すると同じく根源的に、一種の配慮作用である。理論的態度は非用視的なる「たんなる‐諦視作用」である。諦視作用は、非用視的なるがゆえに無規則的ではないのであり、おのれの規則を形成してみずからの方法とする。

用在者は一般に、理論的には捕捉される者ではないし、また彼自身も用視にとって、当初から用視的主題となっているのではない。当初に用在せる者の特質は、おのれの用在性の奥ふかくいわば身をひそめてこそかえって本来的に用在できるゆえんのものである。日常的交渉が、当初、その許に滞在せる当のものは、だからまた仕事《ヴェルク》・道具《ツオイク》そのものではなくて、むしろ製品《ヴェルク》すなわち当面製作さるべきものが、まっ先に配慮されたもの、したがって用在者でもあるのである。この製品が指示全体性を引受けており、後者の内部で道具が出会ってくるのである。

ハンマー、鉋、針等の〔道具〕がその為に用いられる〔用途目標たる〕「当の為 das Wozu」としての、製作さるべき製品《ヴェルク》は、それ自身の方でも、道具という存在様式をもつ。製作さるべき靴は履く為にあり〔履き道具であり〕、製造された時計は時を読みとる為にある。主として配慮的交渉のうちで出会われる製品《ヴェルク》——仕事中に見出されている製品《ヴェルク》、〔道具・用具例えば縫針〕——は、彼に本質的に属する彼の使用可能性において、そのつど既に彼の使用可能性の〔目標たる〕「当の為《ヴォツー》〔例えば縫物〕」をも共に出会わせている。註文された製品〔例えば洋服や建具等〕にあっては、その製品の使用ということと、その使用において発見されている存在者〔例えば着用者や建物等〕の指示連関《「のため」のつながり》にのみ、基づいている。

製作さるべき製品が、何かに向けて使用されうる、というだけではない、製作すること自体がそのつど、何かに向けて何かを使用していることである。製品のうちにはまた同時に『材料』への指示が存する。製品は皮革や糸や釘等に依存している。皮革はまた獣皮から造られたものである。獣皮は動物から剝ぎ取ったものであり、動物はまた他のものから飼育せられる。動物は飼育されなくとも世界の内部に出現しており、また飼育のばあいもこの存在者はとにかく自分で自分を作り出している。環境界においてはしたがって、彼自身にしてみればべつに作り出されることを要さずに、つねに既に用在しているような存在者にも近づけることになる。ハンマー、やっとこ、釘等はそれら自身において、鋼・鉄・真鍮・岩石・木材等――から成立っている――を指示している。使用される道具のなかでは、まさにこの使用ということによって、『自然』すなわち「自然の生産物《ナトウール・プロドウクテ》」という光における『自然』が、共に発見されている。

自然はだがここでは、「もはや前在するにすぎぬもの」として了解されることはゆるされない――自然力として了解されることもゆるされない。森は造林であり、山は採石場であり、川は水力であり、風は『順』風 Wind »in den Segeln« である。発見された『環境』と共にこそ、かく発見された『自然』が出会われているのである。かく用在的なものたる自然の存在様式が全く無視せられえてこそ、自然自身はもっぱらその純然たる前在性において発見されそして規定されうるのである。こんな自然発見作用にとってはじつまた、『その織り成しに余念なく』、ときにわれわれを襲い、ときに風光としてわれわれをとりことするような自然は終始隠されている。植物学者の植物は畦道の草花ではない、地理学的に確定された或る川の『水源』は『地に湧く泉』ではない。

製作された製品《ヴェルク》は、たんにその使用可能性の「何の為に《ヴォッツー》」とその成立の「何からか《ヴォラウス》」とを指示するのみでなく、単純な手工業的業態においては、その製品のうちにはまた同時にそれの着用者や利用者への指示も存する。製品は後者の身体に合うように裁たれ、彼はその製品の成立にともに立会って『いる』。ダース製品の製作においてもかかる構成上の指示はけっして欠けているわけではない、それがただ不定であるだけで、任意な人人を、平均者を、指示しているのである。製品と共にはしたがって、用在せる存在者だけではなく、現存在という存在様式をもつ存在者も出会って来るのであって、その製作物は後者にとって、後者の為す配慮のなかで、用在することになるのである。この事と相まって、着用者や消費者がそのうちに生活しておりまた同時にわれわれのものでもある世界が、出会する。そのつど配慮された製品は、あながち仕事場の家庭的世界のうちにのみならず、公共的世界 die öffentliche Welt のうちにも、用在する。この世界と共に環境自然 die Umweltnatur が発見されておりだれにでも近づけるのである。道路、市街、橋梁、建物においても、配慮作用によって自然は一定の方向・方針《リヒトゥング》のもとに発見されている。有蓋昇降場《ホーム》は雨天を、公共の照明設備は暗さ、すなわち昼光の存否という特殊交代、『太陽の位置』を、斟酌考量《レヒヌング・トゥラーゲン》したものである。時計においてはいつでも、宇宙組織《ヴェルト・ジュステーム》における一定の星位が、斟酌考量《レヒヌング・トゥラーゲン》せられている。われわれが時計を視るとき、われわれは暗に『太陽の位置』を利用しているのであって、その位置にしたがって時間測定の官公的な天文学的規整が行われるのである。身近かにまた目立ちもせずに用在する時計という道具の使用のうちにも、環境自然が共に用在している。身辺的製品世界《ネーヒステ・ヴェルク・ヴェルト》における当面の配慮的没頭《アウフゲーエン》のもつ発見機能の本質にはけだし、「該世界における没頭様《のぼせよう》式に応じて——製品においてすなわち製品構成の諸指示において共に持ち出され〔自分も一役買って出〕ている世界内部的存在者〔例の昼夜交代や『太陽の位置』や雨天等等〕は——明瞭性の異った度合において、すなわち用視的進出の異った届き具合において、発見されうるにとどまる」、という事が属する。

こうした存在者の存在様式は、〔やはり〕用在性である。用在性はだが、当初出会う『存在者』を口説き落してそんな『外観《ようす》』に見せかけでもするかのように、当初それ自身で前在する世界素材がこういう仕様で『主観的に色づけられる』かのように、たんなる見解性格だと解されることはゆるされない。そんな解釈方向は、それがためには存在者は、予め純然たる前在者として、了解されそして発見されていねばならないしまた発見して獲得《アンアイグネン》するという対『世界』交渉の成行きにおいて優位と指導をもたざるをえないであろう、という事を看過している。これではすでに、われわれが「世界内存在〔作用〕」によって基づけられた〔その高次〕様態として呈示したあの認識作用の存在論的意味に悖《もと》ることになる。認識作用は、配慮作用のうちに用在する者を越えて über こそはじめて、〔またしたがってその者に関して《ユーバー》〕「もはやただ前在するにすぎぬ者」の拓開露表にまで突進するのである。用在性は、『それ自体で』存在している様な存在者についての存在論的-範疇的規定である。しかしながら用在者はやはり前在者に基づいてのみ『与えられている gibt es』。しかし——この提言を一応許容するとしても——この事から、用在性は存在論的に前在性に基づいているという事が、結論されうるであろうか？

しかしさらに立入った存在論的解釈において、用在性が世界内部的に当初発見される存在者の存在様式として確証されようとも、それどころか純然たる前在性に対する用在性のもつ根源性が立証されえようとも、上来解明されてきたかぎりでは一体、世界現象の存在論的了解性《わかり》のために少しでも獲るところがあったのであろうか？「世界」内部的に存在する者の解釈にあたっては、われわれはやはり、常に既に「世界」をば、『前提した』と言わねばならない。世界内部的存在者を接合しても、まさかその合計として『世界』というようなものが生ずるわけでもあるまい。いったいこの存在者の存在から、世界現象の提示にいたる途《みち》は、だいいち通じているのか？(1)

(1) 著者は、一九一九年—一九二〇年冬学期以来くり返しその講義において環境分析および一般に現存在の『現事実性の解釈学』を伝えた事を、附記してもよろしい。

第一六節　世界内部的存在者において告げられている環境界の世界適合性

世界それみずからは世界内部的存在者ではない、ただし世界は後者をば、そもそも世界が『与えられてある』かぎりにおいてのみ後者が出会われうるのでありそして発見された存在者が彼の存在《あり》において自己を示現しうることになるというほどにも、規定している。しかし世界はどの様に『与えられている《ギーブト・エス》』のか？　現存在が存在的《あるため》には「世界内存在」によって構成されておりまた彼の存在には同じく本質的に彼「自身《ゼルブスト》」の存在《あることの》了解性《わかり》が属するとすれば、その了解性《わかり》がいかほど不定なものであろうとも、彼は世界についてのなんらかの了解性《わかり》を、もちろん顕然たる存在論的洞察ではなくまたなくてもよいが、なんらかの前存在論的了解《フェルシュテントニス》性を有しているのではないか？　配慮的「世界内存在作用」にとっては、世界内部的出会存在者と共に、すなわち後者の世界内部性と共に、世界という何ものかが自己を示現〔、現象〕しているのではないか？　この〔世界〕現象は、前現象学的視見《ブリック》には映ずるのではないか？　存在論を主題とする学的解釈《インタープレタチオン》とまでは要求しないが、とにかく前現象学的視見にはすでに映じているのではないか？　現存在自身が、用在的道具の許での自らの配慮的《ウム・ジヒテイヒ》没頭〔自己没却〕作用の環域《ウム・クライス》内では、ひとつの存在可能性を、すなわち配慮された世界内部的存在者と共にこの者の世界性がなんらかの仕様で現存在に閃めく aufleuchtet〔輝き出る、映え渡る〕様な、ひとつの存在可能性を、有するのではなかろうか？

配慮的交渉の圏内における現存在のかくのごとき存在可能性が呈示されうるときは、かく閃めく現象について求めようとする、また次のごとくにやって見ようとする途が開ける、すなわち閃めくその現象をいわば『停《とど》めて stellen』、そして「彼に即して自己を示現する」彼の諸構造について彼に「問い掛け」ようとするのである。

「世界内存在」の日常性には配慮作用の諸様態が属するが、それらは配慮された存在者をば、そのさい世界内部的な者の世界適合性が露出するように、出会させる。身辺的な用在的存在者は配慮作用において、使用不能として、彼の特定の使用にとって不適当として、遭遇されることもある。仕事道具が損われていたり、材料が不適当であったりする。道具はこのさいいずれにしても用在しているのである。だが使用不能を発見するのは、諸性質の諦視的確認ではなくて、行使的交渉〔を導いているところ〕の用視《ウム・ジヒト》である。使用不能のこの発見において、道具は目立つ。用在する〔はずの〕道具がなんらかの非用在性のなかにあるから目立つこと das Auffallen になるのである。この点においてこそいっぽう、使用不能物は眼前に横たわるにすぎず――、それは道具という「事物」として現われており、しかじかの外観を呈しているが、またかかる外観の物として不断に前在もしていたんだ、という事が言われうるのである。純然たる前在性がいまや道具において届け出られているが、やがてまた、配慮された物の、すなわち復旧において見出さるべき物の用在性のなかへと還帰する。使用不能物のこの前在性は未だ、あらゆる用在性をまったく欠いているわけではない、またそんなふうに前在せる道具といえども未だ、ただ任意の場所に現われているだけの事物ではない。道具の毀損は未だ、たんなる事物的変移、一前在者に現われるたんなる性質変化、ではない。

配慮的交渉はだが、そのつど既に用在せる者の圏内での使用不能物に行き当るのみではない。それはまた、欠如せる物、すなわち『手頃で handlich』ないのみかそもそも『手許に zur Hand』ない物をも見出す。この種の見失い《フェルミッセン》は、或る非用在者の見出し《フォールファインデン》として、またもやなんらかの「たんに前在存在するだけ」の用在者を発見する。用在者は、非用在者《ウン・ツーハンデネス》〔『手許に《ツール・ハント》』ないもの〕なることに気づかれると、強要性〔ねだり〕Aufdringlichkeit の様態をとるにいたる。欠如物が強いて要されればされるほど、すなわちその物がその物の非用在性《てもとにないこと》においていよいよ本来的に出会って来ればくるほど、ますますもってその用在者は切要せられるが、しかもその物は用在性という性格を失うように見えるのである。その物は「もはや前在するにすぎぬもの」として露現するが、この物は欠如物を持って来なければ埒が明かないのである。助け手もなくその前に立ちつくしていることは、一配慮作用の衰退様態なるがゆえに、一用在者の「もはやたんなる前在存在」を発見するにいたるのである。

配慮された『世界』との交渉においては非用在者は、使用不能物または端的に欠如せる物の意味においてのみならず、かならずしも欠如してはおらずまた使用不能でもないが、ただ配慮作用の『道を阻み妨げる』非用在者として、出会することがある。配慮作用が、それに対しては慮を配っておれないもの、それに振り向ける『なんの時間もない』ものは、〔まだ出る幕でない〕場違いのもの、片附いていないものという様態における非用在者である。この非用在者が妨げをするので、先ずそれより先に配慮を用すべきものの反撥 Aufsässigkeit をみずから買うことになる。この反撥《はねつけ》によって、用在者の前在性なるものはひとつの新規なる、すなわち依然として目前に横たわりて片附けられるのを待てるものの存在《あり》という、様態において通告せられる。

目立つこと、強要性《ねだり》、反撥性《はねつけ》という諸様態は、用在者において、前在性の性格を露呈するという機能をもつ。だがそのさい用在者は未だ、もっぱら前在者としてのみ観察されたりたんに傍観《ベガッフェン》されたりしているのではない、通告されている前在性は未だ道具の用在性のなかに縛されている。道具は未だ、たんなる事物と成るまでに蔽い隠されてはいない。道具は、もうお払い箱にしたくなるような『Zeug 道具、がらくた』と成りはてもする。かかる払い下げ的傾向を帯びながらも、かくまで断乎たる前在性を呈しつつも、用在者は、依然用在者として、現われる。

しかしながら、かくのごとくに用在者の出会作用の諸変様を指摘してこれらにおいて彼の前在性が露呈されるとしたところで、それが世界現象の開明にとってどんな意味があるというのか？　かかる変様の分析をもってしてもわれわれはなお世界内部者の存在の許に立止っているだけて、世界現象には未だ近づいていない。それは未だ捕えられてこそいないが、それを視見《ブリク》にもたらすべき可能性にはいまやわれわれは達したと言っていい。

目立つこと、強要性、反撥性において、用在者は、一定の仕様でおのれの用在性を失う。用在性はだがそれ自身、用在者との交渉において、非主題的にもせよ、了解されている。それは、跡形もなく消え失せるのではなくて、使用不能物が目立っている間、いわばみずからに別れを告げるのである。用在性は今一度自己を示現する、そしてまさにこのさいに用在者の世界適合性も自己を示現〔すなわち現象〕するのである。

道具としての用在者の存在構造は指示によって規定されている。身辺的『諸事物《ディング》』それぞれの独自で自明な『それ‐自体』といえども、それら事物を行使しつつもそのさいことさらには注意をも払っていない配慮作用のなかでこそ出会するのであって、かかる配慮作用にして使用不能物に行き当りうるのである。或る道具が使用不能だ――という事はすなわち、或る「この為 ein Dazu」を指し示している「の為性〔一般〕das Um-zu」の構成的指示が妨げられている事に因る。諸指示そのものは注視されておらず、諸指示間〔もろもろの「この為《ダー・ツー》」の繋がりのなか〕に配慮作用によって按配される〔或る「この‐為《ダー・ツー》」の〕『この da《ダー》』が注視せられる。指示の妨げにおいて――何かに向けての使用不能性において、指示はだが、顕然《ハッキリ》とする。もちろんこのさいといえども、未だ存在論的構造としてではなく、道具の破損に突き当る用視にとって存在的に、顕然とするのである。つどつど「この為」を指示するこの〔「の為《ウム・ツー》」を視る〕用視的《ウム・ジヒテイヒな》目覚しにまって、「この為《ダー・ツー》」自身およびこれと共にその仕事連関、全『仕事場《ヴェルク・シュタット》』が、それも配慮作用が常に既にそのなかに滞在している場として、視《ジヒト》に入る。道具連関は、未だ見取された《ゲゼーエネス》こともないものとしてではなく、用視のなかで不断に前まえから既に視られていた全体《ゲジヒテテス・ガンツェス》として leuchtet auf 閃めく〔映えわたる〕ことになる。だがこの全体と共に、世界が告げられているのである。

その日常的同席があまりにも自明なためにわれわれも彼につきべつだん気にも止めなかったような一用在者が欠けるという事は同様に、用視において発見される指示連関の一破隙 ein Bruch を意味する。用視は空虚に突っ込み、かくて今はじめてその欠如物が、何んに向けてかつ何んと共どもに wofür und womit 用在していたかを見取する。かくして、ふたたび環境界が告げられる。こういうふうに閃めくものは、それ自身、他の諸用在者中の一つではない、また用在的道具を基づけているかのごとき一前在者ではなおさらない。それは、あらゆる確認や観察よりも前なる、『Da(八九) そこ、現《げん》、現《ダー》われ』を成して存在する。それは、用視が常に存在者に関わるものたる以上、用視にとっても近づかれえない。しかしながらそれは、用視にとってそのつど既に開示されている。『開示する Erschließen』と『開示性 Erschlossenheit』は、以下においては術語として用いられ、『明け開く Aufschließen』――『明け開かれてあること Aufgeschlossenheit』を意味する。『開示する』はしたがってだんじて、『推論によって間接的に獲る』などということを指すのではない。

世界は用在者からは『成立し』ないという事は、なかんずく次の点において示されうる、すなわち、右に解釈された配慮作用の諸様態においての、世界の閃めき・映え出《アウフロイヒテン》でと共には、用在者の脱世界性化ということ eine Entweltlichung が同時に行われており、その結果用在者において「たんなる前在存在」が露出する、という点である。『環境』に対する日常的配慮作用において、用在的道具が自身の『即自身的存在《アン・ジヒ・ザイン》〔自体存在〕』を成して出会しえんがためには、用視がそのなかに『没頭している』諸指示や指示全体性は、用視にとってはもとより、非用視的、『主題的』捕捉作用にとってはなおさら、非主題的たるに止まっていなければならない。世界が「自己を告げ出でない das Sich-nicht-melden」という事は、用在者が自己の「目立たなさ Unauffälligkeit」の内から「外へはふみ出さない」という事の、可能の制約である。またこの点においてこそ、用在者という存在者の「即自身的存在《アン・ジヒ・ザイン》〔その自体存在《あるのまま》〕」の現象的構造が構成せられている。

欠性〔消極〕的諸用語、非瞠目性《めだたなさ》、非強要性、非反撥性等は、当初用在せる者の存在の積極的な現象的性格を指す。この『非』は、用在者の「即自身的持堪え《アン・ジヒ・ハルテン》〔即自存続・自体保持〕」という性格を指すのであって、この即自存続《アン・ジヒ・ハルテン》は、われわれが〔用在者の〕「即自存在《アン・ジヒ・ザイン》」と一緒にして見取しているものであるのに、われわれはその性格を、主題的に確認されうるものたる前在者のものだと、『当初からとかく《ツーネーヒスト》』見なしがちである。はじめから前在者にのみ定位していたのでは、この『即自身《アン・ジヒ》』は、存在論上まったく開明できない。ところが『即自身』という言が存在論上なんらかの重要性をもつものとすれば、なんらかの解釈が要求されざるをえない。人はおおむ 76 ね存在的に特に強めて〔「在る」という上に念をば入れて〕かく「存在の即自身〔在存自体、存在そのもの〕An-sich des Seins」と言い及ぶが、現象的にはそれも正しい。しかしながらこの存在的言及はかならずしも、そうした言及によって与えられたと思われている存在論的陳述のもつ願いを、すでに叶えているわけではない。上来の分析がすでに明らかにしたことは、世界内部的存在者の「即自身的存在」は世界現象を根拠としてのみ存在論的に捕捉されうる、ということである。

いっぽう世界がなんらかの仕様で閃めき・映え出でうる《アウフロイヒテン・カン》とすれば、世界はそもそも開示せられていなければならない。世界内部的用在者が用視的配慮作用にとって近づかれうるということによって、そのつど既に世界は予め開示せられている。世界はしたがって、『その内に worin』現存在が存在者として〔現に存在しつつも〕そのつど既に存在していたところの当の何かであり、それへと彼がいかほどハッキリと出向いて行ったところで常にただそれへと帰って来ているにすぎぬところの当の何かである。

「世界の内に存在すること《イン・デル・ヴェルト・ザイン》」は、上来の解釈より言えば、「道具全体の用在性を構成せる諸指示の内に、非主題的、用視的に没頭〔自己を没却〕すること」、を意味する。配慮作用は、そのつど既に世界との昵懇《フェルトウラウトハイト》〔熟 知〕性〔九〇〕に基づいて存在しているのが、その在り様《よう》である。この昵懇性においてこそ現存在は、世界内部的存在者に自己を見失ったり彼の囚となったりするのである。現存在がそれと熟知昵懇である当のものとは何か、なにゆえに世界内部者の世界適合性が閃めき・映じうるのか？　よりくわしくは、その内で用視が『活動』しているという、またそれの可能なる破隙が存在者の用在性を前へ押し出すという、その指示全体性は、いかに了解さるべきか？　世界性という、現象および問題の露呈を目ざしているこれらの問いに答えるためには、提起されたそれらの問いがその構築連関のなかへと問い込んでいるその〔世界性の〕構造の、より具体的な分析が為されねばならない。

第一七節　指示と記号

用在者（『道具』）の存在構造のさきの解釈にさいして指示という現象が見取されえていたが、もちろん輪廓的であったために、われわれはまた同時に、やっと呈示されただけのこの現象をその存在論的由来について暴露しなければならない必要を強調しておいた。のみならず、指示と指示全体性とはなんらかの意味で世界性そのものをも構成しうるであろう、ということも明瞭となっていた。われわれは上来、用在者への環境的配慮作用の特定の諸様態に「おいて」かつ「とって」のみ、それも用在者の用在性と共にのみ、世界というものが閃めくのを見て来た。それゆえわれわれが世界内部的存在者の存在《あり》の了解《わかり》性において前進すればするほど、世界現象拓開露表のための現象的地盤は、いよいよ広くかつ確実と成るであろう。

われわれは再び出発点を用在者の存在のもとに採る、ただし今回は指示そのものの現象をさらに顕著に捕えんとする意図をもつ。この目的のためにわれわれは、そのものにおいては『諸指示』が幾重にも見出されうるような或種の道具の、存在論的分析を試みようと思う。かくのごとき『道具』をわれわれは記号〔しるし〕Zeichenにおいて見出す。この語によっては多種多様なことが名指されている、すなわち、たんに記号の様ざまな種類のみならず、「何かのための記号であること」それ自身も、ひとつの普遍的関係様式にまで形式化されうる結果、記号構造自体が全存在者一般の『性格づけ』のための存在論的手引を交付することにもなる。

記号《ツアイヘン》はだが当初それ自身道具であって、この道具特有の道具性格は「示す Zeigen」ということにある。このような記号は道路標識、境界石、航海用暴風標識、信号《シグナル》、色色な旗、喪章、等等である。かかる「表示作用《ツアイゲン》」は指示作用の一『種《アールト》』だと規定されうる。指示作用は、極端に形式的に言えば、一種の関係作用 ein Beziehen である。関係《ベツイーウング》はだが、例えば記号、象徴、表現、意義にまで分化される諸指示の『諸種《アールテン》』に対する「類《ガトウング》」の機能は有しない。関係は形式的規定であって、かかる規定は、『形式化』の途上において、あらゆる事象内容《ザツハルテイヒカイト》と存在様態《ザインスヴアイゼ》との連関のいかなる種類様式《アールト》においても直接に読み取られうる(九一)ものである。(1)

（1） E・フッセル、純粋現象学および現象学的哲学考案第一部、この年報第一巻所載、第一〇節以下数節。さらに、つとには論理的研究第一巻、第一一節。――記号および意義の分析のためには同書第二巻、研究一。参照。

あらゆる指示は関係である、だがあらゆる関係が指示ではない。あらゆる『表示』は指示である、だが指示作用かならずしも表示作用ではない。この事においてはまた同時に、あらゆる『表示』は関係であるが、あらゆる関係作用が表示作用ではない、という事が述べられている。これによって関係というものの形式的‐一般的性格が明るみに出る。(九二) 指示、記号、まして意義というような諸現象の探究にとっては、関係なりとするごとき性格づけでは何んの獲るところもない。結局においては、『関係』自身といえどもその形式的‐一般的性格のゆえにこそその存在論的根源を指示のうちにもつのだ、という事すら示されねばならないのである。

当面の分析は、指示現象とは区別された記号の解釈に制限せられるが、そういう制限の(九三)内部でも、可能なる諸記号の多様性を一括して適切に探究するということはできない。記号のなかには、徴候、前徴および残徴《リュクツァイヘン》、目印、符号等があるが、これらの為す表示は、おのおの記号としての役をつとめるという点はまったく度外視すれば、それぞれに異っている。これらの『記号』からは、痕跡、遺物、記念物、文書、証書、象徴、表現《ことば》、現われ《エルシャイヌング》、意義等は区別されねばならない。これら諸現象は、それらの形式的関係性格に基づいて、容易に形式化されうる。われわれは今日、こうした『関係』を手引としてあらゆる存在者を、常に『当てはまる《シュテインムト》』ようなひとつの『解釈』に従わしめんとする傾向が特に強いが、かく常に当てはまって外れることがないということはとりもなおさずかかる解釈が、形式と内容という安直な図式同様、実は何ごとをも述べていないからである。

記号の範例としてわれわれは一つの例を選ぶことにするが、これは、後続の一分析においてはまたちがった観点から範例たるの役目をつとめさせられることになる。自動車には近頃、赤い、廻転できる矢が取附けられているが、その矢の位置はそのおり、例えば十字路で、どの道を車が採るかを表示する。矢の位置づけは運転手によって規整される。この記号はひとつの道具であるが、これは運転手の配慮作用（操縦作用）のうちにのみ用在せるものではない。同乗していない者もまた――むしろ彼らこそ――この道具を、すなわちこれに応じてしかるべき方向へ避けるとか立停るとかしながら、使用しているのである。この記号は、交通機関と交通規則とからなる道具連関の全体のうちに在りつつ、世界内部的に用在しているのである。一道具としてはこの表示道具《ツァイク・ツォイク》も指示によって構成されている。この道具は、「の為《ウム・ツー》」という性格すなわち一定の有用性を有し、表示《ツァイゲン》「の為」にあるのである。この記号《ツァイヘン》の表示作用《ツァイゲン》は『指示作用《フェルヴァイビン》』と解されうる。だがこのさい注意されねばならない事は、表示作用としてのこの『指示作用』は、記号のもつ、道具としての存在論的構造ではないという事である。[九四]

表示作用としての『指示作用』は、むしろ道具の存在構造、すなわち何かの為の有用性《ディーンリヒカイト》に、基づいている。この有用性はかならずしも一存在者をただちに記号たらしめはしない。道具『ハンマー』も一有用性により構成せられてはいるが、だからとてハンマーは記号には成らない。表示作用たる『指示』は、一有用性の「何の為か《ヴォッツー》〔用途目標〕」の存在的具体化〔ヴォッツーを具象的に存在させるはたらき〕であり、かくして一道具を〔その為の用途ある一定の〕一道具にまで規定する。『何かの為の有用性』の指示はこれに反して、道具をば〔例えば自然物ではなくて〕道具だとする存在論的 - 範疇的規定である。有用性の目標《ヴォツー》が表示作用において具象化されるということは、道具構え自体にとっては偶然的である。〔道具一般を構えしめている〕有用性としての指示と〔道具中の一部なる記号を構成する特殊的指示すなわち〕表示作用としての指示との区別は、あらましはすでに記号の右の例〔矢〕において見られうる。両指示は合致するどころか、むしろ両者はそれらの統一においてこそ特定の道具様式の具象化を可能ならしめるのである。ところでいっぽう、表示作用が、道具構えとしての指示作用から、原則的に異っている事が確かであるかぎり、やはりまた記号も、そのつど環境的に用在する道具全体とその世界適合性との存在様式に対する、特異にしてしかも優れたひとつの関係をもつ、という事は争われない。すなわち表示道具《ツァイク・ツォイク》は配慮的交渉においてひとつの卓越した使途をもつ。だがこの現事実をたんに確認するだけでは存在論上十分とは言われない。この卓越の根拠と意味とが開明されなければならない。

或る記号の為す表示作用とは何を意味するか？ 答えはただわれわれが、表示道具との適切な交渉様式《まじわりかた》 die angemessene Umgangsart mit Zeigzeug を決定してこそはじめて獲得せられうる。該様式のうちでこそ記号の用在性も生粋《ゲヌイーン》に捕えられるに相違ない。記号に対し適切に対処・交渉する das angemessene Zu-tun-haben mit Zeichen には、何うすればよいか？　上記の例（矢）に定位するなら次のごとく述べられねばならない、すなわち、出会する記号に対し、適切に「態度・対処する Verhalten[九五]」（存在する Sein）には、この矢を附けて走って来る車に対して、『回避する』か『立停る』か、しなければならない。回避作用は、或る方向を採用することであるから、本質的に現存在の「世界内存在」に属する。この「世界内存在」は、常にいか様にか、「方向を整定されて ausgerichtet」いるし、またその〔方向整定の〕途上にある。「立ったり」「停ったり」する作用は、この方整『途上』での極端な場合にすぎない。この記号は、とりわけ『空間的なる』「世界内存在」に対して自己を訴えている。本来的にはこの記号は、われわれがそれを見つめて表示事物《ツァイク・ディング》の出現だと確認するようなさいには、むしろ『捕捉され』てはいない。われわれが矢の表示する方向を視線で追って、矢が指している方向圏域・方域 Gegend の内部に前在する者を諦視するというさいでも、この記号は本来的には出会われていない。この記号は、配慮的交渉《ウム・ガング》を導いている用視《ウム・ジヒト》に訴えているのである、だからその記号〔矢〕の指ざす方を追い行く用視《ウム・ジヒト》は、かかる同行において、環境界《ウム・ヴェルト》のそのときの環性《ウム・ハフト》を顕然《はっきり》と『概観《ユーバー・ジヒト》』できることになるのである。この用視的概観作用は用在者を捕捉するのではない。該作用はむしろ、環境界の内部においてひとつの定位を獲るのである。矢は車に属する一道具として出会するという点に、道具経験のまた異った一可能性が成り立つ。このさいはかならずしも矢特有の道具性格は発見されていなくともよく、何をかつ如何に矢が表示すべきかはもともと全然不確定ですらありうる、それでもこの出会者は純然たる事物ではないのである。事物経験なるものは、おうおう不確定な道具多様性の身辺的出現とは反対に、それ特有の確定性を要求する。

既述の〔矢に類した〕様式をもつ諸記号は、用在者を出会させる、より精確に言えば、用在者の一連関に近づくをえしめるので、配慮的交渉にとっては一定位が与えられ確保されることになる。記号は、他の一事物に対して表示的関係に立てるがごとき一事物ではなくて、一道具であるがこの道具は道具全体なるものを顕然と用視のなかへ浮き上らせるので、このことと相まって用在者の世界適合性が告げられることになるのである。徴候《アン・ツァイヘン》や前徴《フォール・ツァイヘン》においては、『来るところのもの《ヴァス・コンムト》』が『表示せられる《ツァイクト・ジヒ》』が、そのものは、既に前在せる者に加入するごときたんなる出現《フォールコンメンデス》物を意味するのではない。『来るところのもの』とは、われわれがそれに向って覚悟をきめたり、ないし他のものに係り合っていてつい『覚悟していなかった』りしているところのものである。残徴《リュク・ツァイヘン》においては、すでに起って済んでしまったものが、用視にとって近づきうることになる。目印《メルク・ツァイヘン》は、そのとき人がそれにある『持場《ヴォラン》』を表示する。諸記号《ツァイヘン》は先ず、人が『その内に《ヴォリン》』生活している場を、配慮作用がその許に滞在している場を、或るものが有している「適在性・事情・曰く・些細 Bewandnis」を、表示するを常とする。 80

記号独特の道具性格は、とりわけ『記号の創定 Zeichenstiftung』において、いっそう顕然とする。記号創定は、ひとつの用視的予視《フォール・ジヒト》〔予見〕なるもののなかでかつこのものによりて遂行されるのであって、この予視は、いつでも一用在者を通じてこそそのつど環境界が用視のために告げられうるにいたるような、ひとつの用在的可能性を必要とする。ところで世界内部で身近かに用在せる者をかく存在せしめているのは、〔用在者が自己の用在最中の「目立たなさ」の「埒外へは現われ出ない《ニヒト・ヘラウストウレーテン》」ことによる「彼自体の持堪え《アン・ジヒ・ハルテン》」〕例の「自体保持的《アン・ジヒ・ハルテン》圏外不出・域内終始《デス・ニヒト・ヘラウストウレーテン》」という既述〔七五頁下〕の性格のいたすところである。だからこそ環境界における用視的交渉は、用在者なることを目立たせる Auffallenlassen という『仕事《ヴェルク》』をば自己の道具性格において引受けるような用在的一道具を、必要とはするのである。かくのごとき道具（諸記号）の作製はしたがって、それらが人目を引くように考案されていねばならない。ただし人はそれらをば、人目に着くようにとはいいながら、任意に目前に前在せしめているわけではない、一定の方法を採用してそれらが容易に流布するように『備え設ける』のである。

記号創定はだがかならずしも、一般に未だ用在していない道具が作製されるばあいのように、執り行われるにはおよばない。記号は、既に用在せる或る者を記号として受取ること das Zum-Zeichen-nehmen においても、成り立つ。この様態においてこそ記号創定は、さらにいっそう根源的な意味を公開する。〔記号の為す〕表示作用が用視に定位して、用在的道具全体と環境界一般との指令権を発動するというだけのことではない。記号を創定する作用はまっ先に発見行為を為すことすらできる。記号として「受取られている」ものは、そのものの用在性を通してはじめて近づかれうるのである。例えば、土地耕作のばあい南風は、雨の記号《しるし》として『gilt 見なされ、受取られ、通用している』が、かかる『Geltung 通用性、妥当、効力』或いはこの存在者南風に『附帯せる価値』は、それ自体で既に前在せる者すなわち気流〔風〕と一定の地理学的方位〔南〕とに対する、一追加物ではない。そんな物なら気象学的に近づくこともできようが、南風なるものは当初は、そういうもはや出現物にすぎぬものとして前在し、しかる後たまたま前徴の役目を引受けるにいたるのでは、決してない。むしろ土地耕作を導く用視こそ斟酌《レヒヌング》考量《トゥラーゲン》というやり方ではじめて南風をその存在において発見するのである。

しかし、記号として受取られるところの物は、やはり予めそれ自身において接近されうるように成っていなければならない、したがって記号創定以前に捕捉されているはずである、と人は抗弁するであろう。その物が一般になんらかのやり方で見出されていなければならないという事は、確かである。問題はただ、かかる先行的出会いにおいては存在者はどの様に発見されているのかという事、すなわち、純然たる出現事物としてであるのか、それとも、むしろ了解せられざる道具としてではないのか、ということはその物を人はこれまで『どうあつかってよいやら』分らなかったので用視にとってもまだ隠されていたような用在者としてではないのか、という点だけである。この点においても人はまた、用視にとって未だ発見されていない道具性格をば、もはや前在するにすぎぬ者の捕捉作用にとってこそ前もって与えられているたんなる事物性だと、解釈することはゆるされない。

日常的交渉における記号の用在存在と、記号に属していて異った目当とやり様で作り出されうる瞠目性《めだつこと》とは、身辺的用在者を構成せる非瞠目性《めだたなさ》を立証しているのみならず、記号自身が自分の瞠目性《めだち》をば、日常性において『自明的』な用在的道具全体の非瞠目性《めだたなさ》から、引出している、例えば周知のごとく、符号《メルク・ツァイヘン》としての『ハンカチの結び目』がそれである。これが表示すべきものは、そのつど日常性の用視において配慮を要すべき何事かである。この記号は多くの事をまたきわめて特異な事をも表示することができる。このような記号で表示されうる事が広くなるにつれて、その了解と利用とは狭くなる。表示さるべき事は記号としては多くは『創定者』にとってのみしか用在しないのみならず、創定者自身にとってさえ近づきがたくなることもあり、そのため第一の記号を用視的に用いえんがためには第二の記号を要することになる。だからとて記号として用いられえない結び目は、その記号性格を失うのではなくて、むしろ身近かなる一用在者の不安ならしめる強要性を得るのである。

人は、日常的配慮作用における記号のもつ、世界了解性そのもののための卓越した役割をば、原始的現存在におけるおびただしい『記号』‐使用、例えば崇拝庶物や魔法にてらして例解してみたくなるかもしれない。確かに、そのような記号使用の根底を成せる記号創定は理論的意図において行われるのでも理論的思弁の途上で行われるのでもない。かかる記号使用は完全に、『直接的』「世界内存在」の圏内に終始する。しかしもっと詳細に観察するなら、記号の理念を手引とする崇拝庶物や魔法の解釈なるものは一般に、原始的世界において出会する存在者の『用在存在』の様式をつかむには不十分であることが、明瞭となる。記号現象という点に関しては以下のごとき解釈が与えられよう、すなわち、原始人にとっては、記号はそれによる被表示物と合致する。記号自身はその被表示物を、代理するという意味でしか代表できないのではなくて、記号自身が常に被表示物で在るというふうに代表しうるのである。記号と被表示物とのこの珍らしい合致はだが、記号なる事物がすでになんらかの『客観化』をこうむっていて、純然たる事物として経験される結果、被表示物とともに前在者の同一存在領域へと移される、という事によるのではない。この『合致』は、予め隔離されていた二者の同一化ではなくて、記号《しるし》づけられたものからの記号《しるし》の ein Noch-nicht-freiwerden 未釈放・未離脱状態である。かかる記号使用はまだ完全に被表示物への存在〔被表示物を存在させること〕に没頭しており、そのため記号というものは記号としては一般に未だ自己を分離しえないのである。この合致は、最初の客観化に基づくのではなく、客観化なるものを全然欠いていることに基づく。この事はいっぽう、記号がそもそも道具としては発見されていないという事、つまり世界内部的『用在者』がそもそも道具という存在様式を有していないという事を意味する。おそらくこの存在論的手引〔用在性と道具〕もまた、原始的世界の解釈のためには何んの為すところもないであろう、いわんや事物性《ディングリヒカイト》の存在論のよくするところではもちろんない。しかしながら、そもそも原始的現存在および原始的世界を構成しているのは一種の存在了解性だとすれば、世界性の『形式的』理念の、ないしは「次の様に言い換えうる」ひとつの現象《フェノメーン》の、露表は、いよいよ急務となる、すなわち「予め与えられている現象的関係においては或るものは未だこれでは在らずまたはもはやこれでは在らず、と〔否定〕する一切の存在《あり》論的陳述が、ひとつの肯定的な現象的意味を受取るのは、その或るものがそれで在らざる当のもの、〔在り、現象の方〕からである」と。

記号についての前記の解釈は、もっぱら指示の性格づけのための現象的手がかりを提供しようとするにあった。記号と指示との関係は三様を呈する、すなわち、一、表示作用は、道具構造一般が有する有用性の「何の為か《ヴォッツー》・用途目標」の可能的具象化としては、「の為性《ダス・ウム・ツー》」（指示）に基づいている。二、記号の表示作用は、一用在者の道具性格としては、道具全体性に、すなわち指示連関に属する。三、記号は、他の道具と共に用在しているのみならず、彼の用在性においては環境界がそのつど用視にとって顕然と接近可能となる。記号は存在的一道具であるが、それは、そうした一定の道具でありながらもまた同時に、用在性、指示全体性、および世界性の、存在論的構造を告示するところの或るものとしての役目をも果す。用視的に配慮された環境界の圏内におけるこの用在者の卓越は、まさにこの点に根ざしている。指示自身はしたがって、存在論上記号にとっての基礎である以上、それ自身記号として理解されることはできない。指示は、用在性そのものを構成しているにもかかわらず、用在者の存在的規定性ではない。いかなる意味において指示は用在者の存在論的『前提』であるのか、またどの程度まで指示は、かかる存在論的基礎として、同時に世界性一般の構成者でありうるのか？

第一八節　適在性と有意義性。世界の世界性

用在者は世界内部的に出会する。この存在者の存在、用在性はしたがって、世界と世界性とに対するなんらかの存在論的関係にある。世界は、すべての用在者のうちに常に既に『現に、現われて、そこに da』在る。世界は、

先行的に、すべての出会者と共に既に、非主題的にもせよ、発見されている。世界はいっぽう、環境的交渉の或る種の様態においても閃めき・映えわたり《アウフロイヒテン》うる。世界とは、そこから用在者が用在し出で来る、そこである。どの様にして世界は、用在者を出会させうるのか？　上来の分析では、世界内部的出会者は、配慮的用視すなわち斟酌考量《レヒヌング・トウラーゲン》にとってこそ、彼の存在において「開放されて自由に与えられて freigegeben」いる、ということが示されていた。この先行的開放投与 vorgängige Freigabe とは何を意味するのか？　またいかにしてこのことが、世界の存在論的徴表として了解されうるのか？　いかなる問題の前に、世界の世界性如何の問いは直面することになるのか？

用在者の道具構えは指示として告示されていた。いかにして世界は、かかる存在様式をもつ存在者をその存在の点で開与しうるのか、なにゆえにこの存在者がまっ先に出会するのか？　特定的諸指示としてわれわれは、何かの為の有用性、有害性、使用可能性、その他を掲げた。有用性の「何の為か《ヴォツー》」と使用可能性の「何に向けてか《ヴォフュール》」とは、それぞれに指示の可能的具体化の手本である。いっぽう記号の『表示作用』とハンマーの『連打作用《うちたたき》』は、存在者の属性ではない。この名称〔属性〕が諸事物の可能的規定性たる存在論的構造を言い表わすものとすれば、右両作用はもともとなんらの属性でもない。用在者はいかなる場合も、適性と不適性とを有する、そして用在者の『属性』は、ちょうど前在性が一用在者の可能的存在様式として用在性のうちにおいてのごとく、適性と不適性とのうちにおいて、いわばまだ統合されているのである。有用性（指示）はだが、道具構えなのであるから、一存在者の適性ではなくて、むしろ一存在者が適性によって規定されて在りうるという可能性の存在的制約なのである。だとすれば指示は何を意味することになるのか？　用在者の存在は指示の構造をもつ——とはすなわち、用在者はそれ自体、指示されていること・被指示性という性格をもつ、ということにほかならない。「存在者は、彼がそれで在る当の存在者である以上は、何ものかへと指示されている」ということを基いとして、彼は発見されているのである。「彼〔例えばハンマー〕は何ものかの許で〔例えば釘の許でないし打釘にさいして〕彼の適在、〔落著、曰く、些細、事情〕を得ている Es hat mit etwas bei etwas sein Bewenden.」。用在者の存在性格は適在性 Bewandnis、〔落著事情性――のちの有意義性のきざし〕である。適在性のうちには、「或るものをもって《ミット》しては或る何かの許で《バイ》適在させる(九六) bewenden lassen mit etwas bei etwas」ということが存する。この『…云云…をもってしては、…云云…にさいして、mit…bei…』という関係をば、指示という術語によって告げようというわけである。

適在性は世界内部的存在者の存在であって、これに基づいてこそ彼はそのつど既に当初に開与されているのである。存在者であるかぎり彼はそのつどひとつの適在性を有するのである。適在性を有するという事は、この存在者の存在の存在論的規定であって、存在者についての存在的陳述ではない。〔例えばハンマーが〕適在性を得ている当の「何かの許で・何かにさいして Wobei〔適所、連打・ヘンメルン〕」とは、〔ハンマーの〕有用性の「何の為に Wozu」であり、〔ハンマーの〕使用可能性の「何に向けて Wofür」である。有用性〔ハンマー〕の「何の為に〔連打〕」はこれまたそれみずからの適在性を有しうる。例えばわれわれが、そのゆえに打具《つち》 Hammer と名づけているこの用在者〔をもってして〕「は mit」、連打に「さいして bei」その適在性を得ており、この連打「は mit」釘附け「にさいして・の場合に・の許で bei」その適在性を得ており、この釘附け「は mit」風雨を防《シュッツ》ぐ「にさいして bei」それを得ているのであって、さらにこの防《シュッツ》ぎたるや現存在が宿らん「が為に um-willen」、すなわち彼の存在の一可能性「の為 um・・・willen」『である』。一用在者にはいかなる適在性があるかということは、そのつど適在全体性 Bewandnisganzheit から予描・予決《フォール・ゲツアイヒネト》されている。適在全体性とは、例えば或る仕事場における用在者の用在性を構成しているものであるが、このものは個個の道具より『より以前に』ある、同じくおのれの家具家財・不動産一式を引具せる或る屋敷の適在全体性も、また然りである。適在全体性そのものはだが最後には、ひとつの「何の為か Wozu」へと遡行するが、「このもの《ヴォツー》」の許にはもはや何んの適在性も存せず、「このもの」自身は、もはや世界の内部に用在する者という存在様式を成せる存在者ではなくて、むしろおのれの存在が「世界内存在」として規定されており、すなわちおのれの存在構えに世界性そのものが属しているような、存在者なのである。この初原的「何かの為 Wozu」は、一適在性を可能にする「これこれにさいして Wobei」としての「これこれの為 Dazu」ではない。初原的な『の為 Wozu』は、〔「何か《ヴァス》の為」〕ではなく「誰か《ヴェール》」、すなわち現存在（の存在可能）〕「の為 Worum-willen」である。この『〔現存在自身〕の為 Um-willen』はいっぽう、「おのれの存在において・みずから存在しながらも、その存在の為に関わり um 行く・みずから在らんが為に関心交渉 um する、(九七)を本質とせる」ごとき現存在の存在に、つねに該当する。いま告げられたこの連関、すなわち適在性の構造〔…にさいしては《バイ》、…をもって《ミット》〕から発して、自己本来のもので唯一な「の為《ヴォルム・ヴイレン》」としての現存在自身の「存在《ザイン》」へと通ずる筋道については、今のところでは未だ詳細には追究しないでおく。その前に『適在させること・適在化作用 das Bewendenlassen』ということの闡明を或る程度まで遂行する必要がある、そうすればわれわれは、世界性という現象を確定して、この現象に関してそもそも問題《とい》を提起できるようになるのである。

「適在させる」とは存在的には、現事実的配慮作用の圏内で一用在者をば、彼がいま存在している〔事実〕と同時にまた彼が斯く存在している〔様態の〕とおりに、「存在させる sein lassen」ことを意味する。『存在させる』というこの存在的意味をわれわれは、原則的に存在論的に解するのである。「存在させる」をもってわれわれは、世界内部に当初から用在せる者の先行的開与《フオールゲンギゲ・フライガーベ》ということの意味を解釈するのである。先行的に『存在』させるということは、何物かを予め先ずことさらに存在させたり作り出したりすることではなくて、そのつど既に『存在者』をば、その用在性において発見させ、そしてこの存在〔用在性〕を成せる存在者として出会させる、ということを意味する。この『先天的な』「適在させること」は、用在者が出会し来るための可能の制約であって、その結果現存在は、かく出会し来る存在者との存在的交渉において、その者を存在的意味で「そのさい・その場合《ばのあい》に・適所に dabei」適在させうるのである。存在論的に了解された「適在させること」は、これと違って、あらゆる用在者を用在者として、開与することであって、用在者が「その場合《ばのあい》に」、存在的に言って、おのれの適在を得ていようとも、またはむしろ彼は、「その場合《ばのあい》に」存在的にはかならずしもおのれの適在を得ていないような存在者であって、「まずたいてい・日常底は」彼は被配慮物であるために、われわれも彼を、被発見的存在者としてその在るがままには〔放ったらかさず〕『存在』させず、むしろ彼を加工し、改良し、破壊しようとも、それらの点には関しないのである。

適在性を基いとして開与を為しつつ「つどつど既に適在させ了っている Je-schon-haben-bewenden-lassen」ということは、一種の先天的完了 ein apriorisches Perfekt であって、現存在そのものの存在様式の性格である。かく存在論的に了解された「適在させること」は、存在者を彼の環境内部的用在性によって先行的に開与することである。「適在させること」の「何にさいしてか・適所如何 Wobei」をもととしてそこから、適在性の「何をもってか・適具如何 Womit」が開与されている。配慮作用にとっては、存在者なるものはかくのごとき用在者として、出会するのである。配慮作用にとってそもそも存在者なるものが現われるかぎりは、すなわち存在者が彼の存在において発見されているかぎりは、存在者とはそのつど既に環境に用在せる者なのであって、かならずしも『当初から《ツーネーヒスト》』ではなくてあとからやっと《ヌール・エールスト》前在するにいたるごとき『世界素材』などではないのである。

用在者の存在としての適在性自身は、その適在全体性が前もって発見されていることに基づいてのみ、発見されている。したがって発見された適在性のうちには、すなわち出会する用在者のうちには、われわれが用在者の世界適合性と名づけていたものが、前もって発見されている。この前もって発見されている適在全体性はみずからのうちに、世界に対するひとつの存在論的関係を蔵している。適在全体性を基いとして存在者を開与するものなる「適在させる作用」は、その作用がそれに基づいて開与する当の基いを、みずから既になんらかのやり方で開示していたはずである。それに基づいて環境的用在者が開与されているところの、かくしてこそはじめて該用在者が世界内部的存在者として接近されうるにいたるところの、当の基いそれ自身は、かく発見されたという存在様式をもつ存在者としては理解されえない。以後われわれは、被発見性 Entdecktheit とは、およそ現存在ではない一切の存在者の存在可能性を表わす術語であることを厳守するが、かの基いは、発見はされえないことを、その本質とする。

しからば、それに基づいてこそ世界内部的存在者が当初から開与されている当の基いは、先行的に開示されて在らねばならない、という事は、何を意味することになるのか？　現存在の存在《ある》には存在了解《あるのわかり》性が属している。

了解性《フェルシュテントニス》はその存在を了解作用《フェルシュテーエン》のうちに有している。現存在には本質的に「世界内存在」という存在様式が属するとすれば、彼の存在了解性の本質的存立には「世界内存在」を了解する作用が属している。それに基づいて世界内部的出会者の開与が結果する当の基いをば、先行的に開与する作用とは、現存在が「存在している者《ザイエンデス》」であるかぎり既に常にそれに対して対処・態度《フェルハルテン》せる当の世界をば、了解する作用にほかならない。

「…にさいしては…をもってする先行的適在化作用 das vorgängige Bewendenlassen bei…mit…」は、適在化作用《させる》ということを、すなわち適在性の「何にさいしてか・適所如何 Wobei」と適在性の「何をもってか・適具如何 Womit」とを、了解することに基づいている。右のごときもの〔関係項〕、およびさらにその根拠となれるもの、すなわち、適在性が得られている「云云にさいして Wobei」としての「云云の為 Dazu」や、けっきょくは「一切の云云の為 alles Wozu」がそれへと遡行するところの「誰か自身の為 das Worum-willen」、これら一切は、なんらかの可解性《わかりやすさ》において、先行的に開示されていなければならない。しからば、現存在が「世界内存在」たる以上その内《ヴォリン》で自己を前存在論的に了解しているという当の場とは何であるのか？ 右のごとき関係連関を了解することにおいて現存在は、その為にこそ worumwillen 彼が自ら存在しつつあるところの、表明的または非表明的に捕捉されたる、自己本来的または非‐自己本来的なる、ひとつの存在可能 Seinkönnen から、ひとつの「の為 Um-zu」へと指示されたことになる。そしてこの「の為《ウム・ツー》」がひとつの「この為 Dazu」を描いて見せ、この「この為《ダーツー》」が、適在させる作用を可能ならしめる「云云にさいして・適所 Wobei」として、〔適在〕構造に合うように或る物〔適具〕をもって mit etwas 適在〔落著〕させるのである。現存在は、そのつど既にひとつの「おのれ自身の為 Worum-willen」から発して適在性の「何をもってか・適具如何 womit」へとまで、 86

指示せられるのを常とする、すなわち彼は、彼が存在するかぎり、そのつど既に存在者を用在者として出会させるのを常とする。その内で worin 現存在が指示される・自己指示《ジヒ・フェルヴァイゼン》という様態で先行的に自己を了解しているはたらきの場とは、存在者を先行的に適在させる作用が基づいている基づきの場・基い Woraufhin である。存在者を適在性という存在様式において出会させる作用が基づいている基づきの場としての、自己指示的了解作用の宿り場 Worin が、世界という現象である。そして、現存在がそれに基づいて指示される基づきの場・基いの構造が、世界の世界性を構成しているところのものである。

その内で現存在が右の〔自己指示的〕様態でそのつど既に自己を了解しているはたらきの宿り場と、現存在は根源的に熟知・昵懇《フェルトラウト》である。世界とのこの熟知・昵懇性《フェルトラウトハイト》のためにはかならずしも、世界を世界たらしめている構成的関係諸項〔「おのれ自身の存在可能の為《ヴォルム・ヴィレン》」に発して——適在性の「何をもってか・適具如何《ヴォミット》」にまでいたる連関〕の理論的洞見は要らない。とはいえ、該関係諸項の明確な存在論的－実存論的解釈の可能性は、現存在を構成しているこの世　界　熟　知　性《ヴェルト・フェルトラウトハイト》に基づいている、それというのも世　界　昵　懇　性《ヴェルト・フェルトラウトハイト》は現存在の存在了解性〔解釈一般の可能地盤〕をも構成しているからである。この可能性は、現存在みずからが、おのれの存在とその存在諸可能性との、それどころか存在一般の意味の、根源的解釈をおのれの課題として提起したのであるかぎり、明確につかまれうるのである。

だが上来の分析をもってしては、世界および世界性というものがその圏内で求めらるべき地平が、ようやく拓開露表されたというにとどまる。続く観察のためにはまずもって、現存在が指示される連関そのものは存在論的にはどう解されねばならないかということを、さらに明らかにする必要がある。

後になお立入って分析されることとなる了解作用 Verstehen（第三一節、参照）なるものが、右に示された関係諸項をば、先行的開示性の内に保持しているのである。かく先行的開示性の内に昵懇に保持されるということにおいてその関係諸項をば了解作用は、おのれを指示する作用のはたらきの場《ヴォリン》として、おのれの前へ・先に vor 保持している。了解作用はそれら関係諸項、そのものの内でかつそのものから、指示される。指示作用のかくのごとき関係諸項の関係性格をわれわれは「be-deuten, 十分に‐分らせる、熟‐知させる、意義有らしめる、重要ならしめる」作用と解する。これら関係諸項との熟知昵懇において現存在はおのれ自身に『分らせ、意義有らしめ、重要ならしめる』というはたらきを為すのである、すなわち彼はおのれ自身に根源的に、おのれの「世界内存在」に関する、おのれの存在と存在可能とを、了解せしめている。「現存在の存在可能の為 das Worumwillen」がひとつの「の為 ein Um-zu」をば「分らせ《ベドイテン》、意義有らしめ、重要ならしめ」、後者がひとつの「この為 ein Dazu」をば、さらに後者が適在させる作用のひとつの「何にさいしてか、適所 ein Wobei」をば、さらにまた後者が適在性のひとつの「何をもってか、適具 ein Womit」をば、かくする《ベドイテン》のである。これらの関係諸項はおのおの相互にカスガイ・括弧で連繫されて根源的全体をなしている、すなわちそれらがかくのごとくにそれらであるゆえんのものは、現存在がおのれ自身におのれの「世界内存在」〈という全一な構え〉を先行的に了解せしめる仕方たるこの「Be-deuten 十分に‐分らせ、熟‐知させ、意義有らしめ、重要ならしめる」という作用によるのである。この「Bedeuten 分らせ、意義あらしめ、重要ならしめる」作用のもつ関係全体を、われわれは Bedeutsamkeit 有意義性と名づける。有意義性は、現存在が現存在するかぎりそのつど既にその内に存在している当の場の、すなわち世界の、構造を構成しているものである。現存在は、彼がこの有意義性と熟知昵懇であることにより、存在者が発見されうる可能性の存在的制約である、したがって存在者は適在性（用在性）という存在様式においてひとつの世界の内で出会するのであり、またかくしてこそその即自身・自体において告げられることができる〔七五・七六頁〕のである。現存在はしたがって現存在であるかぎりいつでもこういう現存在なのであって、彼の存在と共に本質的に既に用在者の連関が発見されているのである――現存在は、彼が存在するかぎり、そのつど既に、出会する『世界』に依存・よりすがりして在《い》るといわねばならない、彼の存在には本質的にこうした依存性 Angewiesenheit が属する。

いっぽう現存在にとってそのつどすでに熟知昵懇である有意義性そのものはみずからのうちに、了解しつつある現存在は解釈しつつある者として『諸意義 Bedeutungen』というものを開示することができ、諸意義の方はまた言葉や言語の可能的存在《ありうること》を基づけている、という事を可能ならしめる存在論的制約を蔵している。開示された有意義性は、現存在の、すなわち彼の「世界内存在」の、実存論的構えなのであるから、適在全体性の発見可能性を可能ならしめている存在的制約である。

かくのごとくにわれわれが用在者の存在（適在性）のみならず世界性そのものをすら、ひとつの指示連関として規定するときは、世界内部的存在者の『実体的存在』はひとつの関係組織のなかへと気化してしまい、また、関係とは常に『思惟されたもの』である以上、世界内部的存在者の存在は『純粋思惟』のなかへと消散してしまいはしないか？

目下の探究領野の圏内においては、存在論的問題構成の諸構造や諸次元に関する反復明示された差異は原則的に区分せられねばならない、すなわち、一、当初に出会する世界内部的存在者の存在（用在性）。二、当初に出会する存在者を通して自立的に発見する透過《ドゥルヒガング》において見出されかつ規定されうるごとき存在者の存在（前在性）。三、そもそも世界内部的存在者が発見されうる可能性の存在的制約の存在、すなわち世界の世界性。さいごに掲げた存在は、「世界内存在」すなわち現存在の、実存論的規定〔実存疇〕である。その前に掲げた両存在概念は、範疇であって、現存在とは異った存在様式を成せる存在者に該当する。有意義性として世界性を構成している指示連関は、形式的には一種の関係組織とも解されえよう。ただ注意を要する点は、そうした形式化は、自己本来的現象内実が失われるにいたるまでも、諸現象を水平化してしまうという事であり、それも有意義性が内に蔵しているような『単純な』関係諸項のばあいにはとくにはなはだしいという事である。「何かの為《ウム・ツー》」、「自己自身の為《ウム・ヴィレン》」、適在性の「何をもってか《ヴォミット》・適具」等というようなこれら『諸関係 Relationen』や『関係諸項 Relate』は、それらの現象内実にしたがって、あらゆる数学的函数化に反抗する。それらはまた、思惟されたものではなく、『思惟作用』においてはじめて定立されたものではなく、配慮的用視が配慮的用視であるかぎりそのつど既にその内に滞在している当の関係諸項 Bezüge なのである。世界性の構成契機たるこの『関係組織 Relationssystem』は、世界内部的用在者の存在を気化させるどころか、むしろ世界の世界性に基づいてこそこの存在者は、みずからの『実体的』『即自身・自体』において、まっ先に発見されうるのである。また、世界内部的存在者がそもそも出会しえてこそはじめて、この存在者の領野内で、「もはや前在するにすぎぬもの」を近づかしめる可能性も成立つのである。このような存在者は、みずからの「もはやたんなる前在存在」に基づいているから、みずからの『諸属性』に関しては数学的に『函数諸概念』において規定されうるのである。この種の函数諸概念は、純粋な実体性をみずからの存在性格とするごとき存在者に対する関係のなかでのみ可能なのである。函数諸概念はつねに、形式化された実体諸概念としてしか可能ではない。

世界性の特に存在論的な問題構成をさらにいっそう鮮明にきわ立てようとするには、分析を続行するに先立ち、世界性の当解釈をひとつの極端な対蹠例に照して分明ならしめる必要がある。

B．デカルトにおける世界解釈に対する世界性分析の対照

世界性という概念とこの現象のうちに含まれている諸構造とに関しては、探究はただ一歩一歩確かめうるにすぎないであろう。世界の解釈は当初は世界内部的存在者の許で着手されがちであり、その結果、世界という現象は一般にもはや視見《ブリック》に入来させ(九八)えなくなるから、われわれはそういう着手のやり方を、そのおそらく最極端な実現例に照して、存在論的に明らかにして見ようと思う。われわれはデカルトにおける『世界』の存在論の概要につき簡単な叙述を与えるのみにとどまらず、その存在論の諸前提を問いそしてそれらの性格を上来獲られたものの光に照して明らかにして見ようと思う。この究明は、デカルト以後に現われる世界の諸解釈が、彼以前のそれらはなおさらのこと、いかに原則的に未討究な存在論的『諸基礎』の上で営まれているかを、認識せしめるはずである。

デカルトは世界の存在論的根本規定を延長 extensio と見る。延長は空間性をも構成しており、デカルトにしたがえば空間性と同一ですらあり、空間性の方はなんらかの意味で世界を構成しうるのであるかぎり、デカルト的『世界』存在論の究明は同時に、環境界と現存在自身との空間性の肯定的解明にとっては、ひとつの否定的拠点を示すことにもなる。われわれはデカルトの存在論に関しては三つに分けて取扱う、すなわち、一、延長的事

物 res extensa としての『世界』の規定（第一九節）。二、この存在論的規定の諸基礎（第二〇節）。三、デカルト的『世界』存在論の解釈学的討究（第二一節）、である。これらの詳細な基礎づけは、続く観察が『われ思惟すわれ《コーギトー・ス》在《ム》り』を現象学的に破壊したときはじめて獲られることになる（第二部、第二篇、（九九）参照）。

第一九節　延長的事物としての『世界』の規定

デカルトは『我れは思惟する ego cogito』を『物体的事物 res corporea』から区別する。この区別はそのとき以来存在論的に『自然と精神』との区別を規定している。この対立は存在的にはどれほど多くの内容的変遷において確認されえようとも、その対立の存在論的諸基礎の不闡明と対立両項そのものの不闡明は、その最も近い根を、デカルトにより遂行された区別のうちにおろしている。いかなる存在了解の圏内で彼はこの両存在者の存在を規定したのか？　即《そく》それ自身的・自体的一存在者の存在を表わす名称は実体 substantia と称される。この語はときには実体 Substanz として存在しつつある者の存在、すなわち実体性 Substanzialität を意味し、ときには存在者そのもの、すなわち一実体 eine Substanz を意味する。実体substantia のもつこの両義性は、すでに οὐσία〔真存在〕という古代の概念にも見られるところであって、偶然ではない。

物体的事物の存在論的規定は、実体の、すなわちこの存在者を一実体たらしめる実体性の、説明を要求する。物体的事物の本来的な「即それ自身的・自体的存在」を構成せるものは何か？　そもそもいかにして、一実体は実体として、すなわち実体の実体性は、解されうるのか？　「また事実、実体はつねに属性によって認識せられる。しかしあらゆる実体にはひとつの特に顕著な属性があって、これが実体の本性と本質とを成せるものであり、またこれに他のすべての諸属性は帰せしめられるのである。(1) Et quidem ex quolibet attributo substantia cognoscitur ; sed una tamen est cuiusque substantiae praecipua proprietas, quae ipsius naturam essentiamque constituit, et ad quam aliae omnes referuntur.」〔当引用文に附された原著者の独訳によると〕（実体はその『属性 Attribute』において近づかれうるにいたる、そしてあらゆる実体はひとつの顕著なる属性を有し、これに即して一定の実体の実体性の本質が読みとられうるにいたる）。物体的事物《レース・コルポレア》に関してはいかなるものがかかる属性であるとされるのか？　「すなわち長さ、広さ、深さへの延長 extensio が物体的実体の本性を構成する。(2) Nempe extensio in longum, latum et profundum, substantiae corporeae naturam constituit.」（すなわち長さ、広さ、深さへの延長が、われわれが『世界』と名づける物体的実体の本来的存在を構成する）。何が延長なるものにこのような卓越性を与えるのか？　「なぜなら物体に属せしめられうる他のすべてのものは延長を前提とするから。(3) Nam omne aliud quod corpori tribui potest, extensionem praesupponit.」。延長は題目となれる存在者〔物体的事物〕の存在構造であるが、この存在構造は、他のすべての存在諸規定が、それらがあるところのもので『あり』えんがためには、それらより以前に既に『あら』ざるをえない底のものである。延長は物体事物《ケルパーディング》に第一次的に『割当・指定され zugewiesen』ざるをえない。この事と呼応して、延長とこれにより性格づけられている『世界』の実体性との証明は、以下のごとくに執り行われる、すなわち、この実体のもつ他のすべての諸規定性、とりわけ分割性、形態、運動、divisio, figura, motus が、どうして延長の諸様態としてしか理解されえないのかが示され、これに反して延長は、形態または運動によらずとも sine figura vel motu もともと了解されうることが示される。

だから一物体事物は、その総体延長を変ずることなく、しかもその事物の分割をしばしば異った諸次元に向って変化しえ、したがって一にして同一事物なるにもかかわらず様ざまな形態をみずから呈しうるのである。「だから一にして同一なる事物が、それみずからのかつ同一の量を保ちつつ、あまたのまったく異った諸様態に延びうるのである。すなわちいまは長さにおいて大きく、広さまたは深さにおいては小さいかとおもえば、すぐまた反対に広さの点で大であり長さの点では小であったりするのである。[4] Atque unum et idem corpus, retinendo suam eandem quantitatem, pluribus diversis modis potest extendi: nunc scilicet magis secundum longitudinem, minusque secundum latitudinem vel profunditatem, ac paulo post e contra magis secundum latitudinem et minus secundum longitudinem.」

（1）哲学原理　第一部、五三の、二五頁（アダム＝タネリー刊行デカルト全集第八巻）。
（2）前掲所。
（3）前掲所。
（4）前掲書、六四の、三一頁。

形態は延長の一様態であり、運動も同様である。「なぜなら運動は、われわれが位置以外の何物をも思惟せず、したがって運動を惹起する力についてはこれを追求しないときにのみ、捕えられるからである。[1] denn motus wird nur erfaßt, si de nullo nisi locali cogitemus ac de vi a qua excitatur non inquiramus.」。運動とは物体的事物の一存在的《ザイエント》属性であるとすれば、運動は、その存在において経験されうべくなるためには、この存在者自身の存在から、すなわち延長から、言い換えれば純粋な場所の変化として、理解されざるをえなくなる。

『力』というようなものは、この存在者の存在の規定のためにはなんら為すところがない。durities（硬さ）、Pondus（重さ）、color（色）というような諸規定は物質の本来的存在を構成するものではない、したがってそれらが存在するかぎりは、それらは延長の諸様態なる事をみずから立証している。デカルトはこの事を『硬さ』について詳細に示そうとする、すなわち「なぜなら感覚がわれわれに硬さを教えるのはもっぱら、硬い物体の諸部分は、われわれの手がそこを押すとき、その手の運動に対し、どの程度に抵抗するかということによってである。だからもしもわれわれの手が或る部分に向って動かされるときいつも、そこに現存する物体全部が手が進むと同じ速度をもって後退するとすれば、そのときなんらの硬さも感じられないであろう。こういうふうに後退する物体が、だがそのゆえに物体たるの本性を失うであろうとは、どうしても考えられえない。したがって物体の本性が硬さにあるとは言えないわけである。[2] Nam, quantum ad duritiem, nihil aliud de illa sensus nobis indicat, quam partes durorum corporum resistere motui manuum nostrarum, cum in illas incurrunt. Si enim, quotiescumque manus nostrae versus aliquam partem moventur, corpora omnia ibi existentia recederent eadem celeritate qua illae accedunt, nullam unquam duritiem sentiremus. Nec ullo modo potest intelligi, corpora quae sic recederent, idcirco naturam corporis esse amissura; nec proinde ipsa in duritie consistit.」と。〔換言すれば〕「硬さは接触作用において経験される。硬さについての触覚はわれわれに何を『告げている』のか？　硬い事物の諸部分は、手の運動に、たとえばそれを押しのけようとすることに、『抵抗する』。これに反して、硬いすなわち退かない物体が、その物体を『押し進めんとする』手の場所変化が行われると同じ速度をもってみずからの場所を変じて行くとすれば、接触するということにはけっしてならないであろう、硬さは経験されないであろうしまたしたがってけっして存在しないであろう。しかし、たとえどれほどにもせよ、かかる速度で退いて行く物体がそのためにその物体存在のいくらかを失うことになるなどとは、どうしても納得できない。『硬さ』というようなものを不可能ならしめる速度の変化にさいしても、物体はその物体存在を保持しているとすれば、硬さはまたこの存在者の存在に属するものではない」と。「同様の理由から、重さも色も、また物体的物質において知覚されるその他すべての同様の諸性質も、物質自身は損われることなく残存しつつ、物質から除去されうるということが明らかにされうる。この点よりして、それら諸性質のどのものにも、この（すなわち延長の）本性は依存しない、ということが結論される。[3] Eademque ratione ostendi potest, et pondus, et colorem, et alias omnes eiusmodi qualitates, quae in materia corporea sentiuntur, ex ea tolli posse, ipsa integra remanente: unde sequitur, a nulla ex illis eius (sc. extensionis) naturam dependere.」。したがって物体的事物の存在を構成するものは、延長である、すなわち「あらゆる様態において分割されえ、形づくられえ、動かされうるもの、das omnimodo divisibile, figurabile et mobile,」、すなわち可分性、造形性、運動性のあらゆる仕方において自己を変化しうるもの、しかも「諸変化を容れながらもみずからは残存するもの、das capax mutationum remanet.」、それら一切の諸変化を通じてみずからを持ちこたえているもの、延長である。物体的事物においてかくのごとき不断の残存 ständiger Verbleib を充しているものは、その事物における本来的存在者である、したがってもちろん、この者によってその実体の実体性は性格づけられるのである。

（1） 前掲書 六五の、三二頁。

（2） 前掲書、第二部、四の、四二頁。

（3）前掲所。

第二〇節　『世界』の存在論的規定の諸基礎

延長的事物という存在論的性格づけがそれへと帰着するところの存在理念は、実体性である。「実体によっては、それが存在するためには他のいかなる存在者をも要しないような仕方で存在する或る存在者より他の何者をも、われわれは了解できない(1)。Per substantiam nihil aliud intelligere possumus, quam rem quae ita existit, ut nulla alia re indigeat ad existendum.」。『実体』の存在は、一種の不要性によって性格づけられている。彼の存在において全然他の存在者を要しないような者は、本来の意味で実体の理念に適う者であり――この存在者は「最も完全な存在者 ens perfectissimum」である。「全くなんらの事物をも要しないような実体は、唯一つの実体、すなわち神、としてのみ了解されうる(2)。Substantia quae nulla plane re indigeat, unica tantum potest intelligi, nempe Deus.」。『神』はここではひとつの純存在論的名称である、というのは神は最完全な存在者として了解されているからである。神という概念とともに同時に『自明』なものとして考えられているこの者は、実体性すなわち不要性を構成する契機の、存在論的解釈をも同時に可能ならしめる。「実際他のすべてのもの（事物）は、もっぱら神の共働の力によってのみ存在しうるのだとわれわれは解する(3)。Alias vero omnes (res), non nisi ope concursus Dei existere percipimus.」。神でないすべての存在者は、最広義における造出《ヘールシュテルング》と、そして保存《エルハルトゥング》を、要する。前在者のために要する造出、ないし〔神にとっての〕造出不要性が、地平を形成するのであって、その地平内で『存在』が了解されることになる。神でないあらゆる存在者は、造られた・被造的存在者〔被造物〕 ens creatum である。両存在者の間には、彼らの存在の『無限の』差異なるものが存立する、しかもわれわれは被創造者《ゲシャフエネス》を、創造者《シエファー》をと同様に、存在者として、呼びかけ・認定している。したがってわれわれは存在を、その意味が『無限なる』差異を包括するような広さにおいて、用いているわけである。だからわれわれは被造的《ゲシャフエン》存在者をも実体と呼びうる一定の権利を有するのである。この存在者は、神への関係よりいえばもちろん造出および保存を要する、とはいえ被造的存在者の領域の内には、被造的存在者《エンス・クレアートゥム》の意味での『世界』の内には、例えば人間の為すそれのような被造者的《ゲシエフリヒ》造出および保存に関していえば、『他の存在者を要しない』ような存在者も存するのである。このような実体には二つあって、思惟を為す事物《もの》・思惟者 res cogitans および延長的事物 res extensa がそれである。

(1) 前掲書、五一の、二四頁。
(2) 前掲書、五一の、二四頁。
(3) 前掲書、五一の、二四頁。

そのものを表わす特性が延長であるような実体の存在はしたがって、三つの、すなわち一つは無限的であり二つは有限的であるところの、実体に、『共通する』存在の意味が解明されているときに、存在論上原則的に規定されうることになる。しかし「実体という名称は、神と被造物とに共通である…と普通スコラ諸学派において言われているように、同一意義において神とそれらとに対して当てはまるものではない。(1) nomen substantiae non convenit Deo et illis univoce, ut dici solet in Scholis, hoc est‥quae Deo et creaturis sit communis.」。これをもってデカルトは、中世存在論がしばしば取扱っていた一問題、すなわちいかなる仕方において存在の意《ベドイ》義《トゥング》はそのさい呼びかけられた存在者を意義《ベドイテト》するのか〔そのさい呼びかけられた存在者を在る者として意義《わか》し・意義づけている存在《ある》の意義の様態如何《わからせかた》〕という問題に、触れる。『神は在る《イスト》』また『世界は在る《イスト》』という発言において、われわれは「在る・存在《ザイン》」を陳述している。だがこのいわゆる『在る《イスト》』という語は、両存在者〔神と世界その他〕の間に、存在の無限の差異ということが存立しているのであってみれば、当面の存在者を〔神と〕同一の意味において・同義的・一義的に（συνωνύμως, univoce）告げることはできない。『在る《イスト》』の意義作用《いぎづけ》 das Bedeuten が同義的だとすれば、被造物《ゲシヤフエネス》は非被造者《ウンゲシヤフエネス》だと思われ、または非被造者が被造物にまで格下げされるであろう。『存在』はじじつたんなる同名としての役目をつとめているのではなく、両方のばあいにおいて『存在』が了解されるのである。スコラ学では、『存在』の意義作用《いぎづけ》の積極的意味を、『類似的《アナローグス》』意義作用《ベドイテン》なりと解し、同義的ないしはたんに同名的それと区別する。人は、ギリシャ存在論一般の始設《アンザツ》においてと同じく彼のもとにこの問題の原型が見られるアリストテレスに関連して、類比《アナロギー》の諸種の様態を確定したのであるが、それらによればかの『諸学派』もまた存在の意義機能《ベドイトゥングス・フンクチオーン》の見解においてはそれぞれに異っている。デカルトは、その問題の存在論的貫徹という点では、スコラ学の足許にもおよばない[2]、否そもそも彼は問題を回避する。「この〔実体という〕名称の意義が、神と被造物とに共通であるとは、だんじて了解されえないことである[2]。Nulla eius (substantiae) nominis significatio potest distincte intelligi, quae Deo et creaturis sit communis.」。この回避はデカルトが、実体性という理念のなかに蔵されている存在の意味とこの意義の『一般性』という性格との究明を怠っていることを意味する。存在そのものが何を意味するかについては、もちろん中世存在論も、古代のそれ同様、問い質すところがなかった。したがって存在の意義作用《いぎづけ》の仕方如何というような問題は、その意義が『表明する』ところの、未闡明な存在の意味に基づいて究明されようとするかぎり、はかどらないからとて、怪しむにはあたらない。その意味が未だに闡明されていなかったということは、その意味を人は『自明』のこととしていたからである。

（1） 前掲書、五一の、二四頁。

（2） この点に関しては僧正カイエターヌスことヴィオのトマスの小論集。ライデン一五八〇年、第三巻、第五、諸名称の類似について、二一一―二一九頁、参照。

（3） デカルト、哲学原理　第一部、五一の、二四頁。

デカルトは実体性如何という存在論的問題をそもそも回避するのみではない、彼は次のごとくはっきりと力説する、すなわち実体の実体たるゆえん、換言すればその実体性は、先行的にそれ自身において自己に対している〔もともとから即《そく》それ自身的対自なる〕ために、近づかれえない。「ところが実体は、それが存在しているということのみからではまずもって感知されえない、なぜならそのことのみではそのこと自身によりわれわれを触発しないからである。[1] Verumtamen non potest substantia primum animadverti ex hoc solo, quod sit existens, quia hoc solum per se nos non afficit.」。『存在』それ自身はわれわれを『触発し』ない、それゆえに存在は知覚されえない、と。『存在はなんら実在的賓辞ではない』とはカントの宣言であるが、彼はデカルトの命題をむし返すにすぎない。これにより存在の純粋な問題構成の可能性は原則的に放棄され、代るに遁路が見出され、その途上で諸実体の前記諸規定が獲られることになる。『存在』はじじつ、存在者としては近づかれえないがゆえに、当の存在者の「存在的・しかじかである的 seiend」諸規定性、すなわち諸属性によって、存在が、言い表わされる。とはいえ任意のそれらによってではなく、暗にはやはり前提されている存在と実体性との意味を、最も純粋に充たすような諸規定性によってである。物体的事物《レース・コルポレア》としての有限的実体 substantia finita において第一次的に必然的な『割当・指定 Zuweisung』〔を受くべきもの（九〇頁中）〕は、延長である。「むしろわれわれは、延長的実体または思惟を為す実体の方が、思惟を為すところのまたは延長しているところのものを除外した単独的実体のみよりも、はるかに了解しやすい(2)、Quin et facilius intelligimus substantiam extensam, vel substantiam cogitantem, quam substantiam solam, omisso eo quod cogitet vel sit extensa;」、なぜなら実体性は、たんに理性的 ratione tantum にすぎず、実体的に存在しつつある者それ自身のように、現実に分たれえたり見出されえたりしないからである。

（1）前掲書、五二の、二五頁。

（2）前掲書、六三の、三一頁。

かくして『世界』を延長的事物《レース・エクステンサ》とする規定の、存在論的基礎は明白となった。すなわち、その存在‐意味において、たんに未闡明なるのみならずむしろ闡明不能だと称されている実体性の理念は、そのつどの実体の最も卓越した実体的属性という迂路を経て表わされるのである。実体をば一実体的存在者によって規定しようとすることのうちに、この術語のあの両義性を惹き起す因も存するのである。目ざされているのは実体性であり、しかもそれが了解されるのは、実体の存在的《ザイエント》・で在る的性質から、である。「存在論的なもの《オントローギシェス》」が「存在的なもの《オンテイシェス》」によってうらづけられるがゆえに、実体という表現も、ときには存在論的、ときには存在的、たいていはただが漠たる存在的‐存在論的、意義を表わすものとなる。この採るにもたらぬ意義区別の背後にはしかし、原則的存在問題

〔在るとは何を意味するかを主義原則として問うこと〕の不成就が隠れている。存在問題の改新確立は、正しいやり方で曖昧性の数かずを『追跡・探索する nachspüren』ことを要求する。かかることをやろうとするほどの者は、『たんなる語義』を『事とする《ベシェフテイヒト・ジヒ》』ことなく、そんな『微差《ニュアンス》』に片をつけんがためにも、『事象そのもの』の最根源的な問題性のなかへ、あえて突進しなければならない。

第二一節　デカルト的『世界』存在論の解釈学的討究

以下のような批判的疑問がもちあがる、すなわち、かくのごとき『世界』の存在論はそもそも世界という現象を探求しているのであろうか、然らずとするも、この存在論は、少くとも世界内部的一存在者を、この者に即してこの者の世界適合性が見取されうるにいたるまで、規定しているであろうか？　と。二つの疑問は共に否認されざるをえない。デカルトが延長をもって存在論上原則的に捕えようとしている存在者は、むしろ、当初は用在せる世界内部的存在者を、通じるという透過《ドウルヒガング》においてこそはじめて、発見可能となるような一存在者である。しかしながら、たとえこの事〔ハイデガーの見解〕の真なることが分明しようと、したがって〔デカルトにより延長と規定された〕この特定の世界内部的存在者（自然）の存在論的性格づけそのものが——実体性の理念と同様に、さらには実体性の定義中に採り入れられている「それが存在しかつ存在せんがためには existit und ad existendum」ということの意味とも同様に——曖昧なものとなろうとも、神、自我、『世界』の根本的分離に基づいたひとつの存在論によって、世界という存在論的問題はなんらかの意味では提起されまた促進されるという可能性は、やはり成立するのである。しかるにこの可能性すら成立しないということになれば、デカルトはあながち世界の存在論的規定を誤るのみならず、彼の解釈およびその諸基礎は、世界という現象をも、当初に用在せる世界内部的存在者の存在をも、超略する überspringen ように仕向けていたのだ、という明白な証拠が提出されざるをえないのである。

世界性という問題の開展にさいして（第一四節）、この現象にいたる適切な接近《ツーガング》を獲得する可能範囲が指摘せられていた。したがって、デカルト的始設《アンザッツ》の批判的究明においてはわれわれは以下のごとくに問わねばなるまい、すなわち、デカルトがその者の存在を延長として『世界』の存在と同視しているような存在者にいたる適切な接近様式としては、現存在のいかなる存在様式が確定されるのか？　と。この存在者にいたる唯一にして正しい接近は認識作用 das Erkennen, die intellectio、それも数学的 - 物理学的認識《エルケントニス》の意味でのそれである。数学的認識は、それにより捕捉せられた存在者の存在の確かな把持《ハーベ》のためにいかなるときも確実でありうるような、存在者の捕捉様式だと考えられている。数学的認識において接近可能となるような存在に適合した存在様式で存在している者が、本来的意味において存在しているのである。このような存在者こそ、彼が在るところの者で、常に在る者 das, was immer ist, was es ist; なのである。それゆえに、世界で経験される存在者においてその本来的存在を構成している者は、諸変化を容れながらもみずからは残存せる者 remanens capax mutationum としての、不断の残留 der ständige Verbleib という性格を有していることが示されうるのである。本来的に存在するのは、この断えず残存する者である。かかる者を、数学は認識する。数学を通して、存在者において近づかれうるものが、その存在者の存在を構成する。したがって実体性の概念のうちに包みかくされている特定の存在理念から、またそのように「延長的・不断残留的に」存在する者を認識する一認識の理念から、『世界』にその存在がいわば宣告されることになる。デカルトは、世界内部的存在者の存在様式についてこの存在者から先《フォ》に語《ール・ゲーベン》らせようとはしないで、その出処において定かならず、その正しさにおいて証《あか》しの立たないような存在理念（存在＝不断の前在性）を基として、世界にその『本来的』存在をいわば先に書き与える《フォール・シュライベン》のである。それゆえに、世界の存在論を規定するものはたまたま特別の評価を得ている一科学、数学、への当初からの依拠ではなくて、不断の前在性としての存在への原則的に在存論的な定位であり、さてかかる存在の捕捉には数学的認識がとりわけ打ってつけだというのである。デカルトは、かく哲学的にはっきりと、伝統的存在論のやり遂げを、近代の数学的物理学とその先験的諸基礎の方へと切換えたのである。

　デカルトは、世界内部的存在者への適切な接近という問題を提起するにはおよばない。いまだ屈しない伝統的存在論の優勢下では、本来的存在者の正しい捕捉様式は初手から決定ずみである。その様式は、νοεῖν すなわち最広義における『直観』に存するのであって、διανοεῖν すなわち『思惟』も、直観《ノエイン》に基づけられた、直観《ノエイン》の〔高次的〕一遂行形式にすぎない。かくしてこの原則的な存在論的定位から出立してデカルトは、存在者へのなお可能なる直観的知覚による接近様式への、すなわち知性 intellectio に対する感覚 sensatio（αἴσθησις）への、彼一流の『批判』を与えるのである。

　デカルトは、存在者は当初は彼の本来的存在においては自己を現わさないものだということを、十分に知っている。『当初』に与えられているのは〔デカルトが例に挙げた〕、この一定の、色あり、味あり、硬さあり、冷たさあり、響きある密蠟である。だがこの物は、また一般に諸感覚が与えるものは、存在論的には重要でない。「諸感官の諸知覚は、もっぱら人間的肉体の精神とのあの結合にのみ起因するという事、および外的物体がこの結合者〔人間〕にとりどれほど有益ないし有害たりうるかをたしかに通常はわれわれに示すという事を、われわれが認めるならば、十分であろう。[1] Satis erit, si advertamus sensuum perceptiones non referri, nisi ad istam corporis humani cum mente coniunctionem, et nobis quidem ordinarie exhibere, quid ad illam externa corpora prodesse possint aut nocere.」。諸感官は一般に、存在者を彼の存在においては認識せしめない、それらはただ、世界内部的な『外的』諸事物が、肉体附帯的《ライプベハフテト》人間なるものにとって有益か有害かを告げるだけである。「それら〔諸感官〕はわれわれに、それら（諸物体）がそれら自体においてはいかに存在しているかを、教えはしない。[2] Nos non docent, qualia (corpora) in seipsis existant;」、すなわちわれわれは諸感官によっては一般に、存在者に関しその存在においては、解明を得ないのである。「それゆえにわれわれは、物質の、或いは一般的に見て物体の本性は、硬いか重いか色あるかその他なんらかの仕方で諸感官を触発するような事物においては成立せず、ただ長さと広さと深さとにおいて延長せる事物においてのみ成立することを認めるであろう。[3] Quod agentes, percipiemus naturam materiae, sive corporis in universum spectati, non consistere in eo quod sit res dura vel ponderosa vel colorata vel alio aliquo modo sensus afficiens: sed tantum in eo, quod sit res extensa in longum, latum et profundum.」

（1）前掲書、第二部、三の、四一頁。
（2）前掲書、第二部、三の、四一頁。
（3）前掲書、四の、四二頁。

デカルトが、感性のなかで自己を現わすものをそのもの固有の存在様式においてそのもの自身をして先ず語らせるということを、ましてその存在様式を規定するということを、いかに為しえなかったかという事は、彼により行われた、硬さと抵抗の経験のあの解釈（第一九節、参照）を批判的に分析してみれば明らかとなる。

硬さは抵抗だと解されている。だがこの抵抗といい硬さといい、およそ現象的な意味では、すなわち「即それ自身的に」経験されたる、またかかる経験において規定されうる、或る物としては、了解されていない。抵抗とはデカルトにとっては、その場から動かぬ、すなわちいかなる場所の移動をもこうむらぬ、ということと同じ意味である。そうなると或る事物が抵抗するということは〔その事物が〕、或る他の自己の場所を移動する事物に対し相対的に、一定の場所に残留するということを、ないしは〔その事物が〕この他の事物により『追い着かれる』ことになるような速度で場所を移動するということを、意味する。硬さの経験に関するこのような解釈によっては、感性的知覚の存在様式、およびこれと同時に、かかる知覚中に出会する存在者をその存在において捕捉せんとする可能性も、ともに消滅してしまう。デカルトは或る物の知覚の存在様式を、彼が知っている唯一の存在様式に移しかえる、すなわち或る物の知覚は、二つの前在せる延長的事物《レース・エクステンサエ》の一定の「並立的‐前在存在 Nebenein-ander-vorhandensein」ということになってしまう。両者の運動関係そのものが、物体的事物の前在性の第一次的特性たる延長《エクステンシオ》の様態のうちに存するのである。もちろん触知的態度が『実現』されうるためには、触知さるべき事物の特別の『近さ』を必要とする。この事はだがべつに、接触と接触中に告げられると称されている硬さとが、存在論的に解して、二つの物体的事物の速度の相違において成立する、という事を意味しはしない。硬さも抵抗も、もしも存在者が現存在の、或いは少くとも生けるものの、存在様式を有しないとすれば、そもそも現われる〔自己を示現する、すなわち現象する〕こともない。

かくしてデカルトにとっては、世界内部的存在者にいたろうとする可能な接近諸方途の究明が、その存在者そのものの一特定領域から読みとってきたような一存在理念によって支配されることになるのである。

存在の理念を一定不変的前在性だとすることは、ただに世界内部的存在者の存在の極端な限定と、この存在者の世界一般との同一視を惹き起すのみならず、また同時に、現存在の諸態度を存在論的に適切に視見《ブリク》にもたらすことをもさまたげる。こんなことではいっぽう、すすんですべての感性的および悟性的認知作用《フェルネーメン》が〔低次の「世界内存在」に〕基づけられた〔高次の〕性格なることを見取《ゼーエン》しようにも、また両作用が「世界内存在」の一可能性なることを了解しようにも、第一その方途すら遮断されてしまっている。その根本構えに「世界内存在」が属しているのに『現存在』の存在をばデカルトは、延長的事物の存在をと同一のやり方で、実体と解する。

しかしながらデカルトに対するこの批判的諸論究によっては、全然彼の地平外に存していたような課題が置き換えられ、そうして彼によっては解かれていないと『指摘され』ているのではないか？　デカルトは、彼がそもそも世界の現象を、したがってまたこれとともに世界内部性なるものを、知ってはいないのに、どうして特定の世界内部的存在者およびその存在を、世界と同一視できるのであるか？

原則的論議の領野においては、論議は学説誌《ドクソグラーフィシュ》的に解しうべき論題にのみ拘泥する必要はない、むしろ論議は問題性の事象的傾向に定位しなければならない、たとえこの傾向が通俗的見解を脱しえておらぬにもせよ。デカルトが「思惟を為す事物《レース・コーギタンス》・思惟者」と「延長的事物《レース・エクステンサ》」とをもって『自我と世界』の問題をたんに提起しようとのみ欲したのではなく、この問題に対するひとつの徹底した解決を要求したという事は、彼の『省察』（特に第一と第六、参照）がこれを明らかにする。およそ積極的批判を欠き、伝統にたよろうとするこの存在論的根本定位が、彼に現存在の根源的な存在論的問題性の拓開露表を不可能ならしめ、世界という現象に対する彼の視見《ブリック》を歪めざるをえず、かくして『世界』の存在論を特定の世界内部的存在者の存在論のなかへと追いこむをえしめたのだという事は、上記の究明が立証しているであろう。

しかし、と人は以下のごとくに抗弁するであろう、世界という問題、さらには環境界において身近かに出会する存在者の存在もまた、じじつ蔽われたままであろうとも、デカルトはやはり、他のあらゆる存在者をば自己の存在において基づけている底の世界内部的存在者の、すなわち物質的自然の、存在論的性格づけのための基礎をすえたのである。物質的自然、すなわちこの基底層の上にこそ、世界内部的現実性の自余の諸層は構築されているのである。諸規定性は、もちろん諸性質として現われようとも、『実は・基底《もと》はといえば、im Grunde』、やはり延長自体の呈する諸様態なる量的諸変様なのであるから、延長的事物そのものに第一に基づいている。それら自身なお還元をゆるすかかる諸性質の上層を成せるのが、美、不美、適合、不適合、使用可能、使用不能といったような特殊諸性質である。これらの特殊諸性質は、事物性に即する第一次的定位においては、量化できない価値的諸賓辞だと解されざるをえず、これら諸賓辞によって、当初は物質にすぎぬ事物にひとつの財《グート》という刻印がうたれるのである。こうした成層法によっても観察はやはり、われわれが用在的道具として存在論的に性格づけていたあの存在者に達するのである。『世界』のデカルト的分析はかくしてはじめて、当初に用在する者の構造の確実な構築を可能にする、この分析はただ、自然事物の完全な使用事物への、遂行容易な補足を要するのみである、と。

しかしながらそういう方途では、世界という特別問題はしばらくおくとしても、世界内部的に当初に出会する者の存在に、存在論的に到達できるであろうか？　物質的事物性と共に、暗にひとつの存在――不断の事物前在性――が始設《アンゲゼツト》されていはしないか、かかる存在は、価値的諸賓辞をもってする存在者の事後的扮飾によっては存在論的に補足されないどころか、むしろそれら価値的諸性格自体が、事物の存在様式をもつ一存在者の、たんなる存在的諸規定性たるにとどまるのではないか？　価値的諸賓辞の添加は、諸財の存在に関して少しも新しい解明を与えうるものではなく、むしろこれら〔諸財〕のために純然たる前在性という存在様式をまたもや前提するにすぎない。諸価値は或る事物の前在的諸規定性である。諸価値はひっきょうみずからの存在論的根源を、事物的現実性を基底層だとする先行的始設《アンザツ》のうちにのみ有している。すでに前現象学的経験ですら、事物的だと申立てられている存在者には、事物性によっては完全に了解できかねる何物かの存することを示している。それゆえにこそ事物的存在はなんらかの補足を要するのである。だがいったい、諸価値の存在とは、或いはロッツェが『肯　定《ベヤーウング》』の一様態だと解していたそれらの『妥　当《ゲルトウング》』とは、何を意味するのか？　諸価値の諸事物へのかかる『附帯《ハフテン》』とは、存在論上何を意味するのか？　これらの諸規定が依然として不明であるかぎり、問題構成の原則的転倒はまったく度外視しても、自然事物からの使用事物のこの建て直し《レコンストウルクチオン》は、存在論上いかがわしき企てといわねばならない。しかも、当初から『皮を剝いで』おいた使用事物のかかる建て直しには、その建て直しにおいてみずからの全体性が再び造り出されるはずの当の〔世界〕現象への、先行的な積極的注目がつねにすでに必要ではないか？　だがその現象に最も固有な存在構えがあらかじめ適切に解明されていないとすれば、建て直しも無設計な建てぱなしにおわりはしないか？　この建て直しといい伝統的『世界』存在論の『補足』といい、結果においては、上来の道具用在性および適在全体性の分析が出発点としていたのと同じ存在者のもとに達することになるかぎり、建て直しも『補足』も、あたかもこの存在者の存在が、じじつ開明されたかのごとき、ないしは少くとも問題とはせられたかのごとき、外観をよび起す。デカルトが属性・固有性《プロプリエタース》としての延長をもって実体の存在を見つけ出していないと同様に、『価値的』諸性質への避難は用在性としての存在を、視見《ブリック》にすら入れえていない、いわんや存在論的に主題となしうるにおいておや、である。

デカルトは、世界如何の問いを、当初に接近できる世界内部的存在者だと見なされている自然事物性如何の問いに、狭めることを強化したのである。彼は、存在者についての最も厳密だと見なされる存在的認識作用は、そういう認識において発見された存在者の第一次的存在にいたりうる接近路でもある、という意見を固めたのである。だが同時に洞察されねばならないことは、事物存在論の『諸補足』も原則的にはデカルトと同一の独断的基盤の上ではたらいているということである。

われわれはすでに（第一四節）、世界および当初出会《ツーネーヒスト・ベゲーグネント》的存在者を超略するということÜberspringenは、偶然ではなく、すなわち簡単に取戻しのつくような見落しではけっしてなく、むしろ現存在そのものの本質的存在様式に基づいていることを、暗示しておいた。もし現存在のこの分析論がこの問題性の枠内での最も重要な現存在の主要諸構造を洞見せしめたとすれば、もし存在一般という概念にその可能性を可能ならしめている地平が指定せられ、かくしてはじめて用在性と前在性とが存在論上根源的に了解されうるにいたるとすれば、そのときはじめて、デカルト的かつ原則上今日なお常習的世界存在論に対していま行われた批判は、哲学的正当さにおいて、証されうるであろう。

このためには次の各項が示されねばならない（第一部、第三篇、参照）[一〇〇]——

一、なにゆえにわれわれにとって決定的な存在論的伝統の始設《アンザッツ》において――パルメニデスのもとで顕然と――世界という現象が超略せられたのか、かかる超略の不断の再来は何に由来するのか？

二、なにゆえに超略されたこの現象の身代りに世界内部的存在者が存在論的主題として跳びこむのか？

三、なにゆえにこの存在者は当初『自然』のうちで見出されるのか？

四、なにゆえに必然的に経験されたかかる世界存在論の補足は価値現象の援用の下に行われるのか？

これらの問いに答えてはじめて、世界という問題性の積極的了解性が達成され、この問題性を誤る根源も呈示され、また伝統的世界存在論を拒否すべき権原《レヒツグルント》も証示されるのである。

デカルトに関する諸考察は、世界の諸事物からの一見自明とおもわれている出発は、存在者についての最も厳密だと見なされている認識への定位と同じく、世界、現存在および世界内部的存在者の最も身近かな存在論的諸構造がその上で現象的に遭遇されうる地盤の獲得を保証しないという事を、洞察せしめようとするにあった。

しかしながらわれわれが、空間性は明らかに世界内部的存在者をも共に構成していることを想起するならば、デカルト的『世界』分析の『救済』ということは、けっきょくはやはり可能となるのである。物体的事物のあらゆる規定性にとっての先行条件・被前提者・前提 praesuppositum としての延長の極端な露呈をもってデカルトは、のちにカントがさらに立入ってその内実を確定するにいたったところの、「先天ということ ein Apriori」の了解《わかり》性のために前働きをしたわけである。延長の分析は元来、一定の限界内では、延長的存在者の存在の表明的解釈の怠慢ということとは無関係である。『世界』の根本規定性として延長を始設《アンゼッツング》することは、たとえ延長に遡行しても、世界の空間性も、環境界内で出会する存在者の当初に発見される空間性も、まして現存在自身の空間性はなおさら、存在論的に理解されえないとはいえ、みずからの現象的権利は有するのである。

C．環境《ウム・ヴェルト》の環《ウム》性 das Umhafte と現存在の『空間性』

「内存在」の最初の予描（第一二節、参照）という関係においては、現存在は、われわれが内部性 Inwendigkeit と呼んでいるような、空間の中に存在するという状態からは、区別されねばならなかった。内部性とは、それ自身延長ある一存在者が一延長物の延長せる諸限界によって環囲《ウムシュロセン》されている、ということを意味する。この内部《インヴェンデ》的《イヒ》に存在せる者とその環囲《ウムシュリーセンデス》者とは、両者とも空間の中に前在している。いわば空間《ラウム》という容器《ゲフェース》の中に入れられた現存在というような内部性はもちろんこれを拒否しはしたが、だからとてべつに現存在のあらゆる空間性をも原則として排除するつもりはなかったのであって、むしろ現存在を構成するような空間性を見取《ゼーエン》するための途《みち》を明けておこうとしたまでである。この空間性がいまや露呈されねばならない。ところで世界内部的 innerweltlich に存在する者は同じく空間の中に存在するかぎり、その者の空間性は世界との或る存在論的連関に立っているであろう。それゆえに、いかなる意味において空間は世界の構成者であるのかが規定されねばならない、世界の方は「世界内存在」の構造契機として性格づけられていたが。とりわけ次の事、すなわち、いかにして、環《ウム・》境《ヴェルト》の環《ウム》性、環境において出会する存在者そのものに特有の空間性が、世界の世界性によって基づけられており、反対に世界の方が空間の中に前在しているのではないのか、という事が示されねばならない。現存在の空間性と世界の空間規定性との探究は、世界内部的に空間の中に用在せる者の分析から出発する。観察は次の三段階を一巡する、すなわち、一、世界内部的に用在せる者の空間性（第二二節）。二、「世界内存在」の空間性（第二三節）。

三、現存在の空間性、および空間（第二四節）。

第二二節　世界内部的に用在せる者の空間性

空間は、なお規定されねばならない意味においてにもせよ、世界を構成するものだとすれば、われわれが世界内部者の存在に関する前述の性格づけにさいしてこの者を、空間内部者としても視見《ブリック》に入れておらざるをえなかったにしても、怪しむにはあたらない。これまでは、用在者のこの空間性は現象的には明確に捕えられておらず、またその空間性が用在者の存在構造とからみ合って《フェルクランメルング》いるという点も提示されていなかった。いまや、これが課題である。

われわれはすでに用在者の性格づけにさいしてこの者の空間性にはどの程度に逢着したであろうか？　当初に・先ず zunächst 用在せる・手許にある《ツーハンデネス》者ということが言われていた。この言はたんに、そのつど他の存在者より先に先ず第一に zuerst 出会する存在者をのみならず、同時に『近くに in der Nähe』在る存在者をも意味する。日常的交渉にとっての用在者は近さ die Nähe という性格をもつ。よく吟味してみると道具のこの近さということは、道具の存在を言い表わす術語において、『用在性・手許にあること Zuhandenheit』において、すでに暗示されている。『手許』に存在する者 das »zur Hand« Seiende はそのつど異った近さを有するが、その近さは距離の測定によって確定されているわけではない。この近さは用視的に『目算考量しつつある berechnend』操作や行使によって規整される。配慮作用をみちびいている用視は、そういうやり方において規整される近き者を、同時にその者の方向の点でも確定しているのであって、その方向においてこそ道具はいつでも近づかれうるのである。道具のもつこの方整され〔方向を整え定められ〕た近さ die ausgerichtete Nähe とは、道具が、何処かに前在していて、自分の位置を空間の中に占めている、というだけのことではなくて、道具たる以上はその本質上、備え付けられ、蔵し置かれ、配置せられ、用意せられている、という事を意味するのである。道具には道具の場所 Platz というものがある、ないしは道具は『周りにある liegt herum』のである、この点は、任意の空間的位置における純然たる出現とは、原則的に区別されねばならない。その場そのばの場所《デイー・イエヴァイリゲ・プラッツ》は〔場所とはそのつど〕、この…なんらか…の為なる道具の場所なのであるから、環境的に用在せる道具連関のもつ、相互上下縦横に方向を整定されている諸場所の一全体から、規定されている。場所と場所多様性とは、事物が任意に前在している〔不定な〕「或る処 das Wo」だと解釈されてはならない。場所とはそのつど、一道具が帰属する Hingehören 特定の『其処 Dort』とか『其の場 Da』とかである。そのつどのこの帰属性は、用在者の道具性格に、すなわち或る道具全体への用在者の合適在的所属性《ベワントニスメーシゲ・ツーゲヘーリヒカイト》に相当する。いっぽう或る道具全体の場所を定めうるものなる帰属性の根底には、かく帰属することを可能ならしめる制約として、一般に「何処へ、方処・帰属先 das Wohin」überhaupt が存するが、その方処へと〔或る道具全体が帰属することにより〕、或る道具連関にとっては、場所全体性なるものが割当てられることになる。かく配慮的交渉において用視の視《ブリク》見に予め保たれているこの、道具として帰属すべき「何処へ、方処・帰属先」を、われわれは方域〔方向 - 圏域〕die Gegend と名づける。

『云云の方域に』ということは、『云云の方向・方位・方角《リヒトゥング》に』ということをのみならず、同時に、その方向に存する或る物の周辺《まわり》・環域 Umkreis に、ということをも意味する。方向と隔《へだ》たり Entferntheit ——近さというも隔たりの一様態にすぎぬ――とによって構成されているものなる場所は、すでにひとつの方域を予見《めざ》してかつその内部で、定位されて・方向と位置とを定められて orientiert いるのである。用視的に処理されうる或る道具全体性の、帰属すべき諸場所の割当てや見出しが可能となるべきためには、方域なるものが予め発見されていなければならない。用在者の場所多様性のかかる方域的定位が、あの環《ウム》性 das Umhafte を、すなわち環境《ウム・ヴェルト》で身辺的に出会する存在者の「吾人－環囲 das Um-uns-herum」を、構成するのである。諸位置《シュテレン》を可能ならしめる三次元的多様性が当初に与えられていて、これが諸事物によって塡充されるわけではけっしてない。空間のこの次元性は、用在者の空間性のなかではまだ蔽われている。『上』は『天井』、『下』は『床《ゆか》』、『後ろ』は『戸口』といった具合に、すべての処次《アッレ・ヴォー》・一切処《いっさいしょ》はみな日常的交渉のあれやこれやの筋・道《ゲンゲ・ウント・ヴェーゲ》によって発見されそして用視的に解釈されているのであって、観察的空間測定において確認かつ表記されているのではない。

方域は、集合的に前在せる諸事物によってはじめて形成されるのではなくて、そのつどすでに個個の諸場所を成して用在しているのである。諸場所そのものは配慮作用をみちびく用視において、用在者に割当てられるか、または予め見出されるのである。すなわち絶えず用存せる者〔恒常的用在者、月・太陽・星等〕は、用視的「世界内存在」が彼を予め斟酌考量していればこそ、彼の場所を有しているのである。彼の用在性の処次は、配慮作用のために見積られており、また自余の用在者を予見して定位されている。だから、その光と熱を日常的使用に供している太陽は、かれが施与するものの使用可能性の変化から用視が発見したかれの諸場所――日の出、正午、日没、夜半等を有するのである。かく変化的様態を見せながらも依然として恒常的に用在せるこの者の諸場所は、それらのうちに存する諸方域の強調された『諸告示《アンツァイゲン》』となる。これら天空諸方域は、未だまったくなんら地理学的意味を有するにはおよばないが、諸場所をもって占められうる諸方域のあらゆる特定的形成のために要する先行的「方処《ヴォヒン》・帰属先」を、予め与えているものである。家には陽の当る南側《ゾンネン・ザイテ》と風雨の当る北側《ヴェッター・ザイテ》とがある、これらを予見して家の『間《ま》』取りは定位されており、またそれらの間《ま》の内部では〔室内的方向整定《アイン・リヒテン》のよろしきをえた物の具〕『調度 die Einrichtung』がそれぞれの道具性格に応じて定位されている。例えば教会と墓地とは、日の出と日没とにならって設けられている、すなわち、現存在自身がこの世界における彼の最も自己的な存在両可能性についてはそれらにより決定されているところの、生と死との両方域は、である。「おのれの存在中にもかかわらずおのれの存在外へとめぐり出る・みずから存在しながらもその存在そのものが問題となり危うくなる」〔一〇〕ものなる現存在の、配慮作用にしてこそ、かかる両方域を先行的《フォールゲンギヒ》に〔ア・プリオーリに〕発見できているのであって、この両域の許で現存在はそのつど〔おのれの存否に関わる〕ひとつの決定的適在・落著《アイン・エントシャイデンデス・ベヴェンデン》を見せているのである。両方域のこの先行的発見は、用在者がそれに基づいて出会者として開与されるところの、適在全体性によっても規定されている。

そのつどの方域の先行的な用在性は、さらにいっそう根源的な意味で、用在者の存在なのであって、「目立たない熟知昵懇性という性格 Charakter der unauffälligen Vertrautheit」をもつ。その用在性は、用在者を用視的に発見するばあいに目立つというやり方においてのみ、しかも配慮作用の衰退的諸様態においてのみ、みずから見られうるにいたる。或る物にそれがあるべきその場所で出くわさないと、そのときはじめてその場所の方域が、方域としてはっきりと、近づかれうるということはしばしばである。用視的「世界内存在」のうちにおいて、道具全体の空間性として、発見されている空間は、そのつど道具全体の場所として、存在者自身に属している。

104

たんなる空間はまだ蔽われている。空間は諸場所のなかへ飛散してしまっている。だがこの空間性は、空間的に用在せる者の世界適合的な適在全体性によって、おのれ自身の統一を得ているのである。『環境』が、前もって与えられている一空間の中で整頓《アインリヒテン》されるのではなくて、環境特有の世界性がみずからのもつ有意義性において、用視的に割当てられた諸場所から成るそのつどの一全体性のもつ適在的連関を、分節しているのである。そのつどの世界が、みずからに属する空間の、空間性をそのつど発見する。用在者をその環境的空間のなかで出会させるということは元来、現存在自身「彼が世界内に存在する《ザイン・イン・デル・ヴェルト・ザイン》」という点で『空間的』であるがゆえにのみ、存在的に可能なのである。

第二三節　「世界内存在」の空間性

われわれが現存在に空間性を帰する以上は、『空間の中に存在する』ということは、明らかにこの存在者〔現存在〕の存在様式から理解されざるをえない。本質上前在存在するものでない現存在のもつ空間性は、『宇宙《ヴェルト・ラウム》』の中の或る位置に出現したり、或る場所に用在存在したりするようなことを意味することはできない。これらは二つながら、世界内部的に出会する存在者の存在様式である。現存在はしかしながら、世界内部的出会存在者との配慮的‐熟知昵懇的交渉という意味において、世界の『内に in』ist 存在する。したがって彼になんらかの仕方で空間性が属しているとすれば、それはただこの「内‐存在 In-Sein」に基づいてのみ可能である。「内‐存在」の空間性はだが、「距離‐除去、距たり無くすること Ent-fernung」と「方整、方向整定 Ausrichtung」という両性格を示している。

彼の「世界内存在」という点から見た現存の一存在様式としてのEntfernung〔普通は除去、隔離、遠隔、距離等の意〕のもとにわれわれが了解しているのは、「距《へだ》たり・遠隔性 Entferntheit」（〔その一様態にすぎぬ〕近さ Nähe）とか、まして「距離・間隔 Abstand」とか、いうようなものではない。われわれは Entfernung という言葉を能働の他動詞の意義で用いる。Entfernung は現存在の一存在構えを指し、この点より見れば、「das Entfernen von etwas 或る物を遠ざける・除去する」ことは、その物を「撤去する Wegstellen」ことであって、特定的、現事実的一様態にすぎない。「Entfernen 除去する」の方は〔「或る物を《フォン・エトヴァス》」という補足語は無いが、やはり能働の他動詞として、いわば内的補足語ともいうべき〕、「Ferne 遠さ」、すなわち或る物の「距たり・遠隔性 Entferntheit」を、消滅させること、したがって「近づけること Näherung」を意味する。現存在は本質上、「距離を除去しつつ」在る。現存在は、彼がそれである存在者であるかぎり、そのつど存在者を近くへ出会わせている。「距たり無くすること・距離‐除去 Ent-fernung」が、「距たり・遠隔性 Entferntheit」を発見するのである。後者は「距離・間隔 Abstand」と同様、現存在でない存在者の範疇的一規定である。「距たり無くすること」はこれに反して実存疇として固持されねばならない。一般に存在者は現存在に対するその距たりにおいて発見されているかぎりでのみ、世界内部的存在者そのものにおいても、他〔の同類〕に対する関係において、『諸距離』や諸間隔が見出されうるのである。二つの点は二つの事物と同じく、一方が他方から、距たってはいない、なぜならそれら存在者のどちらもその存在様式からして距てるということは為しえないからである。それらはもっぱら、「距たり無くする作用《エントフェルネン》」においてこそ見出されそして測定されうるものなる間隔を有するにすぎない。

「距たり無くする作用」は、「まずたいてい〔日常底〕は」、用視的近づけ、すなわち供給したり、準備したり、手許にしたりして近づける作用である。ただし存在者の純認識的発見作用という特定様式も、近づけるという性格をもつ。現存在のうちには近さへの本質的傾向が存する。われわれが今日多かれ少なかれ参加を強いられているスピード・アップの全様式は、遠隔性の克服を目ざして驀進する。例えば『ラジオ』をもって現存在は今日、日常的環境界の拡大途上において、その現存在的意味においては未だ見極めがたいほどの、『世界』の「距離－除去」を成しとげる。

「距たり無くする作用」のうちにはかならずしも、或る用在者の現存在との関係における遠さ如何のことさらな見積作用《アプシェッツェン》は存しない。「距たり」はなかんずく間隔としてはけっして捕えられていない。遠さが見積られるようなばあいは、日常的現存在がそれらのなかに保たれているさまざまな距離除去に相関して行われる。計算者的見地からはこれらの見積は不正確で不定でもあろう、だがそれらは現存在の日常性においてはそれら独特にして一般に解りやすい確定性を有しているのである。すなわちわれわれは、「bis dort ist es ein Spaziergang, ein Katzensprung, »eine Pfeife lang«. そこまでは、ほんのひと散歩だ、猫のひと跳びだ、『一服する間《ま》だ』〔ほんのひと走り、目と鼻のさき、朝飯前、等〕」と言う。これらの尺度は、それらが『測定《メッセン》』しようとはしていないという事のみならず、かく見積られた距たりは人が配慮的に用視的に近づいて行くような存在者に属するのだという事を、表明している。ただしわれわれが固定的尺度を用いて、『あの家までは半時間だ』と言うようなばあいも、この尺度は見積られたものだと解されねばならない。『半時間』は三〇分ではなく、量的延長の意味ではもともとなんらの『長さ』をも有しないようなひとつの持続である。この持続は慣れきった日常的『こころづかい《ベゾルグングゲン》』をもととしてそのつど解釈されている。こうした距たりは、当初は、かつまた『官公的《アムトリヒ》』に計算された尺度が流布しているところでも、用視的に見積られているのである。かく「距たり無くされ・近づけられたもの das Ent-fernte」はかかる見積行為のうちに用在しているがゆえに、そのものはまたそれ特有の世界内部的性格を保有している。この点にはまた、距たった存在者にいたる交渉路は日日その長さを異にするということすら属する。環境界での用在者なるものは、現存在を首になったような永遠の観察者《けんぶつにん》に向って前在しているのではもちろんない、用視的に配慮せる現存在の日常性のなかへと出会するのである。みずからの路上において現存在は、物体的事物として一空間線分を通過するのではない、彼が『キロメーターを食い消す・疾走するわけではない frißt nicht Kilometer』。「近づける作用」と「距たり無くする作用」とがそれぞれ、「近づけられたもの」と「距たり無くされたもの」への《ツー》配慮的存在である〔前二作用がそれぞれ後二者を可能ならしめる配慮的存在作用《ザイン》である〕。『客観的』には長い路が、『客観的』には非常に短い路よりも、もっと短いこともありうる、おそらく後者がひとつの『難《シュヴェー》路《ラー・ガング》』であって或人には無限に長く思われるからであろう。だがかく『思われる』ということのなかにこそそのつど世界はまっ先に本来的に用在しているのである。前在的諸事物の客観的諸間隔は、世界内部的に用在せる者の距たりや近さとは合致しない。前者の方は精密に知《ゲヴスト》られてもいよう、だがこの知《ヴイセン》はやはり盲目たるにとどまる、それは環境界を用視的に発見しつつ近づけるという機能を有しない。そのような知《ヴイセン》を人が用いるというのはただ、人に『近づき来る《アイネン・アンゲーエント》〔関わりある〕』世界に対して、距離線分などを測定しつつあるのではなくて配慮しつつある存在においてまたこの為に、のみである。

人は、はじめから『自然』や、『客観的』に測定された諸事物の諸間隔やに定位して、かかる「距たりの解釈《エントフェルヌングス・アウスレーグング》」や見積を『主観的』だと称する傾きがある。だがそれは、ひとつの『主観性』にもせよ、おそらく世界の『実在性』のうち最も実在的なものを発見する主観性であり、『主観的』恣意や、『それ自体・即自身的《アン・ジヒ》』には別様に存在せる者への主観主義的『見解』などとはなんの関係もない。現存在が日常性において為す用視的「距離-除去作用」が、『真の世界の』、すなわち現存在が実存しつつある者としてそのつど既にその許に存在している存在者の、自体存在・即自身的存在 das An-sich-sein を発見する。

　測定された諸間隔としての諸距離に、はじめにどころか終始、定位していたのでは、「内存在」の根源的空間性は蔽い隠されてしまっている。『最も近い』と思われているものでさえ、『われわれから』最も小さい《クラインスト》間隔をもつものであるとは、全くかぎらないのである。『最も近いもの』は、耳や手や目のとどく平均的範囲内に、距たっているもののうちに存する。現存在が本質上空間的であるのは「距たり無くする」というやり方によってであるから、交渉もつねに、現存在によりそのつど一定の可能範囲内に「距たり無くされ・近づけられて」いる『環境』のなかで維持されている。だからわれわれは距離的には『最も近いもの』を当初はつねに聞き落したり見落したりするのである。視覚《ゼーエン》および聴覚《ヘーレン》が〔触覚味覚等の近感官《ナーエ・ジン》に対して〕遠官《フエルン・ジン》であるのはそれらの到達程限《トラーク・ヴァイテ》に基づくのではなく、現存在が距離除去者《ちかづけるもの》としては主としてそれらのなかに滞在しているからである。例えば眼鏡をかけている者にとっては、眼鏡そのものは距離的にははなはだ近く彼の『鼻の上にのっている』が、この使用中の道具はま向いの壁にかかっている絵よりも環境的にははるかに遠い。この視覚道具は、同様の聴覚道具例えば電話の受話器のように、当初に用在せる者の既述のあの「目立たなさ」を有している。この事はまた歩行道具たる街路についても当てはまる、例えば歩行のさいには街路は、歩毎に触れられ、およそ用在者中最も近いものの最も実在的なものたるの観がある、街路はいわば肉体の特定部分、足の裏に接して移動するのである。しかも街路は、そのように歩行中の人に『路上』二十歩の『距たり《エントフェルヌング》〔近づけ〕』において遭遇する知人よりははるかに遠い。環境的に当初用在せる者の近さと遠さを決するものは用視的配慮作用である。この作用が最初からその許に滞在しているその処が、「最も近いもの das Nächste」でありまた「距たり無くするということ・距離‐除去」を規整しているのである。

現存在は配慮作用において或る物をおのれの近さのなかへと連れこむのであるが、この事はべつに、肉体の或る一点から最少《ゲリングスト》距離にある一空間位置に或る物を固定する事を意味しはしない。「近くに In der Nähe」ということは、「用視的に当初に用在せる者の環域に in dem Umkreis des umsichtig zunächst Zuhandenen」という意味である。「近づけること」は、肉体のくっついた・附帯した自我という事物《ダス・ケルバーベハフテテ・イヒディング》に、定位して行われるのではなく、配慮しつつある「世界内存在」に、すなわち後者のなかでこそそのつど当初に出会し来るものに、定位して行われているのである。現存在の空間性はだからまた、物体的事物が前在している位置の告示によっては規定せられない。もちろんわれわれは現存在についても、彼がそのつど或る場所を占めているとは言っている。だがこの『占める Einnehmen』ということは、或る方域に由来する或る場所での前在存在ということからは、原則的に区別されねばならない。「場所を占める《プラッツ・アインネーメン》」ということは、用視により前もって発見されている或る方域のなかへつれこむべく、環境に用在せる者の「距離を除去する《エントフェルネン》」こととして、理解されざるをえない。おのれの「此《こ》処《こ》 Hier」をば現存在は、環境的「其処《そこ》 Dort」から、了解する。この「此処」とは、或る前在者の「処次 das Wo」を指すのではなく、「距離を除去しつつある」存在がこの「距離‐除去」と一体となって「…の許に《バイ》」存在する当の「許処《もとどころ》 das Wobei」を指すのである。現存在は、彼の空間性どおりに、当初はけっして「此処に」

ではなくて「其処に」存在している、この「其処」から彼はおのれの「此処」へと帰って来るのであるが、それもまた、‥云云‥へと向けられている現存在の〔此処なる〕配慮的存在をば「其処なる用在者《ダス・ドルトツー・ハンデネ》」をもととしてその方から解釈するというやり方によってのみ〔帰って来るの〕である。この事は、「内存在」のもつ「距離《へだたり》-除去構造《なくするかまえ》」という現象的特異性から、完全に明らかとなる。

現存在は「世界内存在」としては本質的に、「距離-除去作用《エント・フェルネン》」〔すなわち「距たり《フェルヌング》を除去する《エント》-近づけ《ネーエルング》」、けっきょく「近くへの-距たりづけ《エント・フェルヌング》」、「近　辺　化《エント・フェルヌング》」〕のうちに保たれている。この「距離-除去《エント・フェルヌング》・除去《エント》された-距《フェル》離《ヌング》・近さ《ネーエ》・近辺《ネーエ》・周辺・環　域《ウムのクライス》」を、すなわち彼自身の方から〔用視が視た〕用在者の遠さ《フェルネ》を、現存在はけっして横切り越すことはできない kann nie kreuzen。或る用在者の現存在の方からの距　たり《エントフェルントハイト》は、その距たりが、現存在が以前に占めていたその場所に前在すると考えられる或る事物に対する関係において規定されるときは、もちろんそれ自身といえども現存在によって間　隔《アプシュタント》として見出されえもしよう。こういう間　隔《アプシュタント》の「間《あいだ》 Zwischen」をならば、現存在は事後的には横　切《ドゥルヒクヴェーレン》ることもできはするが、それとてもただ、この間隔自身が「〔現存在自身に向けて近くへ〕距離除去されたもの《エントフェルンター》」と成ればこそである。彼の「距離-除去《エント・フェルヌング》・除去《エント》した距　離《フェルヌング》・近辺」をば現存在は横過・妨害《ドゥルヒクロイツエン》したことなどないどころか、むしろ彼はその「エント-フェルヌング」を、ついでに採用した者でありまた不断に採用して行く者である、というのは彼は本質的に「距離-除去・除去-距離」、すなわち空間的であるからである。現存在は、そのつど彼の「除去-諸距離《エント・フェルヌンゲン》・距離-諸除去・諸近接」から成る環　域《ウムクライス》のなかを、歩　き　環　る《ウムヘール・ヴァンデルン》というわけには行かない、つねにただそれら「距離-諸除去《エント・フェルヌンゲン》」を変じうるにとどまる。現存在が空間的であるのは、用視による空間発見というやり方においてである、したがって彼はかく空間的に出会する存在者に対して不断に「距離‐除去的」に態度しているのである。

現存在は「距離‐除去的《ちかづけつつある》」「内存在」として同時に「方整・方向整定 Ausrichtung」という性格をもつ。「近《ネー》づけること《エルング》」はことごとく、それに先立って既に或る方域・方向圏域《ゲーゲント》のなかへの一方向《リヒトウング》を採決していたはずであり、この方域のなかから「距離《へだたり》‐除去《なく》されたもの」が近づいて来るので、このものの場所についても見出されることになるのである。用視的配慮作用《ベゾルゲン》は方整的「距離‐除去作用」ausrichtendes Ent-fernen である。かかる配慮作用において、すなわち現存在そのものの「世界内存在作用《ザイン》」において、『記号《ツアイヘン》』というものの必要がまっ先に生ずる。というのはこの道具は、諸方向の告示を明確に手取早《ライヒト・ハントリヒ》くやってのけるからである。かれ記号は、用視的に用いられた諸方域を、すなわち帰属し《ヒンゲヘーレン》・進み行き《ヒンゲーエン》・連れ行き《ヒンブリンゲン》・携え来る《ヘールホーレン》先たる「そのつどの方処《ヴオヒン》〔方向《ヒン》と処《ヴオー》・方域〕 das jeweilige Wohin」を、明確に開け放している。現存在が存在をする ist 以上、彼は方整的《アウスリヒテント》‐距離除去者《エントフエルネンデス》として、そのつど既に発見されたみずからの方域をもつ。方整も距離‐除去と同様に「世界内存在作用」の為す存在様態なのだから、配慮作用を導いている用視によって先導されている。

この方整から、右方と左方へのあの固定方向が生ずる。みずからの距離‐諸除去をと同じく現存在は、またこの両方向をも不断に採用している。彼の『身体性』という点における現存在の空間化は、ここでは扱うことのできないような独自の問題性を蔵するが、またこの両方向の方へも顕著にあらわれている。だから用在者にして身体のために使用せられるもの、例えば手袋のごとく両手《ヘンデ》の両運動をみずからも共に為すべき要あるものは、右てと左てとに合わせて方向を整定されていなければならない。これに反して手《ハント》のうちに持たれて手によって動かされる手道具《ハント・ヴエルクスツオイク》は、手特有の『手としての《ハントリヒ》〔自在な〕』運動をみずからも為すものではない。だからたとえ手に握られて用いられるにしても、右のとか左のとかいうハンマーは一般に存しない。

いっぽう、依然として注意せられねばならないことは、距離-除去に属する方整は「世界内存在」によって基づけられているという事である。左方と右方とは、主観がそれらに対し一種の感じ《ゲフュール》をいだくというような何か『主観的なもの』ではなく、そのつどすでに用在せるひとつの世界のなかへと方向を整定されていることのもつ両方向である。『私の両側という区別についてのたんなる感じ《ゲフュール》によっては[1]』、私はひとつの世界のなかで自己を正しく見出す・処することはけっしてできないであろう。この区別についての『たんなる感じ』をもった主観ということは、ひとつの構成的始設《アンザッツ》であって、かかる始設は主観の真の構えを、すなわち現存在は、自己を定位しえんがためには、この『たんなる感じ』をもって、そのつどすでにひとつの世界の内に存在しておりまた存在せざるをえないという事を、注意していないのである。この事は、カントが定位の現象を闡明しようとして用いた例によって明らかとなる。

（1）　カント、思惟において自己を定位するとは何を意味するか？　（一七八六年）全集（アカデミー版）第八巻、一三一頁――一四七頁。

仮りに私が既知の或る部屋へは入るとする、ところがその部屋はまっ暗で、右側に置いてあったものはみな、私の留守中置き換えられて、今は左側にあるとする、さて私は自分の方位・位置を確定《ミヒ・オリエンティーレン》しようとするが、カントもたまたま附言しているように、『私がその位置を記憶のうちにとどめている』ような一定の対象がつかまれていないかぎりは、私の両側という『区別のたんなる感じだけ』ではなんの役にも立たない。この事はとりもなおさず、私が自分の位置を見定める《ミヒ・オリエンティーレン》のは必然的に、或る『既知の』世界の許にそのつど既に存在しているということ「において」でありまたこのこと「から」であるという事以外、何事をも意味していない。一世界の道具連関は現存在に既に先与《フォールゲゲーベン》されていなければならない。私がそのつど既に一世界内に存在しているということは、定位の可能性にとって、左右に対する感じと同様に構成的である。現存在のこの〔世界内〕存在構えが自明だからといって、その構えのもつ存在論的に構成的な役割を無視しても良いということにはならない。カントもこれを無視してはいないが、〔その点では〕現存在の他のあらゆる解釈も同様である。この構えが不断に用いられているということは、ひとつの適切な解明を免除しはしないで、むしろこれを要求するのである。自我は何かを『記憶のうちに』有するという心理学的解釈は、実は「世界内存在」という実存論的構えのことを指しているのである。カントはこの構造《かまえ》を見取していないので、ひとつの可能的定位を構成すべき全一連関をも彼は見損う。右方と左方とへ方向を整定されてあるということは現存在一般の本質的方整作用に基づいており、後者の方は本質的に「世界内存在」によって共に規定されているのである。もちろんカントにとっては定位の主題的解釈というようなことは重要でなかったともいえる。彼はもっぱら、あらゆる定位はひとつの『主観的原理』を必要とする、という事を示そうとするだけである。だが『主観的』とはここでは先天的 a priori を意味するであろう。ところが右方と左方とへ方整《アウスゲリヒテトハイト》されてあるという先天事 das Apriori は、「世界内存在」という『主観的』先天事に基づいているのであって、この先天事は、先行的に主観をば無世界的なものだと制限しているような限定事態《ベシュテイムトハイト》とはなんの関係もない。

距離－除去と方整とは、「内存在」の構成的両性格として、発見された世界内部的空間内に配慮的－用視的に存在すべき現存在の空間性を規定する。世界内部的に用在せる者の空間性と「世界内存在」の空間性との上来の解明がはじめて、世界の空間性という現象を露呈すべき、そして空間という存在論的問題を提起すべき、前提を与えるのである。

第二四節　現存在の空間性、および空間

現存在は、「世界内存在」なのであるから、いつでも既にひとつの『世界』を発見している。かく世界の世界性に基づけられているこの発見作用は、適在全体性にもとづいて為される存在者の開与《フライガーベ》として性格づけられていた。かく開与するものなる適在させる作用・この開与的適在化作用《ダス・フライゲーベンデ・ベヴェンデンラッセン》は、用視により指示をこうむる・用視《ダス・ウム》的自己指示作用《ジヒティゲ・ジヒフェルヴァイゼン》というやり方において行われ、後者はまた有意義性を先行的に了解する作用に基づいている。用視的「世界内存在」は空間的なものであることが、いまや示されている。また現存在が距離‐除去と方整というやり方で空間的に存在するがゆえにのみ、環境的に用在せる者がその者の空間性において出会しうるのである。或る適在全体性の開与は等根源的に、或る方域の許に距離除去的‐方整的に適在させる作用、すなわち用在者の空間的帰属性の開与である。現存在が配慮的「内存在」としてみずからにとって熟知昵懇なあの有意義性のうちには、空間の本質的同時開示性《ミット・エルシュロセンハイト》が存する。

かく世界〔を世界たらしむる〕の世界性〔、指示連関・適在全体性・有意義性〕と同時《ミット》に開示されている空間は、三次元というような純粋多様性はいまだまったく有していない。空間はこの最も親近な開示性にさいしては、尺度的な位置排列や地位規定の行われる純粋な場としては、まだ隠されたままである。それにもとづいて空間が先行的に現存在のうちで発見されている当の基《ヴォラウフヒン》いをわれわれは、すでに方域《ゲーゲント》という現象をもって告示しておいた。

われわれは方域をば、方整されて距離除去《へだたりなく》されたものすなわち場所を定められたものとしてこそ出会しうべきはずの用在的道具連関の、可能なる所属性《ツーゲヘーリヒカイト》の方処《ヴオヒン》・所属先として了解している。この所属適当性《ゲヘーリヒカイト》は、世界を構成せる有意義性から規定されており、そして可能なる〔一般的〕何処へ《ヴオ・ヒン》・方処の内部で、〔特殊的〕此処へ《ヒール・ヒン》とか其処へ《ドル・ヒン》とかを分節・繫節《アルティクリーレン》する。何処へ・方処一般《ダス・ヴオヒン・ユーバハウプト》は、配慮作用をはたらかしめる「誰か自身の為すなわち現存在の存在可能の為 ein Worumwillen」と緊縛されている指示全体によって示範せられており、この全体の内部でぁの開与的適在化作用が指示をうけるのである。およそ用在者として出会するところのもの〔適具をもってして〕は mit dem、そのつどひとつの方域の許で bei〔適域で〕、適在性を得ているのである。環境的用在者の存在を構成せる適在全体性には方域的空間適在性《ゲーゲントハフテ・ラウムベヴアントニス》〔方域に所属し基づいている空間事情・空間は前在せず方域として適在していること〕が属する。これに基づいてこそ用在者はその形式や方向の如何について見出されかつ規定されうるにいたるのである。配慮的用視の可能なる洞見性に応じて、現存在の現事実的存在をもって、世界内部的用在者は距離除去され方整されているのである。

「世界内存在」を構成するはたらきすなわち世界内部的存在者を出会させる作用は、一種の『空所を与える作用 Raum-geben』である。この『空所を与える作用』は、また「空けて容れる、受容・認容《アインロインメン》する、空間受容作用《アインロインメン》 Einräumen」とも名づけられるが、用在者を彼の空間性にもとづいて開与《フライゲーベン》する作用である。この「空け容れる作用」は、適在性の確定した可能なる場所全体性を発見して先与《フオールガーベ》するはたらきとして、そのつどの現事実的定位を可能ならしめるものである。現存在が、世界の用視的配慮作用として、「容れ替えたり、容れるを空け〔撤去し〕たり、また『運び容れ〔片づけ〕たり』、um-, weg-und »einräumen«」ができるというのはただ、彼の

「世界内存在」には――実存疇として了解された――この「空け容れ作用・空間受容認容作用」が属するからにほかならない。しかし、そのつど先行的に発見されている方域も、またそもそもはそのつどの空間性も、明確には視見のうちに存していない。それらは、それら自体・即自身《アン・ジヒ》〔現象《フェノメーン》〕としては、用視がそれを配慮することに没頭せる当の用在者の、あの「目立たなさ」において、用視に対して現前しているのである。空間は当初は、「世界内存在」と共に、こうした空間性において発見されている。このように発見されている空間性を地盤としてこそ、空間自身は、認識作用にとって接近可能となるのである。

空間が主観の中に在るのでもなく、また世界が空間の中に在るのでもない。空間はむしろ、現存在を構成せる「世界内存在」が空間を開示したのである以上、世界の『中に《イン》』在る。空間は主観の中に見出されるのではなく、また主観が世界をば、世界がひとつの空間の中に在る『かのように』見なしているのでもなくて、存在論的に十分了解された『主観』、すなわち現存在が、空間的なのである。そして現存在が既述のごときやり方で空間的であるがゆえに、空間は先天事 Apriori として現われるのである。この名称〔アプリオーリ〕は、空間というものを自分の外へと投げ出すような、当初は未だ世界を有せぬような或る主観への先行的所属性などということを意味するのではない。先天性《アプリオリテート》とはここでは、用在者がそのつど環境において出会するはたらきのうちにおいては、空間が（方域として）出会するはたらきが「先行していること《フォールゲンギヒカイト》」を意味する。

用視的に当初に《ツーネーヒスト》〔先ず第一にかつ身近かに《ツーエールスト・ウント・イン・デル・ネーエ》〕出会する者の空間性は、用視自身にとってこそ、主題的とも、計算や測定の課題とも成りうるのであって、例えば家屋建築のさいや土地測量においてのごとくである。このまだ主として用視的な環境空間性の主題化と共に、空間はそれ自体において《アン・イーム・ゼルプスト》〔即《そく》それ自身的にすなわち現象として〕

すでに或るやり方で視見のなかへ入って来るのである。そのように自己を示現する〔現象する〕空間に対してこそあの純粋な諦視作用《ヒンゼーエン》が、それ以前には空間への唯一の接近可能性であった用視的計算〔目算・胸算用〕を放棄することによって、専念し能うのである。空間の『形式的直観』が空間的諸関係の純粋諸可能性を発見する。このさい純粋にして同質なる空間の拓開露表において、位置解析のための空間的諸形象の形態学から空間の純粋計量科学にいたるまでの、ひとつの段階系列が成立する。かかる諸連関の考察は当探究には属さない(1)。当探究の問題連関の圏内ではもっぱら、純粋空間の主題的な発見や形成がその上に発芽するところの現象的地盤が、存在論的に確定さるべきであろう。

(1) この点に関してはO・ベッカーの「幾何学とその物理学的応用との現象学的基礎づけ論稿」〔一〇二〕。年報第六巻(一九二三年)、三八五頁以下数頁、参照。

用視から放免されていて、もはやただ諦視しているだけの空間の発見作用は、環境的諸方域を純粋諸次元にまで、中和してしまう。用在せる道具《ツォイク》の諸場所《プレッツェ》と用視により定位されたそれの場所全体性《プラッツ・ガンツハイト》とは、任意の諸事物《ディンゲ》にとってのひとつの位置多様性《シュテレン・マンニヒファルティヒカイト》にまで崩壊する。世界内部的に用在せる者の空間性はこれと共にその適在性格を失う。世界《ヴェルト》は「あの特有環境《ウム》性 das spezifisch Umhafte」を失い、環境界《ウム・ヴェルト》は自然界《ナトゥール・ヴェルト》と成る。用在せる道具全体としての『世界』は、もはやただ前在せるにすぎぬ延長的諸事物の一連関にまで空間化される。この同質的自然空間なるものは、出会する存在者に対する或る種の発見様式の途上でしか現われはしないが、その様式とは、用在者の世界適合性から、一種特別のやり方で「世界性を除去する〔すなわち指示連関・有意義性・適在全体性を奪取する〕Entweltlichung」という性格をもつ。

現存在にとっては、彼の「世界内存在」に順応してそのつど既に発見されている空間が、非主題的にもせよ、先与されている。これに反して空間はそれ自身においては、自身のうちに或る物の純然たる空間的存在の純粋可能性が蔵されているという点については、当初はまだ蔽われたままである。空間は本質的にひとつの世界内に現われるという事は、未だ空間の存在の様式如何を決定しはしない。空間はかならずしも、それみずから空間的に用在ないしは前在せる或る者の存在様式を有するとはかぎらない。空間の存在はまた現存在の存在様式を有してもいない。空間の存在そのものは延長的事物《レース・エクステンサ》の存在様式においては理解されえないという事からは、空間は——存在するという点ではかかる延長的事物と異ってはいないであろうから——かかる事物の『現象』として存在論的に規定されねばならないという事は結論されないし、まして、空間の存在は思惟を為す事物《レース・コギタンス》・思惟者の存在と同様に考えられえ従ってたんに『主観的なもの』として理解されうるなどという事は、当の主観の存在如何という疑問性はまったく度外視するにしても、結論されないのである。

空間の存在の解釈に関して今日まで存続している当惑は、空間自身の事象内実の不十分な知識に因するというよりも、存在一般の諸可能性を原則的に洞見してそれらを存在論的に概念的に解釈することの欠如に基づく。存在論的空間問題の了解にとって決定的なことは、空間の存在如何の問いを、偶然に用いられている上に多くは粗造りな存在諸概念の、狭さから解放し、そして現象そのものに注目した空間の存在の問題構成と、諸種の現象的空間性とを、存在一般の諸可能性を開明しようとする方向へと導く、という点に存する。

空間の現象においては、世界内部的存在者の存在についての存在論的規定性の唯一のものも、また諸他に先立つその第一次的なものも、見出されえはしない。いわんや空間が世界の現象を構成するのではない。空間は、世界へと遡行することにおいてはじめて理解せられうる。空間は環境世界《ウム・ヴェルト》の「世界性除去《エント・ヴェルトリヒユング》」によってはじめて接近可能となるのみではない、空間性はそもそも世界に基づいてのみ発見されうるのである、したがって、「世界内存在」というみずからの根本構えより見た現存在そのものの本質的空間性に応じて、空間はやはり世界を共に構成しているのである。

第四章　共同存在および自己存在としての、「世界内存在」。『ひと・世人 das Man』

世界の世界性の分析は「世界内存在」という全体現象をたえず視見のなかへもたらしていたが、かならずしもそのさいその「世界内存在」を構成する諸契機のすべてが、世界の現象自身と同様の明瞭性において、きわ立てられるまでにはいたらなかった。世界内部的用在者を通じる透過《ドゥルヒガング》における世界の存在論的解釈が先置されたというわけは、現存在は彼の日常性においては、けだし日常性という点でこそ彼は不断の主題たるを失わぬのであるが、一般にひとつの世界内に存在するのみならず、みずからその世界に向って態度するというひとつの優勢な存在様式を見せているからである。現存在は「まずたいてい・日常底《ツネーヒスト・ウント・ツマイスト》」は彼の世界から奪い去られている。「世界における没頭・熱中、世を成しての自己没却、浮世のぼせ Aufgehen in der Welt」というこの存在様式とその基礎に存する「内存在」一般とが共に、今やわれわれが、「日常性において現存在であるのは誰 Wer であるのか?」という問いをもって追究せんとする現象を、本質的に規定している。現存在のすべての存在諸構造は、したがってこの「誰かという問い」に答えるところの現象もまた、現存在の存在の諸様態である。それらの存在論的性格づけは、実存論的なそれである。だからこの問いの正しい始設《アンゼッツング》と、現存在の日常性のより広い現象的範囲が視見のうちへもたらさるべき方途の予描とが、必要となる。「誰か」という問いに答えを与えうるところの現象への方向をたどる探索は、「世界内存在」と共に等しく根源的であるところの現存在の諸構造、すなわち共同存在と共同現存在 das Mitsein und Mitdasein へと導く。この存在様式にこそ日常的自己存在 Selbstsein という様態は基づいており、後者の解明が、日常性の『主観』とも名づけうるもの、すなわち「ひと・世人 das Man」を明らかにする。平均的現存在は『誰か』に関するこの章は右に応じて以下の各節に分れる。一、現存在は誰かという実存論的問いの始設《アンザッツ》（第二五節）。二、他人の共同現存在と日常的共同存在（第二六節）。三、日常的自己存在と「ひと」（第二七節）。

第二五節　現存在は誰かという実存論的問いの始設

誰がそのつどこの存在者（現存在）であるのか、という問いへの答えは、現存在の根本諸規定性の形式的告示（第九節参照）のさいにすでに与えられていた観がある。〔すなわち〕現存在は、そのつど私 ich 自身であるところの存在者であり、その存在はそのつど私のもの《マイネス》である〔と〕。この規定はひとつの存在論的構えを告示している、またじじつそれだけにとどまるのである。〔しかるに人は以下のごとくに考える、〕この規定はまた同時に、そのつど「ひとつの私・自我 ein Ich」がこの存在者なのであって他人等がではないという――大まかではあるが――存在的な告示をも含んでいる。〔したがって〕この「誰か《ヴェール》」は、「私・自我 das Ich」自身、『主観』、『自己 Selbst』から解答せられる。この「誰か」は、いろいろな態度や体験の変化を通じて同一《イデンテイシエス》者として持続したそのさいそれらの多様性に関係している者である。存在論的にはわれわれは彼を、ひとつのまとまりある領域内に前在せる者、またその領域にとってはそのつど既にまた不断に前在せる者、特に優れた意味で根底に存する者として、すなわち「下底にすえられた者・基底者・主体・主観 Subjectum」として、了解する。この者は、様ざまな他異性《アンデルスハイト》のなかにあっての自同者 Selbiges として、「自己 das Selbst」という性格をもつ。〔こういう考えにおいては、〕人は心の実体を、意識の事物性や人格の対象性をと同じく、拒否しようとも、存在論的には依然として、そのものの存在が表明的と否とを問わず前在性という意味を保有しているごとき何物かを始設していることに変りはない。実体性とは、その者をもととしてそこから「誰かという問い」が解答されるような存在者を規定するための存在論的手引である。〔と人は言う、すなわち〕現存在は暗に初手から前在者として理解せられている。いかなるばあいでも現存在の存在の無規定性はつねに、この〔前在という〕存在‐意味をふくんでいる。ところが前在性は非‐現存在的存在者の存在様式である。

「そのつど現存在であるのは私 ich なのだ」という陳述は存在的にはもとより自明であるが、だからとてその様に『与えられている者』の存在論的な解釈の方途まで、その陳述により間違いなく予描されているという謬見に誘われてはならない。それどころか、右陳述の存在的な内実が日常的現存在の現象的存立をはたして適切に再現しているかどうかということすら、疑問たるをまぬがれない。〔すなわち〕日常的現存在の「誰か《ヴェール》」は、かならずしもそのつど私自身であるとはかぎらないということも、ありえようからである。

存在的‐存在論的陳述の獲得にさいしては存在者そのものの存在様式からする現象的提示は、自明にすぎた古来あり来りの諸解答やまたこれらから汲み取られた問題諸提起に対してもその優位を保有しているはずだとすれば、現存在の現象学的解釈はいま提起さるべき問いに関してその問題連関を転倒するなどということからは護られているにちがいない。

しかし或る問題連関の始設がその主題領域の明証的所与性に依拠しないとすれば、およそ健全な方法論の規則にそむきはしないか？　また自我《ダス・イヒ》の所与性よりもなお疑うべからざるものがあろうか？　またこの所与性のうちには、自我を根源的に露呈せんがためには他になお『与えられている者』のすべてから、したがって存在的《ザイエント》一『世界』からのみならず、他の『諸私・諸自我 Iche』からも、眼を転ずべしという指図が存するのではないか？　かくのごとき与え方が、すなわち平明的・形式的・反省的自我認知作用《イヒ・フェルネーメン》が、与えるものは、おそらくじじつ明証的であろう。それのみかこういう洞察は、『意識の形式的現象学』としてそれみずからの原則的で画域的な意義をもっている独立した現象学的問題連関への、通路《ツーガング》を開きさえもする。

　現事実的現存在の実存論的分析論という目下の連関よりすれば、既述のごとき、自我の与え方は、それがそもそも現存在を開示しているとすれば、現存在をはたして彼の日常性において開示しているかどうかという問題がもち上る。現存在への接近《ツーガング》は諸行為の〔主体〕自我を平明に認知する反省でなければならないという事は、いったい先天的《ア・プリオーリ》に自明なことであろうか？　現存在が『自己を与える《ゼルプスト・ゲーブング》』この様式は実存論的分析論にとっては一種の誑《たぶら》かし、それも現存在自身の存在作用《ザイン》に基づくような誑かしだとしたらどうか？　おそらく現存在は彼自身への最も親近な呼び掛け《アンシュプレヘン》〔認定〕においてつねに——「それは私である《イヒ・ビン・エス》」と言うのであるが、それも最も喧《かまびす》しく〔私《イヒ》・私《イヒ》が連発されるの〕(一〇三)は、けっきょく彼がこの〔「私」と言われうるような自己本来的自我《わたくし》なる〕存在者では『ない』ときである。現存在はそのつど私のもの《マイネス》であるという現存在の〔あの常自己性《イエーマイニヒカイト》という〕構えは、現存在は「まずたいてい」は彼自身ではないということにとっての根拠だとしたらどうか？　上に掲げた〔標題の〕ような始設《アンザッツ》をもった実存論的分析論は自我の所与性ということにさいしては、いわば、現存在自身と現存在の為す見易い自己解釈との罠《わな》に陥るのだとしたらどうか？　あの平明な与え方において近づかれうる者〔自我〕

の規定にとっては存在論的地平は原則的に無規定たるをまぬかれない、ということにでも成ったらどうか？　人はかかる存在者については、「それは『自我《わたくし》 Ich』である」と言っているが、存在的にはそれもつねに正当であろう。だが存在論的分析論は、かかる発言を用いるにしても、その発言を原則として保留しておかねばならない。『自我』とはただ、そのつどの現象的存在連関においておそらく自我の『反対』として露見するであろう何ものかの、ひとつの無拘束な形式的告示という意味に了解せらるれば足りる。ではそのさいの『非自我 Nicht-Ich』なるものは、本質的に『自我性 Ichheit』を欠いているような存在者を意味するのかというとけっしてそうではなく、むしろ『自我』そのものの特定の存在様式を、例えば自己喪失 Selbstverlorenheit を指すのである。

いっぽう上来与えられた現存在の積極的解釈もまたすでに、「誰かという問い《ヴェール・フラーゲ》」の現象的に満足さるべき解答を期するために、自我の形式的所与性からの出発《アウスガング》を禁じている。「世界内存在」の闡明は、世界を有たぬようなたんなる主観は、「当初《ツーネーヒスト》に・先ず第一に身近かに」ではなく〔あとからはるかなところに〕『ある』のでありまたしたがってけっして与えられているのではない、という事を示していた。だからまたけっきょくは同じく、他人等を有たぬような孤立的一主観が当初《ツーネーヒスト》に与えられているのではない。[1] だが『他人等』はそのつどすでに「世界内存在」のうちに「共に同じく mit」「その場に・現に・現われて da」「存在している sind」〔共同現存在 Mitda-sein している〕としても、このことの現象的確認はかならずしも、かく『与えられている者』の存在論的構造を、自明でなんら探究の要なしと、誤認せしめる理由とはならない。課題はむしろ、親近な日常性におけるこの共同現存在の様式を明らかにしそして存在論的に適切に解釈することである。

（1）　M・シェーラーによる現象学的提示、「同情感情の現象学および理論のために」、一九一三年、補遺一一八頁以下数頁、同じく同書第二版、標題はただし「同情の本質と形式」、一九二三年、二四四頁以下数頁、参照。

世界内部的存在者の自体存在の存在的自明性が、この存在の意味の存在論的自明性の確信にまで誤導し、そして世界の現象を看過せしめているように、現存在はそのつど私のものだという存在的自明性もまた、それに呼応する存在論的問題連関を誑《たぶら》かす可能性を蔵している。先ず第一に身近かに・当初には Zunächst、現存在は「誰か」ということは、存在論的にひとつの問題であるばかりでなく、存在的にも蔽われたままである。

ではいったい、「誰かという問い」に対する実存論的‐分析的解答にはそもそも手引なし、ということになるのか？　だんじて否。もちろん手引としての役をはたすものは、現存在の存在構えについて上（第九節と第一二節）に与えられた形式的諸告示のなかでは、これまで論述されて来たものよりは、むしろ「現存在の『本質《エセンツ》』は彼の実存のうちに基づく〔四二頁〕」という告示である。〔したがって〕もし『自我』が現存在の本質に関する規定性だとすれば、この規定性は実存論的に解釈されねばならない。だとすれば「誰か《ヴェール》」は、現存在の特定的存在様式の現象的提示においてしか解答されえない。現存在はそのつど実存しつつあることによってのみ彼の「自己《ゼルプスト》」で在る〔彼は自己で存在する〕以上、「自己《ゼルプスト》の常住性《シュテンデイヒカイト》〔自立性〕」は「自己」の呈する可能なる『非《ウン》‐自己常住性《ゼルプシュテンデイヒカイト》〔非自立性〕』と同じく、「自己」の問題連関への唯一適切な接近《ツーガング》としての実存論的‐存在論的問題提起を必要とする。

しかし「自己」とはこの存在者の存在のひとつのやり方として『しか《ヌール》』理解さるべきでないとすれば、これではどうも現存在の自己本来的『核《ケルン》』の飛散にも等しいことになりはすまいか。だがそのような心配は、たとえ人がこの疑問的存在者から出現的一物体的事物の嵩《かさ》などは遠ざけるにしても、その者は実はやはり一前在者の存在様式をもつのだとしている誤った先入見から養われているのである。しかしながら、人間の『実体 Substanz』は、心《ゼーレ》と肉体《ライプ》との綜合としての精神《ガイスト》ではなく、実存である。

第二六節　他人の共同現存在と日常的共同存在

日常的現存在は誰かという問いに対する答えは、現存在が「まずたいてい」自己をそのうちに保っているような存在様式の分析によって獲られなければならない。探究はその定位を、「世界内存在」という現存在の根本構えにとるが、それはこの構えが、現存在のあらゆる存在様式を同時に規定しているからである。さきに述べられた世界の解明によって「世界内存在」の、世界以外の、構造諸契機（一〇四）もすでに視見に入った、とわれわれが言ったのが正しいとすれば、「誰かという問い」への答えもまたなんらかのかたちで準備されているにちがいない。

身辺的環境世界《ウム・ヴェルト》、例えば職人の仕事世界《ヴェルク・ヴェルト》の『記述』のさいに〔七〇・七一頁〕、仕事中に見出されている道具《ツオイク》と共に、その〔道具によって製作される〕『製品《ヴェルク》』が彼等のために〔用いられるように〕と定められている他人等も『共に出会う』ということが言われていた。この用在者〔製品〕の存在様式のなかには、すなわちその適在性のなかには、可能なる着用者への本質的指示が存し、その用在者は、この着用者の『からだに合わせて裁たれ』ている必要があるのである。また、使用せられた材料においてはその材料の製産者ないし『供給者』が、良し悪しはともかく『仕える』者として出会うのである。例えば田畑は、『戸外』でそのほとりを歩くわれわれに、だれの所有であり、彼によりしかるべく手入れのほどこされてあるのを、示す。用いている書物は、だれそれのもとで買ったものであり、だれから贈られたものである、等。岸につながれているボートは、それだけの在り方にもせよ、それで渡ろうとしている知人を指示している、それが『見慣れぬボート』のばあいでも、やはり他人を指している。このように用在的、環境的道具連関のなかに『出会う』他人は、当初はたんに前在しているだけの一事物に考えた上で附け足されたものではなく、それら『事物』こそ世界の方から、すなわちそのなかでそれらが他人のために用在しており、また最初からすでにつねに私のものでもあるところの世界の方から、出会ってくるのである。上来の分析では世界内部的出会者の範囲は、さしあたり用在的道具ないしは前在的自然に、したがって非現存在的性格の存在者に、局限されていた。かかる制限は、説明の単純化を期する上からはよぎなかったのであるが、そればかりではなくとくには、世界内部的に出会する他人の現存在という存在様式は、用在性や前在性とは、またおのずから異るからでもあった。現存在の世界はしたがって、存在者を開与するのではあるが、その存在者は道具や事物とは一般に異っているのみならず、その存在様式が現存在そのものとして、「世界内存在」というやり方で世界の『内に in』存在し、しかもその内でまた同時に世界内部的に出会するごとき存在者をも開与する。こういう存在者は、前在しているのでもなければ用在しているのでもなく、開与する現存在そのもののごとくに存在する——彼もまた共に現に存在する〔彼も共同現存在する〕es ist auch und mit da. そこで人はあえて世界をすら世界内部的存在者と同一視しようとするのなら、『世界』（一〇五）は現存在でもある、と人は言わねばなるまい。

他人が出会するというこの性格づけもやはり、そのつど我がものなる現存在に定位している。その性格づけは、まず『自我』を優先せしめたり隔離したりすることに発しているのではないか、したがって隔離されたこの主観から他人へのなんらかの移行が探求されねばならないのではないか？　こうした誤解をさけんがためには、ここで言われている『他人』とはどんな意味であるのかが注目されねばならない。『他人等』とは、自我が取り出された後にできるような、私を除いた残留者等の全部というごときものではなく、他人等とはむしろ、人が自分自身をすらたいてい彼等から区別もせず、彼もまた彼等の仲間となっているごときものである。この「彼等と共に・・もまた現存在する Auch-da-sein mit ihnen」ということは、ひとつの世界の内部に『共に』前在存在するという存在論的性格は有しない。この『共に《ミット》』は現存在的なものであり、この『もまた《アオホ》』は用視的‐配慮的な「世界内存在」としての存在の同等性を意味する。『共に〔共同に〕』も『もまた』も、実存論的に了解されねばならず、範疇的に解されてはならない。世界とはそのつどすでにつねに、私が他人等と共に分け有つものであるということは、この共同的 mithaft「世界内存在」に基づく。現存在の世界は共同世界 Mitwelt である。「内存在」とは他人等と共に為す共同存在 Mitsein である。他人等の世界内部的な自体存在とは共同現存在 Mitdasein である。

他人は、当初に前在する自分の主観を自余の出現する諸主観から予め区別するような捕え方で、すなわち区別の対象をはじめて確定させるところの自分自身への最初の諦視作用において、出会するのではない。他人は、配慮的‐用視的現存在が本質的にその内に滞在している世界から、出会してくるのである。とかく出しゃばりがちな、理論的案出による、他人の前在存在という『説明』には反して、他人の環境界的出会という呈示された現象的実相を固守しなければならない。現存在の、この最も近しくまた基本的な世界的《ヴェルトリヒ》・世間的な出会様式にあっては、現存在は、いわゆる『体験』とか『行動中心』とかについては目をそらしているかないしはもともとまだ『見た』こともないために、自分の現存在をすら彼みずからによってまず『見つけ出さ』ねばならない始末である。現存在は『自分自身』をばまず当初は、彼が営み、用い、当てにし、防ぐところのものにおいて――まずだいいちに身近かに配慮された環境的用在者において見出すのである。

また現存在が自分自身のことを、はっきりと、「此処《ここ》なる私 Ich-hier」と呼びかけ・認めるようなときでも、この場所的人称規定は、現存在の実存論的空間性から了解されざるをえないのである。空間性の解釈（第二三節）のさいにわれわれはすでに、「ここなる私」とは、「自我という事物 Ichding」のくらいする特定の一点などを指すのではなく、「内存在」なのであって、現存在が配慮作用としてそのもとに滞在している処の、用在的世界の彼処《かしこ》 Dort から、了解されているのだと暗示しておいた。

W・v・フンボルトは、(1)『私《イヒ》 Ich』を『ここ《ヒール》・此処・此方《こなた》〔わたし・こち〕hier』により、『汝《ドゥー》 Du』を『そこ《ダー》・其処・其方《そなた》〔あなた・その方〕da』により、『彼《エル》 Er』を『かしこ《ドルト》・彼処・彼方《かなた》〔あのかた〕dort』により表現しているような、したがって――文法的に式示すれば――人称代名詞を場所《オルト》の副詞により再現しているようないくつかの言語を指摘したが、おもうにどちらが場所を表はす言葉として根源的意義を有するか、副詞か代名詞か、という点には議論の余地がある。論争はだが、場所の副詞なるものは現存在としての「私《イ》・われ《ヒ》」に関係をもつという点が気づかれるときは、その地盤をうしなう。『ここ』『そこ』『かしこ』等は、最初は空間的諸位置《シュテレン》に前在せる世界内部的存在者の純粋な場所《オルト》規定ではなく、現存在の根源的空間性のもつ諸性格である。場所の副詞と思われているものは、現存在の諸規定であり、これらは最初は、実存論的意義をもつが範疇的意義は有しない。それら諸規定はだが代名詞でもない、それらの意義は、場所の副詞と人称代名詞との区別以前にある。それらの語によって表わされている本来空間的な現存在の意義こそは、理論的歪曲を知らぬ現存在のなす解釈というものは現存在自身が空間的にすなわち距離除去的-方向整定的に、配慮された世界『の許に存在』しているのだという点を直接見取《ゼーエン》している、ということを裏書きするのである。『ここ《ヒール》』と言われるさいでも、自分の世界に自己没却をなせる現存在であってみれば、自分自身の方へ向ってではなくて、自分自身から離れて用視的用在者の『彼処《ドルト》』の方へと語りかけているのであるが、それでも実存論的空間性においてはやはり自身のことを指しているのである。

(1) いくつかの言語における場所の副詞と代名詞との類縁関係について（一八二九年）。全集（プロイセン科学学士院出版）第六巻、第一篇、三〇四―三三〇頁。

現存在は「まずたいてい」は彼の世界の方から自身を了解する、また他人の共同現存在はしばしば世界内部的用在者の方から出会してくる。ただしまた他人等が彼等の現存在という点でいわば主題化されるときでも、彼等は前在的人格事物《ペルゾーンディンゲ》として出会するのではなく、われわれは『執務就労中』の彼等にすなわちまずもって「世界内存在」しているかれらに遭遇するのである。『たんに周りにつッ立って・拱手傍観しているだけの』他人を見るときですら、彼はけっして前在的人間事物として捕捉せられているのではなく、かく『拱手傍観《ヘルムシュテーエン》』せること自体、ひとつの実存論的様態にほかならない、すなわち万事のもとでの、したがって何事のもとにでもない、不配慮的・無用視的停滞である。他人は、世界内での彼の共同現存在において出会するのである。

しかしながら、『現存在《ダーザイン》』という語は明らかに、この存在者は『当　初は《ツネーヒスト》』他人とは無関係に存在していることを、すなわち彼が他人と『ともに・共同に《ミット》』存在しうるのはむろん事後的であることを示しているではないか。だがわれわれが共同現存在《ミット・ダーザイン》という術語を用いるのは、存在している他人等を世界内部的に開与している当の基いたるところの存在を表示せんがためであるということを看過してはならない。他人のこの共同現存在は、ただ世界内部的にのみ、現存在にとって、したがってまた共同現存在者等にとって、開示されているのである、なぜなら現存在は本質的にそれ自身において共同存在だからである。現存在は本質的に共同存在であるという現象学的陳述は、実存論的‐存在論的意味をもつ。この陳述は、「私は現事実として単独《アライン》で前在しているのではなく、さらに私の様式をもつ他人等も出現する」ということを、存在的に確認しようとするのではない。現存在の「世界内存在」は本質的に共同存在によって構成されているという命題がそのようなことを意味するとすれば、共同存在は、現存在自身の存在様式にもとづいて彼自身の方から彼自身に帰せられるようなひとつの実存論的規定性ではなくなり、他人の出現にもとづいてそのつど現われ出るごとき一性質となるであろう。共同存在は実存論的には現存在をば、一人の他人も現事実的に前在せずまた知覚されないときでも、規定している。現存在の単独存在《アラインザイン》といえども世界内での共同存在である。他人がいないということがありうるのはただ、共同存在なるものに、おいてまたとって、のみである。単独存在とは共同存在のひとつの衰退的様態であり、前者の可能は後者の証明である。現事実的単独存在はまたその反面、私の『そばに・ほかに《ネーベン》』第二の人間例が、おもうに十のそれらが現われようと、とり除かれはしない。それら諸例がいかほど多く前在しようと、現存在は単独で在りうる。共同存在と、相互存在 Miteinandersein の現事実性とはそれゆえに、多数『諸主観』の同時出現には基づかない。多者の『もとに・あいだに《ウンター》』ありながらも単独に存在するというばあい、その多者の存在についていえばこれまた、彼等はそのさいたんに前在的に存在しているのではない。『彼等のあいだに《ウンター・イーネン》』存在しつつも、彼等も共に同じく現に存在する。彼等のこの共同現存在は、無関心や見知らぬという様態において出会するのである。欠席や『不在』は、共同現存在の様態であって、現存在が共同存在であるために他人の現存在を自分の世界において出会わせればこそ可能なのである。共同存在とは、そのつど自分の現存在の規定性である。共同現存在とは、それが共同存在にとってまたこれの世界によって開与されているかぎり、他人の現存在の性格である。自分の現存在は、それが共同存在という本質構造をもつかぎりでのみ、他人にとって出会われもするから共同現存在なのである。

共同現存在は「世界内存在」を実存論的に構成しうるにとどまるとすれば、共同現存在も、われわれがさきに配慮作用《ベゾルゲン》として特性づけたところの世界内部的用在者との用視的交渉と同じく、現存在のそもそもの存在として規定せられるところの（当篇第六章参照）ゾルゲ Sorge 慮という現象から、解釈せられねばならない。配慮作用という存在性格は、共同存在という存在様式も配慮作用《ベゾルゲン》と同じく、世界内部的に出会する存在者「へのひとつの存在 ein Sein zu」〔かかる存在者を可能ならしめるひとつの存在作用〕であるにもかかわらず、共同存在にとっては適切を欠くうらみがある。すなわち、共同存在としての現存在がそれに対して態度する当の存在者は用在的道具という性格は有しない、彼はみずから現存在である。このような存在者は配慮・調達《ベゾルクト》されるのではなく、顧慮・執り成し Fürsorge せられるのである。

衣食の『配慮・調達《ベゾルゲン》』、病体の看護《フレーゲ》も顧慮《フュールゾルゲ》・執り成しではある。われわれはしかし顧慮という語を、配慮作用という語の用法にならって、一実存疇を表わす術語として了解しよう。たとえば現事実的社会制度としてのいわゆる『顧慮』〔保護管理福祉施設等〕は、共同存在としての現存在の存在構えに基づく。それらの緊急性は、現存在が「まずたいてい」は顧慮の衰退的諸様態を呈していることに起因する。相互親和存在《フュール・アイナンダーザイン》、相互反目存在《ヴィーダー・アイナンダーザイン》、相互無視存在《オーネ・アイナンダーザイン》、相互通過《アンアイナンダー・フォールバイゲーエン》、相互無縁《アイナンダー・ニヒツ・アンゲーエン》、等は、顧慮の呈する可能なる諸様態である。しかも、さいごに記された衰退と無関心の様態こそ、日常的かつ平均的相互存《ミットアイナンダーザイン》在の性格である。この存在様態は、目立たなさと自明性というあの性格をまたもや示しているが、この性格は、日常配慮される道具の用在性にはつきものであると同じく、他人の日常的世界内部的共同現存在にもつきものである。相互存在のこの無関心的様態はとかく存在論的解釈を誤導しやすく、相互存在を当初は若干諸主観の純然たる前在存在だと誤解せしめる。任意的諸事物の『無関心的』同時出現と相互的存在者等の相互無縁との間には、同一存在様式の呈する微差しか存せぬように見えはするが、存在論的には本質的区別が存する。

顧慮はその積極的様態の面では二つの極端な可能性をもつ。一つには、顧慮《フュールゾルゲ》は他人からいわば『慮《ゾルゲ》、心配』をとり除いてやることができ、配慮しつつ他人の身になってやり、彼のために尽力する für ihn einspringen〔彼に代って彼のゾルゲのなかへ跳び込んでやる、肝煎る（胆入る）、悪くすると容喙する、支配する〕ことができる。こうした〔対人〕顧慮は、〔対物〕配慮を要すべきことがらを他人に代って身に引受ける。他人はそのさいその地位より退けられ、ひとまず引き下ったそのあとで、御膳立の成った配慮物を受取るか、ないしは全然その儀にも及ばなくなるのである。こういう顧慮においては他人は、依存者とも被支配者ともなるおそれがある、たとえその支配が暗黙のもので被支配者には気づかれないにせよ。かかる尽力《アインシュプリンゲント》的、『慮《ゾルゲ》い』払拭的顧慮《フュールゾルゲ》によって相互存在は広範囲にわたって規定せられる、またかかる顧慮はたいてい〔他人の為に為される〕用在者の配慮・調達《ベゾルゲン》に関するものである。

これに反して、顧慮のいま一つの可能性は、他人のために尽力するというよりは、彼のために彼の実存的存在可能につき垂範する ihm vorausspringen〔他人が実存として存在できるように彼の前に予めその跳び方すなわち手本を示す、彼に卒先垂範する」のであって、彼から『慮い心配《ゾルゲ》』をとり除くどころかむしろゾルゲをゾルゲなるぞよとしてわざわざ本来的に彼に返してやるのである。この顧慮は、本質的に本来的慮《ゾルゲ》——すなわち他人の実存に関するのであって、他人が配慮している何物かに関するのではなく、他人を援け、もって彼みずからが慮《ゾルゲ》なることを洞見せしめ、かくして彼がゾルゲ〔からではなくむしろゾルゲ〕に向って自由となる〔開放される〕ように für sie frei zu werden 仕向けるのである。

顧慮とは現存在のひとつの存在構えであることが証示せられたが、この構えはその異った両可能性にしたがって、配慮された世界への現存在の存在作用と結びつけられていると同じく現存在自身への自己本来的存在作用とも結びつけられている。相互存在は、当初は、またしばしばは、もっぱら、そうした存在作用において協同して配慮されるものにのみ、基づいている。おなじことを営むというだけのことから生じたような相互存在は、たいてい表面的限界のなかにしか保たれていないのみならず、不同《ひらき》や隔意の状態を見せるにいたる。おなじ仕事をやるように任命されているひとびとの相互存在は、おうおう不信任によってしか養われていない。これに反して、おなじ仕事に協同して当るということは、そのつどみずから・ことさらに《アイゲンス》採択した現存在によって規定されている。この自己本来的 eigentlich 結合・拘束《フェルブンデンハイト》こそ、他人をば彼自身に向けての彼の開放性《フライハイト》において開放する《フライゲーベン》〔かれに向自的自由を開放投与する・惜みなく与える〕というまっとうな事態を、はじめて可能ならしめているのである。

積極的顧慮の両極端——尽力的-支配的《アインシュプリンゲント・ベヘルシェント》それと垂範的-開放的《フォールシュプリンゲント・ベフライエント》それと——の間において、日常的相互存在は維持せられまた多様な混合形態を示しているが、これらの記述と分類は当探究の範囲外である。

用在者の発見方法《ヴァイゼ》たる配慮作用には「用視〔用意「周 um」到視〕〔一〇六〕Umsicht」が属するように、〔対人的〕顧慮作用は「顧視〔顧り見、推察視、察し〕Rücksicht」と「寛大視〔大目に視てやること、大度〕Nachsicht」とによって導かれる。この顧視《リュックジヒト》と寛大視《ナーハジヒト》との両視は、顧慮作用とともに、両視に対応する衰退的ないし無関心的両様態を経ることにより、一は「顧り見ざること〔察し無きこと、無思慮無頓着〕Rücksichtslosigkeit」にまで、他は無関心によりみちびかれる「看過 Nachsehen」にまで、いたる。〔一〇七〕

世界は、世界内部的に出会する存在者として、たんに用在者をのみならず、現存在をも、すなわち共同現存在している他人等をも、開与する。だが環境界で開与されるこの存在者は、〔共同‐現‐存在という〕彼特有の存在‐意味に即応して、彼が他人等に出会いつつ共に同じく現にその内に存在している同一世界内に「内存在」しているのである。世界性は、有意義性の指示全体として解釈されていた（第一八節）。有意義性を先行的に了解していてこれと熟知昵懇であればこそ現存在は、用在者というものをその適在性において発見されているものとして出会わせうるのである。有意義性の指示連関は、おのれの最も自己的な存在への現存在の存在作用によって確立されているのであるが、かかる最自己的存在なるものは、本質上もはやなんらの適在性〔個々の何ごとか「の為 ein Um-zu」に適合して在る性格〕をも有するものでなく、むしろそれは、現存在が現に存在しているというのもじつは「その為 worumwillen」にほかならないところの、当の存在なのである。

今とげられた分析によれば、現存在が、彼の存在そのものにおいて、その為に関心している〔一〇八〕彼の当の存在には、他人との共同存在が属することになる。共同存在としては現存在はそれゆえに、本質的に他人の為に『存在する』。このことはただし実存論的な本質陳述として了解されねばならない。現事実としては現存在はおうおうにして、他人等には目もくれず、べつに彼等に用はないと信じ、じじつまた彼等の厄介にはなっていなくても、やはり彼は共同存在というやり方で存在する。かく実存論的には他人の為である共同存在を為していればこそ、他人等は彼等の現存在を成してすでに開示されているのである。このように共同存在とともに先行的に構成されている他人等の開示性は、したがって有意義性すなわち世界性をも同時に構成しているのであるから、この世界性は実存論的な「の為 Worumwillen」〔すなわち現存在そのものの存在可能「の為」〕によって確立されていることになる。だから、かくのごとくに構成されていてその内に現存在がそのつどすでに存在している世界の世界性は、環境的用在者をば、用視的配慮物たるこの者と一緒に他人の共同現存在も出会するように、出会わせるのである。他人等はすなわち、当初はまず、宙に浮いた諸主観として他の諸事物と前在的に併存しているのではなく、世界内での彼等の環境に応じた特殊存在をなして、しかも世界内に用在せる者の方から、現われてくるのだということは、世界の世界性のもつ構造によるのである。

　共同存在には他人の共同現存在の開示性が附きものであるということは、現存在の存在了解性《あるのわかり》には、彼の存在が共同存在であるために、すでに他人等への了解性《わかり》が存するという意味である。かかる了解作用は、了解作用一般とおなじく、認識作用から生じた識別ではなく、根源的に実存論的な〔すなわち現存在の存在そのものを根源的に可能ならしめている底の〕存在様式であって、これがはじめて、認識作用や識別をも可能にしているのである。相識作用〔相互存在としての自知、すなわち相互に知り合いとなること〕Sichkennen は、根源的に了解しつつある共同存在作用にもとづく。相識作用は、当初は、共同存在している「世界内存在」という親近な存在作用にしたがって、現存在が他人等とともに環境界で見出しまた配慮している物の了解的知見《ケンネン》のなかではたらいている。配慮された物の方から、かつこの物を了解する作用とともに、顧慮的配慮作用 das fürsorgende Besorgen が了解されているのである。他人はしたがって当初は、配慮的顧慮作用 die besorgende Fürsorge のなかで開示されているのである。

さていっぽう、「まずたいてい」は顧慮は衰退的ないしすくなくとも無頓着的様態――相互通過・ゆきすりがい《アンアイナンダーフォールバイゲーエン》という無関心性――を呈しているから、親しくまた本質的に相識《ジヒ・ケンネン》となるためには、まず相識から学んで《ジヒ・ケンネン・レルネン》かからねばならない〔まず一面識を要する段となる〕。しかも相識となろうにも、控え目にして打ち解けず、潜伏したり擬態したりで思うに任せぬばあいには、相互存在たるものはまた特別の策を講じてでも、あえて他人に近づいたり、彼を『見破ったり』せねばならない。

しかしながら自己を公開するということもまたそれを閉鎖するということも、そのつど相互存在という存在様式にもとづくのみか、実にこの様式そのもので在るとおなじく、他人の明確な顧慮的開示作用もまたそのつど他人とのまっさきなる共同存在作用からのみ生ずるのである。さてこうした主題的ではあるが、理論的‐心理学的ではない他人の開示作用が、『他人の心理生活』の了解作用という理論的問題構成にとって当初《ツーネーヒスト》に視見《ブリク》に入る現象となりがちである。かく現象としてこそ『当初《ツーネーヒスト》』に、了解的相互存在という一様態を呈しているものが、同時にまた『初めて《アンフエングリヒ》』かつ根源的に、他人への存在をそもそも可能ならしめかつ構成するものとして受けとられる。この、『感情移入 Einfühlung』というべつに有難くもない名称をつけられた現象が、かくしてまず単独に与えられているおのれの主観から、まずそもそも閉鎖されている他の主観に向って、存在論的に、いわばはじめて架橋の役を引受けねばならないことになる。

他人への存在は存在論上もちろん前在的事物への存在とは異なる。『他なる』存在者はそれみずから現存在という存在様式を有する。他人と共なるかつ他人への存在のなかにはしたがって、現存在から現存在へのひとつの存在関係が存する。この関係はだがやはり、自分自身についての存在了解性を有しておりまただから現存在に対してみずから態度しているところのそのつどおのれの現存在を、すでに構成しうるのだと、人は言うでもあろう。だとすれば他人への存在関係は、自分自身へのおのれの存在を『一他人のなかへ』と投射することになる。こんな他人は自己の一種の複写ではないか。

しかしながらこの一見もっともな考察がじつは薄弱な地盤に立っていることは容易に見て取れる。この立論のために要求された前提は、現存在の彼自身への存在は他人への存在なり、ということであるが、このことはうなずけない。この前提がその正当さにおいて自明なまでに立証されていないかぎり、どうしてこの前提が、現存在の彼自身への、ということはすなわち他人への、であるという関係を開示することになるのかは、依然として謎である。

他人への存在とは、自立的でもはや還元をゆるさない底の存在関係であるのみではない。この存在関係は共同存在なのであって、現存在の存在と共にすでに存在しつつある。共同存在に基づいて活《い》きている相方相識作《ジヒ・ゲーゲンザイティヒ・ケン》用《ネン》は、どれほどおのれの現存在がそのとき自己自身を了解したかということに、しばしば依存していることはもとより争われない。だがこのことはたんに、どれほどおのれの現存在が他人との本質的共同存在を洞見しまたこれを擬態しなかったかということを意味するのであって、これはただ現存在が「世界内存在」としてそのつどすでに他人と共に存在していればこそ可能なのである。『感情移入』が共同存在をはじめて構成するのではなく、前者は後者に基づいてはじめて可能であり、また共同存在がおうおう衰退的様態を呈していればこそ感情移入が不可欠ともなるのである。

『感情移入』が、認識作用一般と同じく、根源的な実存論的現象ではないということはだがけっして、それにはなんらの問題も存しないということにはならない。感情移入の特殊的解釈学は、現存在そのものの様ざまな存在可能性がどうして相互存在とその相識作用を誤導し誤築し、もって真の『了解作用』を抑圧し、現存在をして代用品に頼らしめるにいたるかを、また正しい他人了解作用はそれが可能となるためにはどんな積極的な実存論的制約を前提とするかを、示すべきであろう。当分析では、共同存在とは「世界内存在」の実存論的構成者であることが示された。共同現存在は、世界内部的に出会する存在者特有の存在様式であることが証示された。現存在がそもそも存在するかぎり、彼は相互存在という存在様式をもつ。相互存在は、若干『諸主観』出現の合計的結果としては理解されえない。『諸主観』の若干数の現前ということそれ自体、当初はかれらの共同現存在において出会している他人等が、もはやただ『数』としてしか取扱われなくなるということによらなければ不可能である。かかる若干数はまた、特定の相互 - かつ向互存在作用 Mit- und Zueinandersein によってしか発見せられない。こういう『察しのない・無頓着な《リュクジヒツロース》』共同存在作用は、他人等を『勘定して rechnet』おりながらも、まじめには『彼等をあてにも〔ものの数《かず》にも〕して auf sie zählt』いなければ、彼等を『相手にしよう』とさえしていないのである。

おのれの現存在は、他人の共同存在と同様に、「まずたいてい」は環境的に配慮された共同世界から出会してくるのである。現存在は、配慮された世界での没頭中・浮世のぼせの最中においては、ということは同時にまた他人への共同存在中においては、彼自身ではない。ではいったい誰が、日常的相互存在としての存在を引受けたことになるのか？

第二七節　日常的自己存在と「ひと」

共同存在の上述の分析における存在論上重要な成果は、他人の『主観性格』も自分の現存在のそれも、実存論的に、すなわち一定の存在仕様《ヴァイゼン・ツー・ザイン》から、規定されるという洞察にある。環境的に配慮されたものにおいて他人は、かれが在るところのものとして出会する。他人とは、彼が営むところのもので在る。

他人と共に、また他人の為に、また他人に反して講ぜられたことどもの配慮のなかには、ふだんに、他人に対するなんらかの差異をめぐっての慮《ゾルゲ》が存する。すなわちただ彼等との差異を均等化しようがためであれ、自分の現存在が――他人より立後れており――彼等との関係上ひき上げを志すにせよ、自分の現存在が他人より優位にあって彼等を抑圧せんとねらうにもせよ。相互存在は――自分では気づいていないが――こうした差異不同《ひらき》をめぐる慮《ゾルゲ》によって不安にされている。実存論的に言い表わせば、相互存在は差異性 Abständigkeit という性格をもつ。この存在様式は、日常的現存在自身には目立たないものであるだけに、かえって執拗かつ根源的に作用する。

いっぽう現存在は日常的相互存在としては他人の為す統御 Botmäßigkeit のもとにあるということは、共同存在に属するこの差異性によるのである。現存在自身が存在するのではなく、他人が現存在からその存在を奪ひ取ったというべきである。他人の御意が現存在の日常的存在諸可能性を左右する。この他人とはそのさい特定の他人ではない。反対に、他人の各自が他人等を代表しうるのである。要はただ、現存在が共同存在であるために測らずも彼自身によりすでに引受けられている、他人等の目立たない支配という点にあるのである。彼自身他人等に属し、彼等の力を強めている。『他人』とは、かく名づけることにより人は自分が彼等他人に本質的に属していることを隠蔽してはいるが、日常的相互存在をなして「まずたいてい」『現に存在している da sind』ものたちである。これが誰かという点では、この人にもあらず、あの人にもあらず、人自身にもあらず、若干の人にもあらず、また万人の合計にもあらずして、この『誰《ヴェール》か』とは、中性詞「das Man ひと〔世人〕」にほかならない。

身辺的環境界にはそのつどすでに公《エッフェントリヒ》けの〔公共的〕『環境』が用在しまた配慮されてもいる次第については、さきに示されていた。公共的交通機関の利用、報道機関（新聞）の活用においては、他人は甲乙のべつなく、他人〔扱い〕である。こうした相互存在は、自分の現存在を『他人』という存在様式のなかへ完全に解消してしまうが、その他人はまた彼等の差別性や顕然性の点ではさらにいっそう消尽しているのである。こういう目立たなさや確認不能性において「ひと das Man」は彼本来の独裁をふるうのである。ひと man が楽しむとおりにわれわれは楽しみ興ずる、ひとが文学や美術を読んだり観たり批評したりするとおりにわれわれは見たり評したりする、またひとが『集団』から身を退《ひ》くとおりにわれわれも身を退く、ひとが『腹立たしく』おもうものをわれわれも腹立たしくおもうのである。特定のだれでもなく、また合計ではないが万人《だれでも》がそれであるところの「ひと《ダス・マン》」が、日常性の存在様式を指令する。

「ひと」は「ひと」特有の存在諸仕様をもつ。われわれが差異性と名づけた共同存在の既述の傾向は、相互存在というものは平均性 Durchschnittlichkeit を配慮するものだということに基づいている。平均性は「ひと」

のもつ実存論的一性格である。「ひと」は彼自身の存在において本質的に平均性に関心する（一〇九）〔平均性《つきなみ》への関わりすなわち「ひと」の存在本質である〕。だから現事実としても「ひと」は、至当《もっとも》とされるものについても、承認されることやされないことについても、結果の是とされるものや非とされるものについても、みなその平均性を固守している。敢行できるしまたしても良いものの手本ともいうべきこの平均性は、およそ出しゃばってくる例外を監視する。どんな優位も寂然と抑圧される。いかに深遠なことといえ、一夜明ければつとに周知の凡化に見舞われる。およそ闘い取られたものは、みな調法なものとなる。あらゆる秘密はその力を失う。平均性をめざすこの慮《ゾルゲ》は、これまた現存在の本質的一傾向を暴露しており、われわれはこれを、あらゆる存在可能性の平坦化Einebnung と名づける。

差異性《ひらき》、平均性《つきなみ》、平坦化《ならし》は、「ひと」の存在諸仕様《ザインス・ヴァイゼン》であって、われわれが知っているあの『公け・公共性 die Öffentlichkeit』というものを構成する。「公け」は、世界と現存在についてのすべての解釈を当初に規整しており、またすべてにおいて正しいとせられる。ただしそれは、『諸事物』に対して卓越したまた第一番の存在関係をとりむすんでいるからというわけではなく、すなわち「公け」にして現存在をことに適切に洞見しうるからではなく、水準《ニヴォー》にもいろいろ相違があり真正さ《エヒトハイト》にもそれぞれ違いがあるということに対するセンスを欠いているために「公け」は、『個々の事象には《アウフ・ディー・ザッヘン》』立入ろうとしないからにほかならない。「公け」はすべてを曖昧化しまたかく蔽われたものを周知のもの、だれにでも近づけるものとしてさし出すのである。

「ひと」は到る処に居合わせている、ただし彼は、現存在が決断をせまられるようなときはいつでも、すでにもうこっそり逃げ出してしまっている。ところが「ひと」があらゆる判断や決断のはたらきを先ず与え《フォールギーブト》ているのであるから、彼はそのときの現存在から責任というものをとり除く。『人〔世間〕man』はふだんに責任を問うということは、「ひと das Man」が責任を負いうる器量があるからである。何かに対して責を負わねばならぬのは誰でもないのだから、「ひと」が万事に責任をとるのも至極容易なわけである。それはいつでも「ひと」『であった』と言うことは、それは『誰でもなかった』と言うことに等しい。現存在の日常性においては大部分のことは、誰でもなかったと言われざるをえないような者によって、ひき起されている。

このように「ひと」は、日常性をなせる現存在からはいつもその責任を免除する entlastet〔現存在にとって負担である彼の存在を軽減する〕。それだけではない、この存在軽減《ザインス・エントラストウング》をもって「ひと」は現存在に、後者には軽きにつきやすい傾きがあるので、迎合 entgegenkommen するのである。また「ひと」は、存在軽減をもってどの現存在の御意をもたえず迎えて《エントゲーゲンコムト》いるがゆえに、「ひと」はみずからあの執拗な支配を続けまた強めているのである。

誰もが他人であり、誰ひとりとして彼自身ではない。日常的現存在とは「誰のことか Wer」という問いがそれにより答えられたこの「ひと das Man」は、「誰でもない者 das Niemand」であった。こういう者にすべての現存在は、混交存在《イム・ウンターアイナンダーザイン》をなして、そのつどすでにおのれを引渡していたのである。

露呈された日常的混交存在の存在諸性格、すなわち差異性《ひらき》、平均性《つきなみ》、平坦化《ならし》、公共性《おおやけ》、存在軽減および迎合によって、現存在の最親近な『常住性 Ständigkeit』が成立っている。この常住性は、何物かの持続的前在存在を指すのではなく、共同存在としての、現存在の存在様式を指すのである。右の諸様態をなして存在しつつあるかぎり、おのれの現存在の自己も、他人の自己も、まだ見出されていないかまたは失われているといわねばならない。人は「非‐自己常住性〔非自立性〕Unselbständigkeit」と「非‐自己本来性 Uneigentlichkeit」という仕様《ヴァイゼ》で存在する。こういう存在の仕様は、「ひと《ダス・マン》」が「誰でもない者《ダス・ニーマント》」だからとてべつに「無《アイン・ニヒツ》」ではないと同じく、現存在の現事実性をなんら減殺することにはならない。それどころか、この存在様式においてこそ現存在は最実在的存在者 ens realissimum なのである、ただし『実在性《レアリテート》』が現存在にふさわしい存在《ザイン》性だと解されるばあいは、である。

むろん「ひと」は現存在一般と同じく前在してはいない。いよいよ公然と「ひと」が振舞えばふるまうほど、ますます彼はつかみどころなく隠密となるが、だがますます「無」ではなくなる。先入視を去り存在的‐存在論的に『視る《ゼーエン》』ならば、「ひと」は日常性の『最実在的主観』であることをみずから暴露する。またたとえ「ひと」が、前在する石コロのごとくには近づかれえないにしても、このことは彼の〔無ではない〕存在様式をすこしも左右するものではない。人々は早急に、この「ひと」とは『本来は』無なのだと判決することもゆるされず、また「ひと」をば、たとえば若干諸主観の同時前在存在の事後的結成成果だと『説明す』れば、この現象〔ひと〕は存在論的に解釈されているのだという見解に与《くみ》することもゆるされない。むしろ反対に、存在諸概念の精練確立は、こういう否みがたい諸種の現象にこそ準拠しなければならない。

「ひと」はまた、多くの主観の上に浮いている『一般的主観』というようなものでもない。こんな見解が生ずるというのはこれただ、『諸主観』の存在が現存在的に了解されていないで、それらが、出現せるひとつの類《ガトウング》にとって事実上《タートゼヒリヒ》前在せる諸例として、始設されているからである。かかる始設のもとでは存在論的にはただ、例でもないすべてのものを、種《アールト》と類《ガトウング》の意味に解しようとする可能性しか成立しない。「ひと」は、そのつどの現存

129

在にとっての類ではない、したがって「ひと」はこの存在者〔現存在〕における永続的性質としては見出されえない。伝統的論理学もまたこういう現象に直面しては為すところを知らぬということは、その学がその基礎を、こともあろうにもっと粗雑な、前在者の存在論においていることを思い合わすなら、べつに怪しむにはあたらない。だから伝統的論理学は、あの多大な改良と拡張を経ながら、原則的にはすこしも柔靱性を増していないのである。そうした『精神科学的』定位のもとに為される論理学の諸改革も、存在論的には混乱を高めているのみである。「ひと」は、ひとつの実存疇であり、かつ根源的現象として、現存在の積極的構えに属する。「ひと」はまたみずから、自分の現存在的具体化の諸種の可能性をも有する。彼の為す支配の徹底性や顕然性は、歴史的に変化しうる。

日常的現存在の「自己 das Selbst」とは、「ひと－自己〔ひと－自身、ひとたる自分〕das Man-selbst」である。われわれはこれを、自己本来的 eigentlich な、すなわち「おのれにより、わざわざ、故意に、eigens」捕えられた自己から区別する。「ひと－自己」としては現存在はそのつど、「ひと」のなかへ自分〔の気〕を分散させており zerstreut、ためにわざわざ自分を見出してかからねばならない始末である。この〔自己〕分散〔気散じ、放心〕Zerstreuung が、身辺的出会世界《うきよ》への配慮的没頭《のぼせ》としてわれわれが知っている存在様式をなせる『主観』の性格である。現存在は、「ひと－自身《マン・ゼルプスト》」としてこそ、彼自身《イーム・ゼルプスト》と熟知昵懇なのだとすれば、世界と「世界内存在」とについての親近な解釈をやって見せているのもまた「ひと」だということになる。「その者の為《ヴォルムヴィレン》」にこそ現存在が日常、存在している当の「ひと」その者が、有意義性のあの指示連関〔すなわち「誰かの為 Worum-willen」より発源指示される、もろもろの「何かの為 Um-zu」という、あの関係諸項〕を、分節・繋節《アルティクリールト》しているのである。したがって現存在の世界は出会する存在者をば、「ひと」にとって熟知昵懇な適在全体性を基いとして、また「ひと」の平均性をもって画された限界内で、開与することになる。当初は、（二一〇）現存在は平均的に発見されている共同世界をなして存在しているのが現事実である。当初は『私は』、私自身の自己という意味での『私《イヒ》』ではなくて、「ひと」という様態をなせる他人で『ある《ビン》』。「ひと《ダス・マン》」からかつ「ひと《ダス・マン》」として、私は私『自《ゼル》身《ブスト》』に当初『与えられる』。「まず《ツネーヒスト》」は現存在は「ひと《ダス・マン》」でありまた「たいてい《ツマイスト》」は「ひと《ダス・マン》」にとどまる。現存在が世界をおのれから・わざわざ《アイゲンス》発見しておのれに近づけるようなとき、すなわち彼が彼自身に自己本来的存在を開示するようなときは、『世界』のこの発見と現存在のこの開示とは、現存在が自己自身に対して自己を閉していたところの、もろもろの隠蔽や曖昧化の一掃として、もろもろの擬態の打破として、執り行われるのを常とする。

「ひと」においての共同存在《ミット・ザイン》と自己存在《ゼルブスト・ザイン》という解釈《インタプレタチオン》をもって、相互存在《ミットアイナンダー・ザイン》という日常性をなせるものは「誰か」という問いは答えられている。これらの観察はまた同時に、現存在の根本構え〔世界内存在〕の具体的了解をも招来した。すなわち「世界内存在」はその日常性と平均性とにおいて明らかとなったからである。

日常的現存在は彼の存在《ある》〔ことについて〕の前存在論的解釈《アウスレーグング》はこれを、「ひと」というもっとも身近かな存在様式から汲みとる。存在論的解釈《インタプレタチオン》もまずこの解釈傾向《アウスレーグングス・テンデンツ》にしたがうために、現存在を世界の方から了解し、したがって彼を世界内部的に存在する者として見出すことになる。それのみならまだしも、かく存在しつつある者『諸主観』がそれを基いとして了解されている当の存在の意味をすら、あらかじめ『世界』の方から得てきているのが、現存在の『もっとも身近かな』存在論のやり方である。だがそこまで世界に没頭していたのでは、世界現象そのものは超略《ユーバーシュプルンゲン》されてしまうので、これに代るものとして世界内部的前在者、諸事物が登場するのである。共同‐現‐存在する mit-da-ist 存在者の存在は、前在性として理解されることになる。だからして、もっとも身近かで日常的な「世界内存在」のもつ積極的現象を提示することは、その〔世界内〕存在構えの存在論的解釈を誤らしめる根底を洞察させうるのである。すなわち、みずからをまず誤らしめかつ蔽い隠しているものは、みずから日常的存在様式をなしている存在構えそのものにほかならない。

純然たる前在性に存在論上一見近づいているかの観ある日常的相互存在の存在からしてすでに、前在性とは原則的に異るものとすれば、本来的な自己の存在はなおのこと前在性としては理解されえないであろう。本来的自己存在とは、「ひと」から解放された主観というような例外状態を指すのではなく、本質的一実存疇としての「ひと」が呈する実存的変様なのである。

だとすれば自己本来的に実存しつつある自己の《ゼルプスト》自同性・自己同一性《ゼルビヒカイト》は、体験多様性を通じて存続せる自我《イヒ》なるものの同一《イデンティテート》性からは、存在論的には、ひとつの深淵をもって隔てられている。

第五章　「内存在」そのもの

第二八節　「内存在」の主題的分析の課題

現存在の実存論的分析論はその予備的段階においてはこの存在者の根本構え、すなわち「世界内存在」を主導的主題《テーマ》としている。その分析論の第一の目標は、現存在の存在の統一ある根源的構造の現象的挙揚であり、これにより現存在の『存在せんとする《ツー・ザイン》』諸可能性および諸仕様《ヴァイゼン》は存在論的に規定せられるのである。これまで「世界内存在」の性格づけは、世界という構造契機と、この存在者は彼の日常性においては「誰か」という問いへの解答とに向けられていた。しかしすでに現存在の予備的基礎分析の諸課題の最初の特徴づけにさいして、「内存在そのもの」の上へのひとつの定位が、先発せしめられ、[1] そして世界認識作用という具体的様態に即して証示されていた。[2]

（1）第一二節、五二頁以下数頁、参照。

（2）第一三節、五九頁—六三頁、参照。

この支柱的構造契機〔「内存在」〕をまず先に採りあげたというわけは、最初から個個の契機〔世界、存在者、「内存在」〕の分析を構造全体への前的視見《フォール・ブリック》が持久されうるような圏内にとどめ、もって統一的〔「世界内存在」〕現象の破砕や寸裂を極力避けんがためであった。いまや、世界と〔存在者〕「誰か」とに関する具体的分析において獲られたものを護りつつ、「内存在」の現象に解釈をつれ戻すべきときである。だが「内存在」のいっそう徹底的な観察は、「世界内存在」の構造全体性をあらためてまたより確実に現象学的視見《ブリック》の前へつれ出すのみでなく、現存在自身の根源的存在、すなわち慮《ゾルゲ》を捕捉すべき方途をもきり開くべきである。

ところで、世界の許での存在（配慮作用）、共同存在（顧慮作用）および自己存在（誰か）という本質的関係諸項を超えてなおさらに、「世界内存在」に即して呈示されうるものがあろうか？　とにかく、配慮作用とその用視・顧慮作用とその顧視という〔慮《りょ》の〕変形の比較的性格づけによって分析の構築に間口を与え、そしてすべての可能なる世界内部的存在者の存在のより尖鋭な解明によって現存在を非現存在的存在者に対して対別する、という可能性は残存する。この方向に未決の諸課題が存することは疑いない。これまでに露呈せられたことは、哲学的人間学の実存論的先天者《アプリオーリ》のみの精練確立という点よりすれば、いろいろと補足を要しはする。だがそんな事は当探究の目ざすところではない。その目標は基礎的存在論的方向にある。したがってわれわれは「内存在」を主題的に追究しはするが、だからとてもちろんこの現象の根源性を、他のものからの演繹によって、すなわち〔この現象の〕一種の解体ともなるような不適切な分析によって、台なしにしようとはおもわない。およそ根源者の演繹不能性なるものは、彼を構成せる存在諸性格の多様性と相容れないものではない。かかる諸性格が現われても、それらは実存論的には等しく根源的《グライヒ・ウールシュプリュングリヒ》である。構成的諸契機の等根源性 Gleichursprünglichkeit という現象は、あらゆるものの由来をことごとくひとつの単純ないわゆる『根本原因《ウール・グルント》』から証示しようとする方法上ごっちゃまぜの傾向のゆえに、存在論においてはしばしば軽視せられたものである。

いまや「内存在」そのものの現象的性格づけのためにはいかなる方向を見る《ゼーエン》べきか？　これへの答えは、当現象の告示のさいに現象学的に保たれている視見《ブリック》に（一一）一任されていたことどもを想起することによって得られる、すなわち、一他物の『中の in』一前在物という前在的内部性とは異なるものなる「内存在」、『世界』の前在存在によりて実現されたかまたはたんに換起されたままでの一前在的主観の性質ではない「内存在」、むしろこの存在者〔主観〕自身の本質的存在様式としての「内存在」、等をである。するとだがこの現象は、一前在的主観と一前在的客観との間 zwischen の前在的交通 commercium 以外の何ものであろうか？　この解釈にしてもし、現存在とはまさにこの『間 Zwischen』の存在で在る〔三七四頁〕、と言っているのなら、それは現象的存立にむろんいっそう近づいてもいよう。にもかかわらず『間』なるものへのこの定位は依然として誤りのもととせられねばなるまい。この定位はまた同時に、この「間」なるものが「間」たる以上「どの間」なの『である ist』かをも吟味することなく、存在者の存在論上無規定な始設《アンザッツ》をやって《マッヘン》いる。「間」はすでに二つの前在者の相会 convenientia の結果として理解せられている。だがこの先行的始設は、つねにすでに、現象を破砕している。そしてこれをそのつどふたたび破片から組み立てる見込みはもはや立たないのである。『接合剤《キット》』がないのみでなく、接合しようにも準拠すべき当の『雛型・図式《シェーマ》』が破砕されているか、ないしはけっして前もって露現していないのである。現象の破砕を予め防ぐということ、すなわちその積極的な現象としての存立を保全するということ、これは存在論を決定するほどの大事である。これがためにことのほか委曲をつくさねばならないという事はこれただ、存在的に自明なものが、『認識問題』の伝承的取扱様式においては、存在論的に様ざまに擬態化されてもはや見取できないまでになっている事の、表明にすぎない。

本質的に「世界内存在」によって構成される存在者は、みずからそのつど自分の『Da 其場《そこ》・現《げん》・現われ』で、在る・存在する。聞き慣れた語義よりすれば『Da 現に其場《そこ》に』は『此処に Hier』や『其処《そこ》・彼処《あそこ》に Dort』を指す。『此処なる私 Ich-Hier』というさいの『此処 Hier』とは、距たり無くしつつ《エントフェルネント》-方向を整えつつ《アウスリヒテント》-配慮しつつ《ベゾルゲント》存在するはたらきが其処へと向けられている意味でのひとつの用在せる、『其処 Dort』から、つねに了解されている。こんなふうに現存在のためにその『在所《ありか》 Ort』を決定してやる彼の実存論的空間性は、それ自身は「世界内存在」に基づく。「其処《ドルト》」とは世界内部的に出会する者の規定性である。『此処《ヒール》』や『其処《ドルト》』は、ひとつの『Da現に其場〔即今目前歴歴底〕』のなかでしか可能ではない、すなわち『現』の存在〔『現に其場・現今用底』に存在する作用〕として als Sein des »Da« 空間性を開示したといわるべき一存在者が存在するのでなければ可能ではない。かかる存在者は彼の最自己的な存在のうちに非閉鎖《ウンフエルシュロセンハイト》性という性格を有する。『現に其場〔脱体現成底〕[一一二] Da』という語は、かかる本質的開示《エルシュロセンハイト》性を指す。この開示性によってこの存在者（現存在 Dasein）は、世界の現-存在 Da-sein〔世界が現・そのばに・現成-存在するの〕と一体となって、おのれ自身にとっても『現に da』ist 存在する。

人間のうちなる「自然の光 lumen naturale」という存在的に比喩的な言い方は、この存在者〔人間〕は「彼《ザイ》の現で在る《ン・ダー・ツー・ザイン》という・みずから現-存在するという」やり方で存在するということ、すなわち彼の実存論的-存在論的構造以外のなにものをも意味していない。彼が『光照され・明覚せしめられて erleuchtet』いるということは、彼自身が「世界内存在」として彼自身において・即《そく》かれ自身的に「明開されて gelichtet」いるからであり、他の存在者によってではなくむしろ彼自身が「明開作用《あからめ》 Lichtung」[一一三]で、在る・存在するからである。実存論的にかく「明開《ゲリヒテト》され・明らめられて」ある存在者にとってのみ、前在者は総じて、光において近づかれ、闇において隠される。現存在はおのれの「現われ Da」を生来たずさえており、これ無くしては現存在は、ただに現事実として存在しないのみならず、そもそもかくのごとき本質をもつ存在者ではない。現存在はおのれの開示性 Erschlossenheit で在る・存在する。(二一四)

この〔開示性の〕存在の構成本質が露呈せられねばならない。しかるにこの存在者の本質が実存である以上、『現存在はおのれの開示性で存る・存在する』という実存論的命題はまた同時に、この存在者が彼の存在においてそれへと関わり行く(二一五)当の存在とは、彼の『現われ Da』である、ということを意味する。開示性の存在の第一次的構成本質の性格づけの他に、当分析の行程にしたがって、この存在者が日常的に彼の「現われ《ダ》」で在る存在様式〔日常的開示性〕の解釈が必要である。

「内存在」そのもの、すなわち「現われ《ダ》」の存在の解明を担当する当章は〔したがって〕二部分に分れる。A、「現われ《ダ》」の実存論的構成本質。B、「現われ《ダ》」の日常的存在と現存在の頽落。

「現われ《ダ》」であるべき・「現われ《ダ》」で存在《ザイン》すべき das Da zu sein 本質を構成している等根源的な両様態《ヴァイゼン》は、感存性 Befindlichkeit と了解作用 Verstehen とにおいて見取《ゼーエン》される。この両者の分析はいずれも、具体的なまた後続の問題連関にとって重要な一様態〔「語り《レーデ》」〕の、解釈によって、必要な現象的確証を得る。〔すなわち〕感存性と了解作用とは等根源的に「語り die Rede」によって規定されている。

A（「現われ《ダ》」の実存論的構成本質）のもとではしたがって以下のことが取扱われる。すなわち、感存性としての「現われ《ダ》－存在《ザイン》していること」（第二九節）。感存性の一様態としての恐れ（第三〇節）。了解作用としての「現われ《ダ》－存在《ザイン》する作用」（第三一節）。了解作用と解釈作用（第三二節）。解釈の派生様態としての陳述（第三三節）。

「現《ダ》われ‐《ー》存在《ザイン》」、「語り《レーデ》」および言語（第三四節）。

、「現われ‐存在する」存在諸性格の分析は実存論的分析である。ということは、それら諸性格は、一前在者の諸属性ではなく、本質的に実存論的な存在諸仕様《ヴァイゼン・ツー・ザイン》である、という意味である。そこで日常性においてのそれらの存在様式が露呈されねばならないのである。

Ｂ（「現《ダ》われ《ー》」の日常的存在《ザイン》と現存在《ダーザイン》の頽落）のもとでは、「語り《レーデ》」という〔開示性の〕本質構成的な現象に対応するところの、また了解作用を導いている「視 Sicht〔予視 Vorsicht（一五〇頁以下ないし訳註二一〈5〉参照）〕」に対応するところの、かつまた了解作用に属する解釈《アウスレーグング》（判じ Deutung）に対応するところの、「現《ダ》われ《ー》」の日常的存在《ザイン》の実存論的諸様態として、以下のことどもが分析される。すなわち、〔日常的な「語り《レーデ》」としての〕空談《ゲレーデ》（第三五節）。〔日常的な「視《ジヒト》」としての〕好奇心（第三六節）。〔日常的な解釈《アウスレーグング》・判じ《ドイトゥング》としての〕曖昧性（第三七節）。これら三現象に即して、「現《ダ》われ《ー》」の存在の一根本様式が見取されうるが、これをわれわれは頽落作用 Verfallen として解釈する、この『落作用《おちる》 Fallen』が落つかなさ・動揺性 Bewegtheit という実存論的に独自な仕方を示している（第三八節）。

A.「現《ダ》われ《ー》」の実存論的構成本質

第二九節　感存性としての「現《ダ》われ‐《ー》在ること《ザイン》」

われわれが存在論的に感存性（二一六）という名称をもって告げているものは、存在的には最周知・最日常的なもの、すなわち気分 Stimmung とか、気分づけられて在ること Gestimmtsein 〔有気分・気分既然存在《こんなきぶん》〕である。気分のいかなる心理学よりも先に、いわんやそれが未だ全然未開拓であるにおいては、この現象を基礎的実存疇として見取し、その構造の見取りを描くべき必要がある。

日常的配慮作用が妨げられないときの平心平気《グライヒムート》も、ときにそれが乱されるばあいの不快不平《ミスムート》も、前者より後者へまたその逆の推移も、不機嫌・悪気分《フェルシュテインムング》への転落も、たとえこれら諸現象が現存在において一番どうでもよいもの、極めてその場かぎりのものと見なされてあくまで閑却されているにせよ、存在論的には無《ニヒツ》ではない。気分が台なしになったり転換できたりするという事はこれただ、現存在がそのつど既に気分づけられて在ること〔現存在の気分既然存在〕を表明しているまでである。おうおうにして持続性の、同調の、色褪せた無感興・無気分《ウンゲシュティムトハイト》といえども、これは不興・悪気分《フェルシュテインムング》と混同されてはならないが、無ではないどころか、このうちでこそ現存在はおのれ自身に厭きあきする。この存在《ダス・ザイン》が重荷《ラスト》として露わに成ったのだ。なぜか、人は知らない。また現存在はそんなことを知ることもできない、というのは認識作用の開示可能性などは、現存在をして「現われ《ダー》」としてのおのれの存在の前へと直面せしめる気分の為す根源的開示作用〔第四〇節〕に比べては、その達し方があまりにも狭小だからである。さらにまた上機嫌・上気分 gehobene Stimmung も露わな存在の重荷から免除するが、この気分可能性も、免除するとはいえ、現存在の重荷性格を開示している。気分は『wie einem ist und wird 人がどんな気もちで在る《イスト》ぐあい・かげん・気味合・気もち「で在り」また「に成る」か』を露わにする。この『人がどんな気もちで在るか』においては、気分づけられて在ること・有気分・気分既然存在《しかるきもちだ》が、存在をその『現われ《ダー》』のなかへもたらす。

気分づけられていること・気分既然性 Gestimmtheit においては現存在は、実存しつつ〔未然的に〕存在せざるをえない彼の存在においてその者へと引渡されていたところの〔既然的〕存在者としてつねに既に気分的に〔事後的・理論的・認識的にではなく〕開示《エルシュロセン》されている。「開示《エルシュロセン》されて」は「開示《エルシュロセン》されてとして認識されて」を意味しない。また最も無関心で最も無心な日常性においてこそ現存在の存在は、赤裸なる『彼在るがままと彼在らざるをえぬがまま〔の事実〕daß es ist und zu sein hat』において露見しうるのである。純然たる『彼在るがまま〔の事実《ダス》daß〕』が露現し、「何処より」と「何処へ」das Woher und Wohin〔去来の消息〕は依然不明にとどまる。現存在は同じく日常的にそういう諸気分の『言いなりになって nachgibt』はいられないという事、すなわちそれらの開示にふけってはおられず、開示されたものの前へいちいち自分をつれ出し・かかり合ってはおられないという事は、「あるがままの・かれの事実《ダス》における in seinem Daß」「現《ダ》われ《ー》」の存在《ザイン》の気分的開示性〔現-存在とは事実上気分的に開示されている者なり〕という現象的成立事実《タートベシュタント》に反する証明ではなく、むしろそれを証する一例である。現存在はたいてい、存在的-実存的には、気分のうちで開示された存在を避けている、という事は存在論的-実存論的には、そのような気分がそれに向わない・なじまない・帰順《アンケール》しないもの woran sich nicht kehrt において、現存在はみずからが「現《ダ》われ《ー》」に引渡されて在《ザイン》ることを暴露している、という事を意味する。避けることそのことのうちに、「現《ダ》われ《ー》」が開示されたものとして存在する〔「現《ダー》」が開示されて存在《ザイン》すればこそこれを避けることもできるのである〕。

彼の「何処より《ヴォヘール》」と「何処へ《ヴォヒン》」の去来は蔽われているが、それだけに彼自身においてはいっそう蔽われずに開示されている現存在のこの存在性格を、すなわちこの『彼が在るという事《ダス》〔事実《ダス》〕dieses »Daß es ist« をわれわれは、この存在者の彼の「現《ダ》われ《ー》」のなか《イン》への投げ込まれ・被投性 die Geworfenheit と名づける、それというのも彼は「世界内存在《イン・デル・ヴェルト・ザイン》」として「現われ《ダー》」で在る《ザイン》からである。被投性という語は、〔「ダー」への〕この引渡しの現事実性 Faktizität der Überantwortung を指すべきである。現存在の感存性 Befindlichkeit において開示されたる『彼在るがままと彼在らざるをえぬがままの事実 das Daß』は、存在論的‐範疇的に前在性に属する事実性 Tatsächlichkeit を表わしている『事実 Daß』のことではない。後者はただ諦視的確認作用においてのみ近づかれうるのである。感存性のうちに開示される事実 Daß はむしろ、「世界内存在」という仕様で存在するごとき存在者の実存論的規定性として理解されねばならない。〔「現存在が存在している」すなわち「実存している」という事実〕現事実性 Faktizität とは、一前在者の「動かしがたい・鈍な・盲目な・無力な事実 factum brutum」という事実性 Tatsächlichkeit ではなくて、実存のなかへ採り上げられたところの、当初は推しのけられてもいようところの、現存在の一存在性格なのである。現事実性《ファクティツィテート》の事実 das Daß は、直観作用などにおいてはけっして見出されえはしない。

現存在という性格をもつ存在者は彼の「現われ《ダー》」で在るが、それは、彼が〔「ダー」のなかへと〕投げ込まれていること・被投性において、明白と否とを問わず、自己を感じ見出している sich befindet, という仕様においてである。かく自己を感じ見出していること・感存性《ベフィントリヒカイト》において現存在はつねに既に彼自身の前へつれ出されている、すなわち彼はつねに既に自己を見出していた sich gefunden hat といわねばならないが、それは知覚することによる自己目前見出作用 wahrnehmendes Sich-vorfinden によるのではなく、気分づけられていることによる自己感存作用 gestimmtes Sichbefinden によるのである。自分の存在〔すなわち実存、未然的・可能的存在〕に引渡されている存在者であるにもかかわらず現存在はまたあくまで、彼がつねに既に自己を見出して《ゲフンデン》おらざるをえないという事実《ダス》〔現事実・既然性・被投性〕にも引渡されているのである――ただしこの見出して《ゲフンデン》おるとは、〔自己を〕直接探す《ズーヘン》などということからよりはむしろ〔自己から〕逃げ出す《フリーエン》ということから生ずるような〔自己の〕見出し方《フィンデン》〔自己逃避即自己既見出〕においてである。気分の為す開示作用は、被投性への瞥見作用《ヒンブリッケン》によるわけではなくて、〔それへの〕帰順であり〔それからの〕忌避である Als An- und Abkehr. たいてい気分は、気分中に露わな現存在の重荷性格には帰順《ケールト・アン》していない、まして上気分《じょうきげん》でそれから免かれているときはなおさらである。こういう忌避《アブケール》は、それが忌避である以上は、つねに感存性という仕様をなしている。

もし人が、開示されたものと、気分づけられた現存在が『同時に』認めたり知ったり信じたりしているものとを、併置しようなどとするなら、人は気分が何をまたいかに開示するかを現象的にまったく誤認するであろう。たとえ現存在がおのれの『何処へ』の信念において『確か』であるかまたはその「何処から」を合理的に説明して知っていると思っているときでも、それらはいずれも、気分は現存在を彼の「現われ《ダー》」という事実《ダス》の前へとつれ出し、ために現存在は「現われ《ダー》」としていかんともし難い謎のなかで自己に対面しているという現象的成立事実を、いささかも損うことにはならない。純然たる前在者に関する理論的認識作用が必然的《アポディクティシュ》な確実性を測定したからとて、感存性の『自明性《エヴィデンツ》』が低下されねばならないいわれは、実存論的‐存在論的に、少しも成立しない。だがこの現象〔感存性〕を非合理的なものの避難所へおし込むことほど、この現象を偽造することはない。非合理主義は――合理主義への対抗であって――その語るところは、合理主義がそれに対して盲目であるものを、斜視しているだけである。

現存在というものは現事実上では、知識や意志をもって気分を制しうるし、制すべきだし、制せざるをえないという事は、実存作用の一定の諸可能性においては意欲や認識の優位ということを意味しもしよう。だからとて、現存在の根源的存在様式たる気分を存在論的に否認するというような誤りにだけは、陥ってはならない、というのは気分においてこそ現存在は、すべての認識や意欲のはたらきに先立ちかつこれらの為す開示の到達範囲以上にわたって、おのれ自身に開示されているからである。のみならず、制するとはいってもわれわれはけっして、気分を脱却して気分を制するのではなく、そのつど反対気分から制しているのである。感存性の第一の存在論的本質性格としてわれわれは次のことを獲得する、すなわち、感存性は現存在を後者の被投性において開示するが、「まずたいてい・日常」は回避的忌避 ausweichende Abkehr という様態において開示する、と。

すでにこの点において感存性は、およそ心的状態の目前見出作用などとははるかに隔ったものである事が、看取される。すなわち感存性はまず振り向いたり振り返ったりしてはじめて自己を捕捉するというような性格は有しないどころか、むしろすべての内在的反省は、「現われ《ダー》」が感存性において既に開示されているがゆえにのみ、『諸体験』を目前に見出しうるのである。『たんなる気分《ブローセ・シュティンムング》』は「現われ《ダー》」をいっそう根源的に開示する、だがまたそれに応じて、前者は後者をいかなる無－知覚よりもいっそう頑固に閉鎖する。

この事を示しているのが不機嫌・悪気分《フェルシュティンムング》である。不機嫌においては、現存在は自分みずからに対して盲目となり、配慮された環境はとばりに蔽われ、配慮を導く用視は惑わされる。感存性というものは反省されていないどころか、むしろそれは、現存在が配慮された『世界』へと無反省に身をまかせ・引渡されて在る《ヒン・ウント・アウス・ゲゲーベン・ザイン》最中に、彼を襲い来るものである。気分は、襲い来るのである。気分は『外』から来るのでも『内』から来るのでもなく、「世界内存在」の仕様なのであるからこの存在そのものから生ずる。だがこれをもってわれわれは、『内的なもの』の反省的捕捉に対して感存性をたんに消極的に区別することを超えて、感存性のもつ開示性格の積極的洞察に達する。気分はそのつど既に「世界内存在」を〔その構造三契機の〕全体として開示しており従って…へと自己を向けるということをはじめて可能にするのである。気分づけられて在ること・有気分・気分既然存在は当初は心的なものと関係はない、すなわちそれ自身、内的状態ではないのであって、不可思議なやり方で外部へと達して事物や人物に対して色づけをほどこすわけではない。この点に感存性の第二の本質性格が現われている。すなわち、感存性は世界と共同現存在と実存との等根源的開示性という実存論的根本様式である、というのはこの様式自身が本質的に「世界内存在」にほかならないからである。

　感存性について解明されたこれら二つの本質規定、すなわち被投性を開示する作用と、そのつど全体的「世界内存在」を開示する作用との他に、第三の、それもとりわけ世界の世界性のさらに徹底した了解に寄与するところの、本質規定が注目せられねばならない。前もって既に開示された世界にして世界内部者を出会させる、ということがさきに言われていた(1)。「内存在」に属する、世界のこの先行的開示性は、感存性によっても構成されている。かく出会させるという作用はなにより先ず用視的な作用であって、もっぱら感じるとか見つめるとかするだけの作用では未だない。この用視的に配慮しながら出会させるという作用は――いまやわれわれはそれを感存性の方からさらに明細に見取できるのであるが〔感存性にとっては〕――「出くわされる・襲われる Betroffen-werden」という性格をもつ。ところで用在者の役立たなさ・逆らい・脅やかし等によって「出くわされているということ〔当惑〕Betroffenheit」は、存在論的にはただ、「内存在」そのものが世界内部的出会者からこうした〔脅やかし等の〕やり方で〔身《み》に〕近寄られ〔襲われ〕angegangen werden 能うように実存論上先行的に規定されていればこそ可能なのである。こういう近寄られ〔襲われ〕る可能性 Angänglichkeit は感存性に基づくのである、というのは世界をば例えば脅迫可能性 Bedrohbarkeit を基いとして開示していたのはこの感存性にほかならないからである。恐れるというないし恐れの無いという感存性において存在しているもののみが、環境世《ウムヴェル》界的《トリヒ》用在者を、脅やかしくる者として、発見し能うのである。感存性の気分既然《きぶんづけられ》性が現存在の世界開放性《ヴェルト・オフェンハイト》を実存論上構成している。

(1) 第一八節、八三頁以下数頁、参照。

また『諸感官《ジンネ》』も存在論的には、感存的「世界内存在」という存在様式をもつような存在者に属しているがゆえにのみ、それら《ジンネ》も『触れ動かされ gerührt』えて『何かに対する感《ジン》じをもち』うるのであり、かくて〔諸感官を〕触れ動かす者 das Rührende が感動・傾動 Affektion〔感覚や感情の動きや興奮〕において現われるのである。もしも感存的「世界内存在」が既に、諸気分によって予め描き出されているような、世界内部的存在者による近寄られ〔襲われ〕る可能性に、依存《アンゲヴイーゼン》していなかったとすれば、いかに強い圧迫や抵抗にさいしても、感動《アフエクツイオン》というごときものは成立しないであろうし、抵抗も本質的に未発見におわるであろう。〔したがって〕感存性のうちには実存論的に世界への開示的依存性〔開示するには世界に依存《よりすがり》せざるをえないこと〕eine erschließende Angewiesenheit auf Welt が存するが、けだし世界からこそ〔身《み》に〕近寄り来る者〔襲い来る者〕Angehendes が出会し能うからである。われわれはじじつ《イン・デル・タート》、世界の第一次的発見はこれを、存在論上原則的に、『たんなる気分』に一任せざるをえない。およそ純粋な直観作用なるものは、それがたとえ前在者の最奥の血脈・素質《アーデルン》にまで肉迫しようとも、けっして、脅やかすようなものを発見することはできないであろう。

第一次的《まっさき》に開示するのは感存性であるために、日常的用視は視を誤り、はなはだしい錯迷に陥るという事は、絶対的な『世界』認識という理念で測られるなら、一種の非存在《あらぬもの》 ein μὴ ὄν である。しかしながら錯迷可能性のもつ実存論的積極性は、そんな存在論上不当な評価によっては完全に見損われてしまう。むしろかくも落ちつかず、気分のままにひるがえる『世界』の見取作用《ゼーエン》のうちでこそ、用在者は、一日として同一でないそれ独自の世界性のなかで、自己を示現するのである。およそ理論的諦視作用《テオレーティシェス・ヒンゼーエン》なるものはつねに、世界をば、純然たる前在者の一様性《アインフェルミヒカイト》と見なすことにより、すでに遮光して見えなくしているも同然である、たとえかかる一様性の圏内ではもとより、純粋規定作用で発見されうる物のひとつの新たな富が蔵されていようとも。だがまた最も純粋な静《テオー》観《リア》・観照《みる》・観察《こと》・理論 θεωρία といえども一切の気分を脱却しているわけではない。それの為す諦視《ヒンゼーエン》にとっても、もはや前在するにすぎぬものがその純然たる形観《アウスゼーエン》において現われるのはただ、それ〔静観〕が…何か…の許での静かなる滞留において・或る事に静かに思いを凝らしつつ im ruhigen Verweilen bei…、〔生活の〕自適と消閑において in der ῥᾳστώνῃ und διαγωγῇ,（二一七） 彼〔純前在者〕をおのれへと到来させうるようなときのみである。(1)——認識的規定作用の実存論的-存在論的構成本質が「世界内存在」の感存性に存することを提示したからといって、これをもって科学をば存在的に『感情《ゲフュール》』に引渡そうとするような試みと取違える人はないであろう。

（1） アリストテレス、形而上学 A2, 982 b 22 sqq. 参照。

当探究の問題構成の圏内では、感存性の諸種の様態やそれらの基づけ連関を解釈するわけにはいかない。それらの諸現象は、さまざまな情緒〔激情〕や感情の名称のもとに、存在的にはつとに周知のことであり、また哲学においてもすでにつねに観察されてきた。最初の伝承的な、体系的に完成された諸情緒の解釈が、『心理学』の枠内で取扱われたのではないという事は、偶然ではない。アリストテレスは彼の『修辞学』の第二巻で激情〔情緒〕πάθη を探究している。この学は――修辞学という概念を一『学科』と見なす伝統的定位に反して――相互存在の日常性の最初の体系的解釈学だと解されねばならない。「ひと」《ダス・マン》の存在様式たる公共性（第二七節参照）は、一般にみずからの気分既然性《きぶんのしかり》を有するのみならず、みずからのために気分を要しまた『作り出す』。演説者は気分のなかへと語り込みまた気分のなかから語り出る。気分を然るべく覚醒しまた誘導せんがために、彼は気分の諸可能性を心得ている必要がある。

ストア派における諸情緒《アフエクテ》の解釈の続行は、教父的ついでスコラ的神学を経て近世にいたるその解釈の伝承と同じく、周知のことに属する。ただ依然として注目されていないことは、そもそも情緒的なるものの原則的な存在論的解釈がアリストテレス以来ほとんど挙げるに足るほどの一歩をすら前進せしめえなかったということである。それどころか反って、諸情緒や諸感情は主題的に心的諸現象のもとに堕し、これらの第三類として、多くは知《フオールシュテレン》と意《ヴオレン》の作用に次ぐ〔情の〕作用を演ずるのである。それら情は伴随現象にまで零落する。

この現象に対して再び、より自由な視《ジヒト》を開かしめたことは、現象学的研究の一功績である。これのみではない、すなわちシェーラーは、なかんずくアウグスティヌスとパスカルから(1)刺激を得て、『表象する』《フオールシュテレント》行動と『感興《インテレセ》する』《ネーメント》行動との間の基づけ連関へと問題性を導く。もちろんここでも、そもそも行動現象なるものの実存論的-存在論的基礎はまだ不明にとどまる。

（1）冥想録、前掲、参照。「そしてここから次のことが生ずる。人間のことがらについて語るときには、諺にもあるように、人はそれを愛するよりさきに知らねばならないと言われているが、聖者らはその反対に、神のことがらについて語るときには人はそれを知るためには愛さねばならない、慈愛によらなければ人は真理にいたりえない、と言うのであってこれを彼らの最も有益な格言の一つとしている。」さらにアウグスティヌス、著作集（Migne P. L. tom VIII), Contra Faustum lib. 32, cap. 18: non intratur in veritatem, nisi per charitatem.「愛によらずんば真理に入るをえず」、参照。

感存性は現存在をば、彼の被投性と、彼の存在と共にそのつど既に開示されている世界への彼の依存性とにおいて開示するだけではない、感存性自身が実存論的存在様式《ありよう》であり、この様式において、現存在は自己をたえず『世界』へと引渡し、彼が自己自身をどうにかして回避するように、『世界』によって自己を襲わせる（立ち行かせる）のである。かかる回避作用《アウスヴァイヘン》の実存論的構えは頽落作用という現象に即して明らかとなるはずである。

感存性は、それを成してこそ現存在が彼の「現われ《ダー》」で在るようなひとつの実存論的根本様式である。感存性は、ただ存在論的に現存在の性格であるにとどまらず、また同時に、それが為す開示作用のゆえに実存論的分析論にとって原則的な方法的意義を有する。該分析論も、あらゆる存在論的解釈一般と同様、前もって既に開示された存在者から彼の存在についていわば聴取するということしかできない。しかも該分析論は、現存在の優顕な最広域的開示諸可能性を頼りとし、これらからこの存在者の解明を受取ろうとするであろう。現象学的解釈《インタプレタチオン》であるかぎりは、現存在自身に根源的開示作用《エルシュリーセン》の可能性を与えざるをえず、そして彼をしていわば彼自身を解《アウスレー》釈《ゲン》させるのでなければならない。該解釈《インタプレタチオン》が該開示作用《エルシュリーセン》と同行するわけはただ、開示されたものの現象的内実を実存論的に概念にのぼせんがためにほかならない。

そうしたひとつの〔概念であるところの〕、実存論的‐存在論的に重要な、現存在の〔本来的〕根本感存《グルント・ベフィントリ》性《ヒカイト》、すなわち不安《アングスト》（第四〇節参照）に関する後続の解釈を考慮しつつ、感存性の現象を、「恐れ・恐怖 Furcht」という〔非本来的・日常的〕特定様態に即してさらにより具体的に立証して見せねばならない。

第三〇節　感存性の一様態としての「恐れ」(1)

恐れという現象は三つの観点からこれを考察することができる、すなわちわれわれは、〔何を恐れるかの〕恐れの対象 das Wovor der Furcht、恐れるということ・恐怖作用 das Fürchten、および〔何んのために恐れるかの〕恐れの事由《わけ》 das Worum der Furcht を分析することになる。これらの三視点が可能でありまた相関しているということは偶然ではない。これらによって感存性一般の構造が露現するにいたるのである。分析は恐れの可能なる諸変様を指摘することによって完成するが、それらはそれぞれ、恐れにおいて見られた〔三つの〕異った構造諸契機に該当する。

恐れの対象 das Wovor、すなわち『恐ろしいもの das Furchtbare』は、いつでも、用在者か前在者か共同現存在かの存在様式をもつ世界内部的出会者である。しばしばまたたいていのばあい『恐ろしい《フルヒトバール》』であろうような存在者について存在的に報告しようとするのではなくて、恐ろしいものをその恐ろしさにおいて現象的に規定しようとするのである。恐怖作用において出会する恐ろしいものそのものには、何が属するであろうか？　恐れの対象《ダス・ヴォフォール》は、脅やかし・脅迫性 Bedrohlichkeit という性格をもつ。この事には種々のばあいがある、すなわち一、出会者が有害性という適在様式を有するばあい。彼は或る適在連関の内部で現われる。二、この有害性は、それによって襲われうる者の属する特定環域《ウムクライス》を狙っている。かく特定的なものとして有害性はみずからも特定的方域《ゲーゲント》からやって来る。三、この方域そのものも、また、そこからやって来るものも、『安心のならぬ・物騒な』nicht »geheuer« ものとして知られている。四、害有る者は脅やかしつつある者として、未だ支配をふるうほどの近さにはいない、だがそれは近づくのである。かく近づいて来るという点に有害性の躍如たるものがあり、また、その点に彼の脅迫性格が存する。五、この近づき来る《ヘラン・ナーエン》という作用は、「近く《ネーエ》」において、行われる作用である。極度に有害でありうるのみならず不断に近づきつつあるものでも、「遠く《フェルネ》」においてなら、その恐ろしさは蔽われたままである。だが近くにおいて近づき来る者としてこそ害有る者は脅迫的なのである、それに出くわすかも知れずまた出くわさぬかも知れない。近づいて来ることにおいて、この『云云かも知れずまた云云ならずに済むかも知れず』が高調する。〔そこで〕「恐ろしい」が発せられる。六、この点において、近くで近づきつつある者としての害有る者は、来ないで済んだり自分のそばを無事通過することもあるという可能性を帯びている事が発覚したが、この事は恐怖作用を和らげたり消し去ったりはせず、むしろそれを育て上げているのだという事が、看取される。

恐怖作用自身 das Fürchten selbst が、右のような性格をもつ脅迫者を、自己《み》に近寄らせ〔襲わせ〕つつ開与する作用 das sich-angehen-lassende Freigeben である。たとえばまず将来の災厄（malum futurum）が確認され、しかるのち恐怖されるというわけではない。しかしまた恐怖作用がこの近づき来る者をはじめて確認するのではなく、それはその者を前もってその恐ろしさにおいて発見しているのである。またまず恐れつつあればこそしかるのち恐れは恐ろしき者を、ことさらに諦視しつつ、みずからに『明らかに為し』うるのである。恐ろしき者を視るのは用視であるが、それは用視が恐怖という感存性のうちに在るからである。感存的「世界内存在」のまどろめる可能性としての恐怖作用、すなわち『恐れ易さ Furchtsamkeit』にしても、恐ろしいとされるような者が近づきうるのは世界の方からである以上、既に世界を開示していたといわねばならない。近づきうるということそのことは、「世界内存在」の本質的な実存論的空間性によって、開与されている。

それの為に恐れが恐れる当の事由 das Worum は、みずから恐れつつ存在しつつある者自身、すなわち現存在である。「みずからの存在においてこのもの〔自分の存在〕そのものに関わり行く・関心する(一一八)ような存在者のみしか、〔すなわちみずから在りながらも在りえんとする・在るを為す・実存するような、とは反面、在る「ことにおいて」また「かぎり」その在るが失せ行くような存在者のみしか、〕恐れるというようなことは為しえない。恐れるということが、この存在者を彼の危うさ《ゲフェールドウング》・危殆において、すなわち彼自身への一任放置《ユーバーラッセン》・見放し・引渡し《イト》において開示する。恐れはつねに、明瞭度の変化こそあれ、現存在を彼の「現われ《ダー》」の存在《ザイン》において露わにする。われわれが家屋敷の為に恐れるばあいでも、それは、恐れの事由〔は現存在自身なりと〕の上記の規定に対する反対判決とはならない。なぜなら現存在は「世界内存在」なるがゆえにそのつど「何かの許に配慮的に存在している besorgendes Sein bei」からである。「たいていはまず《ツーマイスト・ウント・ツーネーヒスト》」現存在は、彼が配慮するものをもとしてそれにより存在している。〔だから〕このものの危殆は、「…の許での存在」を脅やかす。恐れは現存在を主として欠如的《プリヴァティーフ》・本性奪取的やり方で開示する。それは混乱させ『頭を無く《コップフロース》』させる。恐れはまた、危うくされた「内存在」を見させ《ゼーエン・ラセン》ながらも、同時にこれを閉鎖する。だから現存在は、恐れが退いてはじめて自己をもとどおり尋常に見出すより仕方がない。

「何かを恐れる作用としての、何かの事由《わけ》で恐れる作用（二一九）Das Fürchten um als Sichfürchten vor」は——欠如的にであろうと積極的にであろうと——世界内部的存在者〔恐怖の対象〕をそれが為す脅迫性《おびやかし》において、かつまた「内存在」〔現存在〕をそれが為される被脅迫性《おびやかされ》の点で、つねに等根源的に開示する。恐怖は、感存性の一様態である。

何かの事由で恐れる作用はまたいっぽう他人に関係することもあるが、このときはわれわれは他人の為に恐れる・気遣う Fürchten für と言っている。この・・・誰か・・・の為に恐れるということは、その誰かから恐れを取除くことではない。そんなことは、われわれがその人の為 für に恐れ・気遣っている当人なる他人の方は、かならずしも恐れるにはまったくおよばないのだから、すでにその点よりしてもできない相談である。われわれが他人の為に恐れるのはほとんどのばあい、当人は恐れもしないで無鉄砲に、脅やかす者へ突進しているようなときである。・・・誰か・・・の為に恐れることは、他人との共同感存性《ミト・ベフィントリヒカイト》の一仕様であるが、かならずしも、「自身‐同怖作用・自分でもそのことが恐しい ein Sich-mitfürchten」とはかぎらないし、まして「共怖作用・そのことを一緒になって恐れる ein Miteinanderfürchten」とはかぎらない。人は、かならずしも自分が〔或る害をこうむりはしないかと自分の為に〕恐れ sich fürchten はしなくとも、・・・何か・・・の事由《ため》に恐れることはありうる。だが精確に吟味してみると、この「・・・何か・・・の事由《ため》に恐れるということ・事由恐怖作用 das Fürchten um・・・」は、やはり一種の「〔自分の為に〕自分が恐れること・自身恐怖作用 ein Sichfürchten」である。このさい『恐れられて』いるのは、或る人にとって奪い去られるおそれあるところの他人との、共同存在 Mitsein である。かかる〔おそれある〕恐ろしきことは、〔その恐れを共にしつつある〕同怖者 der Mitfürchtende を直接狙ってはいない。すなわち、…何か…の事由《ため》に恐れる作用は、自分が襲われるのではないことはとにかく知っている、しかも自分が彼の為に恐れ・気遣っている当の共同現存在 Mitdasein が襲われることにおいて、やはり共に同じく襲われる mit-betroffen のである。事由恐怖作用はそれゆえに、弱まった自身恐怖作用ではない。問題はこのさい、『諸情調 Gefühlstöne』の程度ではなくて、実存論的なる諸様態である。事由恐怖作用はだからまた、『自身本来的に』〔自分の為に〕自分が恐れて・自身恐怖しているとはいえないにしても、このことによってそれ特有の純正さを失いはしない。

全一なる恐怖現象を構成せる〔三つの〕諸契機は変化可能である。このことによって恐怖作用の諸種の存在可《ありえ》能性《かた》が生ずる。脅やかす者の出会構造には「近くで近づく」ということが属する。例の『未だではあるが、いついかなる瞬間にも』という仕様で脅やかす者が、それ自身突然に配慮的「世界内存在」のなかへ打ち込んで来るときは、恐怖《おそれ》は驚愕・おどろき Erschrecken と成る。脅やかす者においてはしたがって、脅やかしつつある者の為す極く近くでの近づきと、近づきそのものの出会様式すなわち突然とが区別されうる。驚愕の対象《ヴォフオール》はとかく周知で昵懇なものである。ところが脅やかす者が全然よそよそしき者の性格をもつときは、恐怖《おそれ》は戦慄・おののき Grauen と成る。おまけに、脅やかし来る者が戦慄的な者の性格をもって出会しかつ同時に驚愕的な者の出会性格すなわち突然性を採るときは、恐怖《おそれ》は仰天・たまげる Entsetzen に成る。恐怖の諸変様はさらに、臆病、内気、心配、吃驚《びっくり》等として知られている。恐怖のすべての変様は、自身を感じ見出して在ること・感存作用 das Sich-befinden の諸可能性であるから、現存在は「世界内存在」たる以上『恐怖的・恐れ易い furchtsam』、ということを示している。この『恐れ易さ Fürchtsamkeit』は、現事実的な、『個別化した』一素質などという存在的意味に解されてはならず、そもそも現存在の本質的感存性の実存論的可能性として——もちろんこれが唯一の可能性ではないが——了解せられねばならない。

（1）アリストテレス、修辞学《レトーリク》 B 5, 1382 a 20—1383 b 11.

第三一節　了解作用としての「現《ダ》れ《ー》-在ること《ザイン》」

感存性とは、『現《ダ》れ《ー》』の存在《ザイン》〔開示されて在ること・開示性〕がそれらのうちでこそ保たれている実存論的諸構造の、一つである。この〔現われ・開示〕存在を、感存性と共に等根源的に構成しているのが、了解作用 das Verstehen である。感存性はそのつど自分の了解性《わかり》 Verständnis を有している、たとえそれが自分の了解性を抑圧している様な仕様にすぎなくても。了解作用は常に、気分既然者《ゲシュテイムテス》〔気分づけられたる了解作用《もの》〕である。われわれはこの作用を基礎的実存疇として解釈する、ということは、この〔了解作用という〕現象を現存在の存在〔作用〕の根本様態として理解する、ということを告げているのである。これに反して、可能なる認識諸様式中の一つという、例えば『説明作用《エルクレーレン》』とはまた異っているという、意味でのいわゆる『了解作用』はこの説明作用と同じく、「現《ダ》われ《ー》」の存在をそもそも共に構成している第一次的な了解作用からの実存論的派生態として、解釈せられねばならない。

上来の探究でもすでにこの根源的な了解作用に遭遇してはいたのであるが、これを表明的《ことさら》に主題たらしめてはいなかった。現存在《ダー・ザイン》は実存しつつ〔あることにより〕彼の「現《ダ》われ《ー》」で在る《イスト》、という事は一方では、世界が『現に・其場に・現われて da』在る《イスト》、という事を、この世界の「現われ-存在する Da-sein」ことは「内-存在する」ことである、という事を意味する。またこの「内‐存在」は同様に『現に・其場に・現われて da』在るのだが、それも現存在がその為にこそ存在している〔彼自身の存在可能《ありえん》〕「の為 worumwillen」として〔内存在は現われ‐在るの」である。この「の為《ヴォルムヴイレン》」〔はそのつどすでに了解されておらざるをえないものだが、これ」において実存的「世界内存在」はそれ自体のままに開示されてあり、この開示性が了解作用だと名づけられていたのである。[1]この「の為《ヴォルムヴイレン》」を了解することにおいて、この「の為《ヴォルムヴイレン》」にこそ基づけるかの有意義性が同時に開示せられている。了解作用の開示性は、この「の為《ヴォルムヴイレン》」および有意義性の開示性として、等根源的に、全一な「世界内存在」に該当する。[二一〇]有意義性とは、世界がそれにもとづいてこそ世界として開示されている当の「基い woraufhin」である。この「の為《ヴォルムヴイレン》」および有意義性が現存在のうちに開示されているという事は、現存在は、彼が「世界内存在」ではあるがこの「世界内存在」そのものに関わり行く・関心・交渉・態度[二一一]するような存在者である、という事を意味する。

(1)　第一八節、八五頁以下数頁、参照。

われわれはときどき存在的な話し方で『etwas verstehen 或る事を了解する』という言葉を、『einer Sache vorstehen können 或る事を司ることができる』、『ihr gewachsen sein 或る事に長じている』、『etwas können 或る事を為し能う』という意味に用いている。実存疇としての了解作用において為し能う事は、ひとつの「何物《ヴァ》か《ス》」ではなくて、実存作用としての存在作用《ザイン》 das Sein als Existieren である。存在‐可能 Sein-können としての現存在の存在様式は、実存論的には了解作用のうちに存する。現存在は、一前在者であってその上追加として何事かを為し能う能力を所持しているのではない、彼はまず第一に可能存在 Möglichsein である。現存在はそのつど、彼が在り能うところのものであり、また彼の可能性であるごときものである。現存在作用《ダーザイン》というこの本質的可能存在作用《メークリヒザイン》は、『世界』への配慮作用、他人の為の顧慮作用として性格づけられた諸様態に、およびこれらすべてにおいても常にすでに為されている、自分の為なる、自分自身への存在可能作用 das Seinkönnen zu ihm selbst に、該当する。そのつど現存在《ダー・ザイン》が実存論上それであるところのこの可能存在《メークリヒ・ザイン》は、空虚な論理的可能性から区別されると同じく、前在者と共にあれやこれやが『生起し』うるとされるかぎりでは、また前在者の偶発性からも区別される。前在性の様相《モダール》的範疇としては可能性は、未だ現実的ならぬもの、かつて必然的ならざりしものを意味する。それはただ可能にすぎぬものという性格を表わす。それは現実性や必然性よりも存在論的にはより低いのである。これに反して実存疇としての可能性は、現存在の最根源的で究極的なる積極的な存在論的規定性である。当初はこの可能性は、実存性一般と同じく、もっぱら問題としてしか準備されえない。この可能性をそもそも見取《ゼーエン》せんがための現象的地盤を提供するものは、開示しつつ存在し能う作用《ザイン・ケンネン》としての了解作用である。

実存疇としての可能性は、『随意の無関心《いにめすまま》 Gleichgültigkeit der Willkür』(libertas indifferentiae 無関心の自由)というような意味での、宙に浮いた存在可能ではない。現存在は本質上感存的な者〔被投者〕であるがゆえに、そのつど既に一定の諸可能性のなかへ陥ち込んでいる、彼は、彼がそれで、在る・存在するところの、存在可能なるがゆえに、かかる一定諸可能性はこれをやり過したといわねばならず、彼は不断に彼の存在の諸可能性を放棄して行く、それらをつかんではつかみ損って行く。この事はだが、現存在作用《ダーザイン》は彼自身に引渡された可能存在作用《メークリヒ・ザイン》であり、徹頭徹尾投げられた可能性 geworfene Möglichkeit である事を意味する。現存在《ダーザイン》とは、最も自身的な存在可能「に向って für」「開け放たれ自由に存在 Freisein」する可能性である。この可能存在作《メークリヒ・ザイ》用《ン》はそれ自身にとって、諸種の可能なる仕様と程度とにおいて、見透されている。

了解作用とは、次のごとき存在可能《ザイン・ケンネン》の、すなわち「未だ前在しない者」として前在未然《しうる》というのではけっしてないところの、すなわち本質上「けっして前在しない者」として、実存の意味での現存在の存在作用《ザイン》と共に『存在しつつある ist』ところの存在可能《ザイン・ケンネン》の、存在《ザイン》〔しつつあるはたらき〕のことである。現存在は、彼がそのつど、しかじかに存在していることを、了解したかないしは了解しなかったかというやり方で存在している。そのような了解作用として現存在は、彼が彼自身すなわち彼の存在可能と共に在るのは何においてか〔何ういうことであるのか〕woran を『知っている《ヴァイス》』。この『知《ヴイセン》』はべつに、内在的な自己知覚にとってはじめて生じたわけではなく、本質的に了解作用であるところの「現われ《ダー》」の存在に属する。また現存在は了解しつつあることにより彼の「現われ《ダー》」で在るがゆえにのみ、彼は迷い込みもし自己を見誤りもし能うのである。かつまた了解作用は、感存的なものであり、また、かかるものとしては実存論的に被投性に引渡されたものであるかぎり、現存在はそのつど既に迷い込んで自己を見誤っているといわねばならない。それゆえ彼の存在可能においては彼は、彼の諸可能性において自己をふたたび見出してかかるべき可能性に、引渡されているのである。

了解作用とは、現存在自身のものなる自己の存在可能の実存論的存在である、だからこの存在は、〔現存在自身が〕自己自身と共に在るのは何においてか〔何ういうことであるのか〕を、それ自身において開示する。〔了解作用という〕この実存疇の構造をさらにいっそう明確に捕える必要がある。

了解作用は、開示作用であるからつねに、全体的根本構えたる「世界内存在作用《ザイン》」に当る。存在可能なるゆえに「内存在」は、そのつど「世界内存在可能」である。後者は可能的有意義性としての世界として開示されているのみではない、世界内部的な者自身の開与もこの〔世界内部的〕在存者を彼の諸可能性にもとづいて開与しているのである。用在者が用在者として発見されているゆえんのものは、彼の有用〔可能〕性、使用〔可能〕性、有害〔可能〕性にある。適在全体性とは、用在者の連関のひとつの可能性という範疇的な全体であることが露顕する。またいっぽう多様なる前在者の『統一』、すなわち自然《ナトゥール》も、その自然〔統一〕の可能性の開示性に基づいてのみ発見可能となる。自然の在存如何の問いが『自然の可能性の諸制約』如何を目ざすということは偶然であろうか？　そういう問いは何に基づくのか？　そういう問い自身に対してはまた次の問いが生じないではいない、すなわち非現存在的存在者〔自然〕は彼の可能性の諸制約を基いとして開示されるものとすれば、なにゆえに彼は彼の在存《ある》において了解されているのか？　と。カントがそうした諸制約を前提とするということはおそらく正しいであろう。しかしこの前提そのものがその正しさにおいて少しも証明されていないということはありうるのである。

なにゆえに了解作用は、その作用中に開示されうるもののすべての本質的諸次元に応じて、つねにそのものの諸可能性のなかへと入り込むのであるか？　それは了解作用それ自身が、われわれが投案〔立案〕(一一二) Entwurf と名づける実存論的構造を有するからである。了解作用は現存在の存在を、現存在の〔存在可能〕「の為 Worum-willen」にもとづいて、とまた同様に根源的に彼のそのつどの世界の世界性たるかの有意義性にもとづいて、投案・立案する entwirft。了解作用のこの投案性格は、「世界内存在《ザイン》」の「現《ダ》われ」が〔世界内〕存在可能《ザイン・ケンネン》の「現《ダ》われ」として開示されているという点で、「世界内存在」を構成しているものである。投案とは、現事実的存在可能の活動範囲の実存論的存在構えである。また、投げられた者としては現存在は、この投案作用 das Entwerfen

という存在様式のなかへ投げ込まれているのである。投案作用なるものは、現存在が自己の存在をそれに則って整備するような考え出された一計画《プラン》に対する自己対処《みのしよしかた》などとは無関係であって、現存在たる以上そのつど既に彼は自己を投案していたのであり、また彼が存在するかぎり、投案しつつ存在するのである。現存在は、彼が存在するかぎり、つねに既にまたつねに変らず、諸可能性から自己を了解する。了解作用の投案性格はさらに、その作用がそれにもとづいて投案する当の基い、すなわち諸可能性を、その作用自身は、主題的には捕えていない、という事を示している。そういう捕え方は、投案されたものからむしろその可能性格を奪い、そのものを一種の所与的、思念的存立にまで引下げる、しかるに投案の方はその投げるという作用において im Werfen、可能性を可能性として〔のままに〕みずからの前へと投げるのであり、したがって可能性として〔そのままに〕存在せしめるのである。了解作用は、投案〔案・かんがえ・案じ・おもんぱかり・すなわち可能性を、投げ展《ひら》く〕作用として、現存在が彼の諸可能性を〔あくまで〕諸可能性として存在するところの彼の存在様式である。

もし人が現存在をその存在存立の点では前在者として記録しようとしたり記録しうるとすれば、現存在は、投案という実存疇によって構成されている存在様式に基づくために、彼が〔前在的〕事実として tatsächlich 在るよりも、不断に『より多く』在るのである。しかしながら、彼が現〔存在〕事実として faktisch 在るよりも、より多く在るのではけっしてない、なぜなら彼の現事実性 Faktizität には本質的に存在可能が属するからである。現存在はいっぽう可能存在であるからといって、けっしてより少く在るわけではない、というのは彼は、彼の存在可能においては未だそれでは在らぬところのもので、実存論的には在るからである。また「現《ダ》われ」の存在は、了解作用とその投案性格とによってみずから本質的に構成されているがゆえにのみ、すなわち彼は、彼がそれに成りないしは成らぬところのもので、在る・存在するがゆえにのみ、彼は了解しつつおのれみずからに語りうるのである――『汝が在るところのものに、成れ（一二三）！』と。

投案はつねに、「世界内存在」の全一的開示性に当る。了解作用は存在可能としてそれみずから諸可能性を有するが、それらは該作用のうちで本質的に開示されうるものの環域《ウムクライス》によって予描されている。了解作用はまず世界の開示性のうちに宿ることも可能である、すなわち現存在は「まずたいてい」自己の世界をもととしてそこから自己を了解しうるのである。さもなければ了解作用はまず〔現存在自身の存在可能〕「の為《ヴォルムヴィレン》」のなかへと自己を投げ込む、すなわち現存在は自己自身として実存するのである。了解作用は、自己本来的《アイゲントリヘ》な作用、すなわち自分の自己そのものから発源する作用であるか、または非《ウン》‐自己本来的《アイゲントリヘ》な作用である。この『非《ウン》‐』は、現存在が彼の自己から解き離されてただ世界『だけしか《ヌール》』了解し『ない』という意味ではない。世界は、「世界内存在」としての現存在の自己存在《ゼルプスト・ザイン》にはつきものである。自己本来的了解作用といえども非‐自己本来的それと同じく、真正であることもまたは非真正であることも可能である。了解作用は存在可能として徹頭徹尾可能性によって浸透されている。了解作用の右の〔本来・非本来の両〕根本可能性の一つへの自己移入《ジヒ・フェルレーゲン》はしかし、他の一つを廃棄《アブレーゲン》することにはならない。了解作用はむしろそのつど「世界内存在」としての現存在の全一的開示性に当るがゆえに、了解作用のこの自己移入もやはり全体としての投案の実存論的変様である。世界を了解する作用においては「内存在」もつねに共に了解されている。実存を実存として了解する作用はつねに世界を了解する作用である。

現事実的現存在としては彼は、そのつど既に彼の存在可能を、了解作用の〔採るどちらか〕一つの可能性のなかへ移したといわねばならない。

了解作用はみずからの投案性格のうちで、われわれが現存在の「視 die Sicht」と名づけるものを、実存論的に構成している。「現われ《ダー》」の開示性と共に実存論的に存在しつつある視《ジヒト》は、配慮作用の用視《ウム・ジヒト》、顧慮作用の顧視《リュク・ジヒト》〔かえりみ・推察視・察し〕として特性づけられた現存在の存在の根本様態に応じていえば、現存在がそれ「の為《ウムヴイレン》」にこそそのつど彼が在るとおりに存在する当の存在そのものを見る視《ジヒト》として、等根源的に現存在で在る。第一にまた大体において実存に関係するこの視《し》を、われわれは洞視〔洞見〕Durchsichtigkeit と名づける。われわれがこの術語をえらんだのは、十分了解された『自己認識』を言い表わさんがためである、すなわち、この語がひとつの自己点《アイン・ゼルプストプンクト》の知覚的探知や注視を指すのではなく、「世界内存在」がみずからの本質的構えたる〔三つの〕諸契機を洞貫して完全に開示されていることを了解しつつ捕捉することを指すのだ、という事を告げんがためである。実存しつつ存在する者は、世界の許での彼の存在においても、他人との共同存在においても、彼の実存が等根源的に〔それら両様存在の〕構成契機なることを彼がみずから洞見・洞視したかぎりにおいてしか、『自己《ジヒ》を』視《み》ては sichtet いない。

反対に現存在の不洞視《ウンドウルヒジヒテイヒカイト》は、もっぱらまた第一に、『自我中心的』な自己錯誤に根づいているのではなく、同じくそのように、世界の不案内に根ざしている。

『視』という語はむろんなんの誤解をひき起すおそれもないはずである。この語は、「現われ《ダー》」という開示性の性格としてわれわれが明らかにした〔一三三頁〕あの「明開性《あからめ》 Gelichtetheit」に相当する。『見るはたらき・見取作用 Sehen』は、肉眼による知覚作用《ヴァールネーメン》を意味しないのみならず、一前在者のその前在性における純然たる非感性的認知作用《フェルネーメン》をも意味しない。視の実存論的意義のためにはこの見取作用《ゼーエン》の次のような特質のみしか入要でない、すなわち、見取作用《みるはたらき》はその作用にとって近づきうる存在者をこの者自身に即して蔽わずに出会させる、と。この事はもちろん、個個の『感官』といえどもそれ固有の発見区域内で成しとげているところである。哲学の伝統はしかし最初から第一に、存在者へのかつまた存在への接近様式としての『見取作用《みるはたらき》』に定位している。そうした伝統との連関を保たんがためには、存在者へのかつまた存在への接近のいづれをも接近一般として性格づけるようなひとつの一般的術語が獲られるにいたるまで、視《ジヒト》と見取作用《ゼーエン》とを形式化すればよいのである。

すべての視は第一に了解作用に基づくという次第——配慮作用の用視は分別 Verständigkeit としての了解作用《フェルシュテーエン》にほかならない——が示されることによって、純然たる直観作用《アンシャウエン》からはその優位は取り去られている、この優位はだがノエシス的・思惟作用的には前在者のもつ伝統的な存在論的優位に相当する。『直観』と『思惟』とは共に、了解作用からのすでに遠く離れた派生物である。現象学的『本質直観《ヴェーゼンス・シャウ》』といえども実存論的了解作用に基づく。見取作用《ゼーエン》のこの様式〔該本質直観《シャウ》〕については、それらのみが現象学的意味での諸現象となりうるほどの、存在および存在諸構造とに関する顕然たる諸概念が獲られたときに、はじめて決定せられればよいのである。

「現われ《ダー》」が了解作用において開示されるということはそのこと自体、現存在の為す存在可能のひとつの仕方である。「おのれの為《ヴォルムヴィレン》」にもとづいて現存在の存在が投案されてある《エントヴォルフェンハイト》ことは、有意義性（世界）にもとづくそれの被投案性《エントヴォルフェンハイト》と一体を成していて、そのうちには、存在一般の開示性が存する。諸可能性にもとづく投案作用のうちにはすでに存在了解性が先取されている。存在は、投案において、了解されている、存在論的に理解せられてはいないが。「世界内存在」の本質的投案という存在様式をもつ存在者は、おのれの存在《ある》の構成契機《コンスティトウティーヴム》として存在了解性《あるのわかり》を有する。〔かく〕以前には独断的に始設されていたもの[(1)]は、いまや、現存在《ダーザイン》は了解作用であればこそ彼自身「現《ダ》に・現われ《ー》」在る《イスト》のだという、存在《ある》の構成本質《コンスティトウツイオン》から、その証《あか》しが立ったのである。この存在了解性の実存論的意味を当探究全体の限界に相応して遺憾なく解明するということは、時的《テンポラール》存在解釈に基づいてはじめて達成されるであろう。

（1） 第四節、一一頁以下数頁、参照。

感存性と了解作用とは実存両疇として、「世界内存在」という根源的開示性の両性格である。気分づけられて《ゲシュティムト》いる《ハイト》という様態においても現存在は、彼がそれらをもととして存在している諸可能性を『見取している《ゼーエン》』のである。それら諸可能性を投案しつつ開示することにおいても彼は、そのつど既に気分づけられて在る《ゲシュティムト・イスト》のである。最も自身的な存在可能の投案でも、「現《ダ》われ《ー》」のなかへの被投性という現事実に引渡されているのである。「現《ダ》われ《ー》」の存在の実存論的構えを、かく被投的投案〔投げ込まれての投げ案じ〕という意味に説明することは、現存在の存在をいっそう謎めかしはしないか？ しじつ然り《イン・デル・タート》。われわれはまず、この存在の全面的謎めきを現わし出さずにはいられない、たとえその謎を『解く』ことに正しいやり方においても失敗するやも知れず、被投的‐投案的「世界内存在」の存在如何の問いをあらためて提起しなおすことになりかねないにせよ。

当初はまず、感存的了解作用〔被投的投案作用・全体的現存在作用〕、すなわち「現《ダ》われ《ー》」の全一的開示性の、日常的な存在様式《ありかた》を、現象的に十分視見《ブリク》につれ込むだけでも、それら実存両疇の具体的精練確立を必要とする。

第三二節　了解作用と解釈

現存在は了解作用としておのれの存在を諸可能性「にもとづいて・を予期予見して auf」投案する。諸可能性へのこの了解的存在 Sein zu Möglichkeiten は、それらが開示されたものゆえに現存在のなかへ反動することによって、それみずからもひとつの存在可能である。了解作用の為す投案作用は、みずからを形成しようとする独自の可能性をもつ。了解作用のこの形成《アウスビルドゥング》をわれわれは解釈 Auslegung と名づける。解釈においても了解作用はみずからが了解したものを了解しつつ自己に了得するのである。解釈においても了解作用は何か他のものに成るのではなく、了解作用みずからに成るのである。解釈は実存論的に了解作用に基づく、後者が前者から発源するのではない。解釈は、了解されたものの認知ではなく、了解作用において投案された諸可能性の精練確立である。日常的なる現存在をひとまず予備的に分析するということの行程にしたがって、われわれは解釈という現象をも、〔自己でなく〕世界の〔方をもととする〕了解作用、すなわち非‐自己本来的〔日常的〕了解作用に即して、しかもなお真正であるその様態において、追究する。

　世界了解作用において開示された有意義性の方からこそ、用在者の許での配慮的存在はみずからに、いかなる適在性を出会者はそのつど有しうるかを、了解させるのである。用視は発見作用を為す、ということは、既に了解された『世界』が解釈される、ということを意味する。〔このとき〕用在者は明確に・表明的に ausdrücklich 了解的視のなかへ入り来る。およそ準備、整頓、修繕、改良、補充等はみな、用視的に用在せる者〔たとえば鎚〕がみずからの「の為《ウム・ツー》 das Um-zu」〔釘打つ〕において解き分け・解《け》し分け・説き分け〔解説・説明せ〕られ auseinandergelegt、かくして視られた・解った《ジヒティヒ・ゲヴォルデン》この被解分性にしたがって配慮されるという仕方で行われるのである〔鎚の破損ないし不良は、釘打つものとしての鎚、という被解分《ときわけ》性にもとづいて然るべく修繕ないし改良の配慮が為される〕。かく用視的にみずからの「の為《ウム・ツー》」にもとづき解き分けられたもの自体、すなわち明確に・表明的に了解されたものは、「或る物としての或る物 Etwas als Etwas」という構造を有する。「特定のこの用在者は何か」という用視的な問いに対しては、「それは…云云…の為の物だ」と言うように、用視的に解釈されている答えが発せられる。この「何の為か《ヴォツー》 das Wozu」の告示は、たんに何物かの名指しに終始するのではなく、名指された物は、問われている物がかくのごとき物として受取られねばならないその物として、了解せられているのである。了解作用において開示されたもの、すなわち了解されたものは、つねにすでに彼に即して彼の『何かとして als was』が明確・表明的にきわ立てられうればこそ、近づかれ・それと知られうるのである。この『として Als』が、了解されたものの明確性・表明性という構造を形成するのであり、すなわちそれが、解釈を構成するのである。環境的用在者とのかかる用視的-解釈的交渉は、その用在者を机、戸、車、橋等として『見《ゼー》取《エン》している』とはいえ、かく用視的に解釈されたものをまたかならずしもすでに一定の陳述 Aussage において説きわけて・解き分けて《アウスアイナンダー・ツー・レーゲン》〔分節して〕いるとはかぎらない。用在者を前客語的・前断定的《フォールプレディカティーフ》に端的《シュリヒト》に「見取する《ゼーエン》」こともすべて、それ自体すでに了解的-解釈的である。しかしながらこの『として《アルス》』を欠くということが、或物の純然たる知覚作用の端的性《シュリヒトハイト》を形成するのではないか？〔そうではなく該作用のもつ〕かかる視の見取作用《みるはたらき》が、つねにすでに了解的-解釈的なのである。この見取作用《ゼーエン》はそれ自身の内に、端的に出会する者がそこから了解されている例の適在全体性に属しているあの指示連関（「の為《ウム・ツー》」Um-zu）の明確性を蔵している。『或る物とし《エトヴァス・アル》ての或る物《ス・エトヴァス》』ということを手引にして存在者を解釈的に近づけることにおける、了解されたもの〔鎚〕の分《アルティク》節《ラツイオン》〔釘打つ-為のもの-としての-鎚-なり、等における分節化《くぎりかた》〕は、該分節についての主題的陳述《アウスザーゲ》よりは以前にある。該陳述においてかの『として《アルス》』がはじめて《ツエールスト》現われ出るのではなく、ただはじめて《ヌール・エールスト》・ようやく言表されるだけなのであって、これが可能だということはもっぱら、『として』が言表されうべきものとして予め現前していればこそである。端的な諦視作用《ヒンゼーエン》のなかには言表作用のもつような表明性は欠けていてもいいからといって、かかる端的な見取作用《みるはたらき》に対して一切の分節的解釈、したがって「として-構造 Als-struktur」を拒否しなければならないいわれはさらにない。事を処するには身辺的諸事物を端的に「見取《ゼーエン》している」わけであるが、このうちにも解釈構造は根源的に存するのであって、むしろいわば「として-から免かれた als-frei」何物かの捕捉こそなんらかの転位を要するほどである。或る物を「もはやおのれの前にもつにすぎぬ das-Nur-noch-vor-sich-Haben」ということは、「もはや了解しない」こととして als Nicht-mehr-verstehen の純粋な直視《みつめ》 Anstarren のうちに現前する。「として《アルス》-から免かれた《フライ》」かかる捕捉作用《エルファセン》は、端的に了解しつつ見取《ゼーエン》する作用の〔本性を奪取された〕ひとつの欠如相《プリヴァツィオン》・欠性であって、その見取作用《ゼーエン》より根源的なのではなく、それより派生したものである。『として《アルス》』が存在上言表されていないからとて、了解作用の先天《アプリオーリシュ》的な実存論的構えとしての、〔すなわち現存在の存在作用《ザイン》・実存を決定している了解作用を初手から構成している者にほかならぬ〕『として《アルス》』を、見落すような誤りをおかしてはならない。

ところで、用在的道具の知覚作用《ヴァールネーメン》からしてすでにことごとく、了解的-解釈的である、すなわち用視により「或る物を或る物として」出会させるのである以上、次のような疑念のみは生ずる余地もなかろう、すなわち、当初に経験されているのは純然たる前在者なのであって、これが然るのち、戸として、家として解《アウフファセン》されるのではなかろうか？と。が、これでは解釈特有の開示機能の誤解といわねばなるまい。解釈とは、いわば裸のままの前在者の上へひとつの『意義』を投げかけて彼にひとつの価値を貼りつけるのではないのであって、世界の内部に出会し来る者それ自体が、そのつど世界了解作用において開示された一適在性を既に有しているのであり、この適在性が解釈によって解し出《ヘラウスゲレークト》されるのである。

用在者はつねに既に適在全体性をもととしてそこから了解せられる。後者はかならずしも主題的解釈によって顕然と捕捉されているとはかぎらない。たとえそれがそうした解釈を通過したときといえども、それはふたたびあの目立たない了解性のなかへと引退くのである。そしてむしろこの〔目立たない・隠然たる〕様態においこそそれ適在全体性は、(一二四) 日常的かつ用視的解釈にとっての本質的基礎なのである。すなわち該解釈はいつでも予持〔前的領有〕Vorhabe というものに基づいている。このもの予持は、既に了解されたる適在全体性への《ツー》、了解的存在における、了解性の領有・了得作用 Verständniszueignung としてはたらいている。(一二五) かく了解せられてはいるが、まだ蔽い込まれている《アインゲヒュルテス》もののかかる領有《ツーアイグヌング》は、そのものの除蔽《エントヒュルング》・暴露を行うにあたってはつねに、了解されたものが〔予め〕それを注視してこそ解釈せらるべき当のものを凝視しているところの、ひとつの諦視《ヒンジヒト》によって導かれる。すなわち解釈はいつでも予視 Vorsicht というものに基づいている、このもの予視は、予持において〔予め〕所持されているものに、一定の解釈可能性にもとづいて、『切目をつける anschneidet』ことになる。かく予持のなかに保持されていてかつ『予見的・用心的 vorsichtig に〔すなわち予視により〕』照準の定まった了解されたものが、〔或る物としての或る物という《エトヴァス・アルス・エトヴァス》〕解釈によって把握可能・理解可能・概念化可能・明確 begreiflich となるのである。解釈は、解釈さるべき存在者に属する概念性《つかまれかた》 Begrifflichkeit をば、該存在者自身から汲み取ることもあるし、該存在者自身の存在様式《ありかた》にもとるごとき諸概念《つかみかた》のなかへしいて押込むこともある。しかしどちらにしても——解釈はそのつど既に、終極的にせよ保留的にせよ、一定の概念性《つかみ》を採決したといわねばならない、すなわち解釈は予握〔前的 - 把握《グリフ》・概念・理解〕Vorgriff というものに基づいている。

「或る物《エトヴァス》として《アルス》の或る物《エトヴァス》」という解釈は本質的に、予持・予視・予握によって基づけられている。解釈とはけっして、予め与えられている何物かの無前提な捕捉ではない。精密な原典解釈《テクスト・インタプレタツイオン》という解釈の特殊的具体例においては、『そこに〔書かれて〕ある dasteht』もの〔既存底〕がよく引証せられる、だが当初に『そこにある』底のものは、自明にして未論議なる解釈者の予解・先入見解《フォールマイヌング》にほかならず、これは必然的にあらゆる解釈始《アン》設《ザッツ》のうちに、解釈一般と共に既に『設定されて《ゲゼッツト》』いるもの、すなわち予持《フォールハーベ》・予視《フォールジヒト》・予握《フォールグリフ》において〔先与〕予め与えられて《フォールゲゲーベン》いるものとして、存せざるをえないのである。

この『予《あらかじめ》 Vor-』という性格はいかに理解さるべきであろうか？　形式的に『先天 apriori』と言えば片のつくものであろうか？　なにゆえにこの〔予め《フォール》 -〕構造が、われわれが現存在の基礎的実存疇として指摘した了解作用そのものに固有なものなのであるか？　この構造に対しては、解釈されたもの自体に固有なる『として《アルス》』の構造は、いかなる関係を有するのか？　この〔「として《アルス》」の〕現象は明らかに『断片』に解体することはできない。だからとてこの現象は根源的分析論を閉め出すであろうか？　かくのごとき〔「予め《フォール》」および「として《アルス》」の両〕現象をわれわれは『終極的なもの』として甘受すべきであろうか？　だとすれば「なにゆえに？」という疑問がなお残る。それとも了解作用の「予め - 構造 Vor-struktur」と解釈作用の「として - 構造 Als-struktur」

とは、投案という現象に対する実存論的‐存在論的連関を示してはいないか？　そしてこの投案現象が、現存在の根源的存在構えのなかへ、帰れと命ずるのではないか？

これらの疑問に答えるには、上来の準備ではとうてい十分とはいわれないので、その前に次の点が探究せられねばならない、すなわち、了解作用の「予め《フォール》‐構造」と見えるものと解釈の「として《アルス》‐構造」と見えるものとは、それら自身既に一つの統一的現象ではなかろうか、それも哲学的問題構成においては大いに使用されておりながら、かくも一般的に使用されているものに存在論的説明の根源性はなかなか伴わないようなひとつの統一的現象ではなかろうか、という点である。

了解作用の為す投案作用のうちでは、存在者はその可能性において開示せられている。この可能性格はそのつど、了解せられた存在者の存在様式に当る。世界内部的存在者一般は、世界を基として、すなわち有意義性というひとつの全体を基として投案せられているのであり、この有意義性のもつ指示関係諸項〔ひとつの「おのれの《ヴォルムヴィ》為《レン》」に発するもろもろの「の為《ウム・ツー》」の連繫〕のうちでこそ配慮作用はみずからを初手から「世界内存在〔作用〕」として確立していたのである。世界内部的存在者が、現存在の存在〔作用〕によって発見されているとき、すなわち了解《わかり》性 Verständnis をみるにいたったときは、彼は意味 Sinn をもつ、とわれわれは言う。了解されているのはしかし、厳密に言えば、意味ではなくて、存在者ないし存在である。意味とは、或る物の了解可能《わかりうる》性 Verständlichkeit がそのうちに保たれている当のものである。了解的開示作用において〔或る物を或る物として〕分節可能なるものを、われわれは意味と名づける。意味という概念は、了解的解釈が分節するものに必然的に属しているところのものの、形式的構脚《ゲリュスト》〔三「予《フォール》‐構造」〕を、包括する。意味とは、予持・予視・予握によって構成せられたる、投案の基い Woraufhin であって、これに基づいて或る物が或る物として了解可能 verständlich と成るのである。了解作用と解釈とが「現われ《ダー》」の存在の実存論的構えを構成するかぎり、意味とは、了解作用に属する開示性の形式的 - 実存論的構脚として、理解されねばならない。意味とは、現存在の一実存疇であって、存在者に附帯していたり、彼の『背後に』存していたり、または『中間の国』〔リッケルト的『意味』論〕として何処かに漂っていたりするような、一性質ではない。「世界内存在」の開示性がその開示性のなかで発見されうる存在者によって『充されうる』かぎりにおいてのみ、現存在は意味を『もつ』。現存在のみがそれゆえに、有意味 sinnvoll ないし無意味 sinnlos で在りうる。ということはすなわち、現存在自身の存在と、この存在と共に開示せられた存在者とは、了解性《フェルシュテントニス》において領有されてあることもありないしは無了解性《ウンフェルシュテントニス》にとって拒まれてあることもある、ということである。

『意味』の概念についてのこの原則的に存在論的 - 実存論的な解釈を固持するならば、非現存在的存在様式をもつすべての存在者は没意味な者 unsinniges、そもそも意味を本質的に欠ける者として理解されざるをえない。『没意味な《ウン・ジンニヒ》』とはここでは、なんらかの評価を言うのではなく、存在論的一規定を言い表わす。また没意味な者のみが没理・不合理 widersinnig でありうる。前在者は現存在のうちに出会する者として現存在の存在にいわば衝突することもありうる、例えば突発的かつ破壊的自然変異《ナトウール・エルアイグニセ》のごとく。

またわれわれは存在《あり》の意味《ジン》を問うてはいるものの、その探究は、べつに意味深遠《ティーフ・ジンニヒ》となって存在《あり》の背後にある何物かを案出しようとするのではなく、存在《あり》そのものを、それが現存在の了解可能性《わかりうる》に入り来っているかぎり、問わんとするのである。存在の意味は、存在者に対する、ないしは存在者を担える『根拠 Grund』としての存在に対する、反対のなかへはけっしてもたらされえない、なぜなら『根拠』はただ意味としてのみ近づかれうるからである、たとえそれみずから無意味という「無根拠・底無し Abgrund」であろうとも。

了解作用は、「現われ《ダー》」の開示性であるから、つねに「世界内存在」の全体に該当する。世界についてのいかなる了解作用においても、実存は共に了解されており、またその逆でもある。さらに、すべての解釈は、既述の「予《フォール》-構造」のなかではたらく。すべての解釈は、了解性をもたらすべきものである以上、解釈さるべきものをかならず既に了解していたはずである。この事実《タートザへ》は、たとへ了解作用と解釈との派生的諸様態の領域において、すなわち文献学的解釈において、のみにせよ、つねにすでに指摘されていたところである。文献学的解釈は学的認識作用の範囲に属する。学的認識は、基礎づけつつ証示《アウスヴァイズング》するという厳密さを要求する。学的証明《ベヴァイス》は、それを基礎づける《ベグリュンデン》・論証するのがみずからの課題である当のものを、既に前提とすることはゆるされない。ところが解釈なるものはそのつど既に了解されたもののなかではたらき且つこのものをもととしてそこからみずからを養わざるをえないとすれば、いかにして解釈は、循環におちいることなく、学的成果をあげうるであろうか、まして前提とせられる了解性《わかり》が通俗的な「人間および世界」知識のうちではたらいているとすれば、なおさら? この循環 der Zirkel なるものはいっぽう、論理学の最基本的諸法則によれば「循環論証の虚偽・circulus vitiosus 誤れる循環」と称されているものである。しかしこれをもって、歴史学的解釈の仕事は、厳密な認識の領界からは先天的《ア・プリオーリ》に締め出しをくわされてきたのである。了解作用における循環というこの現事実が除去されないかぎり歴史学は、あまり厳密でない認識可能性に甘んじなければならない。この欠陥を歴史学の『諸対象』のもつ『精神的意義』によっていくぶんなりとも補わんとすることは、その学に許されている。もしこの循環が避けられうるとすれば、そして見たところ自然認識のように観察者の立場に依存しないような、ひとつの歴史学がいつか作り出される見込が立つものとすれば、もちろん歴史学者ら自身の見解から言ってもいっそう理想的とされるであろう。

しかしながらこの循環のうちにひとつの誤謬を見たり、これを避けんとする方途を待ちもうけたり、いなこれを避けえられない不完全だと『おもう』だに、了解作用を根本から了解し誤るものといわねばならない。問題は了解作用や解釈を一定の認識理想に似せることではないのであって、その理想の方が、前在者をその本質《ヴェーゼン》に関す《ハフテ・》る不可〔了〕《ウンフェルシュテントリヒカイト》解性において捕捉するなどという合法的課題のなかへそれてしまったところの、了解作用の一変種にすぎないのである。解釈作用を可能ならしめる根本諸制約はむしろ、その作用を前もってその本質的遂行諸制約の点で見損ったりしないということにおいて、充される。決定的なことは、循環から脱け出ることではなく、正しいやり方でそのなかへは入り込むことである。了解作用のこの循環は、任意の認識様式がそれを成して動いている一種の円環ではなくて、現存在そのものの実存論的「予-構造」の表現である。(一二六) この循環は、ひとつの誤謬にまでは、たとえ許容されたるそれにもせよ、引下げられてはならない。循環のうちには最根源的な認識作用というひとつの積極的可能性が隠されているが、この可能性はもちろん、解釈が、「みずからの最初の、不断の、かつ最後の課題は終始、そのつど予《フォール》持・予視・予握を思いつきや通〔俗概〕念によってみずからに予《フォール》め与えしめる事にはなく、それら〔三者〕を事象そのものの方から精練確立することにおいて学的主題を確保する事にある」という点を、了解したときにのみ、真正なやり方でつかまれるのである。了解作用はその実存論的意味によれば現存在そのものの存在可能なのであるから、歴史学的認識の存在論的諸前提は、最も精密な諸科学の厳密性の理念をも原則的に凌駕している。数学は、歴史学よりも、より厳密であるのではなく、数学にとって重要な実存論的諸基礎の範囲の点で、より狭いだけである。

了解作用におけるいわゆる『循環』は意味の構造に属するものであるが、かかる〔循環〕現象は現存在の実存論的構え、すなわち解釈的了解作用に根ざすものである。みずから「世界内存在」であってしかもみずからの存在そのもの「を超え巡る」・「に関わり行く es geht um・・」(一二七)ごとき存在者は、ひとつの存在論的循環構造を有する。けれどもいわゆる『循環』なるものは存在論的には前在性(存立・成立《ベシュタント》)という存在様式に属するという事に留意するなら、人はこの〔循環〕現象をもって存在論的に現存在というごときものの性格と見なすことは一般に避けざるをえないであろう。

第三三節 解釈の派生様態としての陳述

すべての解釈は了解作用に基づく。解釈の〔として《アルス》-構造の〕うちで分節されたもの自体、および了解作用の〔予-構造の〕うちでそもそも分節されうべきものとして予描されたものは、意味《ジン》である。陳述《アウスザーゲ》〔いわゆる『判断』〕が了解作用に基づきかつ解釈の派生的一遂行形式であるかぎり、陳述〔のみがでなく〕もまた意味を『もつ』。けれども意味とは、いかなる判断『において《アン》』も、判断を下すということのほかに生ずるものとして、定義されることはできない。当面の関連において陳述を明確に分析することには、二重三重の目的がある。

ひとつには、了解作用と解釈とを構成しうる『として《アルス》』という構造はいかなる仕方で変様しうるものかが、陳述というものにおいて表明せられうる。了解作用と解釈はそれによりさらに明確な照射を受けることになる。次いでは、基礎的存在論的問題構成の圏内での陳述の分析はひとつの卓越した地位を有する、なぜなら古代存在論を決定したさまざまな発端においては、ロゴス・語りが本来的存在者に近づくための且つまた該存在者の存在を規定せんがための唯一の手引の役目をつとめていたからである。そしてさいごには、陳述は古来真理の第一次的また本来的『在処《ありか》』だと見なされて来ている。この〔真理という〕現象は存在問題とは極めて密接な繋がりを有するため、当面の探究はその進行につれて、必然的に真理問題に突き当ることになる、すなわち当探究はもうすでに、非表明的にもせよ、真理問題の次元のなかに立ってさえいる。陳述の分析は、こうした〔真理と関連ある〕問題構成をも準備しようとするのである。

以下においてわれわれは、陳述 Aussage という名称に三つの意義あることを指摘するが、それらは、その名称をもって名指されている現象から汲み出されたものであって、相互に連関しておりまた三つの統一において陳述の全一構造を画定している。

一、陳述はまず第一に呈示 Aufzeigung を意味する。これをもってわれわれは、ἀπόφανσις 提出供覧《アポファンシス》・提示言明・提言・提題・命題、すなわち「存在者をこの者自身の方から見せる・見取させる《ゼーエン・ラセン》・供覧に付すること」としてのロゴス・語りの根源的意味を堅持しているのである。〔だから例えば〕『そのハンマーは重すぎる』という陳述において、〔存在者をその者の方から見せるのを、見る〕視《し》にとって発見されたものは、『意味』ではなくて、みずからの用在性の〔重すぎるという〕仕方における存在者なのである。またこの存在者・ハンマーがつかまれうるまた『視《み》られうる』近さに在らぬときといえども、呈示たる以上はその存在者その者を指すのであって、べつにその者についてのたんなる表象〔重すぎるだけ〕を指すのではなく、また『たんに表象された者〔としてのハンマー〕』を指すのでも、まして陳述者の心的状態、すなわち該存在者についての彼の表象作用を指すのでもない。

二、陳述は断定・限定 Prädikation と同意義である。或る『主辞』について或る『賓辞』が『陳述 ausgesagt』される、すなわち前者は後者によって限定 bestimmt される。この〔断定という第二の〕意義における陳述において陳述された者 das Ausgesagte は、賓辞ではなくて、〔主辞〕『そのハンマー自身』である。陳述者、すなわち限定者 das Aussagende, d. h. Bestimmende の方がこれに反して『重すぎる』の方である。陳述のこの第二の意義においての被陳述者《ダス・アウスゲザークテ》、すなわち被限定者《ダス・ベシュテイムテ》その者は、この名称の第一の意義〔呈示〕においての被陳述者に比して、内実上一種の狭化をこうむったわけである。あらゆる断定は、ただ呈示としてのみ、断定である。陳述の第二の意義はその基礎を第一の意義においている。断定的分節による分節肢、すなわち主辞――賓辞は、呈示の圏内で生起するのである。限定作用がはじめて発見を為すわけではなく、該作用は呈示〔に基づけられたそ〕の様態として当初はむしろ、〔発見を為す〕見取作用《みるはたらき》 das Sehen を、自己を示現し・見せつつあるもの《ダス・ジヒ・ツァイゲンデ》〔現象〕――ハンマー――それ自体《アルス・ゾルヘス》の上へと、制限 schränkt ein するのである、かくして視見《ブリック》を明確ならしめることの制限 Einschränkung によって、かの露現者〔ハンマー〕――をその被限定性《ベシュテイムトハイト》〔重すぎる〕において明確に露現せしめるのである。限定作用は、既に露現せる者――重すぎるハンマー――を目前にして当初において一歩〔二八〕の後れをとっている。『主辞の措定《ゼッツング》』なるものは、存在者をば『そこなるハンマーは』〔と措定すること《ゼッツェン》〕によって〔一応〕遮 光《アプブレンデン》し、そして遮 光 解 除《エントブレンドウング》を行うことによってその露現者を彼の規定さるべき被限定性において見せる《ゼーエン》・供覧に付する《ラッセン》ことになる。主辞措定と賓辞措定とはその附随措定と一体となるにおよんで厳密なる語義どおり徹頭徹尾『提出供覧的・提示言明的・命題的 apophantisch』となる。

三、陳述《アウスザーゲ》は伝達 Mitteilung、すなわち打明け Heraussage を意味する。伝達・打明け《ヘラウスザーゲ》としては陳述《アウスザーゲ》は、第一〔呈示〕および第二〔限定〕の意義での陳述に対する直接関係を有する。伝達は限定するというやり方で呈示された者を〔他人〕「にも見せる・供覧すること、共同供覧作用 Mitsehenlassen」である。この共同供覧作用《にもみせること》は、その者の被限定性において呈示された存在者を、他人と共に分つ・共有する teilt mit dem Anderen ことである。『分たれ・共有される』のは、呈示された者への共通的な見取的存在〔被呈示者の可能の制約たる見るという共通的存在《ザイン》態度〕なのであって、その者へのかかる存在《ザイン》とは、言うまでもなく、その内からこそ呈示された者が出会して来るところのその世界内での「世界内存在」である、という点が固持されざるをえない。かく実存論的に了解された伝達としての陳述には言表性 Ausgesprochenheit が属する。伝達されたこととしての陳述されたことは、陳述者と共に他人等によって『分たれ・共有され』るのであるが、彼等自身はかならずしも、呈示されかつ限定された存在者を、つかみえかつ見うる近さに有するとはかぎらない。陳述されたことは『さらに語り継がれ』ることもある。見取的相互共有《わかちあい》作用の範囲は拡大される。だが同時にそのさい語り継がれて行くうちに、呈示されたはずのものがかえってふたたび蔽われることもありうる、たとえ、そのような「聞き伝え」において成長する知識といえどもあくまで〔呈示された〕その存在者自身を指しているのであってもち回られた『妥当的意味』などを『肯って』いるのではないにしても。「聞き伝える」作用もまた、ひとつの「世界内存在」作用であり、聞かれたものへの存在《ザイン》作用である。

今日優勢に、『妥当』という現象に定位せる『判断』論についてはここで長論議を費そうとはおもわない。ロ、ッツェ以来とかく、もはやそれ以上の遡源をゆるさない『根源現象』だと見なされている『妥当』現象が、種種の点で疑問たることを指摘すれば足りる。妥当現象が根源現象の役割を演じえているということはただ、前者が存在論的に未闡明なお蔭である。妥当という偶像語をめぐって群棲したというべき『問題群《プロブレマーティク》』は不洞見そのものである。妥当とは先ず、可変的な『心的』判断経過に対し不変的に存立するかぎりの判断内実に帰属すべき現実性の『形式』のことである。当論文の緒論においてすでに性格づけられている存在問題一般《そもそもあるをとう》という立場からは、『妥当』を『理想的存在』として特別の存在論的澄明性によって顕揚するなどということは、ほとんど期待されうべくもないであろう。次に妥当はまた同時に、〔それ自身〕妥当する判断意味が、これによって指されている『客観・客体』についても妥当することを意味し、したがって『客観的妥当性』とか客観性一般という意義をもつにいたる。かく存在者について von も『妥当し』かつ即自身において an も『無時間的』に妥当する意味は、さらにも一度、あらゆる理性的判断者にとって für も妥当するという意味において『妥当する』。妥当はこのさい、拘束性 Verbindlichkeit を、すなわち『普遍妥当性』を意味する。その上さらに、主観は『本来』客観にまでは『抜け出る』ことはないのだとする『批判的』認識論を支持するとすれば、妥当性は、客観についての妥当すなわち客観性として、真の（！）意味の妥当的存立に基づくものとされるのである。右のごとく、理想的なる者の存在の仕方として、客観性として、また拘束性として明らかにせられた『妥当作用』の三意義は、ただにそれら自体において不洞見なるのみならず、それら自身の間でもたえず相互に混乱を呈している。方法的予視《フォールジヒト》〔先見・慎重〕は、かくのごとく正体のつかめない諸概念を解釈の手引とすることを禁ずる。意味の概念を前もって『判断内実』の意義に制限することなく、われわれはその概念を、了解作用において開示されえそして解釈において分節されうべきもののあの形式的構脚〔三「予《フォール》ー構造」〕がそのうちでこそ一般に見取可能となるのだと特徴づけられていた実存論的現象として、了解する。

さきに分析して得られた『陳述』の三意義を、全一現象を目ざす統一的視見《ブリック》において総括して見ると、その定義は、「陳述とは伝達的限定的呈示なり Aussage ist mitteilend bestimmende Aufzeigung」ということになる。いったいいかなる権利をもってわれわれは、陳述を解釈の様態として解するのか？　という点はあくまで問われねばならない。陳述がかかるものであるとすれば、陳述のなかには解釈の本質的諸構造が反復されざるをえない。陳述の為す呈示作用は、了解作用において既に開示されたものないしは用視的に発見されたものに基づいてこそ遂行されるのである。陳述とは、そもそも自分からまっ先に存在者を開示できるなどという、自由浮動な態度ではないのであって、既に常に「世界内存在」という基盤の上に保たれているのである。さきに(1)世界認識に関して示されていたことは、まさに陳述についても当てはまる。陳述は、そもそも開示された者というひとつの予《フォール》持《ハーベ》を欠くわけには行かず、この者を陳述は、限定するというやり方で呈示するのである。限定的始設《アンゼッツェン》作用においてはさらに、陳述さるべきもの〔ハンマー〕へと向けられた注視が既に存する。予《フォール》め与えられている存在者〔ハンマー〕がそれに基づいて照準を定められるときの狙い処《ヴォラウフヒン》〔重すぎる〕が、規定を行うに当って規定者たるの役目をはたす。陳述はひとつの予《フォール》視《ジヒト》を必要とするが、この予視は、きわ立てられそしてあてがわれるべき賓辞〔重すぎる〕が存在者〔ハンマー〕自身のうちに不明確に封じ込められているのを、いわば解きほごすのである。限定的伝達としての陳述にはそのつど呈示されたものの意義に応ずる分節作用が属するが、この作用は一定の概《つか》念性《みかた》のなかではたらく、すなわち、ハンマーは重い、重さはハンマーに属する、ハンマーは重いという属性をもつ、と言ったように。陳述作用のうちに常にまた共に存する予握《フォールグリフ》はたいていは目立たないままである、なぜなら言語はいつも既に完成した概念性をみずからの内に蔵しているからである。陳述は必然的に、解釈一般と同様、実存論的基礎を予持・予視・予握のうちに有する。

（1） 第一三節、五九頁以下数頁、参照。

だがどの程度まで陳述は解釈の派生的様態だとせられるのか？ 陳述においては何が変様されたことになるのか？ この変様をわれわれは陳述の極端な例に則って呈示することができるが、かかる例は論理学においては常規の例としての、また『最単純な』陳述現象の例としての役割を演じているものである。論理学が定言的陳述命題として主題とするようなもの、例えば『ハンマーは重い』にあっては、これをその学はあらゆる分析以前にまたつねに既に『論理的』に了解していたのである。吟味前に当命題の『意味』として既に前提されているものは、「ハンマーなる事物は重さという性質をもつ」ということである。配慮的用視のうちではこのような陳述は『当初は』見受けられない。けれども該用視もそれ特有の解釈の仕方は有しているのであって、右の『理論的判断』に関係して言えば、『ハンマーが重すぎる』、或いはむしろ、『重すぎる』、『別のハンマーを！』とか言うところであろう。解釈は根源的には理論的陳述命題において遂行されるのではなく、不適当な仕事道具を用視的‐配慮的に取除けたり取換えたりすることにおいて遂行されるのであるが、『そのさいかならずしもむだ口をきくとはかぎらない』のである。かく言葉が欠けているからといって解釈まで欠けていると決論してはならない。他方また用視的に言表された解釈といえども、かならずしも既に定義を経た意味での陳述であるとはかぎらない。いかなる実在論的‐存在論的諸変様を経ることにより陳述は、用視的解釈から生起するのか？

予持のなかに保持されている存在者、例えばハンマーは、当初は道具として用在している。この存在者が陳述の『対象』となるときは、陳述始設《アウスザーゲアンザッツ》と同時に初手から一種の変換が予持のなかで行われる。すなわち、それを相手として行為されねばならない実行の当の用在的対象 das zuhandene Womit は、それについて呈示されねばならない陳述の『当の対象 das Worüber』となる。予視は、用在者に即しながらも一前在者に目当てをつけている。こういう諦‐視《みやり》によって、また、こういう諦‐視にとっては、用在者は用在者としては蔽われてしまう。かく用在性を隠蔽《フエルデツケン》することによる前在性の発見作用《エントデツケン》の圏内でこそ、出会的前在者はその「しかじかなる前在存在 So-und-so-vorhandensein」において限定せられることになる。ここではじめて属性 Eigenschaften というごときものへの接近路《ツーガング》が開けるのである。陳述が前在者をしかじかとして限定するそのしかじかは、当の前在者自体から汲み出されることになる。すなわち、解釈のもつあの「として《アルス》‐構造」はひとつの変様をこうむったといわねばならない。〔変様されたかかる〕『として《アルス》』は、了解されたものをわがものとする・了得領有するみずからの機能をもちながらも、もはや適在全体性のなかまでは手を伸ばさない。かかる『として』は、指示関係諸項をみずから分節しえようにも、環境界性《ウムヴエルトリヒカイト》を構成せるものにほかならないあの有意義性から切断されてしまっている。かかる『として』は、たんなる前在者のもつ均等的平坦面に押しもどされる。その『として』は、前在者を「限定しつつ‐見せる‐だけ」という構造にまで低下する。用視的解釈の根源的『として』をば前在性規定の「として」にまで水平化することが、陳述の特長《フオールツーク》である。かくしてのみ陳述は、純然たる諦視的提示作用《アウフヴアイゼン》という可能性を獲るのである。

だからして陳述は、了解的解釈から発するみずからの存在論的由来を否認することはできない。用視的に了解しつつある「解釈 Auslegung」(ἑρμηνεία 話すという能力・解釈)のもつ根源的な『として《アルス》』をばわれわれは、陳述のもつ命題的〔提題・提言・提示言明・提出供覧的〕apophantisch な『として《アルス》』から区別して、実存論的-解釈学的 hermeneutisch な『として《アルス》』と名づける。

配慮的了解作用のうちにまだ全く蔽われている解釈と、前在者についての理論的陳述という極端な反対例との間には、幾多の中間段階が見受けられる。環境界における出来事についての陳述、用在者の描写、『状況報告』、『実態』の調査および確認、現状の記述、突発事件の話。これらの『文章《ゼッツェ》』は、それらの意味の本質的転倒をこうむることなくしては、理論的陳述命題《ゼッツェ》に還元されることはできない。それらは、後者自身と同じく、その『根源』を用視的解釈のうちに有する。

ロゴス・語りの構造についての認識の進歩につれて、この命題《アポファンテイシュ》的な『として《アルス》』現象はけっきょくなんらかの形態において視見《ブリック》に入らざるをえなかった。それが当初に見取された様式《されかた》は、偶然ではなく、したがってまた論理《ローギク》学の後世の歴史に影響を与えずにはいなかった。

哲学的考察にとってはロゴス・語り自身ひとつの存在者であり、しかも古代存在論の定位よりすればひとつの前在者である。当初は前在して、事物のごとく目前に現われているのが諸語であり、また、それら諸語の配置であって、この配語において語り《ロゴス》が言表されるにほかならない。かく前在する語り《ロゴス》の構造如何のこの最初の探求《ズーヘン》は、若干の語の集合前在存在 Zusammenvorhandensein を見出す。この集合という統一を樹立しているものは何か? その統一は、プラトンが認識していたところによると、「ロゴスとはつねに或る何かについてのロゴス λόγος τινός である」という事による。かくロゴスのうちに露現せる〔或る〕存在者に注目してこそ若干の語は一つのことば全体に合成されるのである。アリストテレスはもっと根本的に、あらゆるロゴスは綜合 σύνθεσις であると同時に分割 διαίρεσις なのであり、その一方——たとえば『肯定判断』としてか——或いは他の一方——『否定判断』としてか——のどちらかであるのではない、と見た。あらゆる陳述はむしろ、肯定的または否定的たるを問わず、真または偽たるを問わず、等根源的に綜合《シュンテシス》かつ分割《ディアイレシス》である。提示《アウフヴァイズング》は、一緒にすると同時に分つ作用である。もちろんアリストテレスはこの分析的問いをさらに問い進めて、あらゆる陳述を綜合かつ分割として性格づけることを認可しまた要求するものは一体、ロゴスの構造内部ではどんな現象であるのか？という問題にまでは達しなかった。

『結合《フェルビンデン》』と『分離《トゥレンネン》』という形式的両構造をもって、より精確には両構造の統一をもって、現象的に言い当てられねばならなかったはずのものは、『或る物としての或る物《エトヴァス・アルス・エトヴァス》』という現象である。この構造に即応して或る物は、或る物を基として——或る物と一緒にされて、了解されるのである、それというのもこの〔『として《アルス》』という〕了解的対照作用は解釈的分節的であるために一緒にされた物をまた同時に分っているからである。『として《アルス》』現象が蔽われたままであり、また、なかんずく解釈学的『として』にこそ発するその実存論的根源が隠されたままであるとすれば、ロゴスの分析のためのアリストテレスの現象学的始設も外面的な一『判断論』にまで瓦解し、これによれば判断とは、表象や概念の結合ないし分離である、ということになるのである。

結合および分離作用はかくしてさらに『関係作用《ベツィーエン》』というものにまで形式化される。論理計算的《ロギスティシュ》には判断は『諸等立 Zuordnungen』の一体系のなかに解消してしまう、すなわち判断は『計算作用《レヒネン》』の対象とはなるが、存在論的解釈の主題とはならないのである。〔しかるに〕綜合《シュンテシス》と分割《ディアイレシス》についての、すなわち判断一般における『関係』についての分析的了解性の可能と不可能とは、原則的な存在論的問題構成の立場如何と密接に結びついているのである。

この存在論的問題構成がロゴスの解釈のなかへ、また逆に『判断』の概念が注目すべき反動と共に右問題構成のなかへ、どれほど影響し入ったかということは、繋辞 Copula という現象がこれを示している。この『紐《バント》』において明らかとなることは、当初は綜合構造は自明のこととして始設されるという事、だからまたその構造が権威ある解釈者的職掌を保持したという事である。しかし『関係』とか『結合』とかいうような形式的性格では、ロゴスという事象含有的《ザッハハルティヒ》な構造の分析のためには現象的になんの寄与をもなしえない以上は、繋辞という名称をもって名指されている現象は、紐《バント》や結合《フェルビンドゥング》とはけっきょくなんの関係もないことになる。この〔繋辞〕『…である、…なり、…だ、ist』とそれの解釈とは、前者が言語的にことさらに表現されていようとまたは動詞の語尾のうちで告げられていようと、陳述や存在了解性《であるのわかり》が現存在自身の実存論的存在可能性《あるのかのう》であるとすれば、実存論的分析論の問題構成のなかへ移ることになる。存在問題の精練確立（第一部、第三篇、(一二九)参照）はまたしたがってロゴスの圏内におけるこの独特の存在《である》現象に再会するであろう。

さし当ってはただ、解釈および了解作用からの陳述の派生性を証示し、もってロゴスのいわゆる『論理学《ローギク》』なるものは現存在の実存論的分析論に根ざしている事を明らかにするだけでよかったのである。ロゴスの解釈が存在論的に十分でないという点を認識するならば、古代存在論がその上で生育した方法的基盤なるものが根源的ではないという洞察もまた同時に深められるであろう。ロゴスは前在者として経験され、前在者として解釈される、したがってロゴスが呈示する存在者も同じく、前在性という意味をもつのである。存在に関するこの意味が、その他の存在諸可能性に対して対別されることもなく、それ自身無差別にとどまったので、この意味〔前在性〕と存在とはまた同時に、形式的な「或る物 - 存在 Etwas-Sein」という意味において溶け合ってしまい、両者の純粋な領域的区別すら獲られえなかったのである。

第三四節 「現われ《ダー》 - 存在《ザイン》」と「語り」。言語

「現われ《ダー》」の存在を、すなわち「世界内存在」の開示性を、構成する基礎的実存両疇は、感存性と了解作用とである。了解作用はみずからのうちに、解釈という、すなわち了解されたものの領有・了得という可能性を蔵している。感存性は了解作用と等根源的である以上、感存性はなんらかの了解性のうちに保たれている。したがって感存性にも同じくなんらかの解釈可能性が対応しているわけである。陳述において、解釈の極端な一派生態を見ることができた。伝達（打明け）としての陳述という第三意義の闡明は、「言う」とか「話す」Sagen und Sprechen という概念に到達していたのであるが、これが今まで顧みられなかったのにはまたそれだけのわけがあったのである。今にしてはじめて言語 Sprache が主題となるという事は、この現象〔言語〕がその根をば現存在の開示性の実存論的構えのなかに有するという事を、告げんがためである。言語の実存論的 - 存在論的基礎は、語り die Rede である。この現象〔語り〕をわれわれは、感存性、了解作用、解釈、および陳述の上来の解釈においてたえず既に使用して来たのではあるが、しかしそれを主題的に分析もせずにいわば私消《よこどり》していたのである。

語りは、感存性および了解作用と実存論的に等根源的である。可〔了〕解性 Verständlichkeit はまた既に了

得的解釈以前につねに分節ずみである。語りは可解性《フェルシュテントリヒカイト》の分節である。語りはそれゆえに、解釈および陳述の根底に既に存する。解釈において、より根源的にはしたがって既に語りにおいて分節可能なるものを、われわれは意味《ジン》と名づけていた。語りつつ分節する作用において分節されたもの自体を、われわれは意義全体と名づける。意義全体は諸意義《ベドイトウンゲン》に解きほごされうる。諸意義は、分節可能なるものが分節されたところのものであるから、つねに意味を帯びている。語りは、すなわち「現われ《ダー》」の可解性の分節は、開示性の根源的な実存疇であり、開示性はまっ先に「世界内存在」によって構成されるのだとすれば、語りも本質上、特殊に世界的な存在様式を有せざるをえない。「世界内存在」の存在的可解性は、語りとしてみずからを言い表わす。可解性の意義全体にして kommt zu Wort 語にまで来る・発言の機会を得る。諸意義にこそ諸語 die Worte が生じ育つ。諸単語という事物《もの》 Wörterdinge に諸意義が給与されるのではない。

語りが語り出される・発言される《ヒナウスゲシュプロヘンハイト》と言語 die Sprache となる。この「語全体性〔言語〕」は、これにおいてこそ語りが独自の『世界的』存在を有することになるのであるから、世界内部的存在者なのであって、一用在者のごとく見出されることとなる。言語は前在的な諸単語という事物にまで粉砕されえもする。語りによりおのれの開示性が意義に応じて分節されるところの存在者は、投げられたるまた『世界』に依存せる「世界内存在」という存在様式をもつがゆえに、語りは、実存論的に、言語なのである。

語りは、現存在の開示性の実存論的構えなのだから、現存在の実存を構成しうるのである。語りつつ発言する《シュプレヘン》ことには、聴く Hören および黙する Schweigen という両可能性が属する。この両現象に即してこそ、実存の実存性を構成しうる語りの機能がはじめて完全に明瞭となる。まず、語りを語りたらしめている構造の露呈が必要である。

語る作用 Reden は、共同存在を成し、かつそのつど配慮的相互存在という一定の仕様において保たれている「世界内存在」の、可解性を『意義的』に分節する作用である。配慮的相互存在なるものは、承諾したり謝絶したり・勧告したり・警告したりすることとして、談議・相談・代弁として、さらには『供述を為す』こととして、また『演説をする』やり方で語ることとして、語りつつあるものである。語る作用は「…について《ユーバー》」の語りである。について語られている当の対象 das Worüber der Rede は、かならずしも限定的陳述の主題〔、対象〕としての性格を有するとはかぎらず、むしろ有していないのが普通である。〔というのは〕命令もまた「――について《ユーバー》」発令されているし、願望もまたその「についての当体《ヴォルユーバー》」をもつし、代弁とてもその「についての対象《ヴォルユーバー》」を欠いてはいない〔からである〕。語りは必然的に〔「について」という〕この構造契機を有せざるをえないが、それは語りが、「世界内存在」の開示性をも共に構成しており、したがっておのれ自身の構造においても現存在のこの根本構え〔世界内存在〕によって予め形づくられているからである。語りにより語られている《ダス・ベレー》「もの《デテ》・物・者」〔「について」の当体〕das Beredete は、つねに特定の観点においてまた一定の限界内で『語りかけられている an-geredet』のである。あらゆる語りのうちには、語《ゲレー》った「こと《デテス》・事・言《こと》」ein Geredetes それ自体、すなわち…についてそのつど願ったり・問うたり・意見を述べたりすることにおいて「言われたこと das Gesagte」それ自体が存する。これによって、語りは伝達されるのである。

伝達 Mitteilung という現象は、すでに陳述《アウスザーゲ》の分析にさいして示されたように、存在論的に広い意味に了解されなければならない。いわゆる陳述的《アウスザーゲンデ》な『伝達《つたえる》』、例えば報告《しらせ》は、実存論的に原則的に解された伝達《ともにわかつ》の一特殊例である。実存論的伝達《ミトタイルング》において、了解的相互存在《わかりあい》 Miteinandersein の分節は構成されるのである。すなわち前者は、共同感存性 Mitbefindlichkeit と共同存在 Mitsein の了解性とを『分つ Teilung』というはたらきを為す。〔非範疇的、実存論的な『もまた Auch』『共に同じく Mit』（一一八頁）にもとづいて「分つこと Teilung」、したがって〕「にもまた共に分つこと Mitteilung〔広義の〕伝達」とはけっして、体験の送達などというごときものではない、例えば意見や願望を一方の主観の内部から他方の主観の内部へと移送するがごときことではない。共同現存在は本質的に共同感存性と共同了解作用とにおいて既に露現している。共同存在は、語りにおいて『明確に・ことさらに・わざわざ《アウスドゥリュクリヒ》』分たれる・共有されるのである、すなわち共同存在は既に存在しているのではあるが、未だ捕えられてもおらず自身に了得領有されてもおらぬものとして、未だ分たれていないまでである。

……についての語り《レーデ》はすべて、それが語った「こと・事・言《こと》」において伝達するのであるが、また同時に、自己を言表・表白・吐露する Sichaussprechen という性格をもつ。現存在は語りつつ自己を言表する・心中を打明けるものであるが、それは彼が当初『内部的なもの』として一外部的なものに対して隔離されているからではなく、むしろ彼は「世界内存在」として了解しつつあるかぎり、既に『外部に』在るからである。言表されたもの《ダス・アウスゲシュプロヘネ》の方がむしろ外部《ドゥラウセン》〔に〕存在《ザイン》〔しているの〕であって、すなわち感存性（気分）のそのつどの様態なのであって、感存性については、それが「内存在」の全一的開示性に当ることはすでに示されていた。語りには感存的「内存在」の表明《ベクンドウング》が属するということの言語上の指標は、音の抑揚、転調、語りのテンポ、『話し方』等のうちに見られる。感存性の実存論的諸可能性の伝達、すなわち実存の開示作用は、『詩作的』語りにとっての独自の目標となりうる。

語りは「世界内存在」の感存的可解性を意義に応じて分節することである。語り《レーデ》にはその構成諸契機として、語りの対象《ヴォリューバー》（語りかけられた《ダス・ベレーデテ》「もの・物・者」）、語った《ダス・ゲレーデテ》「こと・事・言」それ自体〔言われた言あるがまま〕、〔実存論的に広い意味なる〕伝達《ともにわかつ》、および〔感存的・気分的「内存在」の〕表明《ベクンドウング》が属する。これらは、たんに経験的に言語において掻き集められるにすぎぬような諸性質ではなくて、現存在の存在構えに根づき育った実存論的諸性格なのであり、これらが言語というようなものを存在論上はじめて可能ならしめているのである。特定の語り《レーデ》が採る現事実としての言語の形の上では、これら諸契機の個個は欠けているかないしは気づかれないでいることもありうる。これらがしばしば『語としては《ヴォエルトリヒ》』表現を見るにいたらないという事は、みずからが存在するかぎりはそのつど右諸構造の全体性を成して存在せざるをえないものなる語り《レーデ》が特定様式を採ったという事の、指標たるにすぎない。

『言語の本質』を捕えようとする種々の試みもしたがって、つねにこれら諸契機のどれか一つに定位したので、言語をば、『表現《アウスドゥルク》』、『象徴的形式』、いわゆる『陳述《アウスザーゲ》』としての伝達《つたえる》、体験の『表示』、ないしは生の『形成』というような理念《かんがえ》を手引として理解したわけである。ただしこれら相異る規定的諸断片を折衷的に寄せ合わせてみたところで、じじつ言語なるものの全一的に十分な定義のためには得るところ絶無であろう。決定的な点は依然として、あらかじめ、語りの構造の存在論的‐実存論的全体を現存在の分析論に基づいて、露呈することにあるのである。

語りが了解作用および可解性と関連を有するということは、語る《レーデン》作用そのものに属している実存論的一可能性から、すなわち聴く作用《ヘーレン》から明らかとなる。われわれは、『良く《レヒト》』聴かなかったので『了解し《わから》』なかった、と言うが、それは偶然ではない。聴く作用は語る作用を構成しうる。また言語的音声化が語りに基づいているように、聴官的知覚作用は聴く作用に基づいている。…或る人の言・或る事…を聴く・に聴従すること das Hören auf …は、他人に対する共同存在《ミットザイン》としての、現存在の実存論的開放存在《あいていること》である。聴くことはそれのみならず、あらゆる現存在が自己の許にたずさえている友〔良心〕の声を聴くことであって、現存在の最も自己的な存在可能に対する、第一次的にして自己本来的な彼の開《あ》放性《き》を構成している。現存在は了解すればこそ、聴くのである。他人と共に彼が「世界内存在」せることを了解しておればこそ現存在は、共同現存在および彼自身に、『聴従的・従属的 hörig』なのであり、またこの聴従・従属性 Hörigkeit においてこそ両者に所属 zugehörig しているのである。共同存在がそれにおいて形成されているこの相互聴従作用 Aufeinanderhören は、随従・同行という可能的諸様態を、また「Nicht-Hören, いうことをきかない・不従順《きかない》」・反抗・強情・違背という欠如的諸様態を、呈する。

　実存論的に第一次的なこの「聴《き》〔従《き》〕可能《うる》 Hörenkönnen」ということに基づいて、注意して聴く・傾聴作用 Horchen ということも可能なのであって、この作用そのものは、心理学においては『当初に《ツネーヒスト》』聴く作用として規定されるもの、すなわち音響の感覚作用や音声の知覚作用よりも、現象的にさらにいっそう根源的なものである。傾聴作用もまた了解しつつ聴くという存在様式をもつ。『当初に』われわれが聴いているのは、けっして噪音や混成音ではない、きしむ車や、オートバイである。行軍中の縦隊を、北風を、つついている啄木鳥を、パチパチ燃える火を、聴いている。

『純粋な噪音』を『聴こう』とすることからしてすでに非常に不自然な錯雑した調整を必要とする。われわれはだが当初《ツネーヒスト》にはオートバイや車を聴いているのだという事は、現存在は「世界内存在」ゆえにそのつど既に世界内部的用在者の許にこそ滞在しており、当初《ツネーヒスト》は『諸感覚』の許にでは全然ないという事の、現象的例証である、そういう諸感覚の混雑こそまずもって形成せられるのでなければ、主観がそれを蹴ってついにひとつの『世界』にまで達すべき跳板《スプリングボード》となることはできないであろう。現存在は本質上了解する者なのだから当初は了解されたものの許に存在する。

他人が語るのをことさらに聴いているときでも、われわれは当初は、言われたことを了解しつつあるのである、より精確に言えば、それについて語られている当の存在者〔対象〕の許にわれわれは既に最初から他人と共に存在しているのである。これに反して当初からわれわれは、音声化により発音されたものを聴いているのではない。たとえ話し方が不明瞭かさらには言葉が他国語であるようなばあいでも、当初われわれが聴いているのは、了解できない語句なのであって、音響所与の純多様性〔(第七版) 多様性〕ではない。

語りの対象《ヴォリユーバー》に『自然に』聴き入りながらもわれわれは同時に、そこに「言われてあるあり方」、すなわち『語句の言い回し』を聴いている事ももちろんありうる、ただしこの事とても、「語られたこと《ダス・ゲレーデテ》・事・言《こと》」を前もって共に了解していればこそ可能なのである、なぜならかくしてのみ、そこに「言われてあるあり様《よう》」を、語りの主題的対象《ヴォリユーバー》に照して、その適切性の点で評価する可能性も成立つわけだからである。

同様に答えとしての返答《ケーゲンレーデ》も当初は、共同存在において既に『分たれ』ているところの、何についての語り《レーデ》なのかの対象《ヴォリユーバー》を了解することから、直接結果するのである。

164

「語る」および「聴く」作用の実存論的可能性〔両作用を「現存在において存在せしめ」・「実存せしめ」えているもの即ち了解作用〕が与えられているところでのみ、なんぴとも「傾聴《ホルヘン》する」ことができるのである。『聴くことができない』ので『感ずるよりほかない』者〔聾〕〔一三〇〕は、まさにそのゆえにおそらくは非常によく、傾聴する・耳を傾けることはできるであろう。ただ聴きまわってばかりいることは、聴きつつ了解する・聴解《ちょうげ》するというはたらきの欠如相である。「語る」および「聴く」作用は了解作用に基づく。了解作用は、多くを語ることによっても、いそがし気に聴きまわることによっても生じはしない。既に了解せる者のみが〔たとえ聾でも〕、耳を《ツーヘー》傾《レンし》けうるのである。

語る作用のいま一つの本質的な可能性、すなわち黙すること das Schweigen も、同一の実存論的基礎を有する。お互に語り合いつつ黙する人は、ことばがいつ果てるともしれぬ人よりも本来的に、『暗示《ほのめか》し』うる、すなわち了解性《わかり》をそだてうるものである。或事につき大いに話したからとて、それにより了解性が促進されることには少しもならない。反対に長広舌は、了解されたものを見せ掛けの明瞭、すなわちきまり文句《トウリヴイアリテート》の不可解のなかへつれ込み蔽い隠してしまう。黙する《シュヴァイゲン》ということはだが、無言でいる《シュトウンム・ザイン》ということとは違う。無言でいる人《デル・シュトウンメ》・唖は、かえって『話そう』とする傾きをもつ。唖者なるものは、彼が黙しうるという事を証明したためしがないのみならず、そもそも彼には、かかる事を証明すべきなんらの可能性も無い。また生来寡黙で通っている人は唖者と同様に、彼が黙しているのであり、また黙しうるのだという事を示さない。けっして何ごとをも言わない人はだからまた、与えられた瞬間に黙するということは為しえない。本当に語りつつあるときにのみ、本来的に黙するということが可能なのである。黙しえんがためには現存在は、言うべき何物かをもっていなければならない、すなわち彼自身を自己本来的かつ豊かに、おもうまま開示しえなければならない。然るときには沈黙が打明けるはたらきを為し、『駄弁《ゲレーデ》』を打切るのである。沈黙は語る作用の様態《すがた》であるから、現存在の可解性を根源的に分節する、したがって沈黙から、本当の聴《き》〔従《き》〕可能《うる》も洞見的相互存在《おたがいにみえすいてあること》も発源しているのである。

「現《ダ》われ《ー》」の存在《ザイン》、すなわち感存性と了解作用とを構成するものは語りであり、いっぽう現存在《ダーザイン》は「世界内存在」を意味するがゆえに、現存在とは語りつつある「内存在」であることは、すでに言表されたも同然である。現存在は言語を有する。日常の生活《エクシステイーレン》が主としてお互に語り合うということに移されていたと同時に、観るべき『眼をもっていた』ギリシャ人らが、前哲学的現存在解釈および哲学的それにおいても、人間の本質を、「言葉《ロゴス》〔語り〕をもつ動物 ζῷον λόγον ἔχον」として規定したのは偶然であろうか? この人間の定義が後世、「合理的動物 animal rationale」、『理性的生物 vernünftiges Lebewesen』という意味に解釈せられたことは、べつに『誤り』ではないにせよ、現存在のこの定義が取り出されて来た現象的地盤を蔽い隠すことになる。人間は語るところの存在者として自己を示現・現象する。この事はだが、人間には音声的発表の可能性が固有だという意味ではなく、この存在者は世界と現存在自身とを発見するというやり方で存在するという事を意味する。ギリシャ人らは言語《シュプラーヘ》に当る単語をひとつも有せず、この〔言語〕現象を『当初《ツネーヒスト》』、語り《レーデ》として了解していた。ところが哲学的省察にとってはロゴス・語りは主として陳述として視見《ブリク》に入っていたので、語りの諸形式や諸成分の根本構造の確立にさいしても、かかる〔陳述的〕ロゴスを手引として為されたのであった。文法もその基礎を、かかるロゴスのいわゆる『論理学《ローギク》』のなかで探究された。その論理学はだが前在者の存在論に基づいている。後世の言語学のうちにまで伝わり原則的には今日なお規範的なる『意義の諸範疇』の根本存立は、この陳述としての語《レーデ》りに定位している。これに反してこの〔語り〕現象を、一実存疇が有する原則的な根源性と広さとにおいて受取るならば、言語学を存在論的にさらに根源的な基礎の上へ置き換えざるをえなくなる。文法を論理学から解放する課題は、そもそも語《レーデ》りなるものの実存疇としての先天《アプリオーリッシュ》的根本構造の積極的了解を先行的に必要とするのであって、伝承されたものの事後的改良や補足によって遂行せられうるものではない。この点を考慮してこそ、たんに理論的考察において認識されかつ命題において表現された世界内部的存在者をのみならず、そもそも了解されうべきもの一般を、その意義に応じて分節しうべき根本諸形式が問われうるのである。意義学《ベドイトウングスレーレ》というものは、できるだけ多くのまたかけ離れた諸言語の総括的比較によっておのづから出来上るものではない。同様に、たとえばW・v・フンボルトがその範囲で言語を問題としたような哲学的地平を受けついでも十分とはいわれない。意義学は現存在の存在論に根ざしている。その盛衰は後者の運命の如何にかかっている。(1)

(1) 意義学についてはE・フッセル、論理的研究 第二巻、第一および第四―第六研究、参照。さらに問題連関のより根本的な捕捉は前掲の「考案《イデーエン》」第一部、一二三節以下数節、二五五頁以下数頁にみられる。

けっきょく哲学的研究は一度は、言語にはそもそもいかなる存在様式が属するのかを、思い切って問うてみねばならない。すなわち、言語とは世界内部に用在せる道具であるのか？ 或いは現存在の存在様式をもつのか？ 或いはそれらのいづれでもないのか？ 言語は『死んで』いることが在りうるが、それはいったい言語のいかなる存在様式であるのか？ 或る言語が生長したり衰亡したりするというのは、存在論的には何を意味するのか？ われわれは言語学なるものを有してはいる、ところがその学が主題としている当の存在者の存在が不明なのである。のみならずその存在を問うための地平すら蔽い隠されている。諸意義が「まずたいてい」は『世界的なもの』

であり、世界の有意義性を手本としており、否あまつさえしばしば、主として『空間的なもの』であるという事《ダ》〔実《ス》〕は、偶然であろうか？　それともこうした『事実《タートザヘ》』は、実存論的‐存在論的に必然であろうか、だとすればなにゆえにか？　哲学的研究は、『事象そのもの』を追究せんがために『言語哲学』を断念し、そして概念的に闡明された問題連関をみずからの立場とせざるをえないであろう。

言語に関する当面の解釈はもっぱら、言語現象にとっての存在論的『在処《ありか》』を現存在の存在構えの内部において呈示し、かくしてなかんずく続く分析を準備することに終始したわけであるが、その分析が試みようとするところは、他の諸現象との連関における語りのもつ基礎的存在様式を手引として、現存在の日常性を存在論上いっそう根源的に視見につれ込もうとするにある。

B.　「現《ダ》われ《ー》」の日常的存在と、現存在の頽落

「世界内存在」の開示性の実存論的諸構造〔感存性、了解作用、語り〕へと逆行していたので、当解釈はいづれにもせよ現存在の日常性はこれを見失っていたことになる。分析は主題として始設されていたこの現象的地平〔日常性〕をふたたび取り戻さねばならない。いまや次のような疑問がもち上る、すなわち「世界内存在」は日常的なものとしては「ひと《ダス・マン》」という存在様式をなして保たれている以上、かかる「世界内存在」の開示性の実存論的諸性格はいかなるものであろうか？　と。「ひと」には、また「ひと」特有の感存性、一種特別の、了解作用、語る《レーデン》作用、解釈《アウスレーゲン》作用が属するのであろうか？　これらの問いに答えることは、現存在が「まずたいてい《ツネーヒスト・ウント・ツマイスト》・日常底」は「ひと」に没頭し〔「ひと」と成り果てて自己を没却し〕かつ「ひと」から牛耳られている事を想い起

すなら、いちだんと緊急の度を加えるのである。現存在が被投的「世界内存在」であるということはとりもなおさず、まず「ひと」《ツネーヒスト》という公共性のなかへ投げ込まれてあることではないか？ またこの公共性は、「ひと」特有の開示性以外の何を意味するであろうか？

了解作用は何よりもまず現存在の存在可能として把握されざるをえないとすれば、「ひと」としての現存在はみずからの存在のいかなる諸可能性を開示してみずからのものとしたかという事は、「ひと」に属する了解作用と解釈作用との分析から引き出されうるであろう。然るときはそれらの諸可能性そのものが、日常性というひとつの本質的存在傾向を明らかにするのである。そしてこの日常性がさいごに、存在論的に十分解明されて、現存在のひとつの根源的存在様式を暴露せざるをえず、かくして日常性を源として被投性という既述の現象がその実存論的具体性において提示されうるにいたるのである。

まず、「ひと」の開示性、すなわち語《レーデ》りと視《ジヒト》と解釈との日常的存在様式を、一定の諸現象に即して見取させる必要がある。これらの現象に関しては以下のような注意も無用ではなかろう、すなわち当解釈は純存在論的意図を有するのであって、日常的現存在に対する道学者的批判とか、『文化哲学的』野望とは似てもにつかぬものである、と。

第三五節 空 談

『空談《ゲレーデ》・雑談・むだ話・おしゃべり das Gerede』という語はここではべつに、こきおろされた意義で用いられているのではない。この語は術語的には日常的現存在の了解作用と解釈作用との存在様式を構成するほどの一積極的現象を意味する。語《レーデ》りはたいていそれ自身発言されるしまた既に発言されているのがつねである。語りは〔発言されると、一六一頁〕言語である。しからばまた発言されたこと・言《こと》のうちには、そのつど既に了解性と解釈とが存せねばならない。言語とは〔語りの〕既発言性 Ausgesprochenheit であるからみずからのうちに、現存在のもつ了解性《わかり》の〔分節・解き分け・仕上げたるなんらかの〕解釈成果・解釈性《ときわかり》 Ausgelegtheit を蔵する。この解釈性《ときわかり》も言語と同じく、もはやたんに前在せるにすぎないものではなくて、それの存在はそれみずから現存在的なるものである。この解釈性《ときわかり》に現存在は当初、かつ一定の限界内では不断に、引渡されているのであり、それが平均的了解作用とこれに属する感存性との諸可能性を規整しかつ区分しているのである。既発言性はそれが分節した意義諸連関の全体のうちに、開示された世界の了解作用をも、またこれと等根源的に、他人の共同現存在とそのつどおのれの「内存在」との了解作用をも保全している。かく既発言性中に既に寄託されている了解性なるものは、ひとたび達成されて引継がれた存在者の被発見性に当りもすれば、また存在についてのそのつどの了解性であることもあるし、またあらたに始設される解釈や概念的分節のためにいつでも起用されうる諸可能性や諸地平でありもする。現存在のもつ〔了解性《わかり》についての〕この解釈性《ときわかり》という現事実へのたんなる指摘を越えて、いまや、発言されたるまた発言されつつある語りの実存論的存在様式が問われねばならない。該存在様式が、前在者としては理解されえないとすれば、いかなる様式を語りの存在は有するのか、また語りの存在とは、現存在の日常的存在様式に関しては、原則としていかなることを言うのであるか？

発言されつつある語りは、伝達《ミットタイルング》・共に分つことである。伝達の存在傾向は、聴く人をして、語りにより語りかけられている当体《ダス・ベレーデテ》への開示的存在〔の分ちに与からしめ〕に参加《タイルナーメ》せしめることを目がけている。

自己を言表するさいに発言された言語のうちに既に存する平均的可解性のために、伝達された語りは普ねく了解されうることになるが、それを聴いている人はかならずしも、語りの対象《ヴォリユーバー》を根源的に了解しつつ在るとはかぎらない。人は語られている対象《ダス・ベレーデテ》たる存在者を了解するというよりは、既に人は「語られたこと《ダス・ゲレーデテ》・言《こと》」そのままを聴いているにすぎない。後者は了解せられるが、前者「何についてか《ヴォリユーバー》・存在者」は、ただおおよそのところ、うわっつら、にとどまる。同一事を人が推量しているという事は、「言われたこと《ダス・ゲザークテ》・言《こと》」を人が同一平均性において共通的に了解しているがゆえである。

〔そこでは〕聴くはたらきも了解作用も、「語られたこと・言《こと》」にはじめから密着させられている。伝達《ともにわかつ》は〔もはや〕、語られている対象たる存在者に対する第一次的存在関係を『分つ・共有させる』のではなく、むしろ相互存在《ミトアイナンダーザイン》が、「相互に語り合ったり《ミトアイナンダーレーデン》」そこで語られたことを配慮したりする作用を為して、活動しているのである。相互存在にとって大事なことは、〔語りが〕語られるという事である。かくして、「言われて-在ること das Gesagtsein」すなわち「das Diktum 宣言・格言」、「der Ausspruch 宣告・金言」がいまや、語りとその了解性との真正性や事象適合性を保証するものとなる。そして語る《レーデン》作用は、語られている対象たる存在者に対する第一次的存在関係を失ったのか、ないしはけっして獲てもいなかったのであるから、その作用《レーデン》が伝達せられるのは、該存在者を根源的におのれに了得領有しようとするやり方においてではなく、「語りひろめたり語りまねたり・吹聴したり請売りしたり das Weiter- und Nachreden」する方途によるのである。語られた事・言《こと》そのことは、だんだん広い円周を描いてついには権威《オーソリテイ》という性格を帯びる。人がそう言うから、そうなのだ、という事になる。かかる吹聴《いいふらし》や請売りにおいて、それがために既にはじめから欠けている地盤立脚性は完全な無地盤性にまで高ずることにより、空談《ゲレーデ》なるものが構成される。しかもこの空談なるものは、たんなる音声的請売りにとどまることなく、書き物において『濫書乱文《かきなぐり》』として広められる。請売りはここでは聞き伝え《かじり》に基づくというより、読みかじりによって賄われている。何が根源的創造によりかち獲られ何が請売りされたかは、読者の平均的了解性はけっして決定しえないであろう。それどころか平均的了解性はそんな区別をやろうとはゆめにも思わないだろうし、また、そんなことを必要ともしないであろう、なぜなら万事を了解しているのが平均的了解性ではないか。

空談の無地盤性は、空談が公共性へ入り込むことを妨げるどころか、むしろその入来を助長する。空談は、事象を前もって自己に了得することなく万事を了解するという可能性である。空談はかかる了得にさいして挫折するような危険からは事前に守護されている。誰もが掻き集めうる空談は、真正に了解するという課題から免がれしめるのみならず、一種の無関心的可解性《わかりやすさ》を育成するが、このものにとってはもはや何物も閉鎖されてはいないのである。

現存在の本質的存在構えに属しまた彼の開示性をも共に構成している語りは、空談となる可能性を有し、また空談となった以上は「世界内存在」を分節された了解《わかり》性のままに開放しておくというよりは、むしろ閉鎖して、世界内部的存在者を隠蔽するという可能性を有する。そのために空談は、べつに欺こうとする意図を有しはしない。空談は、或る物を或る物として《エトヴァス・アルス・エトヴァス》、意識的に申立てる存在様式は有しない。地盤も無く「言われて在ること」や「さらに言われ継がれること」により、開示があべこべに閉鎖となるには十分である。なぜなら、「言われた事」とは、当初はつねに『言いつつある事』すなわち「発見しつつある事」として了解されるからである。空談とはしたがって、語られている当体《もの》の地盤への遡及は止すというのがその建前なのだから、じつに生来より、一種の閉鎖だといわねばならない。

かかる閉鎖はさらに、空談中で語られている当体の了解性は達成されているものと思いこんでいる空談はそうした臆断に基づきあらゆる新たなる発問や一切の論議を阻止し・持前のやり方で圧服し・遅滞させるので、一段と高ずることになる。

現存在のうちにはいつもすでに、空談によるこうした解釈性《ときわかり》・解釈成果《アウスゲレークトハイト》が根づいている。われわれは当初そうしたやり方で多くの事に通ずるのであるが、また少なからざる事がそうした平均的了解性を脱していない。現存在が当初そのうちへと生い育ちゆくこの日常的解釈性から、彼はけっして脱出することはできない。これのなかで、これのなかから、またこれに対してこそ、すべての真正なる了解作用・解釈および伝達の作用・再発見および新規了得の作用も、遂行せられるのである。すなわち現存在である以上だれしも、この解釈性から手がけられも惑わされもせずに『世界』という無碍の国土に直きじき見《まみ》えておのれに出会うものを観ずるのみ、というわけには行かないのである。この公共的解釈性の支配は、気分存在の可能性をまで、すなわち現存在は世界によって自己を襲わせ〔立ち行かせて、自己自身からは逃れ〕るという〔一三九頁中〕根本様式をまで、既に決定していたのである。「ひと」が感存性の範を示しており、「ひと」が、人人が何をまたいかに『見る』かを決定する。

右のようなやり方で閉鎖作用を行う空談は、根こぎにされた現存在了解性という存在様式である。とはいえ空談は、一前在者に見られるような前在的状態として出現しているのではなく、それ自身絶えざる根絶《ねこぎ》というやり方において実存論的に根絶やされている。この事は存在論的には、空談において保たれている現存在は、「世界内存在」なるにもかかわらず、世界に対する、共同現存在に対する、「内存在」そのものに対する、第一次的なるかつ根源的に真正なる存在諸関係を、断絶されている事を意味する。現存在はしたがって一種の浮動のうちに保たれており、しかもこの様態においてもやはり常に、『世界』の許に、他人と共に、また彼自身に対して、存在しているのである。感存的‐了解的なる語りにより彼の開示性が構成されているような存在者、すなわちこういう存在論的構えにおいて彼の「現われ《ダー》」で在り、『世界内』で在る存在者のみが、かくのごとき根こぎという存在可能性を有するのである、が、この根こぎは、現存在のなんらかの非存在《ニヒト・ザイン》を作り成すどころか、むしろ現存在の最も日常的にして最も執拗な『実在性』を構成せるものである。

けれども平均的解釈性のもつこの自明性や自己安全感あればこそ、そのお蔭でそのときの現存在自身にとっては、彼が深まり行く無地盤性の方へ吹き流されようとするあの浮動性の気味悪さは終始蔽われているのである。

第三六節　好　奇　心

了解作用と、「現われ《ダー》」の開示性一般との分析にさいし、「自然の光《ルーメン・ナトウラーレ》」を引合いに出して、「内存在」の開示性を現存在〔自身の為すところ〕の明開作用・明らめ Lichtung と名づけ、このうちでこそ「視《ジヒト》」ということもはじめて可能になるのだとされていた。すべての現存在的開示作用の根本様式すなわち了解作用を考慮して、視とは、現存在が自分の本質的諸可能性にしたがってそれに態度しうる当の存在者を純生に自己了得するという意味に理解されていた。

視《ジヒト》の根本構えは、『見る《ゼーエン》』ことへの、日常性の一種特異な存在傾向に即して明らかとなる。この傾向をわれわれは好奇心 Neugier という術語をもって呼ぶことにするが、それが表示する特性は、「見る」ということに局限せられてはおらず、一種特異な認知作用により世界を出会させようとする傾向を言い表わすのである。われわれはこの現象〔好奇心〕を、原則的な実存論的‐存在論的意図のもとに解釈するのであって、たとえば既に早くから、またギリシャ哲学においても偶然ならず、『見んとする欲・見好き・見たさ』から理解せられるごとき認識作用への、狭小な定位において解釈するのではない。存在論に関するアリストテレスの論文集のなかで最初に位する論文は次の命題をもって始まる、すなわち「すべての人間は生れつき知る《エイデナイ》(一三二)ことを渇望する πάντες ἄνθρωποι τοῦ εἰδέναι ὀρέγονται φύσει.」(1) と。〔言い換えれば〕人間の存在のうちには見ようとする関心《ゾルゲ》が本質的に存在する〔ことになる〕。この命題をもってひとつの探究が始まるが、それは、存在者とその存在との学的研究の起源《ウルシュプルング》を現存在のもつ右のような存在様式から発《あば》こうとするのである。かくのごとく、学問の起源《ゲネジス》は実存論的であるとみるギリシャ的解釈は偶然ではないのである。かかる解釈によって達せられた顕然たる了解《わかり》性は、パルメニデスの命題のうちにその範を見ることができる、すなわち「思惟も存在もたしかに同一である。τὸ γὰρ αὐτὸ νοεῖν ἐστίν τε καὶ εἶναι.」と。存在とは、純粋な直観的・熟視的《アンシャウエント》認知作用のうちに現われるものであり、またかく見《ゼー》る《エン》作用のみが存在を発見する。根源的にして真正な真理は、純粋な直観・熟視《アンシャウウング》のうちに存する〔と言うのである〕。この提言はその後ずっと西洋哲学の基礎となっている。ヘーゲルの弁証法も、この提言を契機としており、またこれに基づいてのみ可能なのである。

(1) 形而上学 A 1, 980 a 21.

『見る』ことのもつこの珍らしい優位は、なかんずくアウグスティヌスにより、淫欲(1)の解釈との関連において指摘せられた。すなわち『見るということは本来は眼に属する。しかしわれわれはこの「見る」という語を他の諸感官に対しても用いるが、それはわれわれが、認識しようとしてそれらの感官をはたらかせるときである。すなわちわれわれは、それがキラメクのを聞けとか、輝くのを嗅げとか、照るのを味わえとか、光るのを触われ、とかは言わない。われわれはこれらすべてのばあいに見よと言う、それらすべては見られるのだと言う。われわれはだがまた、それが光るのを「見よ」と言うが、それは眼だけが知覚できる物についてのばあいのみならず、その鳴り具合を見よ、香り具合を見よ、その味加減を見よ、硬さ加減を見よ、とも言う。ゆえに諸感官の経験は一般に、上述のように、「眼の欲(一三二)」と呼ばれるのであるが、それは他の諸感官も、なにものかを認識しようとするときは、眼が優位を保持せる、見るという機能を、一定の類似にもとづいて獲得するからである。Ad oculos enim videre proprie pertinet. Utimur autem hoc verbo etiam in ceteris sensibus cum eos ad cognoscendum intendimus. Neque enim dicimus: audi quid rutilet; aut, olfac quam niteat; aut, gusta quam splendeat; aut, palpa quam fulgeat: videri enim dicuntur haec omnia. Dicimus autem non solum, vide quid luceat, quod soli oculi sentire possunt, sed etiam, vide quid sonet; vide quid oleat, vide quid sapiat, vide quam durum sit. Ideoque generalis experientia sensuum concupiscentia sicut dictum est oculorum vocatur, quia videndi officium in quo primatum oculi tenent, etiam ceteri sensus sibi de similitudine usurpant, cum aliquid cognitionis explorant.』

(1) 告白録、第一〇巻、第三五章。

たんに認知する・聞知り見知ろうとするだけのこの傾向とはどういうことなのか？　好奇心という現象に即して了解されるのは、現存在のいかなる実存論的構えなのか？

「世界内存在」なるものはまず配慮された世界に没頭している。配慮作用は用視によって導かれているが、この用視は用在者を発見しかつこれをその被発見性のうちに保存している。用視は、およそ何事かを持出したり実行したりするさいに、先発の進路や成就の手段や正しい機会や適切な瞬間を提供する。配慮作用は、休息のための実行の中断という意味において、或いはまた仕上がりということによって、休止せられることもある。休止においても配慮作用が消滅するわけではないが、用視は解放される。それはもはや仕事の世界に拘束せられてはいない。休息において、慮《ゾルゲ》は解放された用視のなかへ身を移す。仕事世界の用視的発見作用はあの「距離《ちか》-除去《づけ》作用」という存在性格を有する。解放された用視は、近づけようと配慮せねばならない何物をももはや手許に有して・用在せしめていない。だが「距離《ちか》-除去《づけ》」を為すことが用視の本質なるがゆえに、解放された用視といえどもみずからに「距離-除去《エント・フェルネン》」の新たなる諸可能性を工面する。すなわち該用視は、身近かに用在せる者から離れ去り、遠くの見知らぬ世界へ達しようとつとめる。慮《ゾルゲ》は、休息しつつ停滞しつつ、『世界』をたんにその『形観・外見 Aussehen』においてのみ「見ん《ゼーエン》」とする諸可能性を配慮《ベゾルゲン》する作用に変る。現存在は〔いまや〕遠さをば、ただそれを外見において自分に近づけたいばっかりに求めるのである。現存在はもっぱら世界の外見によってのみ拉し去られるのであるが、こういう存在様式において現存在は、「世界内存在」としての彼自身から放免されようと、すなわち身近かな日常的用在者の許での存在から放免されようと、配慮しているのである。

〔用視から〕解放された好奇心は、見ようとは配慮するが、見られたものを了解せんがためではなく、すなわち見られたものへの或る存在のなかへ入り込もうがためではなく、ただ見んがためにのみ見ようと配慮するのである。好奇心は、新しいものから、新たにまた、新しいものへ跳び移らんがためにのみ、新しいものを追い求めるにすぎない。こういうふうに見ようとする慮《ゾルゲ》にとっては、世界におのれを引渡そうとする諸可能性が重大事なのであって、会得しようとか、知ることにより真理のうちに在ろうとかする事はどうでもよいのである。それゆえに好奇心は、身近かなものの許には特に滞留しようとしない Unverweilen 特性を有している。好奇心が求めるものはそれゆえにまた、観察的滞留のための閑暇ではなく、常に新しきものや出会者の交替やによる不休止と興奮である。みずからはどこにも滞留しないということにおいて好奇心は、気散じ・自己分散 Zerstreuung のための絶えざる可能性を配慮しているものである。好奇心は、存在者を驚異をもって観察すること、すなわち「驚嘆視すること θαυμάζειν」とはなんの関係もない。すなわち好奇心にとっての関心事は、怪しむことによって不了解《ニヒト・フエルシュテーエン》（一三三）というはたらきのなかへつれ込まれようとする事にはなく、ただもっぱら知っちまわんがため・既知ならんがためにのみ、知るという事を配慮しているのである。好奇心を構成せる両契機、すなわち配慮された環境界における不滞留と、新しい諸可能性のなかへの自己分散・気散じとは、われわれが無在所性・居り所無し Aufenthaltslosigkeit と名づけるところの、好奇心現象の第三の本質性格を基づけている。好奇心は到る所に居りつつしかも何処にも居ないのである。「世界内存在」のこうした様態は、日常的現存在のひとつの新たな存在様式を暴露するが、かかる様式において現存在は自身を絶えず根こぎにするのである。

　空談は、好奇心の進路をも支配する、すなわち空談は、だれにも既読既見の要あるもの・読んじまったり見ちまったり人が〔好奇心〕しないでおれないものを、しゃべるからである。「到る所に居りつつ何処にも居ない」という好奇心の存在は、空談に引渡されている。語り《レーデ》と視《ジヒト》との日常的なるこれら両存在様態〔空談《ゲレーデ》と好奇心と〕は、両者ともに根こぎという傾向において、ただ相並んで前在的に存在しているのではなく、一方が存在しようとするやり方は、他方のそれを、ひっさらって行くのである。何物も閉鎖されていることのない好奇心と、何物も了解されずにいることのない空談とは、それら自身に、すなわちかくのごとく存在しつつある現存在に、一見真の『活ける生・活動的生活』という保証を与える。だがこの一見性をもって、日常的現存在の開示性を性格づけているところの、第三の現象〔曖昧性〕が現われているのである。

第三七節　曖昧性

日常的相互存在においては、なんぴとにとっても近づきえ又なんぴともがそれについて何事かを言いうるごときものが出会するのだとすれば、真の了解作用において開示されているものと、そうでないものとの決定は、もはや容易にはつかなくなる。こういう曖昧性 *Zweideutigkeit* は、たんに世界の上にのみならず、同じく相互存在そのものの上にも、さらにおのれ自身への現存在の存在の上にさえ、広がっているのである。

一切は、真に了解され・捕捉され・話されているように見えていて実はそうではないのである、かまたは、そのように見えはしないが実はそうなのである。この曖昧性は、たんに使用や享楽において近づかれうるものの処理や取扱いのみに及ぶものではなく、既に存在可能としての了解作用のうちに、すなわち現存在の諸可能性の、投案や先与《さきわたし》の、様式のうちに、根じろを張っているのである。なんぴとも現前しているものや、出現するものを知っていて談ずるのみでなく、また既に、これから起ろうと思うもの、未だ現前してはいないが、『本来なら』

為されずにはいないはずのものについて語ることをも知っている。およそ他人が予知し感づいているようなものは何んであれ、誰もが既につねに前もって予知し感づいていたんである。こういうふうに〔感づいて〕《シュプューレン》「跡をつ《アウフ・デル・》けている《シュプール・ザイン》」こと、それも聞き伝えをもととしているからには——けだし本当に或る事の『跡をつけている』者はその事については話さないものであるが——、最もいかがわしいやり方なのであって、こんなやり方では、曖昧性が現存在の諸可能性を先与《さきわたし》することになり、またしたがって既にそれら可能性の力を殺《そ》ぐというものである。

すなわち、「ひと」が予知し感ずいていたものが或る日本当に実行に移されたとしたばあい、その実現した事がらに対する興味はたちまちさめはててしまうが、そうなるように予め取計らっていたものがほかならぬ曖昧性なのである。そうした興味なるものはもちろん、なんの責任も負わずに「ただ《ヌール》‐共に《ミット》‐予感《アーネン》する」というだけの可能性が与えられている間だけ、好奇心と空談というやり方において成立しているのである。われわれが「跡をつけている」ようなとき、また、その間だけ「共に《ミット》‐その許に《ダーバイ》‐在る《ザイン》」〔かりそめの連れ合いな〕のだから、予感されていたものが実現するだんになると、そうした随行関係はおじゃんとなる。なぜというにその実現と共に現存在はいつも、おのれ自身への帰還を強いられるからである。空談と好奇心はそれらの威力を失う。そこでそれらはすぐと復讐する。人人が「共に‐予感」していたものの実現に当面するや、空談は即座に以下のような確認をやってのける——「そんな事なら自分にだって出来たんだが、なぜって——自分だってその事を予感してたんだもの」と。空談はしまいには、彼により予感されまたたえず求められていたものが、一と度本当に起ると、不機嫌にさえなる。なぜってそれによって空談は、予感し続けて行けるせっかくの機を逸するではないか。

ところでいっぽう、事が成就しようが全くの失敗に帰しようが沈黙裡に自己を堵している現存在の時間は、

『より速かに生動する』空談の時間に比しては、また別種のものであり、公共《せけん》的に見て本質的に「よりのろい」ものだとされるのは、空談の方が疾《と》うに別種のものの許に、そのつど最も新しいものの許に達していたからである。以前から予知されていて或るとき実現されたものは、最も新しいものという見地からは、来方《きかた》が遅すぎる。空談と好奇心とはそれらの曖昧性によって、真にかつ新たに創られたものが登場するさいでも、公共《せけん》にとっては陳腐だと見なされるように取計らっているのである。新たに創られたものがその実を証すべき可能性においてようやく解き放たれるのは、隠蔽的空談がその効力を失し『通俗的』興味もさめはてたときである。

公共的解釈性《せけんてきときわかり》のもつ曖昧性は、事前の取沙汰《フォールヴェク・ベレーデン》や好奇的予感を本来的生起と思わせ、実現や行動には事後的なもの取るにも足らぬものという刻印を打つ。だから「ひと」を成せる現存在の了解作用はみずからの投案においても、真の存在可能性についてはたえず見損う。現存在が曖昧で在るのはつねに『其処・現われ《ダ》』において、すなわち相互存在の公共的開示性においてである、其処では最もかまびすしい空談と最も鋭敏な好奇心がその『営み』をいとなんでおり、其処では日常的には一切《アレス》が生起しつつ実は何事《ニヒツ》も生起してはいない。

この曖昧性がつねに、好奇心に対してはその求めている物をほのめかし、空談に対してはそのうちでこそ万事が決着されるかのごとき外見を与える。

「世界内存在」の開示性のこうした存在様式はまた、相互存在そのものをあまねく支配する。他人がまず『現《ダ》に』存在《ザイン》するのは、彼について人人が聞いたこと、彼に関して人人が語ったり知ったりすることを基としている。根源的な相互存在の間にまず空談が忍び込む。各人が他人を、まず第一にかつ隣りから、その場で彼がいかに振舞い何を言うであろうかと、見張っている。「ひと」を成せる相互存在は、相互遮断的で無頓着的な並存などでは全然なく、一種の緊張したそれでいて曖昧な相互監視であり、一種の内密な相互盗聴である。相互親和《フュール・アイナンダー》の仮面のもとで相互反目《ゲーゲン・アイナンダー》が演じられている。

このさい注意さるべき事は、曖昧性はなにもわざわざ佯《いつわ》ろうとかこじつけようという明白な意図に発してはいないという事、曖昧性は個個の現存在によってはじめて喚起されるものではないという事である。曖昧性は、一世界内での被投的相互存在としての相互存在のうちには既に存するのである。しかし公共的には曖昧性はむしろ隠蔽されており、したがって「ひと」は、この解釈が「ひと」のもつ解釈性の存在様式に当るのだという事実《こと》には、つねにたてつくであろう。この現象〔曖昧性〕の解明を、「ひと」の賛意を経て確認しようなどと思うなら、とんだ思い違いといわねばならない。

第三八節　頽落と被投性

空談、好奇心、曖昧性という三現象は、それら相互自身の間にすでにひとつの存在連関が看取されるようなやり方で、露呈せられていた。この連関の存在様式を、いまや実存論的‐存在論的に捕えるべきときである。日常性の存在の根本様式は、これまでに獲られた現存在の存在諸構造の地平内で了解せられるのでなければならない。

空談、好奇心、および曖昧性は、現存在が日常的に、彼の『現《ダ》われ』で、すなわち「世界内存在」の開示性で、在るところの在り方の性格である。これら三性格は、現存在に即した実存論的諸規定性なるがゆえに、前在しているのではない、それらは現存在の存在を共に構成している。それらにおいてかつそれらの存在上《ザインスメーシヒ》の連関において、われわれが現存在の頽落 Verfallen と名づけるところの、日常性の存在の根本様式が露見する。

この名称は、なんら消極的評価を表わすことなく、現存在が「まずたいてい」は配慮された『世界』の許にbei 存在することを意味するものとする。この…許での没頭・自己没却なるものは、多くは「ひと」という公共性のなかへ見失われて在るという性格をもつ。現存在は、自己本来的な自己存在可能としての彼自身からは、当初はいつも既に脱落して《アプゲファレン》『世界』に頽落してしまっている。『世界』への頽落性とは、相互存在が空談、好奇心、および曖昧性によって営まれているかぎり、その相互存在を成しての没頭を意味する。われわれが現存在の非－自己本来性と名づけていたもの(1)は、いまや頽落の解釈によってさらに厳密な規定をこうむる。非《ウン》および不《ニヒト》－自己《アイゲン》本来的《トリヒ》とはいっても、あたかもそういう存在様態をとるときは現存在は一般に彼の存在を失うかのように、『本来的に無い』ことを意味するのではけっしてない。非－自己本来性とは「もはや世界内存在しない」などというようなことを意味しないどころか、むしろそれは、『世界』と、「ひと」を成せる他人等の共同存在とによって完全に占領しつくされているところの、最も優顕な「世界内存在」を構成するものなのである。非－彼自身《おのれじしんとしてはそんざいして》存在《おらぬこと》 das Nicht-es-selbst-sein が、配慮しつつ一世界内に没頭することを本質とするような存在者を、積極的に可能ならしめる役割を演じている。この非－〔彼自身〕存在 dieses Nicht-sein は、現存在の最も身近かな・親近な存在様式として理解されざるをえないが、それは現存在がたいていこの様式において保たれているからである。

(1) 第九節、四二頁以下数頁、参照。

現存在の頽落性はそれゆえにまた、ひとつのより純粋で高い『根源状態』からの『下落』だと解されてはならない。かかる事に関してはわれわれは、存在的になんらの経験を有しないのみならず、存在論的にも解釈のなんらの可能性をも手引をも有していない。

頽落者としては現存在は、現事実的「世界内存在」としての彼自身から既に脱落しているのである。また現存在が頽落しているのは、彼の存在の続行中に彼が遭遇したりしなかったりするようななんらかの存在者に、ではなくて、現存在の存在につきものの世界に、頽落しているのである。この頽落ということは、現存在そのもののひとつの実存論的規定なのであって、前在者としての現存在に関しては、すなわち現存在がそこから『派生』している存在者か或いは現存在が後からそれと一交通《コンメルキウム》をもつにいたった存在者に対する、前在的関係に関しては、何事をも述べるものではない。

この頽落という存在論的-実存論的構造に対して、人類文化の進歩的諸段階を経てはおそらく除かれうるでもあろうような、一種の悪しくして嘆かわしい存在的性質などという意味を負わせようとするなら、該構造は当然誤解を免れないであろう。

「世界内存在」を現存在の根本構えだと最初に指摘したさいにも、また「世界内存在」を構成せる構造諸契機〔世界・内存在・存在者〕の性格づけにさいしても、存在構えの分析にかまけて、その構えの存在様式の方は、現象として注視せられないでいた。もちろん「内存在」の可能的根本様態、配慮作用と顧慮作用とは記述せられていた。がこれら存在両様態の日常的存在如何の問いは、論究せられずにいた。また「内存在」とは、ただ観察したりまたはただ行為したりすることによる対立作用《ゲーゲンユーバーシュテーエン》、すなわち主観・主体と客観・客体というものの相《ツザ》会前在存在《ンメンフォールハンデンザイン》などとは、およそ別箇のものなる事も示されていた。それにもかかわらず、「世界内存在」は硬直した構脚《ゲリュスト》の役をつとめており、その内でおのれの世界に対する現存在の可能的諸態度が次つぎと経過するが、べつに『構脚《かまえ》』そのものを存在上動《ザインスメーシヒ》かすようなことはない、という仮象は、除かるべくもなかった。この仮想的『構脚』はしかしそれみずから、現存在の存在様式を共に構成しているのである。「世界内存在」のひとつの実存論的様態は、頽落という現象において明示される。

空談は現存在のために彼の世界に対する、他人等に対する、また彼自身に対する了解的存在を開示してやる、ただしこの…に対する存在は無地盤的浮動という様態をとっているのである。好奇心は一切万事を開示する、ただし「内存在」は到る所に存在しつつしかも何処にも存在しないのである。曖昧性は現存在了解性に対し何物をも隠蔽しはしない、だがそれもただ、「世界内存在」を、あの根こぎにされた「到る所にして何処でもない」ということに、押えつけておこうがためにすぎない。

これら三現象をつうじて見透される日常的「世界内存在」の存在様式を存在論的に明瞭化してこそわれわれははじめて、現存在の根本構えの実存論的に十分な規定を獲るのである。頽落作用の『動揺性《おちつかなさ》』はどういう構造を示すであろうか？

空談と、そのうちに含まれている公共的解釈性とは、相互存在において構成されている。空談は、相互存在からの分離的産物としてそれ独りで世界の内部に前在しているのではない。同様に空談は、それが本質的にはなんぴとにも属さないから、『本来は』無であって『現実には』ただ話しつつある個個の現存在にのみ現われるというような、ひとつの『一般者』にまで発散せしめられることはできない。空談は相互存在そのものの存在様式なのであって、現存在に『外部から』はたらきかけるなんらかの事情にまってはじめて成立するのではない。だがもし現存在自身が、空談や公共的解釈性において自分を「ひと」のなかに見失ったり無地盤性に頽落したりする可能性をおのれ自身に予め与えているのだとすれば、この事は、現存在がおのれ自身に、頽落への不断の誘惑《さそい》を準備していることになる。「世界内存在」は〔他からでなく〕即それ自身的《アン・イーム・ゼルプスト》に誘惑的 versucherlisch に存在する。

こういうふうに自分みずから既に誘惑 Versuchung となっているので、公共的解釈性が現存在をその頽落性のうちに拘留しているのである。空談や曖昧性、すなわち一切を見たし一切を了解したんだということは、かくも意のままになる支配的な現存在の開示性なら現存在のために彼の存在の一切の可能性が確実で、本物で、豊富であることをも保証できよう、という臆見を育てあげる。「ひと」のもつ自信と決然性は、自己本来的な感存的了解作用などは不用だとする考えを次第に広める。充実した真の『生活』を養い営んでいるんだという「ひと」のもつ臆見は、万事は『最上の秩序』にあり、あらゆる門戸は開かれているとみずから慰める一種の慰撫 Beruhigung を現存在に与える。頽落的「世界内存在」はそれみずから誘惑的であると同時に慰撫的 beruhigend に存在する。

非-自己本来的存在におけるこうした慰撫《なだめ》・静安はだが、静止や無行動へと誘い込むことなく、むしろ制止を知らぬ『活業《いとなみ》』へと駆りたてる。『世界』への頽落存在がこのときべつに休止するからではない。誘惑的慰撫は頽落をむしろ高めるのである。現存在解釈に特別の考慮をはらっていまや次のような意見がもち上るかもしれない、すなわち、最も異種類の諸文化の了解と、それらと自己の文化との『綜合』とが、現存在の為す自己自身に関する遺漏なきしたがってはじめて真たりうる解明をもたらすのである、と。しかし四方八方への好奇心や万事への不休の関知は、一般的な現存在了解性をはじめから誤らしめる。だが、何がいったい自己本来的に了解されねばならないのかについては、実はもともと、規定せられても問われても、いないのである。了解作用そのものは一種の存在可能なのであって、これは唯一最も自己的なる現存在においてしか自由を得るのみちなき事は、依然として了解されていないのである。この慰撫せられたる、万事『了解的なる』、一切との自己比較は、現存在を一種の〔自己〕疎外《エントフレムドゥング》へと追いやるが、この自己疎外《みそびれ》において最自己的なる存在可能は現存在に隠されている。頽落的「世界内存在」は誘惑的‐慰撫的なものでありながら同時に自己疎外的 entfremdend に存在する。

この自己疎外はまたしかし、現存在が彼自身から現事実的に引き離されるということを意味しはしない。反対に自己疎外は現存在を、最も過度の『自己分解』を事とするような存在様式のなかへ駆りたて、あらゆる解釈《ドイトゥング》可能性においても自己分解が試みられる結果、これによって示された『性格学』や『類型学』もそれ自身すでに見透しがきかなくなっている。この自己疎外は、現存在に彼の自己本来性や可能性を、まったくの挫折のそれのみにせよ、閉鎖するが、しかし現存在を彼自身がそれではないところの存在者に引渡すのではなくて、彼を彼の非‐自己本来性のなかへ、すなわちやはり彼自身のものなる可能な一存在様式のなかへ、追い込むのである。頽落の為すかく誘惑的‐慰撫的な自己疎外は、それ特有の動揺において、現存在が自分みずからの中に囚となる〔自縄自縛〕verfängt ということにまで至らせる。

呈示された諸現象、誘惑・慰撫・自己疎外・自己虜囚《ジヒ・フェルファンゲン》（囚われ《フェルフェングニス》・自縛）等は、頽落特有の存在様式を性格づける。自分自身の存在のうちでの現存在のこの『動揺』をわれわれは墜落 Absturz と名づける。現存在は自分自身から、自分自身のなかへ、すなわち非‐自己本来的日常性の無地盤性と空虚性とのなかへ、転落する。この転落はだが現存在には、公共的解釈性によって隠蔽されている、だからこそこの転落が『上昇』とか『具体的生活』として解釈されることになる。

「ひと」を成せる非－自己本来的存在が無地盤性の「なかへ」またその「なかにおいて」墜落する運動様式は、了解作用〔存在可能〕をば、自己本来的諸可能性の投案作用から不断に引き離して、一切を所有したり達成したりできるという慰撫的臆見のなかへ引き込んでしまう。自己本来性からのこの不断の離脱と、しかも常に該本来性たるの見せかけとは、「ひと」のなかへの引き込みと相まって、頽落の動揺を旋回 Wirbel として性格づける。

頽落は「世界内存在」をただ実存論的に規定するだけではない。旋回は同時に、現存在の感存性において現存在自身に迫りうる被投性の、「投げ《ヴルフ》」と動揺との性格を表わしている。被投性〔気分において開示される現事実〕は、たんなる一『既成事実《タートザヘ》』でないのみならず、ひとつの完結的現事実《ファクトゥム》でもない。現事実を現事実たらしめる現事実性には、現存在は彼がほかならぬ現存在として存在するかぎりは、「投げ」のうちに終始しまた「ひと」の非－自己本来性のなかへと旋回し込まれるという事実《こと》がつきものである。そのうちでこそ現事実性が現象として見取されうるところの被投性は、みずから存在しながらもこの存在《ザイン》そのもの「に関わり行く《ウム・ゲート》」・「をめぐり行く・を旋回し出る」(一三五)〔すなわち存在可能・実存する〕ところの現存在には、つきものである。〔すなわち〕現存在は、現事実的に、実存する。(一三四)

しかしながら頽落の右の提示によっては、実存の形式的理念を告げていた規定に直接反するような現象が露呈せられていはしないか？　もし現存在という存在者が、まさに彼の日常性において自己を喪失したものであり、したがって頽落において自己から離脱して『生きる』ものとすれば、現存在ははたして、みずからの存在において存在可能《ザインケンネン》「をめぐり um 行く」・「に関わり行く・に交渉態度関心する」(一三六)ところの存在者として理解されうるであろうか？　しかし世界への頽落は、もし現存在が、隔離された自我‐主観として、すなわちそこから彼が離脱する一自己点として、始設されるときにのみ、現存在の実存性に反するような現象的『証明』となるのである。然るときは世界は、一客観である。世界への頽落はそのときは、世界内部的一存在者という様態を成せる前在存在にまで、存在論上解釈し換えられることになる。ところがわれわれが現存在の存在〔実存〕を「世界内存在」という既説の構えにおいて確把するならば、頽落とは、この「内存在」の存在様式なのだから、むしろ現存在の実存性を肯がう最も基本的な証明であることが明らかとなる。頽落においても関わり行く関心事(一三七)は「世界内存在可能」にほかならない。たとえ非‐自己本来性という様態においてにもせよ。現存在の関心事(一三八)が了解的‐感存的「世界内存在」にあればこそ、彼は頽落しうるのである。反対に、自己本来的な実存は、頽落的日常性の上方に浮動しているごとき何物でもなく、実存論的には該日常性の変様的捕捉《つかみかえ》にすぎない。

頽落という現象はまた、現存在の『暗黒観 Nachtansicht』(一三九)というようなものを、すなわちこの存在者の無邪気な外見の補足のためには役立つかもしれないような存在的に現われる性質を、与えるのでもない。頽落とは、現存在そのものの本質的な存在論的構造を露わにしているのであって、その構造は暗黒面・夜の面 Nachtseite を規定するどころか、むしろそれは現存在の来る日来る日をみな alle seine Tage それらの日常性において構成するものである。

実存論的‐存在論的解釈はだからまた、『人間の本性の堕落』に関してなんらかの存在的発言を為すものではない、それに要する証明手段がないからではなく、該解釈の問題性が、堕落・不堕落に関するあらゆる発言以前に存するからである。頽落とは一種の存在論的運動概念である。人間は『罪に溺れている』のか、すなわち堕落の状態 status corruptionis にあるのか、または彼は無垢の状態 status integritatis にあそんでいるのか、それとも中間段階すなわち恩寵の状態 status gratiae にいるのかという事は、存在的には決定せられない。だが信仰とか『世界観』というものは、それらがしかじかの発言を為すかぎり、しかもそれらが「世界内存在」としての現存在について発言するのだとすれば、すでに明示された実存論的諸構造に還帰せざるをえないであろう、むろんそれらの為す発言が同時に概念的了解性への要求を起すかぎり。

この章の主導的問いは「現われ《ダー》」の存在《ザイン》に向けられていた。現存在《ダーザイン》に本質的に属する開示性《あらわれ》の存在論的構成本質が主題であった。この開示性の存在は、感存性・了解作用・および語りにおいて構成される。開示性の日常的存在様式は、空談・好奇心・および曖昧性によって性格づけられる。これら自身は、誘惑・慰撫・自己疎外・および囚われという本質的諸性格をもった頽落の、動揺性を示す。

この分析をもっていっぽう、現存在の実存論的構えの全体がその輪郭において露表せられ、かくして現存在の存在を慮《ゾルゲ》とする『包括的』解釈のための現象的地盤が獲得されたのである。

第六章　現存在の存在としての慮《ゾルゲ》

第三九節　現存在の構造全体の根源的全体性如何の問い

「世界内存在」は、根源的にかつ不断に、全体的なひとつの構造である。前数章〔第一篇、第二章――第五章〕においても、この構造は全体的なものとして、またつねにこの点に基づいて、それを構成する諸契機（一四〇）も現象的に明らかにされていた。〔世界内存在という〕現象の全体に対して初めに(1)与えられていた前的視見《フォールブリク》は、最初の一般的予描のもつ空虚さを今や失った。もちろん今では、構造全体とその日常的存在様式との構えに見られる現象的多様性は、全体を全体と見る統一的な現象学的視見《ブリク》をややもすると歪めるおそれがある。しかしこの視見は、そもそも現存在の予備的基礎分析が追求する次の問いを今われわれが提起するのであってみれば、それだけに開かれたままでありまたそれだけに確実に用意されているのにちがいない、すなわち、呈示された構造全体の全体性は実存論的 - 存在論的にはいかに規定さるべきか？　と。

(1)　第一二節、五二頁以下数頁、参照。

現存在は現事実的に実存する。実存性と現事実性との存在論的統一（一四一）、ないしは後者の前者への本質的所属性が問われるのである。現存在は、彼に本質的に所属する彼の感存性〔気分存在・気分既然性〕に基づいて、彼が彼自身の前へもたらされそして被投性において彼に開示される、という存在様式をもつ。いっぽう被投性とは、そのつどおのれの諸可能性そのもので在る（一四二）〔みずから可能存在する〕ごとき、だからこそそれら諸可能性においてまたそれらから自己を了解する（それらに向って自己を投案する）ごとき、存在者のもつ存在様式である。「世界内存在」は、それには用在者の許での存在も他人との共同存在と同じく根源的に属しているが、そのつどそれ自身《ゼルブスト》の為に存在している。ただしこの「自身《ゼルブスト》」は「まずたいてい」は非《ウン》‐自身本来的《アイゲントリヒ》で、「ひと《マン》‐自身《ゼルブスト》」である。「世界内存在」はつねにすでに頽落して存在する。現存在の平均的日常性はしたがって、『世界』の許での自己の存在においてまた他人との共同存在において最も自己的な存在可能そのものに関わり行く（一四三）〔関心・交渉・態度する〕ところの、頽落的‐開示的、被投的‐投案的「世界内存在」として、規定されうる。

現存在の日常性のこの構造全体をその全体性において捕えることは成功するであろうか？　呈示せられた諸構造の本質的等根源性が、これに所属する実存論的変様〔両〕可能性〔自己本来性と非‐自己本来性〕と一体をなして、現存在の存在〔ゾルゲ〕から了解されうるように、その存在を統一的に取出すことができるであろうか？　その存在を、実存論的分析論の目下の始設《アンザッツ》を地盤として、現象的に獲得すべき方途は存するであろうか？

否定されることに疑問の余地はない、すなわち、構造全体の全体性というものは諸要素の組立によっては現象〔即《そく》それ自身的それ示現者〕として達成されえないのである。かかる組立にはまたその設計図が要るであろう〔し設計図の為にはすでになんらかの全体性が予見されていねばならぬであろうから〕。構造全体を全体として存在論的に支えている現存在の存在がわれわれの接近をゆるすにいたるのは、すでに全体として存するところの、だからこそ個々の構造契機をもその構造上の可能性において存在論的に基づけているところの、一つの根源的に統一的な現象〔ゾルゲ・時間性〕に対する、その構造全体通貫的なる全一的見透し Durchblick〔さきの洞視

Durchsicht 一四六頁〕においてである。『包括的』解釈《インタプレタチオン》はそれゆえに、上来獲られたものの集合的総計であることはできない。現存在の実存論的根本性格如何の問いは、前在者の存在如何の問いとは本質的に異る。存在的にも存在論的にも世界内部的存在者に向けられているにとどまる日常的な環境的経験作用は、存在論的分析のために現存在を存在的に根源的に先与《さきわたし》する〔予持《さきどり》させる・優先させる、ないし現存在を根源的に存在すると申立てる〕(一四四)ことはできない。同じように諸体験の内在的知覚には存在論的に十分な手引が欠けている。他方また現存在の存在は人間の理念から演繹さるべきものではない。おのれ自身にいたるいかなる存在的‐存在論的通路《ツーガング》をば現存在は、唯一の適切な路として、おのれ自身から要求するかということを、上来の現存在解釈から推定しうるであろうか？

現存在の存在論的構造には存在了解性が属する。存在しつつ現存在は彼の存在のうちで彼自身に開示されている。この開示性の存在様式を構成するのは感存性と了解作用とである。現存在のうちには、彼が彼自身にとって最も顕著な仕方で開示されているような、ひとつの了解的感存性が存しはしないか？

現存在の実存論的分析論が原則として基礎的存在論たるべき明瞭な役割を忘れてはならないとすれば、該分析論は、その当面の課題、現存在の存在の露呈を、やりとげるためには、現存在自身のうちに存する最広域的で最根源的な開示諸可能性の一つを追求しなければならない。現存在が自己を自己自身の前へもたらす・直面せしめるような開示作用の仕方《ヴァイゼ》は、現存在自身がとにかく単純化されて近づかれうるような仕方であるにちがいない。かかる仕方で開示されたものにまって、追求されていた存在の構造全体性は基本的に明らかとなるにちがいない。

そういう方法的要求をみたしうるような感存性として、不安 Angst という現象《フェノメーン》が、当分析の基礎にすえられる。この根本感存性の露呈と、不安において開示された者その者の存在論的性格づけは、頽落の現象から出発して、不安を、さきに分析された恐怖という類似現象に対して対別する。不安は、現存在の存在可能性として、不安において開示された現存在自身と一体となって、現存在の根源的な存在全体性の顕然たる捕捉のための現象的地盤を与える。現存在の存在は、慮 Sorge として暴露される。この実存論的根本現象を存在論的に精練するには、とかく慮《りょ》と同一視されがちな諸現象に対する対別を必要とする。かかる諸現象は、意志、願望、性向や衝動である。これら自身が慮《ゾルゲ》に基づけられているのであるから、これらから慮《りょ》が導出されることはできない。

現存在を慮とする存在論的解釈は実りあるあらゆる存在論的分析と同じく、前存在論的存在了解《ありのわかり》性やまして存在者についての存在的知識やにとって近づかれうるにすぎないようなものからは、はるかにかけ離れている。常識にとってのみ存在的に周知なものを考慮したにしろ存在論的に認識されたものなら常識をいぶからせるという事は、あやしむに当らない。しかるに、ここに試みられる「慮《ゾルゲ》としての現存在」という存在論的解釈にとっての存在的きざし《アンザッツ》すらすでに、わざとらしく理論的に案出されたものとして映ずるかもしれない——伝承されて確証ずみの人間の定義がのけものにされているのを乱暴だと見なす人もあろうことは申すにおよばず。だからこそ、慮としての現存在の実存論的解釈を、前存在論的にも確証してみせる必要があるのである。すなわちそのためには、現存在がすでにつとに、おのれ自身についてみずからの見解を表明したように、たとえ前存在論的にすぎぬにもせよ、彼は自己を、慮(クーラ cura)(一四五)として、解釈したことがあるという事を証示すればよい。

慮の現象にまで迫ろうとする現存在の当分析論は、基礎的存在論的問題構成、すなわちそもそもの存在の意味如何という問いを、準備すべきである。既得のものからその方へ視見をはっきりと向け換えんがためには、ひとつの実存論的－先天《アプリオーリシュ》的な人間学というような特殊課題をぬけ出でて、右の主導的存在問題と密接な連関に立つほどの諸現象をふり返ってさらに洞見的に捕えねばならない。それらはまず、これまで解明された存在の諸仕様、すなわち、現存在的性格を有しない世界内部的存在者の規定性たる、用在性と前在性とである。従来、存在論的問題構成は、存在をば、まず第一に前在性（『実在性』、『世界』－現実性〔すなわち世界内部的存在者の総計的ないわゆる『世界』の現実性〕）の意味に解して来ており、いっぽう現存在の存在は存在論上無規定にとどまっていたので、慮《ゾルゲ》、世界性、用在性、前在性（実在性）等の存在論的連関の究明が必要となる。このことは、実在論と観念論とがこの〔実在性の〕理念に定位してそれぞれ認識論的に問題を提起している討論との関連において実在性 Realität の概念をより厳密に規定することになるであろう。

　存在者なるものは、それらにより彼が開示され、発見され、規定されるところの経験や知識や捕捉作用からは独立に存在している。存在はだが、おのれの存在に存在了解性というものが属している存在者の了解作用のうちにのみ『在る』のである。存在はだからして、理解〔概念的に把握〕されないでいることはある、とはいえ完全に了解されないでいることはけっしてない。存在論的問題構成においては古来、存在と真理とは Sein und Wahrheit、全く同一視はせられないまでも、同席〔和合〕せしめられてはいた。この点に、たとえその根源的諸根拠においては隠されたままであろうとも、存在と了解性との必然的連関が表明されている。それゆえ存在問題の十分な準備のためには、真理という現象の存在論的闡明が必要である。この闡明はまず、開示性と発見性、解釈《アウス》と陳述という諸現象に対してさきに為された解釈《インタ》が獲得したものを地盤として遂行される。

　したがって現存在の予備的基礎分析の結び〔たる当第六章〕は、以下のような主題をもつ、すなわち、現存在の最も顕著な開示性としての不安という根本感存性（第四〇節）。慮《ゾルゲ》としての現存在の存在（第四一節）。現存在の前存在論的自己解釈《アウスレーグング》からする、慮としての現存在の実存論的解釈《インタプレタチオン》の保証（第四二節）。現存在、世界性、および実在性（第四三節）。現存在、開示性、および真理（第四四節）。

第四〇節　現存在の最も顕著な開示性としての不安という根本感存性

現存在のひとつの存在可能性が、存在者としての現存在その者に関して、存在的『開明 Aufschluß』を与えるのでなければならない。開明なるものはただ、現存在に属する開示性のうちでのみ可能であるが、この開示性は感存性と了解作用とに基づいている。いかなる点において不安は、最も顕著なる感存性であると言われるのか？　いかにして不安において現存在は、おのれ自身の存在によっておのれ自身の前へもたらされ・直面させられ、その結果現象学的には、不安において開示された存在者〔現存在〕その者がその存在において〔彼在りの点で〕規定されうるか、ないしはこの規定が十分準備されうることになるのか？

構造全体の全体性の存在にまで迫ろうとする意図においてわれわれは、さいごに成しとげた頽落の具体的分析を出発点としよう。「ひと」を成しての、かつまた配慮された『世界』の許での没頭は、自己本来的な自己‐存在‐可能としての現存在自身〔に直面してそこ〕からの、現存在の為す逃避 Flucht ともいうべきものを露現している。彼自身および彼の自己本来性からの現存在の逃避というこの現象はだがどうも、以下の探究のために現象的地盤として用いられる資格はいちばん少いように思われる。この逃避においては現存在はおのれをまさにおのれ自身の前へはもたらさないのだから。この忌避は、頽落固有の特性にしたがって、現存在からの離脱にみちびく。しかしこの種の諸現象に際会して探究が自ら戒めねばならないことは、存在的‐実存的性格づけを存在論的‐実存論的解釈と混同したり、前者のうちに存する、後者のための、積極的な現象的基礎を看過したりすることである。

頽落中では自己存在の自己本来性は、実存的には、もちろん閉鎖され推しのけられてはいるが、この閉鎖性はただ開示性の欠性・欠如相 Privation にすぎず、この欠如相は、現存在の逃避は彼自身〔に直面してそこ〕からの逃避 Flucht vor ihm selbst であるという点に、現象として露現している。逃避の当の対象において Im Wovor der Flucht〔すなわちそれに直面し、それを不安がり忌みきらって、そこから逃げ出す当の対象そのものを成しながら〕現存在は、ちょうど彼自身の『背後から』ついて来ている。現存在がおのれに属する開示性によって、存在論上本質的に、そもそもおのれ自身の前にもたらされているかぎりにおいてのみ、現存在はおのれを前にしてそこから逃げ能うのである。〔自己本来性からの〕この頽落的忌避《アブケール》においては、逃避の当の対象〔自己本来性〕は、もちろん捕捉されてはいない、否むしろ〔非‐自己本来性への〕没入《ヒンケール》ということにおいては、経験せられてさえいない。だが当の対象〔本来的現存在〕は、当の対象からの忌避〔のゆえにその忌避〕のうちに開示されて『da そこに・現に・現われ』では在《い》る。実存的‐存在的忌避はみずからの開示性の性格に基づいて、逃避の当の対象自体を実存論的‐存在論的に捕えるべき可能性を現象的に与える。忌避のうちに存する、〔現存在からの〕あの存在的『離脱 Weg von』の域内でこそ、現象学的に解釈的な『没入』において、逃避の当の対象が了解されえて概念にもたらされうるのである。

したがって頽落という現象に分析の方向を定めても、該現象中に開示された現存在について存在論的に何ものかを経験すべき見込が無いとは原則として宣告されてはいない。反対に――むしろかくしてこそ解釈は、現存在の為す人工的自己捕捉に引渡されること最も少きをうるのである。解釈は、現存在自身が存在的に開示するものの解明を行うのみである。感存的了解作用の域内で解釈的に同行かつ随行しつつ現存在の存在にまで迫ろうとする可能性は、方法的には開示的感存性というはたらきを為す現象が、より根源的であればあるほど、増大する。不安がかかるはたらきを為すということは、当初は一主張にとどまる。

不安の分析に対しては、われわれは全くの無準備ではない。いかにして不安は恐怖と存在論的に連関するのかは、むろんまだ不明である。ひとつの現象的親近関係が存するという事は明白である。この事は、両現象がたいてい区別されておらず、恐怖であるものが不安と称され、不安の性格をもつものが恐怖と名づけられている事実によって指摘せられる。われわれは歩一歩、不安という現象に迫ってみよう。

「ひと」および配慮された『世界』への現存在の頽落をわれわれは、現存在自身からの『逃避』と名づけた。しかしながら、あらゆる‥からの退却、あらゆる‥からの忌避、かならずしも逃避であるとはかぎらない。恐怖が開示するものからの、すなわち脅迫的なものからの、恐怖に基づく退却《ツリュクヴァイヘン》は、逃避《フルフト》という性格をもつ。感存性としての恐怖の解釈は、恐怖の当の対象《ヴォフォール》はそのつど、一定の方域からかつ近くにおいて近づきつつある、有害な、世界内部的存在者であり、その者は来らずにすむこともある、という事を明らかにしていた〔一四〇頁〕。〔しかるに〕頽落においては現存在はおのれ自身から忌避する sich abkehren von‥〔おのれを忌み避ける〕のである。この退却の当の対象は、一般に脅迫するという性格を有しているはずである。しかるにその対象は、退却しつつある当の存在者の存在様式をもてる存在者なのである、その対象は現存在そのものなのである。この退却の当の対象は『恐ろしいもの』としては捕えられえない、そんなものはつねに世界内部的存在者としてしか出会しないからである。ただそれのみが『恐ろしく』ありうるしまた恐怖《おそれ》において発見されるところの脅迫は、つねに世界内部的存在者の方からやって来るのである。

〔本来的自己から〕頽落するという忌避はそれゆえにまた、世界内部的存在者に対する恐怖によって基づけられているような逃避ではない。そのように基づけられている逃避性格は、忌避がむしろ世界内部的存在者に自己を没入し sich hinkehren zu…、これに没頭することであるだけに、なおさら忌避のものではないといわねばならない。頽落するという忌避は、むしろ不安に基づいており、不安の方が恐怖をはじめて可能にするのである。

現存在はおのれ自身から頽落しつつ逃避するという話が了解されうるためには、この存在者の根本構えたる「世界内存在」を想起する必要がある。不安の当の対象は「世界内存在」自体である。不安が不安する当の対象は、恐怖が恐れる当の対象から、いかにして現象的に区別せられるか？　不安の当の対象は、いかなる世界内部的存在者でもない。それゆえその対象には本質上いかなる適在性〔曰く・些細・事情〕も存しえない。脅迫《おびやかし》ということが、なにか特定の現事実的存在可能に目標を定めて被脅迫者を襲うというような、一定の有害性の性格を有しないのである。不安の当の対象《ヴォフォール》は完全に無規定である。この無規定性は、いかなる世界内部的存在者が脅やかし来るのかを、現事実上決定しないでおくのみならず、そもそも世界内部的存在者は『重要《レレヴァント》で』ないことを意味する。世界の内部に用在したり前在したりするいかなるものも、不安が不安する当の対象としてのはたらきはしていない。世界内部的に発見された用在者や前在者の適在全体性はしたがって、そもそも重要でない《オーネ・ベラング》のである。適在全体性は自己崩壊する。世界〔すなわち有意義性〕は完全な無意義性《くだらなさ》の性格をもつにいたる。脅迫的なものとしてはなんらかの適在性《いわく》を有してもいようコレやアレやは、不安のうちには出会しない。だからして不安はまた、脅迫的なものがそこから近づいて来る一定の『此処』や『彼処』を『見て』はいない。脅迫者が何処にもいない nirgends という事が、不安の当の対象の性格である。不安は、みずからがそれに対して不安する当の対象が何んであるかを『わきまえてはいない』。『何処にもいない』はだが、「何もない nichts」の意味でなく、そのうちには、本質的に空間的な「内存在」にとっての、方域一般が、世界の開示性一般が存する。脅やかし来る者はそれゆえにまた、一定の方向から近辺内で近づいて来るということもできない。それは、既に『そこに・現に da』在り《イスト》――しかも何処にもあらず、ひたと圧してひとの息をもふさぐほど〔『出る息入る息を待たざる』ほどに〕近くに在って――しかも何処にもいない。

不安の当の対象において、『それは何物でもかつ何処にも、無い』ということが露現する。〔在るくせに〕「世界内部の、何物でもかつ何処にも、無い」というこの天《あま》の邪久《じゃく》 Aufsässigkeit〔反撥性〕は不安の当の対象は世界そのものである、ということを現象的に述べている。「何物でもかつ何処にも無い」ということで告げられているこの完全な無意義性は、世界の不在を意味するのではなく、世界内部的存在者がそれ自体全く重要でない《ベラングロース》ので、世界内部者のこの無意義性に基づいて、世界がいまやその世界性において単独に擡頭することを意味する。

ひたと圧しているものは、コレやアレやではないが、全前在者をひっくるめた総計でもなくて、用在者一般の可能性、すなわち世界そのものである。不安が鎮まったようなとき、日常的な言い方《レーデ》ではよく、『本来《もともと》それは何んでも無かったんだ nichts』と言う。この言い方《レーデ》はだが、それがあったところのもの〔不安〕を、存在的にじじつ言い当てている。日常的「語り《レーデ》」は、用在者の配慮や論議《ベレーデン》に走る。不安が不安する当の対象は、いかなる世界内部的存在者でも「無い nichts」。しかし日常的な用視的「語り」のみが了解している用在者についての、この無 Nichts は、なにも無の全部ではない。用在性の無 Nichts は、最も根源的な『Etwas 有る物・或る物』に、世界に、基づいている。世界はところが、存在論上本質的に、「世界内存在」としての現存在の存在に属する。したがって不安の当の対象として〔世界内部的存在者一般の〕無《ニヒツ》が、すなわち世界自体が、自己を露わにするとすれば、このことは、不安が不安する当の対象は「世界内存在」自身である、ということを意味する。

不安するというはたらきが根源的にかつ直接に、世界を世界として開示する。あながち先ず考慮によって世界内部的存在者が度外視されてもはや世界のみが考えられ、かくしてこの世界を前にして不安が生ずるというわけではなく、不安は、感存性の様態として、まっ先に世界を世界として開示する。このことはだが、不安において世界の世界性が理解《ベグライフエン》〔概念的に把握〕されるという意味ではない。

不安は、何か〔を前にしてそれ〕に対しての不安 Angst vor… であるのみならず、感存性である以上また同時に、何か〔をめぐってのそ〕の為の不安 Angst um… である。それの為に不安が不安にさせられている当の事由《ため》 Worum は、現存在の特定の存在様式や可能性ではない。脅迫《おびやかし》がじつにそれ自身無規定なのであり、またそれゆえにそれは、現事実上具体的なコレやアレやの存在可能をめざして脅迫的に襲いかかることはできない。不安が不安する当の事由《ため》は、「世界内存在」自身である。不安においては、環境に用在する者、そもそも世界内部に存在する者が沈没する。『世界』はもはや何物をも提供することはできない、同様に他人の共同現存在もそれはできない。このようにして不安は現存在から、頽落的に、『世界《せけん》』や公共的解釈性をもととして、自己を了解すべき可能性を奪ってしまう。不安は現存在を、現存在がそれをめぐって不安する当の事由《ため》、すなわち彼の自己本来的な「世界内存在－可能」の上へと、投げ還す。不安は現存在をその最も自己的な「世界内存在」へと単独化するが、この「世界内存在」は了解者であるから本質的に諸可能性に向って自己を投案する。だから、それをめぐって不安する当の事由《ため》をもって不安は現存在を、可能的存在として als Möglichsein 開示するのであるが、それも、現存在が単独化において単独化された者たる以上〔他発的に世界内部的存在者の方からでなく、自発的に〕もっぱらおのれ自身の方からのみそれで在り能う可能的存在として、である。

不安は、最も自己的な存在可能《ザイン・ケンネン》への存在 Sein zum を、すなわち自己自身を選びかつ摑《つか》むべき自由に向っての開放存在 Freisein für〔に向って開かれ在り〕を、現存在のうちに露現する。不安は現存在を彼の「…に向っての開放存在」(propensio in…へのかたむき)の前へ、すなわち彼がつねにすでにそれで在るところの可能性としての、彼の存在の自己本来性の前へ、直面させる。だがこの存在がまた同時に、現存在が「世界内存在」としてそれに引渡されている当の存在なのである。

それをめぐって不安がみずから不安する当の事由は、それを前にして不安がみずから不安する当の対象、すなわち「世界内存在」、であることが暴露せられた。不安の当の対象《ヴォフォール》と不安の当の事由《ヴォルム》とのこの自己同一性《ゼルビヒカイト》は、不安作用《ジヒ・エングステン》そのものにまで広がる。なぜなら不安作用は、感存性として、「世界内存在」の根本様式だからである。開示作用と被開示者との実存論的自己同一性は、ということはすなわち被開示者において、世界が世界として、「内存在」が単独化された、純粋な、投げられた存在可能として、開示されているという事は、不安の現象をもって最も顕著な感存性が、解釈の主題となった、という事を明らかにする。不安はかくして現存在を『単独の自己〔唯我・独我・独在〕solus ipse』として単独化し、開示する。この実存論的『独在論 Solipsismus』はしかし、孤立化された主体などという一種の事物を、無世界出現というような無邪気な空虚のなかへ置き換えるどころか、むしろ現存在を、極端な意味で、世界としての彼の世界の前へ、かくして彼自身を「世界内存在」としての彼自身の前へ、直面させるのである。

　不安は根本感存性として右のようなやり方で開示するという事、この事に対してはふたたび、日常的な現存在《ダーザインス》・解釈《アウスレーグング》や「語り」が、最も先入見のない証拠となる。感存性とは、前に言われていたように、『どんな気もちであるか wie einem ist』を露わにするのである。不安においては、ist einem »unheimlich«『気味が悪い』のである。この「気味が悪い」という点においてまっ先に、現存在が不安に在る〔不安において自己を感存する《イン・デル・アングスト・ジヒ・ベフィンデン》〕さいの特有な無規定性、すなわち「何物もかつ何処にも、無い」というあのことが、現われる。「気味悪さ Unheimlichkeit」はそのさいまた同時に、「das Nicht-zuhause-sein わが家に在らぬ・くつろげない・アットホームでない・気楽とはいかぬ・不案内である、こと」を意味する。現存在の根本構えの最初の現象的告示と、『内部性』という範疇的意義とは異った「内存在」の実存論的意味の闡明とのさいに、「内存在」とは、「…の許に住む」、「…と熟知昵懇で在る」ことだと規定されていた。[1]「内存在」のこの性格は次いで、慰撫的な自己安全感や自明的な『わが家に在ること・くつろぎ Zuhause-sein』を、現存在の平均的《つきなみの》日常性のなかへ持ち込むものなる「ひと」の、日常的公共性によってさらに具体的に明らかにされていた。[2] 不安はこれに反して、現存在を『世界』における彼の頽落的没頭《アウフゲーエン》〔うき世のぼせ〕から連れもどす。日常的熟知昵懇性は崩壊する。現存在は単独化される、ただし「世界内存在」として。「内存在」は「わが家でない・不案内 das Un-zuhause」という実存論的『様態』を呈する。言われていた『気味悪さ・非家郷性 Unheimlichkeit』でなくて何んであろうぞ。

（1） 第一二節、五三頁以下数頁、参照。

（2） 第二七節、一二六頁以下数頁、参照。

頽落が逃避として何から《ヴォフオール》逃げ出すのかが、いまや現象的に見てとれる。世界内部的存在者から vor ではなく、まさにこの存在者へと zu 逃げ出すのである、けだしこの存在者の許でこそ配慮作用は、「ひと」のなかへ自己を見失い、慰撫的昵懇性において滞在できるからである。公共性という「わが家・くつろぎ das Zuhause」のなかへの頽落的逃避は、おのれが存在することにおいてはおのれ自身に引渡されている被投的「世界内存在」としての現存在のうちに存する「わが家でない・不案内」すなわち「気味悪さ・非家郷性」からの逃避である。この非《き》家郷性《みわるさ》は不断に現存在を追跡し、「ひと」への彼の日常的自己喪失を、それとなく、脅やかす。この脅やかしは現事実的には、日常的配慮作用の完全なる安全感や充足感と両立できるのである。不安は最も無邪気な状況においても生じうる。だからまた、通例ひとがいっそう気味悪くなりがちな暗闇《くらやみ》を必要とはしない。闇のなかでは強調された仕方で『何物も』見ることはできない、まさに世界は依然としてしかもいっそう執拗に『そこに・現《ダー》に』在る《イスト》にもかかわらず。

われわれは実存論的‐存在論的に現存在の気味悪さを、現存在自身の方から彼自身を襲い来る脅やかしとして解釈しているが、このことによってはべつに、その気味悪さが現事実的不安においてもつねにすでにこの意味に了解されているとは、主張せられていない。現存在が非家郷性《きみわるさ》を了解する日常的様式は、「わが家でない・不案内」を『被いくらます《アブブレンデン》』頽落的忌避である。ところがこういう逃避を行う日常性は現象的には次の事を示している、すなわち、「世界内存在」という本質的な現存在構えには――この構えはだが実存論的なものとしてけっして前在的には存在せず、それ自身つねに現事実的 現《あらわれ》-存在《あり》、すなわち一種の感存性、という様態において存在しているのであるから――根本感存性としての不安が属する、と。慰撫的-昵懇的「世界内存在」〔浮世のぼせ〕が、現存在の非家郷性《きみわるさ》の一様態なのであって、その逆ではない。「わが家でない・不案内」は実存論的-存在論的には一段と根源的な現象として理解せられねばならない。

また不安が潜在的に「世界内存在」をつねにすでに規定しているがゆえにのみ、「世界内存在」は、『世界』の許での配慮的-感存的存在として、恐怖し能うのである。恐怖とは、『世界』に頽落せる、非-自己本来的なる、しかも恐怖自身にはかかるものとしては隠されたる、不安である。

現事実的にはだからまたたいてい、非家郷性《きみわるさ》の気分は実存的に了解されないでいる。のみならず頽落と公共性との優勢のもとでは『本来的』不安は稀有《まれ》である。不安が『生理学的に』制約されていることもしばしばである。この現事実は、その現事実性において〔この不安という現事実は、それが現存在の存在の事実すなわち実存的事実だという点においてこそ〕ひとつの存在論的問題なのであって、たんにそれの存在的な誘発や経過形式に関してではない。不安の生理学的喚起は、現存在が彼の存在の根本においておのれを不安するがゆえにのみ、可能となるのである。

本来的不安の実存的現事実よりもさらに稀有《まれ》であるのは、この現象をその原則的な実存論的-存在論的構成と役割とにおいて解釈せんとする試みである。これに対する理由の一部は、一般に現存在の実存論的分析論に対する怠慢に存し、特にはだが感存性という現象の誤認に存する。[1] 不安現象の現事実的稀有性はしかしながら、該現象から、実存論的分析論のために原則的な方法的役割を引受けるべき資格を、奪うことはできない。反対に――該現象の稀有性こそ、「ひと」のもつ公共的解釈性によっておのれの自己本来性についてはおのれ自身にもたいてい蔽われたままなる現存在が、この根本感存性においては、根源的意味で開示されうるにいたるという事に対する、指標にほかならない。

(1) 不安と恐怖の両現象が、概して未分離ではあるが、存在的かつ、ごく狭い限界内でとはいえ存在論的にも、キリスト教神学の視界に入っていたという事は偶然ではない。この事は、神に対する人間の存在という人間学的な問題が優位を得て、信仰・罪・愛・悔恨というような諸現象が問題提起を導いていたようなときには、つねに生じていたのである。アウグスティヌスの、釈義的諸論文や書簡のうちでしばしば説かれている「敬虔な恐怖と奴隷的恐怖 timor castus und servilis」の説、参照。恐怖一般については「八三の諸種の問題について De diversis questionibus octoginta tribus」のうち、第三三問「恐怖について de metu」、第三四問「恐怖をもたぬことより他に愛さるべきことがあろうか utrum non aliud amandum sit, quam metu carere」、第三五問「何が愛さるべきことであるか quid amandum sit」(ミーネ全集第七巻、二三頁以下数頁、Migne P. L. VII, 23 sqq.)。

ルターは恐怖問題を、「懺悔と悔恨 poenitentia und contritio」についての解釈という伝統的連関においての他に、彼の「創生記註釈」のなかで取扱っている。ここではもちろんはなはだ非概念的であるが、それだけに教化的にはいっそう強力である。「創生記註釈 Enarrationes in genesin」第三章、全集（エルランゲン版）。「ラテン語釈義書 Exegetica opera latina」全集第一巻、一七七頁以下数頁、参照。

不安現象の分析において最も深くつっ込んだのはS・キェルケゴールであるが、それもまた原罪問題の『心理学的』開展というような神学的連関においてであった。「不安の概念」、一八四四年、全集（ディーデリクス版）、第五巻、参照。

もちろん、あらゆる感存性の本質には、そのつど全一なる「世界内存在」を、そのすべての構成契機（世界、「内存在」、自己）にわたって、開示する作用が属してはいる。しかしながら、不安は単独化を為すものなるゆえに、不安のうちには最も顕著な開示作用の可能性が存する。この単独化は現存在を彼の頽落から連れもどし、そして彼に自己本来性と非‐自己本来性とを彼の存在の両可能性として明らかにする。「そのつど我がもの」〔常自己性〕である現存在の、この根本両可能性は、不安においては、それら「自身に即するとおりに自己を示現」〔現象〕する、すなわち現存在が「まずたいてい」それにしがみついている世界内部的存在者によって擬態せられることなく。

不安の当実存論的解釈をもって、現存在の構造全体の全体性の存在如何という主導的問いに答えんがための現象的地盤は、どの程度に獲られていようか？

第四一節　慮《ゾルゲ》としての現存在の存在

構造全体の全体性を存在論的に捕えようとする意図においては、われわれはまず以下のように問わざるをえない、すなわち、不安の現象と不安中に開示されたものとは、現存在の全体を現象として等根源的に与えることができるであろうか、できるとすればかく与えられたものに即すなら全体性を目ざす探求的視見も充されうるのだが？　と。不安中に存するものの存立総体は、これを形式的に枚挙して記録することができる、すなわち、不安することは感存性として「世界内存在」のひとつの仕方である、不安の当の対象は被投的「世界内存在」〔現事実〕である、不安の当の事由《ため》は「世界内存在‐可能」〔実存〕である。不安という全一現象はしたがって、現存在を、現事実的に実存する「世界内存在」として、示す。この存在者の基礎的存在論的諸性格は、実存性、現事実性、および頽落存在である。これらの実存論的諸規定は、ときとしてその一つが欠けていることもあるような複合体にその諸部分として属するのではなく、それらのなかにはひとつの根源的連関が躍動しており、これが構造全体の探求されている全体性を構成しているのである。現存在の右の存在諸規定の統一においてこそ現存在の存在それ自体が存在論的に捕えられうることになる。この統一そのものはどのように性格づけらるべきか？

　現存在とは、彼の存在において、この存在そのもの〔をめぐりてそれ〕に関わり行く〔態度・交渉・関係・関心する〕底《てい》の存在者である。(一四六) この『…に関わり行く es geht um…』ということは、最自己的な存在可能へと自己を投案する存在作用としての了解作用のもつ存在構えだという点において、明らかにせられた。最自己的存在可能とは、「それをめぐり・それの為に」現存在がそのつど、彼が現に在るがごとくに存在している当の「の為 worumwillen」である。したがって現存在は彼の存在においてはそのつど既になんらかの可能性と併存せしめられているわけである。最自己的存在可能に向っての für またこれと同時に自己本来性と非-自己本来性の可能性に向っての、開放存在《ひらかれあり》は、不安において、ひとつの根源的にして基本的な具体化を見せる。最自己的存在可能「への存在 Sein zum…」(一四七)とは、存在論的に言えば、現存在は彼の存在において(一四八)そのつどすでに彼自身に先んじ・先立って vorweg 在《い》る、ということである。現存在はつねにすでに『自己を超え出て über Sich hinaus』在《い》る〔「内存在《イン・ザイン》」的『超越』存在〕、それも現存在ではない他の存在者への態度《フェルハルテン》〔存在作用〕としてではなく、現存在自身である存在可能への存在作用〔態度〕(一四九)として、〔自己を超出して在《い》るの〕である。この本質的な『〔存在しつつ当の存在〕…に関わり行く、…をめぐり出る、es geht um…』というこの存在構造をわれわれは、現存在の「自己に-先立ち予め-存在すること、自己に-先立つ-存在作用、自己-予-在 das Sich-vorweg-sein」として捕える。

この構造はだが現存在構えの全体に当るものである。「自己に先立ち在る、自己-予-在」とは、一種の無世界的な『主体』における孤立的傾向というようなものを意味するのではなく、むしろ「世界内-存在」を性格づけるのである。「世界内-存在」にはだが、彼が彼自身に引渡されており、そのつど既に「ひとつの世界の内へ」投げ込まれて在る、ということ〔被投的「既在世」〕が属する。現存在が彼自身に引渡され一任されていることは、不安において、根源的に具体的に、示現されている。「自己に先立ち在る」ことは、これをより完全に言い表わすなら、「既にひとつの世界内に在ることにおいて自己に先立つ (一五〇) Sich-vorweg-im-schon-sein-in-einer-Welt」、ということを意味する。この本質的に統一的な構造が現象的に見取《ゼーエン》されるやいなや、さきに世界性の分析のさいに露呈されていたものもおのずから明瞭となる。すなわちそこで呈示されていたことは、世界性を構成するものにほかならない有意義性という指示全体〔「何か Was」「の為 Um-zu, Wozu」の連鎖全体〕は、ひとつの〔「誰か Wer すなわち現存在自身」の存在可能〕『の為 ein Worumwillen』において『緊縛固定《フェストゲマハト》』せられている、という事であった。指示全体すなわち「何かの為《ウム・ツー》」の多種多様な関係諸項の、現存在にとっての一大事・関心事〔すなわち彼自身の存在可能「の為」という初原的な「の為」〕との連繫緊縛《かすがいどめ》は、諸客体より成る前在的な一『世界』と一主体との鍛接《わかしつぎ》などではないのである。この連繫緊縛《フェルクランメルング》はむしろ根源的に全体を成せる現存在構えに対する現象的表現なのであって、現存在のこの全体性がいまや顕然と「既に…〔世界〕…内に在ることにおいて自己に先立つ、既在〔世〕的自己予在」としてきわ立てられたのである。言い換えるなら、実存作用はつねに現事実

的なものである。実存性は本質的に現事実性によって規定されている。(一五一)

さらにまた、現存在の現事実的な実存作用は、たんに一般的かつ無差別的に、被投的なる「世界内存在-可能」であるのみならず、またつねに既に、配慮された世界に没頭してもいる。この「頽落しつつ・・・の許に在ること・頽落的現滞在 das verfallende Sein bei・・・」において、明白なると否、了解されたると否とを問わず、非家郷性《きみわるさ》からの逃避が告げられているが、この非家郷性がたいてい潜在的な不安として蔽い隠されているのは、「ひと」の公共性がすべての非昵懇性を抑圧しているからである。「既に世界内に在りつつも自己に先立つこと〔既在世的自己予在〕」のうちには、「配慮された世界内部的用在者の許に頽落的に在ること〔・・・頽落的現滞在〕Sein bei・・・」も、本質的に含まれている。

現存在の存在論的構造全体の形式的に実存論的な全体性はそれゆえに次の構造で捕えられざるをえない、すなわち、現存在の存在とは、「(世界内部的に出会する存在者)の許に在ることとしての既に(世界)内に在りつつも自己に先立つこと・(世界内部的出会存在者のもとでの)現滞在としての既在(世)的自己予在(一五二)、Sich-vorweg-schon-sein-in-(der-Welt-) als Sein-bei (innerweltlich begegnendem Seienden)」を意味する。この「在る・存在 Sein」が、〔存在を論ずるには原則として現存在の存在・実存から論じねばならないという〕純粋に存在論的-実存論的に用いられている慮 Sorge という名称の意義を充すのである。心配 Besorgnis とか無思慮 Sorglosigkeit とかいうように存在を存在的に解そうとするあらゆる傾向はもともと、この意義からは排除されている。

「世界内存在」が本質的に慮《ゾルゲ》であるがゆえにこそ、さきの分析において、用在者の許での存在作用が配慮作用

Besorgen として、世界内部的に出会する他人等の共同現存在と共に存在する作用が顧慮作用 Fürsorge として捕えられていたのである。「…の許での存在・現滞在作用 Sein bei…」は、「内存在」の仕方として当の「内存在」の根本構造すなわち慮《りょ》によって規定されるがゆえに、配慮作用なのである。慮はべつに、現事実性や頽落から解き離された実存性という性格のみを指示すのではなく、存在に関するこれら三規定の統一を包括する。慮はだからまた、第一次的にかつもっぱら、自我《イヒ》の自我自身に対する孤立的態度《フエルハルテン》だけを指すのではない。〔Was 何かを配慮する〕配慮《ベゾルゲン》や〔Wer 誰か他人の為の慮 Sorge für Andere〕顧慮《フユールゾルゲ》にならった『自慮 Selbstsorge』という類造語は、同義反復であろう〔三一八頁上をも参照〕。慮は自己《ゼルプスト》に対する特有態度を指すことはできない、というのはかかる態度は存在論的にすでに、「自己に先立ち在り《ジヒ・フォールヴエク・ザイン》・自己予在」によって性格づけられているからであり、またこの規定のうちには、「既に…内に在り・既在（世）」と「…の許に在り・現滞在」という慮の他の両構造契機も共に設定されているからである。

最自己的存在可能への存在たる「自己予在・おのれより先んじ在ること」のうちには、自己本来的なる実存的諸可能性に向っての開放存在〔あき〕を可能ならしめる実存論的 - 存在論的制約が存する。それをめぐり・その為にこそ worumwillen 現存在がそのつど、彼が現事実として現に在るがごとくに在るところの当の事由《ため》が、存在可能である。ところで存在可能そのものへのこの存在が自由によって決定されるかぎりは、現存在は自身の諸可能性に対して非自意〔非自発〕的 unwillentlich に態度することも可能である、すなわち現存在は非 - 自己本来的に存在することが可能であり、また現事実としては「まずたいてい」この仕方で存在する。自己本来的な〔存在可能〕「の為《ヴォルムヴイレン》」は捕捉されることなく、彼自身の存在可能の投案は「ひと」の為す処理に一任されている。「自己に先立って在る・自己予在」においてはしたがってその『自己』とは、そのときは「ひと-自己」の意味における自己を意味する。非-自己本来性においても現存在は本質的に「自己に先立って」いることに変りはない、ちょうどおのれ自身からの現存在の頽落的逃避が相変らず、この存在者は「おのれの存在に関わり行(一五三)く・関心・態度・交渉する um sein Sein geht」という、あの存在構えを示していると同様に。

慮は、根源的構造全体であるから、実存論的-先天的に、現存在のあらゆる現事実上の『態度《フェルハルトゥング》』や『状態《ラーゲ》』『よりも前に vor』、すなわち既にそれらのうちに in ある。この現象〔慮〕はだからけっして、理論的態度に対する『実践的』態度の優位を表わしはしない。一前在者のたんなる直観的規定といえども、『政治活動』とか休息的慰楽と同様、慮という性格をもつ。『理論』と言い『実践』と言い、その存在が慮として規定されざるをえないような存在者の、存在可能にほかならない。

だからして、その本質上分裂不可能な全体性を成せる慮という現象を、意欲や願望ないしは衝動や性向というような、特殊の諸行為ないしは諸動機に還元したり、またはこれらから組立てようとする試みは、また当然失敗する。

意欲や願望は、慮としての現存在に存在論上必然的に根ざしているのであって、存在意味において完全に無規定な『流《シュトローム》れ』のなかに出没するひたすら存在論的に無差別な体験ではない。この事は同じく性向や衝動についても言われうる。これらもまた、そもそもそれらが現存在において純粋に提示されうるかぎりは、慮に基づいている。この事は、衝動や性向が、ただ『生きている《レーブト》〔生命ある〕』にすぎぬ存在者をも存在論的に構成するということをさまたげはしない。『生きている〔生命ある〕leben』という存在論的根本構えはしかし、一種独自の問題であるが、現存在の存在論に発する還元的奪取（一五四）という方途においてしか展開されえはしないのである。

慮は右の諸現象〔意欲・願望・衝動・性向、『生命』等〕よりも存在論上『より以前《さき》 früher』にある、これら諸現象は一定の限界内ではもちろんつねに適切な『記述』をゆるしはするが、そのためにはべつに、完全な存在論的地平が展望されうることはもとより、たんに知られていることをすら要しない。主題的に完備した現存在の存在論をも、いわんや具体的人間学をも得ようとつとめているのではない当面の基礎的存在論的探究にとっては、それら諸現象が実存論上どのように慮に基づいているかを指摘すればたるはずである。

現存在がその為にこそ現に存在せる当の事由《ため》たる存在可能は、それ自身「世界内存在」という存在様式をもつ。したがって存在可能のうちには存在論上、世界内部的存在者に対する関係が存する。慮はつねに、たとえ欠如的にすぎぬにもせよ、配慮作用であり顧慮作用である。意欲においては、了解せられたる、すなわち彼の存在可能に向って投案せられたる或る存在者は、配慮を要すべき事物ないしは顧慮によりて存在せしめられる要ある者として、捕捉せられる。そのゆえにこそ意欲《ヴォレン》にはそのつど「意欲せられたもの《ゲヴォルテス》」が属するのであって、このものはすでに〔現存在そのものの存在可能の為という〕ひとつの「の為《ヴォルムヴィレン》」から規定されていたのである。意欲の実存論的可能性を構成するものはしたがって、このそもそもの「の為《ヴォルムヴィレン》」の先行的開示性〔「自己に先立ち在る・自己予在」〕、配慮されうべきものの開示性〔「既に在る・既在せる」当《ヴォリン》の内としての世界〕、および『意欲せられたる』存在者の可能性への存在可能に向っての現存在の了解的自己投案作用である。意欲という現象のうちには、その根底に存する慮の全体性が見通される。

現存在のこの了解的自己投案作用は、現事実的な作用なのであって、そのつど既に発見された世界「の許に在る・現滞在する」。したがってこの世界から現存在は——しかもまず「ひと」の為せる解釈性〔見解〕にしたがって——自分の諸可能性を得てくる。この〔「ひと」の為す〕解釈《アウスレーグング》なるものは、選択自由な諸可能性を初手から、周知なもの、達成できるもの、扱いうべきもの、すなわち自分につきもので自分相応なものの範囲に極限してしまっている。日常まず意のままになるものへと現存在の諸可能性を水平化することはまた同的に、可能事を可能事として見る目をくらませることになる。配慮作用の日常的平均性は、可能性盲目《めくら》となってたんなる『現実事』の許に安らう。この安らい〔慰撫《ベルーイグング》〕は、配慮作用の広範ないとなみをしめ出すものでなく、むしろこれをよび覚ます。意欲されているのが積極的な新しい可能性だからではなく、意のままになるものがそのなり方において『戦略上《タクティシュ》』変えられるので、何事かが起きるような外観が生ずる。（一五五）

「ひと」の指揮の下《もと》に安らっている『意欲』はしかし、存在可能への存在の、消滅ではなくて変様にすぎない。諸可能性への存在はしたがって、たいていは〔その実現を問わぬ〕たんなる願望 Wünschen として現われる。願望においても現存在は自己の存在を諸可能性に向って投案しはするが、それら諸可能性は配慮作用のうちにつかまれていないのみか、それらの実現にいたっては考慮も期待もされていない。反対に、たんなる願望の様態において「自己予在・おのれに先んじて在ること」が優勢をしめるときは、現事実的諸可能性の不了解性《わからなさ》を招かざるをえない。「世界内存在」は、その世界がまっ先に願望世界として投案されているかぎり、意のままになるものにとめどもなく迷い込んだも同然で、このものはといえば、もっぱら願望されたものの光のうちにしか用在していないのだから、けっして充たされえようはずがないのである。願望は、了解的自己投案作用の実存論的変様〔既発見的世界の許での現滞在作用〕であるが、該作用は、被投性〔既在〕に頽落〔現滞在〕しているのに、なおいちずに諸可能性に耽溺する nachhängt のである。かかる耽溺は諸可能性を閉鎖する verschließt。すなわち願望的耽溺中に『そこに・現に《ダー》』在るものが、いわゆる『現実世界』となる。願望は存在論上、慮を前提とする。

かかる耽溺中では「既に‐…の許に‐在る・既かつ現滞‐在 das Schon-sein-bei…」が優位をもつ。「既に…〔世界〕…内に在ることにおいて〔の〕自己に先立つ・既在〔世〕的自己予在」もそれに応じて変様されている。この頽落的耽溺《ナーハヘンゲン》は、現存在がそのつどその内に存在する当の世界から『生きられて』しまうという現存在の性向・かたむき《ハング》を露わにする。性向は、…何か…を目ざして〔自己をお留守にして〕いる Aussein auf…という性格を示す。「自己に先んじて予め存在するはたらき・自己予在作用」は、「つねに‐既に‐…の許に‐在る‐のみ・たんなる‐常時‐既かつ現滞‐在作用 ein Nur-immer-schon-sein-bei…」のうちに自己を見失ったことになる。性向《かたむき》の当の『向き《ヒン・ツー》』とは、かた向きが耽《ふけ》る dem der Hang nachhängt 当のものによりおのれを牽《ひ》かしめることである。現存在が或る性向《かたむき》にいわば溺れる《フェルジンケン》ようなときは、もはやたんに一性向が前在しているのみではなく、慮《ゾルゲ》の全構造が変様されている。盲目ともなれば、全可能性もかた向きに仕えるものとなる。

これに反し、『生きんとする』衝動 Drang は、その動機《アントウリーブ》を自発的に〔おのれ自身の方から〕たずさえているようなひとつの『向き《ヒン・ツー》』である。すなわち『是が非でもそれへ《ヒン・ツー》』〔という向き〕である。衝動は他の諸可能性を推しのけんとする。ここでも「自己に先立ち在る・予在は」、たとえ衝動に駆られて在ることが衝動を発しつつある者自身に由来するとはいえ、非‐自己本来的なものである。衝動は、そのときの感存性《きぶん》や了解作用を衝《つ》き倒して走ることがある。だがそんなときでも現存在は、ときとして制御とか誘導という他の態度がそれに加わる

『たんなる衝動』ではけっしてなく、全「世界内存在」の変様であって、つねに既に慮《ゾルゲ》である。慮がはじめて、自己自身から衝動に駆られている現存在の存在を存在論上可能にしているとはいえ、純然たる衝動中では慮は未だ自由とはなっていない。性向中ではこれに反して、慮はつねに既に束縛されている。性向と衝動は、現存在の被投性に根ざしている両可能性である。『生きんとする』衝動は絶滅しがたく、〔しかも〕世界から『生きられて』しまう〔二九九頁上〕性向は根絶しがたい。両者はしかし、存在論的に慮に基づいているゆえに、またそのゆえにのみ、自己本来的なものとしての慮によって、存在的に実存的に変様されうるのである。

『慮』という表現はひとつの実存論的-存在論的根本現象を意味する、だがこの現象はその構造においては単一ではない。慮構造の存在論的に根元的《エレメンタール》な全体性は、存在的なひとつの『原要素《ウールエレメント》』に還元されることはできない、このことは、存在が存在者からは『説明』されえないと同様に確かなことである。けっきょくは、そもそもの存在という理念も、現存在の存在と同様に、『単一』ではないということが示されるであろう。「…の許に在ること現滞在として」――「既に…内に在ること既在世における」――「自己に先立ち在ること自己予在」という慮《ゾルゲ》の規定 die Bestimmung der Sorge als Sich-vorweg-sein—im-schon-sein-in‥—als Sein - bei‥は、このゾルゲ現象もそのうちで構造上なお分節されて gegliedert いることを明らかにする。この事はだが、慮の構造多様性の統一性と全体性を存在論的に支えているさらにいっそう根源的な現象を露呈するにいたるまで、存在論的問いをさらに駆り進めざるをえないという事に対する、現象的指標ではなかろうか？　探究がこの問いに専念する前に、そもそも存在の意味如何という基礎的存在論的問いを意図して上来解釈《インタプレテイールト》されていたものを回顧しつつさらに厳に了得する必要がある。しかしまず示されねばならないことは、この解釈の存在論的『新しさ』

も存在的にはけっこう古いということである。現存在の存在を慮《ゾルゲ》とする説明は、案出された一理念を現存在に押しつけるのではなく、存在的‐実存的にすでに開示されているものを、われわれのために、実存論的に概念にもたらすのである。

第四二節　現存在の前存在論的自己解釈《アウスレーグング》からする、慮としての現存在の実存論的解釈《インタプレタチオン》の保証

けっきょく慮を現存在の存在として露呈するにいたった前記の諸解釈においては、すべては、われわれがそのつどみずからそれでありまたわれわれが『人間』と名づけている存在者のために、適切な存在論的基礎を獲得することにかかっていた。このためには分析は当初から、人間に関する伝統的定義によって先与《さきわむし》されているような、伝承的な、だが存在論上不闡明で原則的に疑わしい始設《アンザッツ》にみちびく方向からは、脱出せざるをえなかった。そうした伝統的定義で測られると、実存論的‐存在論的解釈は奇怪なことにも思われよう、それも『慮《ゾルゲ》』が『心配《ベゾルグニス》』とか『心労《ベキュンマニス》』としてもっぱら存在的にのみ了解されているときはなおさらである。それゆえにこそここに、前存在論的なひとつの証言が引用されねばならない、その証明力はもちろん『歴史的にすぎぬ』とはいえ。

しかしわれわれは次の点を考慮に入れておこう、すなわちこの証言においては現存在は、おのれ自身についておのれの意見を『根源的に』開陳しているのであって、理論的解釈によって規定せられてもおらずまた、かかる解釈への意図をも有してはいないのである。さらにわれわれは次の事にも留意しよう、すなわち現存在の存在は歴史性によって性格づけられているが、このことはもちろんまず存在論的に証示されねばならないのである。も

しも現存在が彼の存在の根本において『歴史的』であるとすれば、彼の歴史から出で来りまたそのなかへ帰り行くのみならずすべての科学より以前にあるひとつの陳述は、純存在論的とはもちろんいえないがやはり一種特別の、重みをもつことになるのである。現存在自身のうちに存する存在了解性《ありのわかり》が前存在論的に開陳されるのである。以下に引用される証言は、実存論的解釈が、なんらの捏《ねつ》造ではなくて存在論的『構成』なのであり、みずからの地盤とともにみずからの基本的予描〔初原的素描・手本〕《エレメンターレ・フオールツアイヒヌング》をも有することを、明らかにするはずである。『慮《ゾルゲ》』としての現存在の以下の自己解釈《アウスレーグング》は、古いひとつの寓話のうちに保存されている。(1)

Cura cum fluvium transiret, videt cretosum lutum
sustulitque cogitabunda atque coepit fingere.
dum deliberat quid iam fecisset, Jovis intervenit.
rogat eum Cura ut det illi spiritum, et facile impetrat.
cui cum vellet Cura nomen ex sese ipsa imponere,
Jovis prohibuit suumque nomen ei dandum esse dictitat.
dum Cura et Jovis disceptant, Tellus surrexit simul
suumque nomen esse volt cui corpus praebuerit suum.
sumpserunt Saturnum iudicem, is sic aecus iudicat:
'tu Jovis quia spiritum dedisti, in morte spiritum,
tuque Tellus, quia dedisti corpus, corpus recipito,

Cura enim quia prima finxit, teneat quamdiu vixerit.
sed quae nunc de nomine eius vobis controversia est,
homo vocetur, quia videtur esse factus ex humo.'

かつてクーラ〔Cura,『慮《ゾルゲ》』〕が川を渡ると、粘土の土地を見た、物思いにふけりつつ彼女はその一片を取り上げて形造りはじめた。さて何を造ったものかと思案していると、ジュピターがやって来た。彼にクーラは形の出来た粘土の一片に精神を与えてくれと願った、ジュピターはよろこんで彼女の願いを聞き入れた。

ところがクーラが彼女の造った像に自分の名前をつけようとすると、ジュピターはこれを禁じてその像には彼の名前が与えられるはずだと言い張った。名前のことでクーラとジュピターが争っているとき大地（テルス）も立ち上って、この像には自分の名前がつけられねばならない、自分こそこの像に自分の体《からだ》の一片を捧げているんだから、と言い出した。

論争者たちは〔ジュピターの父「時」の神〕ザトゥルヌスに裁きを仰いだ、するとザトゥルヌスは次のようなもっともと思える判決を与えた――

〝お前ジュピターよ、お前は精神を与えたのだから、このものの死するときには精神を、お前大地《テルス》よ、お前は体《からだ》を与えたのだから、そのときには体を、受け取るがよい。

クーラはだがこの生きものをはじめて造ったのだから、彼が生きている間はクーラが彼を有《も》つがよかろう。
だが名前のことで争っていたのだから
彼が「地から aus humus（Erde）〔ex humo〕」造られたにちなんで、人《ホモー》 homo と名づけるがよかろう。〃

（1） 著者はK・ブルダッハの論文「ファウストと慮《ゾルゲ》」によって、現存在を慮とする実存論的－存在論的解釈にとっての以上のような前存在論的例証に逢著した。「文芸学および精神史のためのドイツ季刊誌」第一（一九二三年）の一頁以下数頁。ブルダッハは、ゲーテが、ヒュギーヌスの諸寓話の二二〇番として伝えられている慮－寓話《クーラ・ファーベル》を、ヘルダーから学び受けてこれを彼の『ファウスト』の第二部のために改作したのだ、という事を示す。とくに四〇頁以下数頁、参照。――上掲のテクストはF・ビューヒェラーに拠《よ》り、「ライン博物館」第四一巻（一八八六年）五頁から、またそれの〔ドイツ語〕訳はブルダッハに拠り、前掲書四一頁および次頁から、引用したものである。

この前存在論的証言が一種特別の意義を獲るのは、それが一般に、『慮《ゾルゲ》』なるものを、人間的現存在が『生きている間は zeitlebens』彼女に属するものと見ているのみならず、『慮』のこの優位が、肉体《ライブ》（地《エールデ》）と精神《ガイスト》との合成物としての人間という周知の見解と連関して現われている、という事によるのである。「クーラがはじめて〔この生きものを〕造った Cura prima finxit:」とはすなわち、この存在者は彼の存在の『根源《みなもと》』を慮《ゾルゲ》のうちにもつ、ことである。「彼が生きている間は、クーラが彼を所有するがよい Cura teneat, quamdiu vixerit:」とはすなわち、その存在者はこの根源から釈放されず、むしろ禁錮される、この存在者が『世に在る《イン・デル・ヴェルト・イスト》』かぎりこの根源から終始支配される、ということである。この『世に在る《イン・デル・ヴェルト・ザイン》』はその「在る《ザイン》」を『慮《ゾルゲ》』によって打刻《うちだ》されている。この存在者はその名前（homo 人）をば、彼の存在を考慮してではなく、彼が成立っている成分（humus 地）に関して得ている。この像の『根源的な』存在は何んにおいて見取さるべきか、これに関する決定は『ザトゥルヌス』すなわち『時間』(1)の為すところである。この寓話において表現されている人間の前存在論的本質規定はしたがって、世界における人間の時間的変移を終始支配しているほどの存在様式を初手から視《ブリ》見に取り入れていたといわねばならない。

（1）ヘルダーの詩、ゾルゲの子（ズーファン版ヘルダー全集第二九巻、七五）、参照。

のみならず『慮《クーラ》』という存在概念の意義史は、現存在のさらに広い根本諸構造をも見通《ドウルヒブリケン》させる。ブルダッハは(1)『クーラ』という術語のもつ二重の意義に注意を喚起する、それによるとこの語は、『不安にみちたほねおり ängstliche Bemühung』を意義するのみならず、また『入念・念入り Sorgfalt』、『引渡し・没頭 Hingabe』をも意義する。そこでセネカも彼のさいごの書簡（〔ルキリウスに与える道徳的〕書簡、一二四）で左のごとく書いている——『生存している四生物（樹木、動物、人間、神）のうちで、それらのみ理性を付与されているさいごの二者は、神は不死、人は可死であることによって、区別される。さてこの二者にあっては、一者すなわち神の善が神の本性を完成し、他者すなわち人間の慮（cura）が人間の本性を完成する、unius bonum natura perficit, dei scilicet, alterius cura, hominis.』

（1）前掲書四九頁。すでにストア派においてメリムナ μέριμνα〔cura, Sorge に当る〕は確定をみた術語であったが、新約聖書においては、すなわち〔その公認ラテン語訳・伝承的俗典《ブルガータ》〕Vulgata ではまたもとの「心配 sollicitudo」に戻っている。——現存在の上述の実存論的分析論で採られた『慮《ゾルゲ》』への視見方向《ブリク・リヒトウング》が著者に成育したのは、アリストテレスの存在論において達成されている原則的諸基礎を考慮しつつ、アウグスティヌス的——すなわちギリシャ的・キリスト教的――人間学を解釈しようとする関連においてであった。

人間の「完成 perfectio」ということ、すなわち人間が彼の最自己的な諸可能性に向っての彼の開放存在（投案）においてこそそれで在りうるところのものに、成《ヴェルデン》るということは、『慮』の『為すわざ』である。『慮』はいっぽう、この存在者〔人間〕が配慮された世界に引渡されて〔没頭して〕いる（被投性）という彼の根本様式をも等根源的に規定している。『慮《クーラ》』のもつあの『二重意味』は、被投的投案というもちまえの本質的二重構造をなせる一つの根本構えを意味する。

実存論的‐存在論的解釈《インタプレタチオン》なるものは、存在的解釈《アウスレーグング》〔例えば慮《クーラ》‐寓話《ファーベル》〕に比して、あながちたんに理論的‐存在的な一般化にすぎないのではない。それにすぎないとすればそれが意味するところはたんに、存在的には人間のすべての態度は『慮《うれ》いに充ちて sorgenvoll』をり何事かへの『引渡《ヒンガーベ》し・没頭』により導かれている、というだけのことであろう。『一般化』なるものは先天的‐存在論的なものである。それは、不断に登場する存在的諸性質を指すのではなく、そのつどすでに基礎に存する存在構えを指すのである。この構えがはじめて、〔人間という〕この存在者が存在的に慮《クーラ》として呼びかけられ〔認定され〕うることを、存在論的に可能にしているのである。『生活の慮《おもんばか》り Lebenssorge』や『引渡し・没頭』を可能にする実存論的制約は、根源的、すなわち存在論的意味において、慮《ゾルゲ》として把握〔概念的に理解〕されざるをえない。

慮の現象とすべての基礎的実存疇との超越論的〔先験的〕『一般性』は他面また、存在的‐世界観的な現存在解釈が現存在を『生活の慮り』や苦労或いはその反対として了解しようとも、あらゆるかかる解釈がその上でこそ営まれうる地盤を先与《さきわたし》しうるだけの広さを有する。

実存論的諸構造の存在的に迫りくる『空虚』と『一般性』は、それら固有の存在論的な規定性と充実を有する。現存在構えそのものの全体はだから、その統一において単一ではなくて、慮の実存論的概念において表現されているような構造上の分節を示している。

現存在の存在論的解釈は、『慮《ゾルゲ》』としてのこの存在者の前存在論的自己解釈を、慮の実存論的概念にまでもたらした。現存在の分析論はしかし、人間学の存在論的基礎づけを目ざしているのではない、該分析論には基礎的存在論という目標がある。この目標が、上来の諸観察の行程、諸現象の選出、分析進展の限界を、暗《あん》に、規定していたのである。しかしいまや探究は、存在の意味如何という主導的な問いとその問いの精練確立を目ざして、上来獲られたものをはっきり確かめてみる必要がある。このような事はだが、究明されたものの外面的包括によっては達成されえない。むしろ、実存論的分析論の発端においてはおおまかにしか告げられえなかったものを、すでに獲られたものの助けをかりて、さらに徹底的な問題了解性にまで尖鋭化しなければならない。

第四三節　現存在、世界性、および実在性

存在の意味如何の問いは、そもそも、存在了解性というようなものが存在するときにのみ可能となる。われわれが現存在と名づけている存在者の存在様式にこそ、存在了解性なるものは属する。この存在者の解明が、より適切にかつより根源的に成功しえていればいるほど、基礎的存在論的問題精練の今後の行程もより的確にその目標に達するであろう。

現存在の予備的な実存論的分析論の諸課題の追究中に、了解作用、意味、および解釈《アウスレーグング》についての解釈《インタプレタチオン》

が生じた。現存在の開示性の分析はさらに、当の開示性と共に現存在が、「世界内存在」というみずからの根本構えにしたがって世界・「内存在」・および「自己」に関し、等根源的に露現されていることを示していた。世界の現事実的開示性のうちにはさらに、世界内部的存在者も同時に発見されている。この点でこそ、この存在者の存在は、たとえ適切に存在論的に理解されてはいなくても、なんらかの仕方でつねにすでに了解されてはいる、ということが言われうるのである。前存在論的存在了解性《ありのわかり》は、現存在において本質的に開示されているすべての存在者をもちろん包括してはいる、だがこの存在了解性そのものは、未だ種々の存在様態に応じて分節せられてはいないのである。

了解作用についての解釈《インタプレタチオン》はまた同時に、該作用は頽落という存在様式にしたがって「まずたいてい」はすでに『世界』の了解作用のうちに身を移している、ということを示していた。たんに存在的経験のみならず存在論的了解性に関するばあいでも、存在解釈はまずその定位を世界内部的存在者の存在に採る。このさいまず身近かに用在する者の存在は超略されて、存在者は第一に前在的事物連関（res 事物）として把握せられる。存在は実在性 Realität という意味を受取る。[1] 存在の根本規定性は実体性《ズブスタンチアリテート》となる。存在了解性のこの転換に応じて、現存在の存在論的了解作用もこの存在概念の地平のなかへ身を移す。現存在も、他の存在者のように、実在的に前在して real vorhanden いるものとなる。かくしてそもそも在るということ das Sein überhaubt が、実在性の意味をもつにいたる。実在性という概念はしたがって、存在論的問題構成のうちで一種特異な優位をもっている。この優位が現存在の純生な実存論的分析論にいたる途をふさぐのみか、世界内部的にまず身近かに用在する者の存在への視見をすらすでにさえぎってしまうのである。この優位はついには、存在の問題構成一般をも邪道的方向に追い込む。自余の存在諸様態は実在性への考慮から消極的かつ欠性的《プリヴァティーフ》に規定されてしまう。

（1）　上述八九頁以下数頁および一〇〇頁、参照。

それだから、現存在の分析論をのみならず、そもそも存在の意味如何という問題の精練をも、実在性という意味での存在への偏向的定位から脱出せしめねばならない。それには、実在性なるものは、その他の存在諸様式のうちの一つにすぎないのみならず、存在論的には現存在、世界、および用在性との一定の基づけ連関に立てるものなることを、証示する必要がある。この証示は、実在性問題とその種々の制約および限界の原則的究明を要求する。

『実在性問題』という名称のもとには種々の問題が混交している、すなわち、一、『意識超越的』と思われるような存在者はそもそも存在するかどうか。二、『外界』のこの実在性は十分に証明されうるかどうか。三、この存在者は、もし彼が実在的であるとすれば、彼の自体存在《アン・ジヒ・ザイン》においてはどの点まで認識されうるか。四、この存在者の意味すなわち実在性とはそもそも何を意味するのか、と。実在性問題の以下の究明は、基礎的存在論的問題を考慮して、三つに分けて行われる――（a）『外界』の存在と証明可能性との問題としての実在性。（b）存在論的問題としての実在性。（c）実在性と慮。

（a）『外界』の存在と証明可能性との問題としての実在性

数えあげられた実在性如何の問いを順位立てれば、実在性とはそもそも何を意味するかという存在論的問いが、第一の問いである。けれども純粋な存在論的な問題構成と方法論とが欠けていたかぎりこの問いは、それがそもそも明確に提起されていたときはかならず、『外界問題』の究明とからみ合っていたのである、なぜなら実在性の分析は実在者への適切な接近に基づいてしか可能でないからである。いっぽう実在者を捕捉する様式は古来、直観的認識作用だと見なされていた。該作用は心すなわち意識の態度として『存在する』。実在性には自体・即《アン・》自《ジヒ》と独立という性格が属するかぎり、実在性の意味如何の問いには、『意識からの』実在者の可能的独立性如何の問い、ないしは実在者の『領界《スフェーレ》』内への意識の可能的超越如何の問いが結びつく。実在性の十分な存在論的分析の可能性は、そのものからの独立が成立すべきそのもの自身、すなわち超越せらるべきそのもの自身が、その存在についてはどの程度に闡明されているかにかかっている。ただかくしてのみ超越しているという存在様式《ありよう》も存在論的に捕えられうるにいたるのである。そしてさいごに実在者にいたる第一次的接近様式は、そもそも認識作用がこの役目を引受けうるかどうかという問いを決定するという意味で、保証されていなければならない。

実在性如何という可能なる存在論的問いに先立っているこの探究は、既述の実存論的分析論において為しとげられている。それによれば認識作用は実在者への接近の、基づけられた一〔高次〕様態 ein fundierter Modus である。実在者は本質的に、世界内部的存在者としてのみ接近されうる。かかる存在者へのあらゆる接近は、存在論的には、現存在の根本構え、「世界内存在」、に基づけられている。後者は慮というさらに根源的な存在構え〔世界内部的存在者の許に在ることとして――既にひとつの世界内に在りて――自己に先立つ〕をもつ。

そもそも世界なるものが存在するかどうか、また、その世界の存在が証明されうるかどうかという問いは、現存在が「世界内存在」として立てる問いとして〔彼が「世界内存在」なればこそ立てられもする問いなのだから〕――また他の誰がそんな問いを立てるであろうか？――意味無しである。その上この問いは、依然として二義性を帯びている。「内存在」の「当の場・仕様 das Worin」としての世界と、世界内部的存在者総体《ザイエンデス》としてのいわゆる『世界』、すなわちその許に配慮的没頭作用が滞留する所 das Wobei とが、ゴッチャにされているか、ないしは区別すら全くついていない。世界はしかし、現存在の存在と共に本質的に開示されている。いわゆる『世界』は、世界の開示性と共にこそいつでも既に発見されているのである。もちろん、実在者すなわちたんなる前在者の意味での世界内部的存在者はまさに、いまだ蔽われてもありえよう。ところがこの実在者といえども彼が発見されうるのは、既に開示された世界を基としてのみである。またこれを基としてのみ、実在者全般《レアーレス》はいまだ隠されてもありうるのである。人は、世界現象を世界現象としてまず闡明することもなく、『外〔世〕界《アウセンヴェルト》』の『実在性』如何という問いを提起する。現事実的には、『外〔世〕界問題』はいつでも世界内部的存在者（諸事物や諸客体）にみずから定位している。かくしてかかる論究は、存在論的にほとんど解きがたい問題連関のなかへ突っ込むのである。

諸問題の混乱、すなわち証明される要あるものを、証明をこうむるものや、またそれをもって証明が行われる当のものと、混同するという事は、カントの『観念論論駁』(1)において示されている。カントは、『われわれの外なる諸事物の現存 Dasein』を証するに足る強制的であらゆる懐疑を抑止するほどの証明が未だに見出されていない事を、『哲学および一般的人間理性の不面目(2)〔陥穽《わな》 Skandal〕』だとしている。彼自身はかかるひとつの証明を、それも次のような『定理』の証明として提出する、すなわち『私自身の現存《ダーザイン》というたんなる、とはいえ経験的に規定されたる、この意識は、私の外なる空間中の諸対象の現存を証明する』(3)、と。

（1）純粋理性批判第二版、二七四頁以下数頁、さらに第二版の序言中での訂正についての但書XXXIX頁、註。また、純粋理性の諸論過について、同書三九九頁以下数頁、とくに四一二頁、参照。

（2） 前掲の序言の註。

（3） 前掲書、二七五頁。

まずはっきりとことわっておかねばならないことは、カントは『現存Dasein』という術語を、当探究では『前在性』と名づけている存在様式を言い表わすのに用いているという事である。『私の現存《ダーザイン》という意識』はカントにとっては、デカルトの意味での「私の前在存在という意識」を意味する。『現存』という術語は、意識の前在存在のことをも諸事物の前在存在のことをも指している。

『私の外なる諸事物の現存』の証明は、時間の本質には変移と持続が等根源的に属する、ということに依拠している。私の前在存在、すなわち私の内感に与えられた諸表象の多様の前在存在は、前在的変移である。時間規定性はだがなんらかの持続的前在者を前提とする。だがこの者は『われわれの中に』在ることはできない、『なぜなら時間の中なる私の現存こそこの持続者によってまっ先に規定されうるからである[1]』。それゆえに『私の中なる』経験的に措定された前在的変移と共に、『私の外なる』前在的持続者も必然的に経験的に措定せられているのである。この持続者は、『私の中なる』変移の前在存在を可能ならしめる制約である。諸表象が「時間の中に在る」という経験は、『私の中なる』変移者と『私の外なる』持続者とを、等根源的に措定する。

（1） 前掲書、二七五頁。

この証明はもちろん因果推理ではないから該推理のもつ不利益をともなってはいない。カントは、時間的に存在する者という理念から、いわばひとつの『存在論的証明』を与えるのである。当初は、カントは孤立的に見出される主観というようなデカルト的始設はこれを廃棄したかに見える。だがこれは見かけにすぎない。カントがそもそも『私の外なる諸事物の現存』に対してなんらかの証明を要求するということからしてすでに、彼は主観内における問題構成の天底点《フースプンクト》をかの『私の中なる in mir』の許に採ることを示している。証明自体もまたしたがって『私の中なる』経験的に与えられた変移から出発して行われる。なぜならその証明を支えている『時間』は、『私の中で』しか経験されてはいないからである。時間が、証明により『私の外』へと離脱せんがための地盤を与える。のみならずカントは以下のように力説する、すなわち『蓋然的なそれ（観念論）は、われわれの現存より外のなんらかの現存を直接経験によって証明することの不可能のみを説くのだから、合理的でありまた、十分な証明の見出されない前にはいかなる決定的判断をも下さないという、根本的な哲学的思考法にかなっている。[1]』と。

（1）　前掲書、二七五頁。

しかしながら孤立的主観と内的経験との存在的優位がたとえ廃棄されていると仮定してすら、存在論的にはやはりデカルトの見地が保持されているであろう。カントが証明しているものは――この証明およびその基盤一般の正当さはひとまず認めるとして――、変移的存在者と持続的存在者との必然的合同前在存在ということなのである。だがこの二つの前在者のこの同位は未だ、主観と客観との合同前在存在をすら意味してはいない。よしんばこれが証明されていると仮定してさえなお依然として、存在論上決定的なこと、『主観』すなわち現存在の根本構え、「世界内存在」は、蔽われているであろう。物理的なものと心理的なものとの合同前在存在は存在的にも存在論的にも「世界内存在」という現象とは全然別箇のものである。

『私の中』と『私の外』との区別および連関をカントは——現事実としては正当にも、とはいえ彼の証明傾向を思うならあまりにも不正当に——前提する。変移する者と持続する者との合同前在存在に関して時間を手引として取り出されるものは、『私の中』と『私の外』との連関に対しても当てはまるなどということは、立証せられてはいない。しかしながら証明において前提されているところの、『中』と『外』との区別および連関の全体が見取されていようなら、かかる前提をもっては何が前提されているのかが存在論的に把握されていようなら、そのときは『私の外なる諸事物の現存』に対する証明が未だ済んでいないから必要だと思うごとき可能性がおのずと崩壊するであろう。

あの『哲学の不面目』とは、この証明が今にいたるも未だに済まされていない〔ausstehtで外界の現存がわれわれに先渡しとなっている〕点に存するのではなく、そういう証明が再三再四待望され企てられるという点に存する。こうした待望や企図や要求は、その者からは独立にかつ『外部』に前在者としての一『世界』が証明せらるべきところのその者を、存在論上不十分に始設してしまうことから生ずる。証明が不十分なのではない、証明したり証明を切望したりしつつある存在者の存在様式の「規定が中止されて・中途半端でunterbestimmt」ある。だから二つの前在者の必然的合同前在存在を証示すれば、「世界内存在」としての現存在に関して何事かが、立証されているか少くとも証明されうるという、仮象が生じうるのである。十分な自己了解に達した現存在はかような諸証明には反対する、なぜなら彼は自己の存在において既に存在しているからであり、この事を事後的諸証明は彼のためにわざわざ立証してやる必要があると思っているからである。

われわれの外なる諸事物の前在存在に対する証明の不可能から、だから該存在は『信念上是認されうるにすぎない[1]』と結論せんとするなら、問題の転倒は克服さるべくもなかろう。けっきょくはそれも観念的やり方でならかならずやなんらかの証明が行われうるであろう、という先入見が存していよう。『外界の実在性に対する信念』に限局するにいたっては、問題始設の不適切さは、もしこの信念にはっきりとそれ固有の『正当さ』が返還されたときといえども、ぬぐい去ることはできない。たとえ厳重なやり方とはちがった方途で証明の要求を充すこと[2]が試みられるときでも、原則として証明が要求されていることに変りはない。

（1）　前掲の序言の註。

（2）　W・ディルタイ、「外界の実在性に対するわれわれの信念の、根源および正しさについての問題解決のための論稿」（一八九〇年）。全集第五巻の一。九〇頁以下数頁、参照。
ディルタイはこの論文の書出し早々に誤解の余地なく言明している、すなわち『なぜなら人間のために普遍妥当的真理が与えられているとすれば、当初デカルトによって説かれた方法にしたがい、思惟は、外的現実性に対立する意識の事実から出発する途をみずからのために開かねばならないからである』と、前掲所、九〇頁、参照。

たとえ人が、主観は『外〔世〕界』が前在するということを前提せざるをえずまた無意識的にはすでにつねに前提してもいるという事を引合に出そうとするときでさえ、やはりひとつの孤立的主観を構成的に始設《アンゼッツング》するということがはたらいているであろう。かかる始設をもってしては、物理的なものと心理的なものとの合同前在存在の証示をもってすると同様に、「世界内存在」という現象は出会われていないであろう。そうした諸前提をもってしては〔それらと共に来るようでは〕現存在はつねにすでに来かたが『遅すぎる』、というのは現存在は、彼が存在者としてこそこの前提を立てるのであるかぎり——またそうでなければ前提も可能でないが——、存在者としてそのつど「既にひとつの世界内に存在」しているからである。あらゆる現存在的な前提や態度よりも『より以前《フリューエル》に』、慮という存在様式における存在構えの『先天者《ダス・アプリオーリ》』が存在する。

正当にもせよ不正当にもせよ『外〔世〕界《アウセン・ヴェルト》』の実在性を信ずるということ、十分にもせよ不十分にもせよかかる実在性を証明するということ、意識してと否とを問わず該実在性を前提するということ、こうした試みはみな、それらみずからが立っている地盤を完全に洞見することもかなわずに、ひっきょうするに世界なるものを自分のためにまず保証してかからねばならないような、当初は無世界的なるかないしは自分の世界に自信を有せぬごとき一主観を、前提しているのである。そのさい「世界内存在」は初手から、解する、想う、確かなり、信ずる、というようなひとつの作用の上に置かれるのであるが、かかる作用《フェルハルトゥング》はそれ自身つねにすでに「世界内存在作用」によりて基づけられたそのひとつの〔高次〕様態にほかならない。

外〔世〕界なるものが前在するかどうか及びそのものは証明可能かどうかという意味で問題となっているような『実在性問題』は、それ自身不可能な問題であることが立証せられるが、それは該問題が理論必然的に解決不能な行きづまり《アポリーエン》を招来するからではなく、この問題において主題となっている存在者自身が、そのような問題提起をいわば拒絶するからである。『外〔世〕界』が前在する事実《ダス》および仕様《ヴィー》が証明を要するのではなくて、なにゆえに「世界内存在」としての現存在は、『外〔世〕界』をまず『認識論的』に無効として葬り去り、しかる上でわざわざこれを証明しようとする傾きを有するのかを、提示すべき要があるのである。このことの理由は、現存在の頽落に存し、かつ頽落に動機づけられて第一次的存在了解性を前在性としての存在に転移するということに存する。こういう存在論的定位における問題提起が『批判的』であるときはそれは、当初にかつ唯一確実に前在せる者としては、たんなる『内なるもの』を見出すのみである。「世界内存在」という根源的現象が破砕せられた後でこそ、残留せる残余なる孤立的主観に基づいて『世界』との接合が遂行されるのである。

実在論と観念論との諸変種およびそれらの調停によって形成された『実在性問題』解決試論の種々相は、当面の探究においては詳細には論述されえない。いずれの解決試論においても真の問いの核心はたしかに見出されうるであろうのに、その場かぎりに正しいことの計算《フェルレヒヌング》〔誤算〕によって問題の永続的解決をはかろうとするなら、さかさまであろう。むしろ、様ざまな認識論的方向は、認識論的なものとしてその方向を踏みはずしているというよりは、そもそも現存在の実存論的分析論をおろそかにするゆえに現象的保証をうるよう問題を構成しようにも第一その地盤を全然獲ていないのだという、原則的洞察を必要とするのである。そういう地盤はまた、主観と意識との概念の事後的な現象学的改良によっても獲られるものではない。かかる改良によっては、不適切な問題提起はもはや成立するはずがないということは、保証されていないのである。

「世界内存在」としての現存在と共に、世界内部的存在者はそのつどすでに開示されている。この実存論的－存在論的陳述は、外〔世〕界は実在的に前在する、という実在論の提言と合致するように見える。実存論的陳述において世界内部的存在者の前在存在が否認せられないかぎり、該陳述は結果においては――いわば学説誌的には――実在論の提言に一致する。該陳述はだが、実在論が『世界』の実在性は証明を要するし、しかも同時に証明可能でもあると思っている点では、あらゆる実在論とは原則的に異る。まさにこの二点が実存論的陳述において否定されているのである。しかし該陳述を実在論から完全に分つものは、後者の存在論的不了解性《わかりのなさ》である。なにしろ実在論は実在者間の実在的な作用連関によって実在性を存在的に説明しようとするのだから。

実在論に比して観念論は、結果においては対立的でありまた支持されがたいものであるにせよ、それ自身を『心理的』観念論だとみずから誤解していないばあいは、原則的優位をもつ。存在と実在性とは『意識の中に』しか存在しないという点を観念論が力説するようなとき、そこに言い表わされているのは、存在は存在者によっては説明されえないという了解性《わかり》である。ところがこの存在了解性そのものが存在論的には何を意味するのか、またいかにしてそれは可能であるのかが、そしてそれは現存在の存在構えに属しているのだという事が、不闡明にとどまるかぎり、観念論の為す実在性の解釈《インタプレタチオン》も空中楼閣に等しい。存在は存在者によっては説明不能であり、また実在性は存在了解性のうちでのみ可能であるという事はまさか、意識の、すなわち思惟を為す事物《もの》・思惟者 res cogitans そのものの存在を問うことを免除しはすまい。観念論的提言は帰するところ、意識〔Bewußtsein 識在《しられあり》〕そのものの存在論的分析が不可欠な先行課題であることを示している。存在は『意識のうちに』在るがゆえにのみ、すなわち現存在においてこそ了解可能であるがゆえにのみ、現存在はそもそも独立性や『自体《アン・ジヒ》・即自』や実在性というような存在諸性格をも了解しえて概念にもたらしうるのである。おなじく右のゆえにのみ、『独立的』存在者は世界内部的出会者として用視的に接近されうるのである。

観念論という名称が、存在は存在者によってはけっして説明されえずしてむしろあらゆる存在者にとってはそのつどすでに『先験的者《ダス・トウランスツェンデンターレ》』が存在するという事の了解性と同様のことを意味するのだとすれば、観念論のうちにこそ哲学的問題構成の唯一の正しい可能性が存する。しかるときはアリストテレスはカントに劣らず観念論者であったのである。観念論にしてもし、すべての存在者を一主観または一意識に還元することを意味し、後両者たるやそれらの存在において無規定にとどまりそしてたかだか消極的に『非事物的』なりと性格づけられる点にしか目印がないとすれば、そんな観念論は最も粗野な実在論に劣らず方法上素朴である。

あらゆる主観はただ客観にとってのみ主観であるのであって、また、その逆でもあるという提言をもち出すことにより、あらゆる『立脚点的』定位より先に実在性の問題構成をすえようとする可能性はなお残存する。だがこうした形式的始設においては、その相関の各項はその相関自体と同じく存在論的には無規定にとどまる。けっきょくはしかし、その相関の全体はやはり必然的に、『なんらかの仕方で・とにかく irgendwie』存在しているものとして、だから存在という一定の理念を考慮して、考えられているのである。もちろん、「世界内存在」の提示をもって実存論的‐存在論的地盤があらかじめ確保されているので、しかるのち上記の相関が存在論的に無差別な〔存在と存在者との区別を知らぬ〕形式的関係として認識されうるのである。

実在性問題の『認識論的』にすぎない解決試論の為す暗黙裡の諸前提に対する討論は、該問題は存在論的問題であるから、現存在の〔存在すなわち実存から論じ進もうとする〕実存論的分析論のなかへ取戻されざるをえないということを示す。(1)

(1) 近頃ニコライ・ハルトマンはシェーラーの先例にならって認識作用は『存在関係 Seinsverhältnis』なりという提言を存在論的定位によるみずからの認識論の基礎にすえた。「認識の形而上学綱要」、増補第二版、一九二五年、参照。――しかしシェーラーもハルトマンも彼らの現象学的出発基盤の全き相違にもかかわらず同じ様に、伝承的根本定位におけるいわゆる『存在論』なるものは現存在に対しては役に立たぬという事、さらには認識作用のうちに含まれた『存在関係』なるもの（〔本書「存在と時間」の〕上述五九頁以下数頁、参照）こそ批判的改良のみならずむしろ原則的検討を強いるという事を、見そこなっている。かの存在関係なるものを存在論上不闡明に始設するときはどこまで暗《あん》に影響するかを見くびるがゆえにハルトマンは、『批判的実在論』なるもののなかへと駆り立てられるのであるが、その論たるや実は、彼によって開展された問題構成の水準にとっては全く未知なるものなのである。存在論に関するハントマンの見解については『いかにして批判的存在論はそもそも可能なのか?』パウル・ナトルプ記念論文集一九二四年所載、一二四頁以下数頁、参照。

(b) 存在論的問題としての実在性

実在性という名称は世界内部的に前在する存在者（res 事物）の存在を指すものとすれば——またその他の何物もその名称のもとには了解されないが——、このことは、かかる存在様態の分析にとっては、世界内部的存在者は世界内部性という現象が闡明されているときにのみ存在論的に理解されうるのだ、という事を意味する。世界内部性はだが世界という現象に基づいており、世界の方は、「世界内存在」を構成する本質的一契機として、現存在の根本構えに属している。「世界内存在」はこれまた、慮を性格づけていたところの、現存在の存在のあの構造全体性のうちに存在論的にしめくくられている。以上をもっていっぽう、実在性の分析がそれらの闡明によってはじめて可能ともなるところの諸基礎や諸地平の特性が明らかとされたのである。またこの連関においてはじめて、自体《アン・ジヒ》・即自という性格も存在論的に了解されうることとなる。こうした問題連関への定位から、さきの諸分析において、世界内部的存在者の存在が解釈されていたのである。(1)

(1) なかんずく第一六節、七二頁以下数頁、世界内部的存在者において告げられている環境界の世界適合性。第一八節、八三頁以下数頁、適在性と有意義性、世界の世界性。第二九節、一三四頁以下数頁、感存性としての「現われ-在ること」、参照。——世界内部的存在者の自体存在については七五頁と次頁、参照。

もちろん一定の限界内では、べつにはっきりした実存論的‐存在論的基盤はなくとも、実在者の実在性の現象学的性格づけはたしかに与えられうる。この事はディルタイが前掲の論文において試みたところである。実在者は衝動《インプルス》や意志《ヴィレ》において経験される。実在性は抵抗、より精確には抵抗性である。抵抗現象の分析的露呈は前掲の論文における積極点でありまた『記述的かつ分析的心理学』という理念の最良の具体的確証である。しかるに抵抗現象の分析の正しい仕上げは、実在性の認識論的問題構成によって阻止せられる。『現象性の命題』もディルタイをして、意識の存在の存在論的解釈にまでは至らしめない。『意志とその妨害は同一意識の内部に現われる(1)』。この『現われる』の存在様式、この『内部に』の存在意味、実在者そのものに対する意識の存在関係、これらはみな存在論的規定を要する。この規定が未だ済まされていないという事は、けっきょくディルタイが、その『背後』にまではむろん遡行されえない『生《レーベン》』なるものを、存在論的無差別のままにほっておいた事による。現存在の存在論的解釈はしかし、或る他の存在者への存在的遡行ではない。ディルタイが認識論上論駁せられたという事は、それらの論駁の方がまさに不了解に終始したものを、すなわち彼の諸分析における積極点を、ゆたかに実らせることを妨げるものではない。

（1）　前掲の〔ディルタイの〕論稿、一三四頁、参照。

だからすなわちシェーラーは最近、ディルタイの実在性解釈を採用したのであった(1)。彼は『意志的現存在説』なるものを代表する。現存在はここではカントが用いた意味で前在存在として了解されている。『諸対象の存在は衝動《トゥリーブ》や意志との関係においてしか直接的には与えられていない』。シェーラーはディルタイと同じく、実在性は第一次的には思惟や会得の作用においてはけっして与えられないという事を強調するだけではない、彼は何よりもまず、認識作用そのものはまたけっして判断作用ではないという事、知る作用はひとつの『存在関係』であるという事をも示すのである。

(1) 知識諸形式《ヴィセンスフォルメン》と文化《ビルドゥング》、講演一九二五年、註二四および二五、改訂にさいしての註、参照。シェーラーはいまや新刊早々の論文集『知識諸形式と社会』一九二六年において、長らく予告されていた『認識と労働』(二三三頁以下数頁)に関する彼の探究を公けにした。この論文の第六篇(四五五頁)では、ディルタイに対する評価や批判と関連して『意志的現存在説』が詳述されている。

ディルタイにおける諸基礎の存在論的無規定性についてすでに言われざるをえなかったことは、原則的にこの説についても言われうる。『生』の存在論的基礎分析は基礎工事なのであって後から据え込むというわけには行かない。該分析は、実在性の分析、すなわち抵抗性とその現象的諸前提との完全な解明を引受けかつ制約するものである。抵抗は、通り抜けんと欲することの妨害なのだから、通り抜けられないことのうちで出会われる。だがこの通過意欲と共にはすでに、衝動や意志がそれを目ざして〔出向いて〕在る worauf…aus sind 当の何かが開示されている。この目標が存在的に無規定だからといって、これを存在論的に看過したりいわんや無だと解したりしてはならない。…を目ざして出向いて在ること、これが抵抗に突当るのでありまたこれのみが『突当るということを為し』うるのであるが、そのこと自身すでに適在全体性の許に在るのである。該全体性が発見されているということはだが、有意義性という指示全体が開示されていることに基づく。抵抗経験、すなわち抵抗し来るものに抗しつつそれを発見する作用は、存在論的には世界の開示性に基づいてのみ可能である。抵抗性は世界内部的存在者の性格である。抵抗諸経験は現事実的にはたんに、世界内部的出会存在者を発見する作用の広さと方向とを規定するのみである。抵抗諸経験の総計がはじめて世界の開示をひき起すのではなく、むしろ後者を前提しているのである。『逆らって』とか『抗して』とかは、それらの存在論的可能性においては、開示された「世界内存在」によって引受けられている。

抵抗はまたそれみずからで für sich 『現われている』衝動や意志においては経験せられない。これらは慮の変様であることが立証される。この〔慮という〕存在様式をもつ存在者のみが世界内部者としての抵抗事物に突当りうるのである。したがってもし実在性が抵抗性によって規定されるときには、依然として二つの事が注目されねばならない、すなわち、先ず抵抗性をもってしては実在性諸性格中の一つしか言い当てられていないという事、次には抵抗性にとってはすでに開示された世界が必然的に前提されているという事、である。抵抗という性格を有するのは、世界内部的存在者の意味における『外〔世〕界』なのであって、けっして世界の意味におけるそれではない。『実在性意識』はそれ自身「世界内存在」の一様態である。この実存論的根本現象に、すべての『外〔世〕界問題構成』は必然的に還帰する。

『われ思惟す cogito われ存在する sum』が現存在の実存論的分析論の出発点として用いうべきものとすれば、たんにその〔陳述の〕転倒を要するのみならず、その〔陳述〕内実の新たなる存在論的-現象的確証を必要とする。しかるときは第一の陳述は『われ存在す sum』であり、それも「われ世界内に存在す」という意味でなければならない。またかく存在する者としてこそ、世界内部的存在者の許に存在する仕様としての様ざまな諸態《フェルハルト》度《ウンゲン》（諸思惟 cogitationes）への存在可能性のうちに『われ存在す《イヒ・ビン》』るのである。デカルトはこれに反して、諸思惟が前在存在しており、その中に一自我《エゴ》が無世界的な思惟者〔思惟を為す事物《もの》〕res cogitans として共に前在している、と言うのである。

(c) 実在性と慮《ゾルゲ》

実在性とは、存在論的名称としては世界内部的存在者のことを指しているのである。一般にかかる存在様式を言い表わすのにこの名称が用いられうるとすれば、用在性と前在性とは実在性の両様態としてのはたらきを為すことになる。だがこの語にその伝承的意義をかし与えるなら、この語は純然たる事物前在性の意味での存在を指す。しかしながら前在性かならずしも事物前在性ではない。われわれを『とり囲んでいる』『自然』は、むろん世界内部的存在者ではあるが、用在者の存在様式をも、『自然事物性』という様態における前在者の存在様式をも示してはいない。かかる『自然』の存在がいか様に解釈されようとも、世界内部的存在者のすべての存在様態は存在論的には世界の世界性に、またこれと同時に「世界内存在」という現象に、基づけられている。以上のことから次のような洞察が生ずる、すなわち、実在性は世界内部的存在者の存在諸様態の圏内でひとつの優位をもつものでもなければ、ましてこの存在様式〔実在性〕が世界や現存在というごときものを存在論上適切に性格づけることもできはしない、ということである。

実在性は、存在論的基づけ連関と可能なる範疇的および実存論的身許証明との順位においては、慮という〔先位〕現象に還付せられる。実在性は存在論的に現存在の存在〔慮〕に基づいているという事は、実在者は総じて、現存在が実存する「ときに、また、そのかぎりで」のみ、彼が即彼自身的にそれである者〔実在者自体〕として存在しうる、というような事を意味することはできない。

もちろん現存在が、すなわち存在了解性《ありのわかり》の存在的可能性《ありうること》が、存在するかぎりでのみ、存在は『〔与えられて〕ある gibt es』のである。もし現存在が実存しないとすれば、〔実在者の〕『独立性』も『存在』せず、また自体・即自も『存在』しない。しかるときにはこれらは了解可能でもなく了解不能でもない。しかるときには世界内部的存在者もまた発見可能でもなく、隠蔽せられてもありえない。しかるときには、存在者が存在するとも、また存在しないとも、言われえない。存在了解性およびこれと共に前在性の了解性が存在するかぎり、いま言われうることはおそらく、しかるときは存在者はもっとあとで存在するであろう、ということである。

「存在者の」ではなくて「存在の」、存在了解性への、いま指摘せられた依属性、すなわち「実在者の」ではなくて「実在性の」、慮への依属性は、現存在の今後の分析論を、実在性の理念を手引とするような無批判的な、とはいえ再三出しゃばってくる現存在解釈から護ってくれる。存在論的に積極的に解釈された実存性に定位してこそはじめて、『意識』、『生』の分析の現事実的行程においては、たとえ無差別的にもせよおよそ実在性というような意味は、とうてい基礎にすえられないという保証が与えられるのである。

現存在という存在様式をもつ存在者は実在性や実体性からは理解されえないという事をわれわれは、人間の実体は実存である、という提言によって表現した。慮としての実存性の解釈と実在性に対するこの実存性の界限とはしかし、実存論的分析論の結末を意味するのではなく、存在とその可能的諸様態の如何およびかかる諸変様の意味如何の問いに存する問題のもつれを一段とあざやかに露呈して見せるにすぎない。すなわち存在了解性が存在するときにのみ在在者は存在者として接近可能となるのであり、存在者が現存在の存在様式をもつときにのみ存在者としての存在了解性が可能なのである。

第四四節　現存在、開示性、および真理

哲学は古代から、真理を存在と結びつけている。パルメニデスによる存在者の存在の最初の発見は、存在を存在の認知的了解作用と『同一視している』、すなわち「τὸ γὰρ αὐτὸ νοεῖν ἐστίν τε καὶ εἶναι.(1) 思惟も存在もたしかに同一である。」と。アリストテレスは「諸始原《もと》・諸原理 ἀρχαί(2)」の発見史に関する彼の構想のなかで、彼以前の哲学者らは、『事象そのもの』に導かれて、さらに問い続けるように強いられたのだ、という点を力説する、すなわち「αὐτὸ τὸ πρᾶγμα ὡδοποίησεν αὐτοῖς καὶ συνηνάγκασε ζητεῖν.(3) 事象そのものが彼らに道をひらきそして彼らに探求を強いたのである。」と。同じ事実を彼はまた次のことばによって特性づけている、すなわち「ἀναγκαζόμενος δ' ἀκολουθεῖν τοῖς φαινομένοις,(4) 彼（パルメニデス）は、現象〔即《そく》自己《それ》自身的自己《それ》示現者〕に従うことを強いられていた、」と。他の場所ではまた「ὑπ' αὐτῆς τῆς ἀληθείας ἀναγκαζόμενοι,(5)『真理』そのものから強いられて、」「彼らは研究した。」と言われている。かかる研究をアリストテレスは、「φιλοσοφεῖν περὶ τῆς ἀληθείας,(6)『真理』について『哲学する・知を愛すること』」、或いはまた「ἀποφαίνεσθαι περὶ τῆς ἀληθείας,(7)『真理』について提示する・『真理』を考慮して『真理』の範囲内で提示して見せること、」として言い表わす。哲学そのものは「ἐπιστήμη τις τῆς ἀληθείας,(8)『真理』についての一種の学問〔認識〕」として規定せられる。同時にまた哲学は「ἐπιστήμη, ἣ θεωρεῖ τὸ ὂν ᾗ ὄν,(9) 存在者を存在者として、すなわち存在者の存在に関して、観察するひとつの学問」として性格づけられている。

（1）ディールス、断片、五。
（2）形而上学、A。
（3）同前、984 a 18 sq.
（4）同前、986 b 31.
（5）同前、984 b 10.
（6）同前、983 b 2, 参照、988 a 20.
（7）同前、α 1, 993 b 17.
（8）同前、993 b 20.
（9）同前、Γ 1, 1003 a 21.

『〝真理〟に関する研究』、『真理』についての学問とはここでは何を意味するのか？　この研究においては『真理』は、認識論または判断論の意味で主題とせられるのか？　明らかにそうではない、なぜなら『真理』は『事象』、『自己《それ》自身を示現する者』と同じ者を意味するからである。だが『真理』という語が術語上『存在者』および『存在』として使用されうるとすれば、その語は何を意味するのか？

だがもし真理が存在と根源的な連関に立っていることが正しいとすれば、そのときは真理現象は基礎的存在論的問題連関の圏内に身を移す。だがそのときは真理現象は、予備的基礎分析、すなわち現存在の分析論の内部においてもすでに出会われるはずではないか？　『真理』は、現存在と、われわれが存在了解性と名づけている現存在の存在規定性とに対しては、いかなる存在的‐存在論的連関に立っているか？　なにゆえに存在は真理とまた後者は前者と必然的に結びつくのかという根拠が、この存在了解性から示されうるであろうか？

これらの問いを回避することはゆるされない。存在はじじつ真理と『結びついている』がゆえに、真理現象もまたすでに、たとえこの名称のもとに明確にではないにせよ、さきの諸分析において主題とされていたのである。いまや、存在問題の尖鋭化を念頭において真理現象を明確に画定し、そのうちに画された諸問題を確定すべきである。そのさいさきに解明されたことをたんに総括するだけではいけない。探究はひとつの新しい始設《アンザッツ》を採る。

分析は伝統的真理概念から出発してその存在論的基礎を拓開露表しようとする（a）。この基礎から真理という根源的現象が見取されうる。後者を源として伝統的真理概念の派生性が呈示されうる（b）。探究は、真理の『本質』如何の問いにはまた必然的に真理の存在様式如何の問いが属しているという事を明らかにする。この事と相たずさえて、『真理はある es gibt Wahrheit』と言われていることの存在論的意味と、真理は『ある』と『われわれは前提せざるをえない』という必然性の様式との開明が進められる（c）。

214

（a）　伝統的真理概念とその存在論的基礎

三つの提言が、真理の本質についての伝統的見解と真理の最初の定義に関する意見とを性格づけている、すなわち、一、真理の『場所《ありか》 Ort』は陳述（判断）である。二、真理の本質は判断とその対象との『一致』のうちに存する。三、論理学の父、アリストテレスは、真理をその根源的場所たる判断にあてがいもしたし、また『一致』としての真理の定義をも流布せしめた。

真理概念の歴史は、存在論の歴史を地盤としてのみ叙述されうるであろうが、ここではその意図はない。周知のことがらに対する若干の特性を指摘して分析的究明を始めることにする。

アリストテレスは言う――「παθήματα τῆς ψυχῆς τῶν πραγμάτων ὁμοιώματα,[1] 心の『諸体験』、すなわちνοήματα（『諸表象』）は、諸事物への同化である」と。この陳述は、けっして真理の表明的な本質定義として提出されていたわけではないが、真理の本質を「知と事物との同等 adaequatio intellectus et rei」とする後世の方式化を育て上げる誘因ともなったのである。トマス・アクィナスは、[2] 定義のためには彼はアヴィケンナを指示しており、後者の方はそれをイサーク・イスラエリの『定義の書』（第一〇世紀）から受継いだのであるが、同等 adaequatio（Angleichung）に対して相当 correspondentia（Entsprechung）とか合致 convenientia（Übereinkunft）とかいう術語をも用いる。

（1）判断論 1, 16 a 6.

（2）真理論、問題 I, art 1. 参照。

一九世紀の新カント派的認識論はしばしば、この真理定義を方法的にたちおくれた素朴的実在論の表現として特性づけ、またカントの『コペルニクス的転回』を通過したほどの問題提起とはおよそ調和しがたいものだと宣言する。そのさい人は、ブレンターノがすでに注意を喚起していたこと、すなわちカントもこの真理概念を大いに固守していてあらためてこれを論究の対象にはまったくしなかったほどだという点を看過している。すなわち〔カントによれば〕『人々がそれをもち出せば論理学者らを困惑せしめるに足ると想像していた…古い有名な問いは、真理とは何か？　という問いである。真理とはすなわち認識とその対象との一致である、という真理についての名称の説明が、ここで与えられ、また前提されるのである…』[1] と。

『真理とは認識とその対象との一致において存立するとすれば、このことによってその対象は他の諸対象から区別されざるをえない、なぜならひとつの認識は、それが関係する当の対象と一致するのでなければ、たとえ他の諸対象についてはおそらく妥当しうるものを含んでいても、誤謬であるからである。(2)』また先験的弁証論の緒言においてカントは言う――『真理ないしは仮象は、直観されるかぎりの対象中には存せずして、思惟されるかぎりの対象に関する判断中に存する。(3)』と。

(1) 純粋理性批判第二版、八二頁。
(2) 同前、八三頁。
(3) 同前、三五〇頁。

『一致 Übereinstimmung』、同等 adaequatio、同化 ὁμοίωσις としての真理の性格づけはもちろんはなはだ一般的であり空虚である。とはいえこの性格づけは、それがこういう特性的賓辞をたずさえているのに、認識についてのきわめて異種の解釈をもそこなわずにきりぬけるとすれば、やはりなんらかの正しさを有するであろう。われわれはいまやこの『関係』の基礎を問う。この関係全体――知と事物との同等――のうちには何が暗黙にともに措定せられているか? このともに措定されたもの自身はどんな存在論的性格を有するか?

そもそも『一致』という術語は何を意味するのか? 或る物と或る物との一致は、或る物に対する或る物の関係という形式的性格をもつ。あらゆる一致は、したがってまた『真理』も、ひとつの関係である。しかしながらあらゆる関係かならずしも一致ではない。記号なるものは被示物を指示する。この「を指示する」ことは、ひとつの関係である、とはいえ記号と被示物との一致ではない。ところがまた一致はかならずしも真理定義において確定された合致 covenientia というようなものでないことは明らかである。数の6は16−10と一致する。両数が一致するのである、それらは、いくつか《ヴィフィール》という点で、等しい gleich のである。等しいということ・同等性 Gleichheit は一致の一つの様態である。この様態には構造上『云云の点で Hinblick auf』ということが属する。云云の点で、同等という関係にあるものが一致している当の点とは、何であるか？『真理関係』の闡明にさいしては、関係各項の特異性も注目せられなければならない。いかなる点で、知《インテレクトウス》と事物《レース》とは一致するのか？ 両者は、その点でなら彼らが一致しうるなんらかの点を、彼らの存在様式と彼らの本質内実とにしたがってそもそも提供するであろうか？ 同等性が両者の同質性の欠如のゆえに不可能であるとすれば、それでも両者（知と事物）は似ているであろうか？ しかしながら認識は事象《ザッヘ》をばやはり、それがあるがごとくに同様に、『与う』べきものである。『一致』は、『――ごとく同様に So—wie』という関係性格をもつ。いかなる仕方でこの関係が、知と事物との間の関係として可能であるのか？ これらの問いから明らかになることはすなわち、真理構造の開明のためには、この関係全体を単純に前提しても十分ではなく、この全体を全体として支えている存在連関のなかへと問いを遡及せしめねばならない、ということである。

この為にはしかし、主観－客観－関係に関する『認識論的』問題連関の展開を必要とするであろうか、或いは分析が、『内在的真理意識』の解釈に制限されしたがって主観の『領界内』にとどまりうるであろうか？ 真《ヴァール》であるのは、一般的見解にしたがえば、認識である。認識はだが判断作用《ウルタイレン》である。判断《ウルタイル》において区別されねばならないのは、実在的な心的出来事としての判断作用と、観念的内実としての「判断されたこと・判断内実 das geurteilte」とである。後者についてこそ、それは『真《ヴァール》』なり、と言われうるのである。実在的な心的出来事はこれに反して、前在するか否か、である。観念的判断内実はしたがって「一致」関係のうちに立っている。それゆえこの関係が、観念的判断内実と、何かについて判断が下された当の対象 worüber たる実在的事物との間の関連に当るのである。一致するということは、その存在様式よりすれば、実在的か、観念的か、両者のいずれでもないか、である。観念的存在者と実在的前在者との間の関係は存在論的にはいかに解さるべきか？　該関係はやはり存立しており、それも現事実としての判断においては、判断内実と実在的客体との間にのみならず、また同時に観念的内実と実在的判断遂行との間にも、しかもここでは明らかに『より密接に《インニガー》』、存立しているではないか？　それとも実在的なものと観念的なものとの間の関係の（〔プラトン的意味では前者の後者への〕分預・あずかり・参加の der μέθεξις）存在論的意味如何は問われなくともよいのであろうか？　該関係は存立していると言われているのに。存立とは存在論的には何を意味するのか？

この問いの正当さをこばましめているわけは何か？　この問題が二千年以上も前から一向はかどっていないという事は、偶然であろうか？　問題の転倒はすでに始設のうちに、すなわち実在的なものと観念的なものという存在論的に未闡明な分離のうちに存するのではないか？

かつまた「判断されたこと・判断内実」における『現実の』判断作用をかえりみるなら、実在的〔判断〕遂行と観念的内実との分離はそもそも不当ではないか？　認識作用や判断作用の現実が二つの存在様態や『層』に分断され、その二つを接合してももはや認識作用の存在様式にはけっして成らないのではないか？　心理主義は、たとえそれ自身は「思惟されたこと・思惟内実」における思惟作用の存在様式を、存在論的に開明もせずまた問題としてすら知ってはいないにせよ、かかる分離に対して抵抗するという点では正しいのではないか？

同等性 adaequatio の存在様式如何という問題において、判断遂行と判断内実との区別へと逆行することは、究明を前進させることにはならないが、ただ、認識作用そのものの存在様式の開明が不可欠だということを明らかにはする。その開明の為に必要な分析はまた同時に、認識の性格である真理という現象をも視見につれ込もうとつとめねばならない。いかなるときに、認識作用そのもののうちで真理が現象的に顕然と成るか？　認識作用がみずから《ジヒ》を真なるものとして als wahres 証示《アウスヴァイゼン》したときである。この自己証示《みのあかし》が該作用にその真理をば保証する。したがってこの証示の現象的連関のなかで一致関係が見られうるにちがいない。

誰かが壁に背を向けていて、『壁に掛っている絵は斜めだ』という真なる陳述を為したとする。この陳述は、陳述者がみずからふり返って壁に斜めに掛っている絵を知覚することによって証示せられる。この証示《アウスヴァイズング》において証示されるものは何か？　陳述〔の真であること〕を確証《ベヴェールング》するとはどういう意味であるか？　たとえば『認識』ないしは『認識されたこと・内実《ダス・エルカンテ》』と壁に掛れる事物との一致が確認されるのか？　『認識された内実《こと》』という語が何を意味するかが現象的に適切に解釈《インタプレティーレン》されるかどうかで、〔答えは〕「然り」とも「否」ともなる。陳述者は、彼が――絵を知覚しながらでなく『ただ表象しながら』――判断するとき、何と関係しているのか？　たとえば『表象』とか？　表象がここで心的出来事としての表象作用を意味するなら、たしかに然らず。陳述者はまた、表象されたもの《ダス・フォールゲシュテルテ》〔被表象事物〕が、壁に掛れる実在的事物についての『像《ビルト》』を意味するかぎり、かかる意味での表象とも関係していない。むしろ『たんに表象するだけ』の陳述作用こそ、その固有の意味よりすれば、壁に掛れる実在の絵と関係している。後者が指されているのであって、他の何物でもない。ここで或る他の何物かを割り込ませてそれが、ただ表象するだけの陳述作用において指されているのだとするあらゆる解釈は、それ

218

について陳述されている当の対象《もの》の現象としての成立事実を変造するものである。陳述作用は、存在せる事物そのものへのひとつの存在作用《ザイン》である。また、何が知覚によって証示されるのであるか？　それは、陳述において指されていたものは、存在者そのもので在る〔…そのものとして存在している〕という事〔実〕daß 以外の何ものでもない。〔真《ヴァール》として立証《エルヴァイゼン》〕確証《ベヴェールング》されるにいたるのは、被陳述物への陳述的存在作用《ザイン》〔態度《フエルハルテン》〕は存在者を呈示する作用であるという事、該存在作用《ザイン》は、みずからがそれへと存在せる〔それに向って開放されて在る〕当の存在者を発見する・除蔽する entdecken のだという事〔実〕daß である。証示されるのは、陳述の発見的 - 存在〔陳述なるものは除蔽・発見を為しつつ在るのだということ〕である。このさい証示を遂行しつつある認識作用はもっぱら存在者そのものにのみ関係している。確証は、いわばこの存在者に即《そく》して演じられるのである。したがって指されている当の存在者自身は、彼が即《そく》彼自身的に存在しているごとく同様に自己を示現する。すなわち該存在者は、彼が在るとおりに陳述において呈示され・発見されるそのとおりに、自己同一性《ゼルビヒカイト》において存在しているのである。諸表象が、彼ら相互間においても、実在的事物との関係においても、比較せられるのではない。証示されるのは、認識作用と対象との、まして心的なものと物理的なものとの一致などではない、だからとて『意識諸内容』相互間の一致でもない。証示されるのはもっぱら、存在者そのものが発見されて在るということ・彼の被除蔽的被発見的 - 存在 das Entdeckt-sein、すなわち彼の被発見性のいかに・様《よう》 Wie における〔、とは除蔽されてあるがまま Wie の〕存在者のみ、である。存在者のこの被発見性は、被陳述事物、すなわち存在者そのものが、自己を同一者として示現することにおいて〔真《ヴァール》として〕確証されるのである。〔真として〕の証《あか》し・真化〕確証 Bewährung とはすなわち、「自己同一性 Selbigkeit[1] における存在者の自己示現〔真現象《フエノメーン》〕」

を意味する。確証は、存在者の自己示現〔すなわち現象〕に基づいて行われる。このことはただ、陳述しつつかつ自己を確証しつつある認識作用なるものは、その存在論的意味よりすれば、実在的存在者そのものへの発見的存在作用 ein entdeckendes Sein zum であればこそ、可能なのである。

（1）『同一化《イデンティフィツィールング》』としての証示の理念のためには、フッセルの論理的研究第二版、第二巻、第二部、第六研究。『明証と真理』については、同所第三六——三九節、一一五頁以下数頁、参照。現象学的真理論についてのありきたりの叙述はみな、批判的プロレゴーメナ（第一巻）において言われていることに限られており、またボルツァーノの命題論との関連を書き立てている。これに反してボルツァーノの説とは根本的に相違する積極的な現象学的解釈は人々のすててかえりみないところである。現象学的研究の圏外で上記の研究を積極的に採りあげた唯一の人はE・ラスクであった、彼の『哲学の論理学』（一九一一年）は右の第六研究（感性的直観と範疇的直観について一二八頁以下数頁）により、彼の『判断論』（一九一二年）は明証と真理についての右の諸節により、同じくいちぢるしい規定をうけている。

陳述が真で在る ist wahr とは、陳述が存在者を存在者自身に即して除蔽・発見する、ということである。陳述は、存在者をその被除蔽・発見性において、言い表わし、呈示し、『見せる sehen lassen』（*ἀπόφανσις* 提出供覧・提示言明・提言・命題する）ことである。陳述の「真で在ること・真理存在 Wahrsein（真理 Wahrheit）」は、「除蔽発見しつつ在ること・除蔽発見的 - 存在 entdeckend-Sein」として了解されざるをえない。真理はそれゆえに、一存在者（主観）の他の存在者（客観）への同化という意味での、認識作用と対象との間の一致、という構造はまったく有しない。

「発見的《みだしつつ》 - 存在《あり》」としての「真理存在《しんなり》」はこれまた、存在論的には「世界内存在」に基づいてしか可能でない。

われわれが現存在の根本構えとして認識していたこの現象は、真理という根源的現象の基礎である。この根源的現象をいまやもっと徹底的に追究してみよう。

（b）　真理という根源的現象と、伝統的真理概念の派生性

「真理存在《しんなり》」（真理）とは「発見的《みだしつつ》‐存在《あり》」である。これはしかしひどく勝手な真理の定義ではなかろうか？ こんな乱暴な概念規定では、真理概念から一致の理念をしめ出すことには成功すればとて、古くからの『よき』伝統を無効に帰してまでこんな疑がわしい利得につかねばならないのだろうか？ しかしながら一見勝手とみえるこの定義も、古代哲学の最古の伝統がはじめから《ウールシュプリュングリヒ》予感しておりまた前存在論的には了解してもいた当のものの、必然的解釈をしか含んではいない。「ἀπόφανσις 提出供覧」としての「λόγος 語り」の「真理存在《しんなり》」は、「ἀποφαίνεσθαι 語られている当の物を当事者のためにその物自身の方から出して見せる〔三二一―三三頁〕」という仕様で「ἀληθεύειν 真を語る《アレーテウエイン》」ことである、すなわち、存在者をその隠蔽性から取り出して――その非隠蔽性（被発見性）において見せることである。「die ἀλήθεια 真理《アレーテイア》」は、アリストテレスによるとさきに引用された箇所では、「πρᾶγμα 事象」、「φαινόμενα 諸現象」と同様に考えられていて、『事象そのもの』、自己を示現する者、みずからの被発見性の「いかに Wie〔如《によ》 tathatā〕」における〔除蔽発見されてあるがままの〕存在者を意味する。また、はっきりと「λόγος 語り」を扱っている最古の哲学的断章、ヘラクレイトスの断片の一つにおいて、[(1)] 被発見性（非隠蔽性）の意味で明らかとされた真理の現象が見られるという事は偶然であろうか？ 〔そこでは〕「ロゴス・語り」とロゴスを語りかつ了解する者とに対して不了解者らが対立せしめられている。ロゴスとは

「φράζων ὅπως ἔχει それがどんな状態にあるかを明らかにする者」である、すなわち存在者がどんな状態にあるかをロゴスは語るのである。これに反して不了解者らにとっては、彼らの為すところのものは、「λανθάνει 隠《ラ》蔽《ン》さ《タ》れ《ネ》て《イ》いる」、すなわち隠蔽性のうちにとどまっている。「ἐπιλανθάνονται それについて彼ら《エピランタノンタイ》は忘れる」、すなわち、それは彼らにとって再び隠蔽性のなかへ帰没《ツリュクジンケン》する。それゆえに「λόγος 語り」には「die Unverborgenheit 非隠蔽性」、「ἀ-λήθεια 非《ア》-隠蔽性《レーテイア》、優顕性、顕現性、真性」が属するのである。いわゆる『真理 die Wahrheit』という語による飜訳からして、ましてこの語の理論的概念規定にいたってはいよいよ、ギリシャ人らが「ἀλήθεια 真性《アレーテイア》」の術語的使用の基礎に、前哲学的了解性《わかり》として『自明的に』すえていたもの〔非隠蔽-顕現-現即真《げんそくしん》-如《によ》〕の意味を蔽い隠すのである。

（1）ディールス、前ソクラテス諸家の断片、ヘラクレイトス断片の一、参照。

右のごとき諸例証の援用は、とめどもない「言葉の神秘主義《ヴォルトミュスティク》」に対して自戒しなければならない。にもかかわらず、現存在がそれによって自己を語り出ずる最も基本的な言葉の力を、それらの言葉が常識による水平化のために了解されがたくなったり、また、この不可了解性が見せかけの諸問題を生ぜしめる源泉となるような事態から守るのは、けっきょく哲学の仕事である。

さきに語り《ロゴス》[1]と真性《アレーテイア》〔真如《しんによ》〕について、いわば独断的解釈により述べられていたことは、いまやその現象的身許証明を受取ったのである。呈示せられた真理の『定義』は、伝統を、振り落すことではなく、根源的に身に着けることである。このことは、根源的真理現象に基づいている理論《テオリー》が一致の理念に至らざるをえなかった事実《ダス》と仕様《ヴィー》が証示されえたあかつきは、いよいよもって然りとせられねばならない。

(1) 三二頁以下数頁、参照。

被発見性とか「発見的《みだしつつ》-存在《あり》」としての真理の『定義』はだからまた、たんなる語の説明ではなくて、われわれがふだんまず『真《ヴァール》』と名づけているような現存在の諸態度の、分析から生ずるのである。「発見的《みだしつつ》-存在《あり》」としての「真理存在《しんにあり》」は「現存在《あらわれあり》」の一存在様式《ありよう》である。この「除蔽《エント》・発見する《デッケン》作用」そのものを可能ならしめているものは、必然的にさらにいっそう根源的な意味で『真』と名づけられざるをえない。発見作用そのものの実存論的-存在論的基礎がはじめて、真理の最も根源的な現象を示すのである。

発見作用は「世界内存在作用」の一存在様態である。〔用在者への〕用視的な配慮作用も、ないしは〔前在者への〕滞留的諦視的なそれも、世界内部的存在者を発見する。この者が被発見者と成る。この者は第二義的に『真』である。第一義的に『真』であるのは、ということは「発見しつつ」あるのは、現存在である。第二義における「真性・真理《ヴァールハイト》」は、「発見しつつ-在ること(発見《エントデクング》)」ではなく、「発見されて-在ること(被発見性《エントデクトハイト》)」である。

いっぽう、世界の世界性と世界内部的存在者とについてのさきの分析で示されていたことは、世界内部的存在者の被発見性は世界の開示性に基づく、ということであった。開示性はというと、現存在の根本様式であり、これにしたがってこそ現存在は彼の「現われ《ダー》」で在る〔みずから現に現われて存在する〕。開示性は、感存性、了解作用、および「語り《レーデ》」によって構成され、かつ等根源的に、世界と「内存在」と「自己」とに関係する。「自己に先立ち〔自己予在し〕つつ——既にひとつの世界の内に存在し〔て既在世し〕ながらも——世界内部的存在者の許に存在している〔現滞在〕」という慮《ゾルゲ》の構造のうちに、現存在の開示性が蔵されているのである。この構造「と共にかつによって」こそ被発見性は存するのである。それゆえに現存在の開示性と共にはじめて真理の最も根源的な現象が達成されるのである。さきに「現われ《ダー》」の実存論的構成本質について、[1]また「現われ」の日常的存在に関して[2]呈示されていたものは、真理の最も根源的な現象にほかならない。現存在は本質的に彼の開示性で在り〔現存在の本質は彼が開示されて存在すること、「現-存在」即「被開示-存在」であり〕、また開示された者として開示を為しそして発見を為すかぎり、現存在は本質的に『真《ヴァール》』で在る〔「現《げんに》-存在《あり》」即「真理《しんに》-存在《あり》」である〕。現存在は『真理の内に in der Wahrheit〔真理を成して〕』存在する〔「真理内存在」〕。この陳述は存在論的意味をもつのであって、現存在は存在的につねに、ないしは或るときにもせよ、『全真理のなかへ』導かれているというごとき事を意味するのではなく、現存在の実存論的構えには彼の最自己的存在の開示性が属するという事を意味するのである。

（1）　一三四頁以下数頁、参照。

（2）　一六六頁以下数頁、参照。

さきに獲られたものを採用するなら、『現存在は真理の内に存在する』という命題の完全な実存論的意味は、次の諸規定によって再現せられうる——

一、現存在の存在構えには本質的に開示性一般が属する。後者は慮という現象によって顕然となった存在構造の全体を包括する。慮には、たんに「世界内存在作用〔被投的投案作用・既在世的自己予在作用〕」のみならず、世界内部的存在者「の許での存在作用〔現滞在作用・頽落作用〕」も属する。現存在の存在と彼の開示性と共に、世界内部的存在者の被発見性も等根源的に存在する。

二、現存在の存在構えには、しかも彼の開示性の構成契機として、被投性が属する。被投性において露見することは、現存在は常に既に我がもの〔常我性〕にしてこのもの〔現存在〕として、一定の世界内に、かつ特定の世界内部的諸存在者の一定の環域の許に、存在する、という事である。開示性は本質的に現事実的〔既在・既然・被投的〕なものである。

三、現存在の存在構えには投案が、すなわち彼の存在可能への開示的存在作用が、属する。現存在は了解者として自己を了解するには、『世界』や他人等の方からすることも、または彼の最も自己的な存在可能の方からすることも、可能である。この後の方の可能性は、現存在は彼自身に自己を、最自己的な存在可能においてまた最自己的な存在可能として、開示する、という事を意味する。この自己本来的な開示性は、自己本来性という様態を成せる最も根源的な真理の現象を示す。そのうちで現存在が存在可能として存在し能うところの最も根源的でしかも最も自己本来的な開示性は、実存の真理〔実存という真性《ヴァールハイト》〕である。この真理は、現存在の自己本来性の分析連関のうちではじめてその実存論的‐存在論的規定性を得るのである。

四、現存在の存在構えには頽落作用が属している。すなわち「まずたいてい」現存在は彼の『世界』に自己を見失っている。了解作用が、存在諸可能性への投案として、そこへと身を移したわけである。「ひと」を成しての没頭は、公共的解釈性〔俗見即《そく》曖昧性〕の支配を意味する。発見された者〔世界内部的存在者〕や開示されたもの〔現存在〕は、空談、好奇心、および曖昧性による〔存在者の〕擬態《フエルシュテルトハイト》と〔存在の〕閉鎖《フエルシュロッセンハイト》との様態を呈する。存在者への存在〔存在者に向っての開放存在《ひらかれあり》〕は根だやされたのではないが、根ぬきにされている。存在者は完全に隠蔽されているのではなく、発見されてはいるのだが、同時に擬態化されている。存在者は自己を示現する——とはいえ仮象の様態において。以前発見されたものも同様に、またもや擬態と隠蔽に帰《ツリユクジン》没《ケン》する。現存在は、本質的に頽落するから、自己の存在構えにしたがって『非真理』の内に存在する。『非真理 Unwahrheit』という名称はここでは『頽落』という表現と同じく存在論的に用いられている。存在的に消極的な『評価』は、一切、この名称の実存論的‐分析的使用にさいしては遠ざけられねばならない。現存在の現事実性には、閉鎖性と遮蔽性《フェルデクトハイト》が属する。『現存在は真理の内に存在する』という命題の完全な実存論的‐存在論的意味は、『現存在は非真理の内に存在する』ということをも、等根源的に述べている。しかし現存在は、彼が開示されて在るかぎりでのみ、閉鎖されても在るのである。また現存在と共にそのつど既に世界内部的存在者が「除蔽《エントデクト》・発見されて」いるかぎり、可能なる世界内部的出会者としてのかかる存在者は「遮蔽され《フェルデクト》」（隠され《フェルボルゲン》）ているか擬態《フェルシュテルト》化されているのである。

だからこそ現存在は本質的に、既に発見されたものをも、仮象や擬態に対して、はっきりとおのれのものとし、その発見性を再三おのれに保証せざるをえないのである。いわんや新発見はすべて、完全な隠蔽性を基盤として行われるのではなく、仮象の様態における被発見性から出発して行われるのである。存在者が・・のごとくに見える、ということは、存在者がなんらかの仕方で既に発見されていてしかもなお擬態されている、ということである。

真理（被発見性）は存在者からつねにまず奪い取られざるをえない。存在者は隠蔽性からもぎ離されざるをえない。そのつどの現事実的被発見性は、いわばつねにひとつの奪掠 Raub である。ギリシャ人らが真理の本質について彼らの見解を、ひとつの奪取的・欠性的 privativ な表現（ἀ-λήθεια 奪‐隠蔽性、非‐隠蔽性）において述べているのは、偶然であろうか？ 現存在の為すこうした自己表明のうちには、彼自身についてのひとつの根源的存在了解性が告げられていはしないか？ その了解性がたとえ、「非真理内存在」は「世界内存在」の本質的規定を成すという事についての前存在論的了解にすぎないにせよ。

パルメニデスを導いている真理の女神が彼を発見と隠蔽の両道の前に立たしめたという事は、現存在はそのつどすでに真理および非真理の内に存在するという事を意味するにほかならない。発見の道はただ「κρίνειν λόγῳ ロゴスによる判別」、すなわち両道を了解することによる区別とその一方を採らんとする決断においてのみ獲られるのである。[1]

（1） K・ラインハルトは、「パルメニデスとギリシャ哲学史」（一九一六年）参照、パルメニデスの詩篇の両部分〔第一部ロゴス・真理の道と第二部エペア・説話・臆見の道と〕の連関というしばしば取扱われた問題をはじめて理解し解決した、たとえ彼が ἀλήθεια 真理と δόξα 臆見との連関とその必然性とに対する存在論的基礎を明確には提示していないとはいえ。

223

「世界内存在」は『真理』と『非真理』とによって規定されている、という事に対する実存論的‐存在論的制約は、われわれが被投的投案 geworfener Entwurf として特性づけていたところの、現存在のこの存在構えにある。この構えは慮の構造のひとつの構造契機である。

真理という現象の実存論的‐存在論的解釈は次のごとき結果を生じた——一、最根源的意味における真理は現存在の開示性であり、この開示性には世界内部的存在者の被発見性が属する。二、現存在は等根源的に真理と非真理の内に存在する。と。

この両命題は、次の二点が明示されうるときはじめて、真理現象の伝統的解釈の地平内で完全に洞察されうるにいたる、すなわち、一、「一致」と解されたばあい真理は、開示性から由来しているがそれも一定の変様途上においてである。二、先ず開示性の派生的変様が視見に入り来って真理構造の理論的説明を導くという事は開示性そのものの存在様式の然らしめるところである。

陳述《アウスザーゲ》とその構造、すなわち命題的《アポファンティシェス》「として《アルス》」は、解釈《アウスレーグング》とその構造、すなわち解釈学的《ヘルメノイティシェス》「として《アルス》」に、ひいては了解作用、すなわち現存在の開示性に、基づけられている。真理はというと、かく派生的なる陳述の特筆すべき規定だと見なされている。したがって陳述〔における〕真理の根をたどるなら了解作用の開示性に達するのである。(1) 陳述真理の由来についてのこの告示を越えていまや、一致 Übereinstimmung という現象が派生的である点を明確に示さねばならない。

（1）上述第三三節、一五四頁以下数頁、「解釈の派生的様態としての陳述」、参照。

世界内部的存在者の許に在ること〔現滞在作用〕、すなわち配慮作用は、〔該存在者を〕発見しつつ在るのである。いっぽう現存在の開示性には本質的に「語り《レーデ》」が属する。(1) 現存在は自己を言表する、ということは、自己を——存在者への発見的存在として、言表する。また現存在はそのようなものであるゆえに彼が発見した存在者に関しては陳述《アウスザーゲ》において自己〔の意見〕を言表する spricht sich aus。陳述は存在者をその被発見性の「いかに《ヴィー》・有様《ありよう》」のままに伝達する《ミトタイレン》〔共同現存在《ミトダーザイン》と共に分つ・共有する《ミトタイレン》〕。伝達を聞き知りつつある現存在は、聞き知ることにおいて、話題の存在者への発見的存在のなかへつれ込まれる。言表された陳述は、その陳述の当の「につ《ヴォリュ》いて《ーバー》・対象」のうちに存在者の被発見性を含んでいる。この被発見性は言表された言《こと》〔ことがら〕のうちに保存せられる。言表された言《こと》 das Ausgesprochene は、いわばひとつの、世界内部的に用在する者と成り、この者は採り上げられて話し継がれうることともなる。この用在せる、言表された言《こと》は、被発見性の保存ということに基づいて、存在者へのひとつの関わり Bezug をそれ自身にそなえており(一五六)、この存在者に関して言表された言《こと》がそのつど陳述なのである。被発見性はそのつど・・何かの・・被発見性である。人のことばを繰り返す・受け売《ナーハシュプレヒ》り《エン》するばあいでも、受け売りしつつある現存在は、話題の存在者そのものへの存在のなかへ入り込むのである。その現存在はしかし、発見作用の根源的な追加執行というようなことからは、まぬかれているし又まぬかれているものと思っている。

(1) 第三四節、一六〇頁以下数頁、参照。

現存在が存在者そのものの前へもたらされるには、かならずしも『原的《オリギネール》』経験によるとはかぎらない、〔聴き伝えによるとも〕それでいてやはり彼は存在者への存在のうちにあるのである。被発見性なるものは、その広大なひろがりにわたって、いちいち自分の発見作用によって得られるものではなく、言われた言《こと》の聴き伝えによってわがものとされるのである。言われた言《こと》・ことがら das Gesagte への没頭は「ひと」の存在様式に属する。言表された言《こと》そのものが、陳述において発見された存在者への存在を引受けるのである。この存在者はしかしその被発見性に関して明確にわがものとされねばならないのだとすれば、このことは、陳述なるものは発見しつつある者だという身の証《あか》しが立てられねばならないことを意味する。言表された陳述はしかし用在者である、それも被発見性の保存者として、発見された存在者への関わり《ベッツーク》をおのれ自身にそなえているような一用在者である。陳述を発見的-存在なりとする身の証《アウスワイズング》しはいまや、被発見性を保存せる陳述は存在者への関わりなりという身の証しを意味する。陳述は一用在者である。陳述が発見者としてそれへの関わりをもつ当の存在者は、世界内部的に、用在せる者かないしは前在せる者である。かくして関わり自身が前在者として現われることになる。関わりとは、陳述中に保存されている被発見性はそのつど…何か…についての被発見性である、ということに存する。判断は『対象について妥当する何物かを含む』(カント)。関わり《ベツーク》はだがみずからを前在者間の関係《ベツイーウング》に切り換えることにより、いまやみずから前在性の性格を得るにいたる。…何か…についての被発見性は、一前在者すなわち言表された陳述の、前在者すなわち話題の存在者への、前在的適合性と成る。こうなってはもはや適合性は、ただ前在者間の関係《ベツイーウング》としてしか見取せられない、すなわちその関係両項の存在様式は無差別的にただ前在者としてしか了解せられない、かくしてあの関わり《ベツーク》は二つの前在者の前在的一致として現われることになる。存在者の被発見性は陳述の被言表性とともに〔陳述において言表されると〕世界内部的用在者という存在様式のなかへ移る。さていっぽう…何か…**の被発見性としての**被発見性のうちに前在者への関わりが維持されているかぎり、被発見性(真理)の方は前在者(知と事物 intellectus und res)間の前在的関係となる。

現存在の開示性に基づけられた被発見性という実存論的現象は、前在的であってなお関わりという性格を蔵している性質にまで、またかかる性質として前在的関係にまで、両断されることになる。開示性としての、かつ被発見的存在者への発見的存在としての真理は、世界内部的前在者間の一致としての真理にまで成った。これをもって伝統的真理概念の存在論的派生性が呈示されたのである。

けれども実存論的-存在論的基づけ連関の順位においては最後であるべきものも、存在的-現事実的には最初にしてまた最も近しいものと見なされている。この現事実はだがその必然性の点では、またしても現存在そのものの存在様式に基づく。配慮的没頭においては現存在は、世界内部的出会者の方から自己を了解する。発見作用に属する被発見性は、当初は世界内部的に、言表された言《こと》のうちに見出される。しかしながら真理のみが前在者として出会するのではなく、存在了解性一般は当初はすべての存在者を前在者として了解する。当初存在的に出会するいわゆる『真理』に対する最も近しい存在論的省察は、「λόγος 語り」(Aussage 陳述)を、「λόγος τινός 何かについての語り」(Aussage über・・・何かについての陳述、Entdecktheit von・・・何かの被発見性)として了解する、しかるにこの現象〔真理〕を前在者としてその可能なる前在性にもとづいて解釈《インタプレテイーレン》する。前在性はまたそもそも存在の意味と同視されているので、真理のこの存在様式〔前在性〕とまた最も近しく出会われているその構造とがはたして根源的であるかどうかという問いは、だいいち生気を帯びてくるわけがないのである。当初に支配して今日でも**原則的**かつ**表明的**には克服されていない現存在の存在了解性がそれみずから真理の根源的現象を遮蔽しているのである。

だが同時に、この最も近しい存在了解性をはじめて学問的に形成して支配の座につかしめたギリシャ人らのもとでは、また同時に真理の前存在論的にもせよ根源的な了解性は、生気を帯びており、しかも彼らの存在論のうちに存する遮蔽傾向に対して――すくなくともアリストテレスのもとでは――抵抗すら見せた、という事は看過せられてはならない[1]。

(1) ニコマコス倫理学 Z. および形而上学 Θ 10.

アリストテレスはけっして、真理の根源的『場所《ありか》』は判断なり、という提言をあくまで主張しはしなかった。彼はむしろ、ロゴス〔語り・陳述〕は現存在の存在の仕方《ザインスヴァイゼ》であり、この仕方は発見的または遮蔽的でありうる、と言っているのである。この二重の可能性がロゴスの真理《しんなり》存在における本来のすがたである。ロゴスとは、遮蔽することもありうるようなはたらきである。またアリストテレスは上記の提言をけっして主張しはしなかったから、彼はまたけっしてロゴスの真理概念を純粋な νοεῖν 思惟作用《ノエイン》にまで『拡張』しようとする立場にもおちいらなかった。αἴσθησις 感覚的知覚と、『諸観念《イデーエン》』を見る《ゼーエン》こととの『真理』が、根源的発見作用なのである。また νόησις 思惟《ノエーシス》〔この語には感覚的知覚の意と観念的認知の意がある〕が初原的に発見するがゆえにのみ、διανοεῖν 思考作用《ディアノエイン》・学的認識作用としてのロゴスも発見機能を有しうるのである。

真理の純生《ゲヌイーン》な『場所《ありか》』は判断なり、という提言のためにアリストテレスを引合いに出すことは正当でないのみならず、この提言はまたその内実よりしても真理構造を見そこなっている。真理の初原的『場所』は陳述ではないのである、反対に陳述が、被発見性の了得〔自得〕《アンアイグヌングス》様態《モードウス》としてかつまた「世界内存在」の仕方として、発見作用ないしは現存在の開示性に基づいているのである。最根源的な『真理』が、陳述の〔行われることともなる〕『場所』なのであり、また陳述が真ないし偽（除蔽《エントデケント》・発見的ないし遮蔽的《フェルデケント》）でありうる可能性にとっての存在論的制約なのである。

真理《ヴァール》・真性《ハイト》は、最根源的意味に了解されれば、現存在の根本構えに属する。真理という名称はひとつの実存疇を意味する。これをもっていっぽう、真理の存在様式如何および『真理はある』という前提における必然性の意味如何の問いに対する解答も、すでにその範が示されている。

（c）　真理の存在様式と真理前提

現存在は、開示性によって構成されている以上、本質的に真理の内に存在する。開示性は現存在の本質的存在様式である。真理は、現存在が存在するばあいにのみ且つそのかぎりでのみ、『〔与えられて〕ある gibt es』。存在者は、そもそも現存在が存在するさいにのみ発見され且つそのかぎりでのみ開示されている。ニュートンの諸法則、矛盾律、あらゆる真理一般は、現存在が存在するかぎりでのみ真《ヴァール》である。現存在がそもそも存在しなかった以前と現存在がそもそももはや存在しないであろう以後には、いかなる真理もなかったし、また、ないであろう、なぜなら真理は開示性、発見、および被発見性であるゆえそのさいには存在しえないからである。ニュートンの諸法則が発見されていなかった前には、それらは『真』でなかった。この事からはべつに、それらが偽であったとか、ましてそれらが、いかなる被発見性も存在的にもはや可能でないときは、偽となるであろうとか、いう事は結論せられない。同じく、右の『制限』のうちには『諸真理』の真理《しんなり》存在に対するなんらの低減も存しない。

ニュートンの諸法則は彼以前には真でも偽でもなかったという事は、それらが発見しつつ呈示する存在者が以前には存在しなかった、という事を意味することはできない。それら法則はニュートンによって真と成った、それらと共に現存在にとって、存在者が即彼自身的《そくそれ》に〔現象として〕接近可能と成ったのである。存在者の被発見性と共にその存在者は、ちょうど彼がそれ以前に既に存在していた当の存在者として、自己を示現する。その様に発見することが、『真理』の存在様式である。

『永遠の真理』はあるという事は、全永遠にわたって現存在は存在したしまた存在するであろうという事の証示が成功したあかつきに、はじめて十分に証明されたことになろう。この証明が未だ済まされていないかぎりは、右の命題も空想的主張にとどまり、それが哲学者らによって通常『信じられ』ているからといって正当だということにはならない。

すべての真理はその本質的な現存在的存在様式にしたがって、現存在の存在に対して相対的である。この相対性は、すべての真理は『主観的』である、ということと同じ意味であろうか？　もし人が『主観的』を『主観の恣意に一任された』と解釈するなら、確かにそうではない。なぜなら発見作用はその最固有な意味よりすれば、陳述作用を『主観的』恣意からひき離して、発見する現存在を存在者そのものの前へつれ出すからである。また『真理』は発見作用として現存在の存在様式で在るがゆえにのみ、『真理』は現存在の恣意からはひき離されうるのである。真理の『普遍妥当性』もまたもっぱら、現存在が存在者を即それ自身的に発見し開与しうることに根ざしている。ただかくしてのみ存在者は、おのれに関するあらゆる可能なる陳述、すなわち呈示を、即自己自身的に拘束し〔彼自身に即し則らざるをえざらしめ〕能うのである。かく正しく了解された真理は、存在的にはそれが、『主観』のうちでしか可能でなくまたその存亡をも『主観』と共にするからといって、いささかでもそこなわれるであろうか？

かく実存論的に理解された真理の存在様式から、いまや真理前提の意味も了解可能となる。なにゆえにわれわれは、真理はあるということを、前提せざるをえないのか？　『前提する』とは何を意味するのか？　『せざるをえない』とか『われわれは』とは何を指すのか？　『真理は〔与えられて〕ある《エス・ギーブト》』とはどういう意味か？　真理を『われわれは』前提する、なぜなら『われわれは』、現存在の存在様式において存在しつつ、『真理の内に』存在しているからである。われわれは真理を、われわれの『外なる』またわれわれを『超えたる』或るもの、それに対しては他の『諸価値』に対するように態度されえもする或るものとして、前提するのではない。われわれが『真理』を前提するのではない、むしろわれわれが或るものを『前提する』ごとくそのように存在し能うことを存在論的にそもそも可能にしているのが、真理である。真理にしてはじめて前提というようなことを可能ならしめるのである。

『前提する』とは何を意味するのか？　或るものを、或る他の存在者の存在の根拠として、了解することである。かく存在者をその存在諸連関において了解するということは、開示性に、すなわち現存在の発見的存在に基づいてのみ可能である。しからば『真理』を前提するとは、『真理』を、その為に《ヴォルムヴィレン》こそ現存在が存在する当の或るもの〔現存在が現に存在し能う根拠〕として、了解することを意味する。現存在はいっぽう——これは慮《ゾルゲ》としての存在構えによることだが——そのつど既に「自己に先立って在《い》る・自己予在する」。現存在とは、彼の存在において最自己的存在可能に関わり行く（一五七）〔既在しつつも予在する〕存在者である。「世界内存在」としての現存在の存在と存在可能には、本質的に開示性と発見作用が属する。現存在にとっての関心《かかわり》〔慮《ゾルゲ》〕（一五八）は、おのれの「世界内存在−可能」であり、またこのうちでは世界内部的存在者を用視によって発見する配慮《ベゾルゲン》作用である。慮としての現存在の存在構えのうちに、すなわち「自己に先立ち在ること・自己予在」のうちに、最根源的な『前提作用』が存する。現存在の存在にはこの自己前提作用が属するがゆえに、『われわれ』もまた『自己を』、開示性によって規定されていると、前提せざるをえないのである。現存在の存在そのもののうちに存するこの前提作用は、現存在のほかになお見うけられる非現存在的存在者に関わるのではなく、もっぱら現存在そのものにのみ関わるのである。前提された真理、ないしは真理の存在を規定しているべき『ある《エス・ギープト》』ということは、現存在そのものの、存在様式ないしは存在意味を、有するのである。真理前提をわれわれは『為さ』ざるをえない、なぜなら真理前提は『われわれ』の存在と共に既に『為され』て在《あ》るのだから。

　われわれは真理を前提せざるをえない、真理は現存在の開示性として存在せざるをえない、ちょうど現存在そのものが常に我がもの〔常我性〕にしてこのもの〔現存在〕として存在せざるをえないように。このことは、世界内への現存在の本質的被投性に属することである。現存在は、彼が『現存在』に入り込もうとするかしないかを、かつて彼自身として自由に決定したことがあろうか、またいつか決定しうるであろうか？　なにゆえに存在者が発見されて在るさだめなのか、なにゆえに真理と現存在が存在せざるをえないのかは、『それ自体』まったく洞察されえない。『真理』の、存在ないし認識可能性を否認せんとする懐疑論に対する通常の論駁は、中途半途におわっている。この論駁が形式的立論において示すところはもっぱら、判断が下されるときには真理が前提されている、という事にすぎない。この事は、陳述には『真理』が属するという事、すなわち呈示作用《アウフツァイゲン》はその意味よりすれば一種の発見作用であるという事の暗示である。このさい依然として未闡明のままでいるのは、なにゆえにそうあらざるをえないのか、すなわち陳述と真理のかくも必然的な存在連関にとっての存在論的根拠はどこにあるのかということである。同様に、真理の存在様式も、その前提作用の意味も、その作用の存在論的基礎が現存在そのものにあるという意味も、依然として全く不明である。のみならず、だれも判断しないときでも、現存在がそもそも存在するかぎりは、真理もまた既に前提されているという事が、見おとされている。

　真理の存在が『証明され《ベヴァイゼン》』えないと同様に、懐疑論者は論駁されえない。懐疑論者が、真理の否定というやり方で、現事実的に存在するとすれば、また彼は論駁されるに及ばない。懐疑論者にして存在ししかも〔真理否定という」この存在において自己を了解したばあいは、彼は自殺の絶望において現存在もろともに真理をも絶滅したわけである。真理はその必然性においては証明されえない、なぜなら現存在は自分自身にとってこそ証明されえないからである。『永遠の真理』があ　る《エス・ギープト》ということが立　証《エルヴァイゼン》されていないと同様に、かつて『ほんとうの《ヴィルクリヒ》』懐疑論者が『あ　っ　た《エス・ハト・ゲゲーベン》』ということも——これは懐疑論に対する論駁がその企図にもかかわらずけっきょく信じていることだが——立証されてはいない。『懐疑論』に対する形式的‐弁証法的奇襲論法の無邪気さが承認するであろうより、おそらくはよりしばしば〔ほんとうの懐疑論者はあったであろうが〕。

だからして一般に、真理の存在如何や真理前提の必然性如何の問いにさいしては、認識の本質如何の問いにさいしてと同じく、『観念的主観』が始設されているのである。このことに対する表明的または非表明的な動機は、哲学が主題とするのは『先　天　者《ダス・アプリオーリ》』であって『経験的諸事実』そのものではないという、是認せられてはいるがやはりまず存在論的に基礎づけられねばならないところの、要求にある。しかしながらこの要求を、『観念的主観』という始設がみたすであろうか？　これはひとつの架空的に観念化された主観ではないか？　かかる主観の概念をもってしては、『事実的《タートゼヒリヒ》』にすぎない主観の、すなわち現存在の、先　天　者《ダス・アプリオーリ》はむしろ逸しられているのではないか？　現事実的《ファクテイシュ》な主観の先天者、すなわち現存在の現事実性には、現存在は等根源的に真理と非真理の内に存在するという規定性が属してはいないか？

『純粋自我』とか『意識一般』とかいうような理念は、『現実的な』主観性の先天者を含んでいないどころか、現存在の現事実性と存在構えとの存在論的諸性格を超略するかないしはそもそも見取していない。『意識一般』を拒否することは先　天　者《ダス・アプリオーリ》を否定することにはならない、観念化された主観を始設したからとて事象に基づいた現存在の先天性《アプリオリテート》を保証することにならないと同様である。

『永遠の真理』を主張することは、現象的根拠をもつ現存在の『観念性』を観念化された絶対的主観と混同することとおなじく、久しく哲学的問題性の内部にあって未だに根本的放逐をみないキリスト教神学の残滓に属する。

真理の存在《あり》は現存在《げんにあり》との根源的連関に立っている。また現存在《あらわれあり》は開示性すなわち了解作用によって構成されてこそ存在しているのであるがゆえにのみ、だいいち存在《あり》というごときものが了解され能うのであり、存在了解性《ありのわかり》が可能なのである。

真理が存在するばあいにのみ、存在——存在者ではない——は『〔与えられて〕ある』《エス・ギープト》。また現存在が存在するばあいにのみ且つそのかぎりでのみ、真理は存在する。存在と真理とは等根源的『である』《ジント》。存在〔する〕がすべての存在〔せる〕者から区別されていなければならないのに、存在〔する〕が『である』とは、何を意味するのかという事は、存在の意味と存在了解性の到達範囲とがそもそも開明されているときにはじめて、具体的に問われうるのである。そのときにはじめて、存在そのものとその諸可能性や諸変様とについての学の概念には何が属するかということも、根源的に解明されうるのである。またこの研究とその真理との限界を画定することによって、存在者についての発見としての研究とその真理も存在論的に限定されうるであろう。

存在の意味如何の問題に対する解答は未だ済まされてはいない。これまでに遂行された現存在の基礎分析はこの問題の精練確立のためには何を準備したであろうか？　慮という現象の拓開露表によって闡明されたのは、おのれの存在に存在了解性というものが属している存在者の、存在構えであった。これをもってまた同時に現存在の存在は、非現存在的存在者の性格表示たる存在諸様態（用在性、前在性、実在性）に対して界限されていた。明らかにされたのは了解作用そのものであった、これをもってまた同時に存在解釈《インタプレタチオン》の了解的‐解釈《アウスレーゲント》的なやり方の方法的洞見性《ほうほうとしてのみとおし》が保証されたのである。

慮《ゾルゲ》をもって現存在の根源的存在構えが獲られているのだとすれば、これに基づいて、慮のうちに存する存在了解性も概念にもたらされえなければならない、すなわち存在の意味も限定されえなければならない。しかしながら慮という現象をもって現存在の最も根源的な実存論的‐存在論的構えが開示されて存在しているであろうか？　慮という現象のうちに存する構造多様性〔三契機、予・既・現〕は、現事実的現存在の存在の最も根源的な全体性を与えるであろうか？　上来の探究はそもそも現存在を全体的なものとして視見にとり入れていたであろうか？

訳者注

一（凡例一頁および中扉）

この訳本の中扉にIとあるのは、次の「序」で言われている『前半《エールステ・ヘルフテ》』を表わす標記である。

まず第七版の「序」を以下に掲げて、それにもとづき、七版における「誤り」や、『前半』「後半」や、また訳本のみならず新・旧原本の読者一般にも必要とおもわれる二、三の注意事項について述べておきたいと思う。

次の「序」は、その内容の示すごとく、第七版にいたってはじめて付けられたもので、第六版までの諸版にはなんらの序もない。

序　（第七版Ｖ頁）

この論文『存在と時間 Sein und Zeit』は一九二七年春はじめて、Ｅ・フッセル編集「(1)哲学および現象学的研究年報」第八巻に掲載され、そして同時に別刷として刊行された。

第七版として現われたこの新版は、原文においては訂正されていないが、(2)引用文と句読法とに関してはあらたに校閲せられた。新版の頁数は、微々たる差異《ずれ》をのぞいては、前数版のそれと一致する。

これまでの諸版に掲げられていた『前半』(3)という標記は抹殺せられた。それに続くべき後半(4)は、四半世紀をも経てははや、前半があらたに叙述せられでもしないかぎり、うまく接続しない。とはいえ、前半がたどった途《みち》(5)は、存在如何の問いがわれわれの現存在を揺り動かすべきものとすれば、(6)今日といえども依然として必然的な途である。

右の問いに対する解説のためには、この新版と同時に同じ書店から刊行された『形而上学入門 Einführung in die Metaphysik』を参照せられたい。この書は一九三五年夏学期に行われた講義のテクストを上梓したものである。

（1）「哲学および…」とあるべきこの年報名が、七版「序」のここ原文においては「現象学および…」と誤られているのをはじめとし、一般に新版は多くの誤植・誤字を蔵する。しかもそれらのためにおうおう、全く文意の不明ないし重大な誤解を来たすにもかかわらず、旧版に付されているように、正誤表もそえられていない。それらの箇所を、この訳本において、いちいち指摘するわけにはいかなかったが、ただ新旧両版をつうじて見落されているような誤記・誤植・脱字だけは訳注のどこかで補正されうるはずである。

(2) じじつ「原文においては訂正されていないが」、ただし、箇箇の原語においては、より良き若干の変更が存するのである。初版を底本としている拙訳においても、それらの箇所はもちろん十二分に考量した。これもしかしそのつど指摘の煩をさけた。「序」によればだれしも新版での校訂箇所は「引用文と句読法」のみと思うので、この点従来の旧版原本読者の留意を煩わしておきたい。訳者において考訂ないし照合されえた新版に対する正誤表ないし新旧両版の相違箇所の一覧表が掲げられうれば問題はないが、ここはその場所でないので、以上をもって概括的指摘にとどめたい。ただ両版の形式的相違について言えば、旧版の隔字《シュペルシュ》体《リフト》はイタリック体とされたこと、同じくd. h.; d. i.; z. T.;(本文中の) vgl. 等はすべて das heißt; das ist; zum Teil; vergleiche 等になおされていること(にもかかわらずときとして見落されて d. h. とか vgl. であったりすること) 等で、あまりにも重要でない。

(3・4)「前半 Erste Hälfte (第一部の前半《まえ》分)」・「後半 Zweite Hälfte (第一部の後半《あと》分)」に関しては三九―四〇頁、第八節「論文の構図」の表記に見られるごとく、そこでは「存在と時間」起草当時における本書の全般的構想が予告されているが、前半とは、その実現された部分すなわち当訳本上下両巻、その詳細を訳本の目次が示しているごとく、緒論(二章・八節)をも含めた第一部の第一篇(六章・三六節)および第二篇(六章・三九節)に当り、後半とは未刊の第一部の第三篇「時間と存在」(これの内容については一〇〇頁の終り一、二、三、四の標記、参照)に当る。そしてさらに三つの篇(四〇頁、参照)よりなる第二部が後続すべきはずであった。しかるに「序」にあるごとく当初の構想は当初のかたちではもはや実現をみない(ただし『カントと形而上学の問題』一九二九年刊は第二部第一篇に関連すること、その『カント書《ブーフ》』第一版の「序」参照) ことになったので、第七版からは標記の「前半」(訳本中扉に略してIとある) は削除されたわけである。――ただし第七版も原則として非改訂版であるために旧版と同様、予告されていた諸部分、もはや実現を見ることのない部・篇への参照指示を、未だに所所(八九頁下・一〇〇頁中・一六〇頁上、その他）にとどめているという点、あらかじめ読者において心得ておかれたい。

（5） この「途《みち》 Weg」というのは、最終四三七—八頁に出ている「途」とか途を「行く gehen」とか「途行のあと nach dem Gang」とか「途中 unterwegs」とか言われている「途」のことである。

（6） ここのところは、ではもし存在如何の問いがわれわれの現存在を揺り動かさないとすれば、前半の歩いた途・方途は、今日ではもはや必須・必然的道程ではないのか、というとそうではなく、われわれ各人がそれである現存在《ザイン》の、その本質ともいうべき存在《ザイン》への問いすなわち疑問は、ただちにもって、現存在なるわれわれ自身をその本質から震憾動揺せしめないではおかない bewegen soll（直接法・現在）こと明らかであるがゆえに、前半のすすんだ途は今日といえども依然として、現存在たるものわれわれが一度は通過せざるをえない途たることに、だんじて変りはない bleibt（直接法・現在）という積極的主張を蜿曲化してあるだけのことであって、その含み Wenn die Frage…たるや以上のごとく容易ならざる問い、どうでもよいでは済まされない問題として、むしろこの方がわれわれ現存在に迫り来るものが強い。

二・三・四（原版頁1） この『存在』には引用符『…』が付いている。一般に本書には引用符の付された語や句が非常に多い。それらは、純然たる引用文のばあいと同じく、ただ引用した語・句だという目印にすぎないばあいもあるが、しかし世間一般ないし或る種の人びとにおいてよく言われているいわゆる『云云』という意味のばあいの方が多い。それは、現象学的方法による基礎的存在論を標榜する反面、存在論史の積極的破壊を意図する本書においては、たいていの語が、日常語であれ哲学的ないし科学的術語であれ、存在論的には未検討でありその意味でしばしば現象学的保留を要する暫定的用語として、いわゆるを意味する括弧づけ・引用符が盛んに用いられることによる。——ほんの一例としては（いわゆる）『世界』と（本来的）世界との使い分けに見られるごとく。すなわちここでは、哲学的に詮議だてられた本来の存在はともかく、各人によりつね日頃「である・が在る」と連発されているようないわゆる『存在《ある》』がわからないで当惑しつくしているのか？ だんじて然らず、である。次に出てくる『存在』には引用符の他に傍点が附されているが、これはその次の時間へのそれと相まって、本書の題名「存在と時間」のいわれを指示する強調的ないし注意喚起的傍点である。

ちなみにこの時間に引用符がないのは、それがいわゆる『時間』すなわち通俗的『時間』ではなく、あらゆる存在の意味なる根源的時間だからである。

五・六・七・八・九（1） ここに「狙い」とか「目標」とか「狙うということ」等がわずか数行中に五ヶ所も出てくるが、これは全巻の再読に当ってはおそらく、たんなる字義以上の何事かが読み取られてよいのではないかと思う。解釈には一般に「狙う・照準を定める」ということ、術語的には「予視」ということが必要だとされている、すべての解釈 Auslegung がそうであるように、ここで言われているごとく、結局において、「存在を時間として」表明的に解釈することとすなわち学的解釈 Interpretation（二三二頁）も、解釈学的状況を構成する三契機（一五〇、二三二頁）に、すなわち——

予持 die Vorhabe（ここではいわゆる『在る』、すなわち漠然たる前把握的な存在了解性《あるのわかり》ないしその所持者たる現存在・帰するところ存在に当る。なお目論見と訳された das Vorhaben とも関連する。）

予視 die Vorsicht（狙う・照準を定める anvisieren、一五、六一、一五〇頁、ここでは、かかる現存在の存在様式の如何・帰するところゾルゲ・時間が狙われる。）

予握 der Vorgriff（予持と予視とによって予め把握・前概念することが可能となる、すなわち予持と予視とは同時にまたあらゆる存在構造がそれにおいてつかまれるところの把握性・概念性の手本を予め描いて見せている。）

——に基づかねばならない。

だが未説のこういう連関を既にここ巻頭言で表示するということはもちろん尚早である。しかしここに一見自然な語法で装われてはいるが、読者の再読的吟味にたえうるよう、解釈学的首尾一貫性によっておのずと用語は厳正に選ばれている。die Absicht や das Absehen を「意図」や「意図する」と訳されなかった理由もこの点にある。

一〇（2） die Frage nach…の場合は訳語の全巻的統一上、「…如何の問い」とした。如何《いかん》ということばの古さはすくいがたいが、これを一般に「…への問い」とすればその点はすっきりするように見える。しかしながら「…への問い」は「存在への問い」のばあいも、「私への、誰かへの、何かへの、哲学への、その他への、問い」のばあいも、それらに向って為される、何か他の或る事がらについての、「問い」という誤解を生ぜしめる余地が邦語では十分にある。のみならず nach jm. od. et. fragen は「或る人のことを、ないし例えば存在を、道を、値段を、等を問う」のであるが、そのさいそれらの「何か」を問うのでなく「如何に」を問うのである。すなわち存在「如何」の現象学的問いがその「何か Was」を問うのでなくその「如何に Wie」を問う（一二頁中、二七頁下、参考）ように。したがって厳密にいうならば、「…への問い」ということは「前把握的な漠然たる存在《ありの》了解性《わかり》を有する現存在への、存在の如何《いかに》についての問い」ということでなければならない。すなわち存在問題《ありのとい》において「問い掛けられたもの・問いの受け手」は、存在ではなく現存在という存在者であるように（第二節、参照）。

一一（2）die Frage は、Problem を問題と訳す以上、「問い」と訳さるべきかもしれないが、fragen「問う」という動詞は Frage という名詞から派生したものであり、後者は純ゲルマン系の語としてりっぱに「問題」という意味を有するのであるから、動詞的意味が明白に看取せられないばあいは、「問い」とせずに「問題」と訳した。

一二（2）存在如何の問いを繰返す以上、「明確にはっきり ausdrücklich」とか「不明瞭にぼんやり」とかは不可解なことであろう、むろん『ことさらに・わざわざ・意識して・故意に・わざと・表明的に ausdrücklich 繰返す必要』でなければならない、またこれが、火の消えた存在問題を『新たに焚きつけるべき（訳注一四（2）、参照）』と言われている必要にほかならない。「ausdrücklich」は哲学書ではほとんど「明確・明瞭・明白」すなわち「はっきり」という意味にのみ訳されてきているが、本書では「ことさら」の意味を表わす傾きがつよい、したがって「はっきり」の意味のばあいにははっきりと deutlich, klar, offenbar, explizite 等と書かれている。かく存在問題を「故意に、表明的・意識的に」繰返すのであればこそ「取り戻す・回復する」という（非術語的）意味にも通じるのであるが、すぐ次の四頁に、「いわゆる『存在《ある》』の意味如何の問いを繰返すべき [nicht wiederzuholen, sondern] zu wiederholen 原則的必要」と明記されている以上、二六頁下の『繰返し』も同様、これを「回復」とするのは考え過ぎであろうし、「明確にないしことさらに回復する」と読むことは形容過重でもあろう。のみならず「回復‥holt wieder‥,Wiederholung」は本書においては特別の術語である——最自身的存在可能からする自己本来的了解作用を構成する時間性の三契機中のひとつ・本来的「既在‐存在」が「回復」である、いわゆる『世界』からする非‐自己本来的了解作用にとっての同様の三契機中のひとつ・非本来的既在が「忘却」であり「想起」はこれに基づく（第六八節、a、三三六頁以下）。第六六節の標題「‥実存論的分析論をいっそう根源的に繰返す課題」は、一七頁中で予告されている「繰返し」のことであってすぐ下の過去分詞 wiederholt [nicht wiedergeholt] によってその意味は明示されている。回復は術語であるが、いわゆる『取り戻す・回復する』の意のさいには wieder zurückgewinnen（一六七頁上）と表現されている。一般に、通常の用語のもつ平均的意味以上には原典においても客観的に読み取られえずしたがって解釈可能性のない意義は、訳者の主観によってはもちろん、またたとえ、「存在と時間」における若干の用語（Destruktion, »es gibt…« の es, Entschlossenheit 等）に対する原著者後年の補説によろうとも、原文において補訂されていないかぎり、原文了解（訳文）を補正することはできないのである。という事を、何よりもかかる補説の必要自体がこれを示している。

一三（2） 一般にインド・ゲルマン的主要諸言語においては古代から、「必要・不可欠性」も純然たる「必然・不可避性」も同一語をもって表わされているため、この点截然たる区別を有する邦語は結構であるがその反面、Notwendigkeit を訳すとき、「必要」か「必然」かのディレンマに陥る。陥らないのは安易な哲学的邦訳のみであって、意局の如何にかかわらず「必然性」でお茶をにごす。厳密にないし一見して「必然・不可避性」であるばあいはともかく、両義が事実フリーセントであるようなばあいは、原意のもつ幅どおりに「必須必然性」としておけば、そのばあいはまたそれがいちばん解りよくもある。それはだが、両義を識別しえない訳者にとっての一つの逃げ道であるばあいは読者にとっては両道である。さてここの標題のばあいには、とくに「必要」を採らざるをえなかった理由は、この「Notwendigkeit」はすぐ前頁で、存在を問うことについて二度も言われている「必要がある」・「必要となる es gilt（肝要である）」を直接受けているのみならず、二頁下に『存在を問うということの不必要 Bedürfnislosigkeit をたえず新たに植えつけはぐくむ諸偏見』とあって、この偏見が駁されることになるのは、存在如何を問うことが何よりも必要だからである。こういう前後連関をすでに見落しているのでなければ、ここを「必然性」とやって平気でいられるわけがない。連関は、さらに続く四頁中にも『存在の意味如何の問いを繰返すべき原則的必要』とあるが、意訳すればその問いを繰返すことを主義・原則とする「必要」があるのであって、「必然」があるのなら、原則とする必要が原則的になくなる。原則的必要・不必要はわかるが、原則的必然・偶然は没理である。さらに八頁下では『存在問題を繰返すべき必要性はこれまで、ひとつにはその問題の素性の神厳さから、わけても一定の解答の欠けていることから、それどころか問題の提起すらロクに為されておらぬことから動機づけられていた』とあるが、「必要性」を不可とするごときいわゆる『必然性』は「動機づけられ」うるごとき性格のものであろうか？　存在を問うことに或る種の「必然性」があるとすれば、それは訳者の解釈では、存在を「問うこと」に対する、「問われた当の事（存在）」の「先行関係（八頁中、訳注二九、参照）」、すなわち現存在はその存在構造上、みずからの存在からその存在を問わしめられる、という事以外ではありえない。しかしこれは第二節の副主題『循環』との関連において、存在問題には『循環論証』はないが右のごとき「先行関係」ならあると言われているのであって、それも訳者の解釈のごとく、「存在問題の必然性」として主張されているのではない。だからそれが第一節の標題・主題であることはもちろんありえない。――「必然」が哲学的で「必要」が通俗的なのではない。本書の主旨においては「必然性」は前在性の様相的《モダールな》範疇にすぎないが、必要性は、現存在の存在可能「の為《ヴォルムヴィレン》」に基づく、哲学をも含めた、もろもろの「の為《ウムツー》」の実存的性格であろう。――標題だから「ことさらに」はいけないとか、哲学書だから「心要」ではコケンにかかわるとか、「überhaupt」は存在論でも認識論的「…一般」で素通りするとかいう時代は、もう過ぎたように思う、でなければとうに過ぎているべきです。

一四（2）「焚きつける・煽る entfachen」という語は、偶然でなくたくまれて、ここ最初と、最終四三七頁下（七版、同頁中）（参照）にのみ出てくる語で、本書一巻が存在問題の煽動《エントファヘン》に終始する事実を、巻頭で暗示し、巻末にいたって実証する。このたくらみも、最終頁からただちに初頁へと再読されないかぎり気づかれないでしまうのです。

一五（2）「諸始設 die Ansätze」二頁その他、「始設 der Ansatz」一〇頁その他、「始設すること die Ansetzung」八頁その他、「始設する ansetzen」二四頁その他、等は、本書ではしばしば用いられかつその語義も、「始設をやる den Ansatz machen（一三二頁中）」とか「限定的始設作用において Im bestimmende Ansetzen（一五七上）」とかいうような用法を通じて、一定しているので、訳語の統一上「…始設…」としたのであって der Ansatz の通常の意味は「著手・開始・スタート、発端・端緒、天分・萌芽・きざし、その他…」であるが、それらのどれも訳語的統一という点からは一長一短で一貫的使用にたえない。とくに他動詞 ansetzen として用いられるばあいである――何かを「始設する」とは「始《ア》めて《ン》・設《ゼッエン》ける据える、初設定《アンゼッエン》する」したがってときに事後的には「端緒とする」という意味ともなる。名詞「始《アン》設《ザッ》」とは「初めて設けられ・設定されたこと、もの」したがって事後的にはときに「端緒」の意ともなる。例えば二四頁下には「彼（デカルト）によって不動の基礎として始設・始めて設定 angesetzt されたこの存在者（レース・コーギターンス、思惟を為す事物《もの》）」とあるが、これがデカルトによる「der Ansatz 始設」であり、したがって近世哲学の「開始・スタート、発端・端緒、きざし・萌芽、素質・天分」ですらあるのであり、またカントにはカントの「彼により（端緒とされたのではなく）始めて据えられ設けられた始設（先験的問題構成《プロブレマーティク》）」があるのであり、さらにハイデガーにはハイデガーの「die von ihm als das Sein des Daseins angesetzte Sorge 彼により現存在の存在として始設せられた慮《りょ》」が、現代的ないし将来的「発端・きざし」として存するのであり、さかのぼってギリシャ人らによる「諸始設」もあるというふうに、「始設」というこの訳語はけっして訳者の恣意や思いつきによるものではなく、むしろかくも頻繁に出てくる同系語に対しては、たとえ始めて設けられた耳ざわりな訳語であろうとも、こちらも一貫した定訳をもってのぞまないかぎり、そのつど訳語上の工夫にせめられることになるからである。また術語でない用語だからといって、そのばそのばの思いつきで訳し変えて行くということは、その語の頻度を通じての一義性にもかかわらず、読者にはもとより訳者にも、なんの印象をもとどめないであろう。――ちなみに「はじめて設ける・据える」を「初設定」とやるならばこうした訳注は不要であるとも思われたが、動詞のばあい重すぎて扱いにくいのみならず複数名詞のばあい「諸初設定」では語呂が悪く、「創設」はむろん語弊を生じ、「初設」は「始設」と同様である上に「諸初設」も採りたくない。

一六（4）了解作用は、開示性を構成する四契機中の一つであると同時に現存在の存在の根本様態・基礎的実存疇（一四三頁上）であるから、本書に出てくるその同系語を一覧することによってそれらの意義の差を、当初から、きわだてておきたいと思う――

動詞 verstehen は「了解する・わかる」。――これの動作・作用名詞 nomen actionis たる das Verstehen は「了解作用・わかるはたらき」。――この否定的表現 das Nichtverstehen はしたがって「不了解作用・わからないというはたらき」（一七二頁下）。――名詞[1] das Verständnis は「了解」でよいが区別明示のためとくに「了解性・わかり・了解成果」。――これの否定としては das Unverständnis「不ないし無了解性・わかりの無さ・わかっていなさ」（一五一頁下）および das Mißverständnis「誤解・解し誤り・誤-了解性」（一四七頁上）。――過去分詞の名詞化 das Verstandene, Verstandenes は「了解されたもの」(一四八頁中、その他)。——現在分詞ないし形容詞 verstehend は「了解しつつ」ないし「了解的」。——これの名詞化 verstehendes は「了解(しつつある)者」(一八七頁下)。——形容詞 verständlich の名詞化 Verständlichkeit は「可ないし易(了)解性、わかりやすさ・よさ」(四頁中、八六頁中、一〇〇頁中、その他)。——これの極端なばあい Selbstverständlichkeit「自明性」(四頁中、その他)。——前者の否定は Unverständlichkeit「不可(了)解性・わかりにくさ」(四頁中その他)。——なお「わかりやすさ」と峻別を要する Verstehbarkeit は「了解可能性・わかりうる」(三二四頁上)である。そうしてさいごに、了解作用の一種としての Verständigkeit「分別」(一四七頁中)がある、参考(三一五頁下) Verständigkeit mißversteht das Verstehen.

(1) 例えば Weltverstehen(一五〇頁上)のさい「世界了解」で「作用」を付けず、また Seinsverständnis(四頁、その他)のさいに「存在了解」で「性」をはぶくとすれば、一般にこの種の意義差への訳者の無了解と同じく、読者の精解は期しがたい。だがまたかかる意義差を無視しないということが、訳文においてもその『生硬《かた》さ die Härte des Ausdrucks(S. 39)』を高めるのである。——右同系語のすべては訳語対照表には採録しきれまいと思われる。

一七(4) 訳注六七(41)三段落目、参照。

一八(5)「かくまでに」という傍点は定冠詞 die…の強調体である。一般に不定冠詞が強調体とされると(一九九頁中その他)数詞「一つの」に成るごとく、定冠詞の強調体が、定冠詞と全格《カーズス》を通じて全く同形の(ただし強声を有する)付加語的指示代名詞と成る、というよりはもともとかかる指示代名詞 die…として使用されているので筆書体では定冠詞との区別のために強調書体とされる、ということは文法であるのに、これを無視して、明確な指示力を欠いた哲学的訳文も見うけられるので、このような注をも草して無用の誤解は排したいと思う。——哲学書を読む大半の労が指示関係を明確にたどるという、つまらないが・ゆゆしき一事に費されるのである以上、飜訳の労は常時それを明示する事に費されねばならない(——拙訳でときに「当…」とか「該…」という古い指示詞が用いられているのもこの点にある。)

さて右の指示代名詞 die はしたがって、前節四頁末尾の「何はともあれ問いの起て方から十二分に練ってかからねばならない」という意を・またその「起て方 Stellung」を直接受けているすぐ上の「提起せられねば…soll…gestellt

…」を、一義的に強く指示した「かくまでに・それほどの・そのような・そんな・かくのごとき」基礎的な問い…でなければならない、――でなければ第一、不定冠詞「或る・ひとつの・一種の eine」と書いてすぐ「oder gar die…それどころかかく…」とわざわざ言い換えている意味が汲めないのである。

――なお本書では関係文章の名詞的先行詞に付された冠詞のみが強調体とされていることが多い（近い例では七頁中「…d e s Seienden, das wir…」、一五頁下「…aus d e m Seienden…, zu dem es…」、二二頁中「…von d e m Verständnis…, das…ist.」、以下随所に）。このさいもこれを冠詞と思うならそもそも強調の意味を成さない。指示代名詞なのであって、文章では音声的強調《アクセント》が不可能だから視覚的にうったえている。だから黙読においてもアクセントをそえて強く読まれねばならない、そうすれば指示力がこもって続く関係文章全体がおのずと注意を喚起するからその文章の全体を強調体とするにはおよばなくなるのである。したがってこのさいは強調されているのは、先行詞ではなくてそれが率いている関係文の方である。邦語では後行詞ともいうべき「…云云…するところの・ごとき・ような（その）…」とでも訳すよりほかないその「…云云…」の意味内容の方である。

（1） 強調体とは、文章ないし個々の語の強調 Betonen ないし注意喚起（したがってまれには語間の連絡）、冠詞の数詞化ないし指示代名詞化等の為に使用せられる書体の総称である。

一九（5） この点よりして本書では、untersuchen, die Untersuchung はかならず「探究する、探究」に、forschen, die Forschung の方をつねに「研究する、研究」と訳した。――例外はすでに熟した書名・フッセルの主著「論理的研究 Logische Untersuchungen」のみである。

二〇（5） すなわち、現存在が有する前存在論的・存在的な存在了解作用から――この作用の自己形成《アウスビルデン》・自己精練深化《アウスアルバイテン》・自己了得作用《ツーアイグネン》すなわち解釈作用《アウスレーゲン》を経て――主題的（学的）解釈作用《インタープレティーレン》・学的解釈《インタープレタチオン》・存在論にいたるのである（一四八・一五〇・二三一・二三二頁、参照）。――然らざるときは、学的解釈および存在論一般は宙に浮いた無地盤的思弁に脱するであろう。

二一（5）『了解作用と解釈』が主題的にとりあげられる（第三二節）以前に、すでにこのように当初から『了解』ということが盛んに、また『解釈』ということも少なからず言われているので、この辺で、両者を性格づける言葉を本書のうちから拾っておこう――そうすれば両者についてのみならず、この頁でも言われている『意味《ジン》・意味する』とか『意義する・意　義《ベドイトウング》』とか『概念、概念的・把握的』とかいうことへの（解釈学的な）おおよその見当がつくかもしれず、初読の方の理解をも、いくらか助けるかもしれない。――前注に見られるごとく『了解作用』は根源的な（前的）『予-構造Vor-Struktur』（予持・予視・予握「訳注五〈1〉参照）を有し、この構造を『意味』といい、いまだ『前把握的・前概念的』である。――『解釈作用《アウスレーゲン》』も前注に見られるごとく『了解作用の自己完成・了解されたものの自己了得』として、『或る物を或る物として Etwas als Etwas』『ausdrücklich ことさらに・はっきりと了解する』作用である。『解　釈《アウスレーグング》』はこういう『として-構造 Als-Struktur』を有しており、つねに一定の『把握性《つかみかた》・概念性』をとる。解釈において分節・解き分けされうるものは了解作用を構成せる前的・予-構造の右の三『構脚』すなわち『意味』であり、これが「語《レー》り《デ》」において分節されたものが『意義全体』であり、これが『諸意義に解きほごされうる』のである。この点から、『意味する』とか『意義する』（五頁）とかいうたんなる用語にいたるまで厳密に選ばれているので訳者もその意を訳し分けねばならないのである。また了解構造に属する『予握 Vor-griff』の『自己精練』が「Begriff 把握・概念」であるから「begreifen 把握・理解する」ということは、了解作用に基づけられており、解釈構造の性格に属する。――以上により了解的予-構造のうちにあるもの〔ここでは存在の〕意味は、いまだ前把握的であり、解釈によって『或る物を或る物として』綜合把握的に『概念的に確定されていないだけのこと（五頁）』、すなわちその意味が『何を意義するのか（五頁）』・いかなる意義全体に分節されまたこれの諸意義に分解されるのかが確定されていないだけのことであって、『了解はされている（五頁）』のである。かかる先　行《フォールゲンギヒ》的ないしア・プリオーリな了解性《わかり》がないとすれば一般に解釈すべきものが無いのである。われわれは、われわれに開示されている存在のかかる前的了解性すなわち意味をこそ問うのであり、また問いうるのであって、「存在」への直接的問い掛けということは不可能である。それゆえに本書では、存在は『問われた当の《ゲフラークテ》事《ス》・問題内容《といのなかみ》』ではあるが『問い掛けられた者《ベフラークテス》』は存在ではなくわれわれ『現存在』〔のもつ存在了解性《ありのわかり》〕だとされており、また「存在（の意味）如何の問い」と書かれてもおり訳されてもいるのはこの点からも発している。さらにまた、如何に在るかがはっきりと把握されているとすれば、かかる顕然たる存在意義を問うということはそれ自体また不可能なことである。――「存在にしろ時間にしろ空間にしろ数にしろ、その他にしろ」それらが解釈され・問われうるというのは、それが予め了解されているからである。或る動物が「数」や「神」の如何を問いえないとすれば、それは彼がそれらについての如何なる前把握的了解性をも欠いているからである。無神論が在るかぎり神は了解せられている。唯物論の存立は非物一般の了解性《わかり》に基づく。――これを要するに、解釈という『として－構造』は了解という前的『予－構造』を立脚地盤としているがゆえにのみ構成主義的ないし思弁的無地盤性に陥いらないということ、および『解釈によって了解作用はべつに他のものに成るわけではなく了解作用そのものに成るのだ』ということ、『解釈とは了解の自己了得』・深化徹底・完成であり、『実存論的に了解に基づくが、了解が解釈によって生ずるのではない』ということである。（参照頁は前注の諸頁の他に一四九頁以下）。

二二（6）『解釈 Auslegung が一研究の表明的課題《ことさらな》となるとき、これを〔研究的・学的ないし主題的〕解釈 Interpretation』という（一三二頁）。したがって拙訳では、後者を「学的解釈」とも訳すが、「存在論的学的解釈」はくどいしトートロジーのゆえに、このようなばあいはたんに「存在論的解釈」とする、しかし多くのばあいは写音的振仮名を付することにより両語を区別する。この術語的区別のみならず、『解釈作用 Auslegen』とのそれも、従来の訳語においては識別されえていない。こういう小さな一点がしかし、「存在と時間」における「了解的《フェルシュテーエンデ》－解釈《アウスレーグング》」に対する盲点をなしていなかったとはかぎらないのである。――さて現存在ならだれしも、了解作用とその深まり・完成たる解釈《アウスレーグング》を有している。例えば、ハンマーに対する事前の了解性《わかり》と「釘打つ道具としてのハンマー」なる解釈《ときわけ》を有している、この解《とき》釈性《わかり》にもとづいてハンマーの不良は修理もされ改良もされうるのであって、かかる日常的配慮的（用視的）解釈《アウス》の――すなわちいわゆる『解釈学 Hermeneutik』の根源的語義でもある『解釈仕事《ときわけしごと》』（三七頁）の――「として」を解釈学的「として」と称し、陳述的・命題的「として」、例えば「ハンマーは重量を有す・重量あるものとしてのハンマー（一概念性）と区別する（一五八頁）。『平均的存在了解性の学的解釈』は、かかる配慮的（用視的）解釈をも解明するが、それ自身は後者ではなく、学一般と同じく概念を手引とする。漠然たる存在了解性は何を意味しているのかということの解明は、初めから与えられはしない、それには先ず、かかる存在了解性《ありのわかり》を有する現存在（現《げんに》－存在《あり》は時間性の一様態）という現象的地盤に立脚してその了解性を現象学的に解釈するという方途を要し、かくして到達された「存在《あり》は時熟《とき》するもの（時間性）」という顕然たる存在概念を手引・光として、解明されるのである——これが『存在と時間』のすじ途でありこれがわかれば基礎的存在論の第一書・実存（すなわち現存在の存在）論的分析論の骨子はわかったのであって続く諸分析はそのゆたかな肉づきにすぎない——だから言われている（最終四三七—八頁の結語より）「そもそもの存在という『理念』の根源および可能の如何は、形式的-論理的『抽象化』というような手段によってはけっして、すなわち問いと答えとの確たる地平〔現象的地盤〕なくては、究められうるものではない。存在論的な基礎的問いを開明すべきひとつの途を探してこれを行くにかぎる。その途が唯一のものか又はたして正しいみちかどうかは、まず途行してから決定されればよい。……：『存在《あり》』というようなことは、存在了解性《ありのわかり》のうちに開示されているのであるが、その了解性は了解作用なるがゆえに実存作用する現存在に属するものである。非把握的・非概念的にもせよ存在のこの先行的な開示性……。……存在を開示しつつ了解するということが現存在的に一般に可能であるのは……。……存在-了解的なる現存在の根源的構えに遡行すること……。……現存在全体性の実存論的-存在論的構えは時間性に基づく。したがって……」と。

二三（6） ここは本書の主旨にそって具体的に・簡単に言い換えるならば——形成をみた顕然たる存在概念《ありのつかみ》（時間性）からこそ、存在隠蔽の諸様式（実在性・前在性・現実性・実体性、等々）が照破せられるであろう、ということである。——なおここでことさらに「ふたたび暗くされたのか」とか「もともと明らめられたことのない」とか訳されたわけは、存在隠蔽すなわち真現象《フェノメーン》の隠蔽には三様態があるとされている（三五・三六頁）からである、すなわち一、Unentdeckt-heit: Verborgenheit, 未だ蔽い《エントデクト》を除去されずもともと隠れていること。二、Verschüttetheit, 以前いったん除蔽《エントデクト》せられはしたがふたたび遮蔽《フェルデクング》に没したこと。三、Verstellt-heit, 擬態してしか自己を示現しないこと、等であり、ここでは前二者が暗示されているから、訳文においても暗示しようとしたまでである。原文におけるごとく、「暗くする ver-dunkeln」とだけ書かれていても明らめをふたたびの意になるのだし、それを阻止 Behinderung するだけでもともと・未だ明らめられないことになるのだが、拙訳はことさら言外の意味を汲もうというのであって、言うならば老婆親切に過ぎたる過訳であろう。要は訳者自身が再読三読においてなおそうした連関の暗示にかからないとすれば、読者が四読五読においてかかり得ようわけがないのである。用語が秘めている従横の連関を暴露することにより本書のいわゆる「難解性」が氷解せられねばならない。

二四（6） ここで用いられている数語について一言すると――まず、『存在者を発見する』とは、現存在すなわち「世界内存在」がその世界内部的存在者（前在者・物および用在者・道具〈および共同現存在〉）を見出すはたらきであり、――これと『本質的に異った独自の提示様式』とは「世界内存在」としての現存在が現‐存在する、すなわち現われ（開示されて）存在していることである。『世界内部的存在者の発見性は世界の開示性に基づく（二二〇頁下）』、発見はしたがって〈共同現存在を除いては〉非現存在的・世界内部的存在者に関して、開示は現存在すなわち世界内存在（世を成して「おのずから」頽落し・世を為して「みずから」実存する存在）そのものに関して、用いられる。――次の『存在の意味』とはもちろん時間性のこと。――『諸概念』とは世界内部的存在者の諸規定性、究極的には前在者についての諸規定性たる諸範疇に当る。――さいごに『独自の概念性』とは、本書において挙げられている実存諸疇や訳者が構式《フォルムリールング》（訳注一三五〈179〉末尾、付注(1)、参照）と名づける現存在の存在についての諸種の式示に見られる『独特の概念性《つかみかた》』のことでなければならない。

二五（7） 存在者であってしかも発問者である、すなわち自分で存在しながらも――その存在そのものを問うがごとき――特定存在者（現存在）の存在構造を、現存在自身が洞見することによって、存在問題は精練されてゆく、という意味である。

二六（7） まず先に問う者・問者（人）があって、その語形のごとく被問事・問われている事（誰かの消息）があり又それにつき問い掛けられている者・被問者（第三者）があるというのが普通の問いの順位である。しかるに存在を問うばあいは、一存在者・現存在がおのれの（消息）存在につきおのれに問い掛けているのであって、問者と被問者が同一存在者だということすら注目に価するのに、さらにその発問作用《フラーゲン》たるやその存在者の一存在様態である以上、被問事すなわち存在の方が先位・前位にあるという『めずらしい逆位‐ないし先行関係』（八頁中）が見うけられる。それがここ七頁中では『…問われている当の事の方から――すなわち存在から、本質的に規定せられている。』と言われているのである。――次に『循環』の問題がとりあげられるが、存在問題には『循環』はないと断言されているのも、まさにこの『…先行関係』によるのである。この関係はさらに別の表現において三八頁中と四三六頁下で指摘せられている存在問題独自の性格であることに留意。

二七（8）　訳注七二（43）、参照。

二八（8）『彼の存在において分節される』。まず「彼の存在において in seinem Sein」とは「darin, daß es ist od. so ist.」というのと同じであって、「彼《エス》が・在《イスト》る」すなわち「存在者としての彼」（存在事実）、ないし「彼《エス》は…である《イスト》」すなわち「斯くあるものとしての彼」（存在様態）、総じて「彼《エス》は…なり《イスト》」すなわち「云云としての彼」（存在－事実および様態）において、「彼（予持）」と「云云（予視）」とに分節（分割 diairesis, Trennen）されており、同時にその「…なり」すなわち「として」において繫節（綜合 synthesis, Verbinden）されているのである。ただし一般に或るものを存在者として当初に発見しているのは初原的な解釈学的用視的な「として」なのであって派生的な陳述的命題的な「として」ではない——例えば土地耕作にとって価値ある雨のきざしとしての南風は、一定の気流や地理学的方位やに対する気象学的確認にまってはじめて近づかれうるのではなく、『むしろ土地耕作を導く用視がその見積作用においてはじめて南風をその存在において den Südwind in seinem Sein 発見するのである（八一頁上）。——ここでも当注の主題「その存在において」、と言われているが、これはまさに「それ（南風）が－在るのを」、「それが－吹いて－いるのを」、ないし吹くのが風の「在り《ザイン》」であるからむしろたんに「吹くのを」発見する、でなければならないことが一読明白に看取される。しかし『前与されている存在者が、その存在において分節される』という表現が一読してわかるとすれば、そういうわかり方は、訳者がそうであったごとく、何度もわかり直されねばなるまい、ほぼ全巻的みとおしが手がかりとされうるまで。ということは了解性の深化《ふかまり》徹底たる解釈学的方法として、答えは形式的命題におけるごとき空虚な不動性をゆるさないからである。わかった解釈成果（解釈性）はふたたび了解《わかり》性となってさらに新たな解釈を要求するであろう。このことはまた古きものの新生、あらゆる『解釈』一般の意味でもある。

二九（8）　ここで注意を要することは、存在の意味如何という問いは、あらゆる存在了解性一般を可能ならしめている存在地平（時間性）を呈示せんがための拓開露表であるから、言い換えれば（漠然たる）存在了解性一般の自己深化・徹底化であって、当初から顕然たる存在概念を前提とする演繹的論証ではないから、そこには『論証の循環』は存しようがないが、問うこと《フラーゲン》（一存在様態）よりも問われた当の事《ゲフラークテス》（存在）の方が『先で前だ Vor－』などという稀有な『逆 Rück－関係』ならば存し、これが『存在への問いの最固有な意味』

だとされている。nicht A…,wohl aber B…は、周知のごとく「Aはないが、Bならある」というその「なら」である。逐語訳すれば「Aはない、しかながらBはけっこう・十分・大いにある」のである。これが大いにあればこそ、『逆位‐ないし先行関係』はここのみならずすでに七頁で予告され、三八頁・四三六頁にも表現を変えて姿を現わすのである。……とにかく原著者は『循環』はないと断言している。読者の批判的解釈は自由であるが、ない方の『循環』はしばしば論評されながら、大いにある方の『先・逆‐関係』・存在問題最固有の意味の方は少しも積極的主題となりえない現状はどういう事情にもとづくのか？　おうおう存在問題が『循環』であるかのように解されているので一言しておく。——なお一五三頁上で「決定的なことは、循環《ツイルケル》から脱け出ることではなくて、正しいやり方でそのなかへは入り込むことである。」とか、三一五頁下で「…根源的かつ全的にこの『円環《クライス》』のなかへとび込むことを目ざさねばならない。」とか言われているが、それはまた存在如何の問いにおける『論証の循環』とはその循環がちがうのであって、『了解作用のこの循環は、任意の認識様式がそれを成してうごいている一種の円環ではなくて、現存在そのものの実存論的「予‐構造」の表現である（一五三頁中）。』、「…けれどもいわゆる『循環』なるものは存在論的には前在性（存立《ベシュタント》・成立）という存在様式に属するという事に留意するなら、人はこの循環現象をもって存在論的に現存在というごときものの性格と見なすことは一般に避けざるをえないであろう（一五三頁下）。」、「了解作用を『循環』だと称するのは次の二事を見損っていることの表明である、すなわち…（三一五頁下）」とある。——われわれが現存在として実存論的に『とび込まねばならない』〔また実存的には既にとび込んでもいる〕ような循環に関しては、訳注関係諸頁について十分に研究せられねばならないが、（一三五〈179〉）においては「現存在の構式 es geht um…」の「um 環」との連関における該構式の図示（第4）によって明示されうるはずである。——『逆位‐ないしは先行関係』については、七頁中（訳注二六）、三八頁中（訳注六〇）、四三六頁下、参照。

三〇（9）　訳注七一（42）、参照。

三一（11）　一種の系統論（系譜学、血統・系図）eine Genealogie. この語はここ一箇所に出ているだけの語で、存在論的問題構成に不可欠の用語であるとは確認できない。不定冠詞も「一種の」という意味であって、むしろヒユ的な語であると解される。そしてこのヒユを訳者は大体以下のごとくに解する、あくまで訳者個人の意見として——

様ざまな存在諸仕様《ヴァイゼン》は、（前在的なそれも用在的なそれの衰退様態《デフィチエンター・モードウス》として）、現存在の存在すなわち慮 Sorge（その意味＝時間性＝既存在的・現‐存在《ダーザイン》的・予存在＝既在的現存の存在可能）に発する配慮的（対具的）besorgend‐顧慮的（対人的）fürsorgend 指示系統に属するものとして、さらにまた自己本来的ないし非‐自己本来的存在諸仕様の系図も慮に発するものとして、およそあらゆる存在諸仕様《ヴァイゼン》と諸様態《モーディー》の系譜は慮《りょ》（自己予在的既在世的現滞在《バイザイン》作用）＝時間性・有限的根源的時間性 Zeitlichkeit にさかのぼるという――これを要するに――

存在系統は、指示系統なり、

存在の系譜は、時間の系譜（歴史性）なり。という[1]――

『非演繹的に構成された一種の系統論』と見なされうるであろう、ただしあくまでひとつのヒュとして。

――かかる根源的な「Sorge すなわち現存在の存在」への接近様式はまたおのずと、演繹的に「echt ほんもの」でも、認識論的に「rein 純粋」でも、真理論的に「wahr 真」でもなく、「系譜論的に純生 genealogisch genuin（血統上生えぬき）」のそれでなければならない。

（1） 後年の「思想」ないし「存在」理念はともかく、『存在と時間』（「時間と存在」ではない）における「存在」は、ほぼ上記のごとくに解されなければ、その了解性《わかり》は徹底を欠くのである。かく解されてこそ、善意ないし正意において見られうる後年の積極的「転Kehre」が、すなわち『存在と時間』と後年の「思想」とが告げているものよりもより以上のものが、往還《げん》という「回互《ゑご》 Um」において、「真の現象 Phänomen」として、見取 sehen できるのである。『存在と時間』はいかなる後期の思考をかりずともそれ自身で独歩しうるしえて来たのである。『存在と時間』を後年の「思考」やその「用語」を借りて読むなどということは、そもそもデンケン一般に進展を認めないのみならず、初期の「思考」を後期のそれで中和するという無意味をあえて辞さないところのウンジンにすぎない。両期の比較ないし連関が将来ゆうに哲学史的探究のひとつの課題となりうるとすれば、それには何よりも、可能なる両期の性格的ひらきのきわだてが前提であることは言うまでもない。

三二（12） 訳注一三五（179）、参照。

三三（12） 現存在が例の「…が在る、…で在る」を連発しつつ存在《ある》を了解しながら（すなわち存在論的に）存在しておる事が、現存在の在るがままの（すなわち存在的）特筆顕著性・著しい性格・真面目である——という意味である。

三四（13） 存在「構え Verfassung」と訳された純ゲルマン系の語が、本書ではラテン系の語「Struktur 構造」に対応するものとして用いられていることは、随所において看取されるであろう。したがって「構造」という漢語に対応する「かまえ」という「やまとことば」をもってこれに当てた。こういう対応はもとより、とくにドイツ語においては、無数に存するわけであるが、本書における主要な術語の若干についてこれを見ると——Zeitlichkeit（時間性）対 Temporalität（時性）。——Auslegung（解釈） 対 Interpretation（学的解釈）対 Hermeneutik（解釈学）。——geschichtlich（歴史的）、Geschichte（歴史）、Geschichtlichkeit（歴史性）対 historisch（歴史学的）、Historie（歴史学）、Historizität（歴史学性）。——seiend（である・が在るところの）対 ontisch（存在的）。——Rede（語り）対 Logos. ——Tatsächlichkeit（事実性）対 Faktizität（現事実性）、等がある。そしてさいごの例を除いていずれも、前者の方には現象的意味が存し、後者の方には学的意義が与えられているのは伝統的である。ただし「Boden 地盤」に対する「Basis 基盤」は意義上の差異なく用いられている。純然たる存在論的‐解釈学的意義が与えられているときは「Horizont 地平（現象地盤・基盤の意）と称されている。ただ学的に多少あらたまった他の語との同調上、「古代存在論の現象的基盤 die phänomenale Basis der antiken Ontologie」とされているが、これは古代存在論を現象せしめた「地盤」と全く同意である（四〇頁下・二五頁中、参照）。——この間の消息は次の文例において看取されないであろうか——》...verlangt die Apriorifoschung die rechte Bereitung des phänomenalen Bodens. Der nächste Horizont, der für die Analytik des Daseins bereitgestellt werden muß, liegt in seiner durchschnittlichen Alltäglichkeit.《

三五（13） 訳注六七（41）、参照。

三六（13） すなわち、現存在には一方、現存在自身が存在する、すなわち実存する、という実存的了解性ができていることによりその実存を論じ（解釈し）ようとする実存論的分析論が可能であるのみならず、他方また現存在には等根源的に、非現存在的存在者が存在するという存在的了解性ができていることにより、その存在を論じ（解釈し）てゆけるという、一切の存在論にとっての可能条件具備という、第三の優位を彼はもつ。

三七（14） すなわち、存在を問うということが根も葉もない思弁的閑葛藤ではなく、最も在り優《まさ》れる・存在度最高の存在者 das Seiendste たる現存在の存在を地盤としてそこに根ざした問題性の結実であり、したがって存在問題が他のいかなる問題よりも最も存在（すべき）根拠をもつという、存在上の優位がわかったのである。

三八（15） 訳注七二（43）、参照。

三九（15） ここの意味を要約すれば「在る点では最も近く、なぜ在るかの点では最も遠い」ということに帰する。このつかみ方も、後年の「思考」のうちにまで、形式的定着をみせている著者特有の構式で一五・一六・四三・四四・二二五・三一一の諸頁に見える。——

『迷《フ》時《ハ》人逐《ヒ》レ法《ヲ》（存在《ザイン》）
解《サトル》時《ハ》法逐《フ》レ人《ヲ》』—菩提達摩。

『親《シキ》者《ハ》不レ問
問《フ》者《ハ》不レ親《シ》』—法常。

『求著《スレバ》 即転《ウタタ》遠《ク》
不《レバ》レ求《メ》還《ツテ》在二目前一《ニ》』—臨済。

『禅は哲学ではない』、これはいつも両者の接近をゆるした上での消極的反省である。前者の表詮と後者の表現との偶然の一致が、同一根源経験の積極性から必然するという現事実は、あくまでも注目にあたいする。

四〇（15）「了解作用・わかるはたらき」によって「了解性・わかり」が生ずるように、「解釈作用・ときわけるはたらき」によって「解釈性・ときわかり・解釈成果」ないしいわゆる『見解』が生ずる。

四一（16）『まずたいてい zunächst und zumeist』とは「得てかく在りがちでありまた大抵そう在るを常とする様な在り方・日常底」を意味する。——この語はアリストテレス等の »πρώτος καὶ μάλιστα« に当るとのこと。

四二・四三（17）『繰返し』と言われているのは、第六六節「現存在の時間性と、これより発源する一層根源的な実存論的分析繰返しの諸課題」のことであって、第二篇の第四章（第六七節—第七一節）に当る。

四四（17） Zeitlichkeit と Temporalität（一九頁）はそれぞれ術語として「時間性」および「時性（時間によって根源的に規定されている存在の時間性・在性のもつ根源的な時性・存在規定の学的時間性）」、形容詞のさいは「時間的《ツァイトリッヒ》」および「時的《テンポラール》」と訳されたのであるが、普通は両語ともその形容詞は「一時・暫時の、現世・世俗・浮世・俗界の、つかのまの・はかない・無常の」といったような通俗的意味を有している。これらの意味はまた、術語的には「世界性」と訳される Weltlichkeit の形容詞としての通俗的意味「この世・現世・世間・娑婆・浮世の、一時的な・暫時の、はかない・無常の」と全く同意で、weltlich のもつこれら諸意味はみなそれぞれ時間的意義をもつということ、否むしろ

「Welt 世」一字がすでに「zeitlich 時間的・一時的」な意義をおびているということが注目されねばならない。——しかし最も注目すべき点は、通俗的意味では zeitlich は「一時的・現世的」というように有限的時間を意味しているのに、通俗的時間概念（一般人の考えている時間）はむしろ無限的時間だということ。そして術語としての「Zeitlichkeit 時間性」はこの語の通俗的意味をうけつぐかのごとく、根源的時間は有限だとされていることである。——のみならず、これと全く同様のことが「世界性」についても言われうるのである、Weltlichkeit は通俗的意味では既述のごとく「世間」である、しかるに通俗的世界概念は「世間・うき世」ではないところの、存在者の合計的・万有的・むしろ自然科学的『世界』である。ところが術語としての Weltlichkeit は「世界性」であるとはいえその世界は、慮《りょ》に発する配慮的・顧慮的・適在的指示諸連関による有意義性として、むしろ通俗的「世《よ》・世間・環境《ウムヴェルト》」である。この有意義的世界が脱世界化・超俗化 Entweltlichung（六五頁下・七五頁中・一一二頁中）されることなくしては、世界は自然科学的『世界』にまでは無意義化せられえない。

四五（20）「現事実的〔既然的〕faktisch」とは「事実的 tatsächlich」に対する術語で（五六・一三五頁）、事実的とは、非現存在的・世界内部的存在者の被発見的・前在的事実、例えば石コロの『動かしがたいとはいえ鈍な盲目な事実 factum brutum』、すなわち一前在者の出現事実に関して。——現事実的とは、「世界内存在作用」たる現存在自体の、かけがえのない、開示事実をいう、これなくしては該世界内部的存在者の被発見性はありえない。——なお「現事実性」は「実存という投案・存在可能・予在《フオールヴエク・ザイン》・未然」に対応するさいは「感存性・被投性の既在《ショーン・ザイン》・既然」であり、「頽落の現滞在《バイザイン》・現然」とも対照をなす。かかる対照をきわだてるには「現事実性」は「既然性・既成《じょう》性・既現性」とした方がわかりよい。また『現事実性とは、……実存のなかへ採り上げられた……現存在の存在性格なのである、現事実性の事実は、直観作用などによってはけっして見出されえはしない。』と言われているように、現存在的既然性は単独には存在せず実存のうちに採り上げられているのであるから、「現存在が存在する」すなわち「実存する」事実として、「実存事実」とした方が適切である。『存在と時間』の要約は、『Dasein existiert faktisch.——現存在（現然・現成《じょう》）は現事実的（既然・既成《じょう》的）に実存（未然・予在・存在可能）する』、すなわち脱自的に・自己脱落的に時《とき》熟しつつ（ゆえに存在しつつ）あるのである。——訳語はしかし個個のばあいにではなくあらゆる場合に適切であらねばならないので、拙訳において再三とりかえられたあげくついに「現事実」(「実存すなわち現存在の存在」事実という意味)におちついたように、他の訳語は全巻的遂行《ドゥルヒフュールング》には不適切であった。

ちなみに、いくぶん感嘆的な『In der Tat. じじつ然り。(五八頁中)』や『…in der Tat…云云はじじつ云云…』等は、前記の術語『tatsächlich 事実的』との区別のため、本書においてはとくに「じじつ」と書くことにした。

四六(22)「問題系 Problematik」——この語のみは訳語の統一をはかろうとしてはたせなかった一語である、ときには「問題連関」、ときには「問題性」、最も多くのばあい「問題構成」とした。それというのもこの語には次のような諸義が存するからでもあった——das Problemgefüge; der Problemzusammenhang; das Ganze der ungelösten Schwierigkeiten einer Sache; planmäßige Gruppierung der Fragen.

四七(24)訳注一五(2)、参照。

四八・四九(25)訳注五二・五三(26)、参照。

五〇(25)訳注八七(62)、参照。

五一(25)vorhanden(形・副)を「前在的」、その同系語をそれぞれ「前在者」、「前在性」、「前在存在」と訳したのは、zuhanden を「用在的」とする従来の簡潔な定訳と対応せしめたいためと、さらに以下の理由にもとづく——vorhanden をすでに「眼前存在的」、したがって das Vorhandene を「眼前存在者」、die Vorhandenheit を「眼前存在性」とする以上は、das Vorhandensein は「眼前存在存在」としなければなるまいし、厳密に言えば vorhanden, zuhanden は Vorhandensein, Zuhandensein ではないのだから「前在的」、「用在的」という訳語からさえ「在 Sein」という語義は除去されて然るべきだが、いまだ全巻的遂行にたえうる適当な訳語がみつからないままに「前在的」でがまんしているわけです。ただしその場かぎりの訳としては vorhanden を「手まえに」、zuhanden を「手もとに」とすれば「存在」概念を含まずかつ原意に最も忠実ではあるが、これではいうまでもなく一貫的操作にたえないのである。

五二・五三(26)「現在」が「Gegen-wart, 現 - 在」と連字符で分けられているのは、「現に相対し - 相向ってその場 da に臨現していること・臨在性《パルーシア》 Anwesenheit」との相関を示さんがための語源的指示であると解される。「Gegen」は「対」で問題はないとして、「- wart」は、誤られているように「warten 待つ」とか「werden 成る」とかとは無関係で、wërt (: gerichtet, gewendet「に向けられたる」の義)

から派生したものであるから -wärtig とは直接の、-wärts とは同系の関係にある次第については語源字典、参照。Gegen-wart と語源が指示されるとき（ここ二六頁上および三三八頁上）はしたがって「entgegen-gerichtet, ... に対し-向けられおる、対-向」と読まねばならない。これがパルーシアないしウーシア、「臨在・現に在り・現在」ないし「真に現に在り」の意味である。――ところが、

われわれのことばでは「現《げん》」は「見《げん》」である（『字源』参照）。だとすると「現 在《ゲーゲンヴァルト》」は「見在《げん》」であり、「見在《げん》」はしたがって、「Gegen-wart, 対-向」すなわち「目のあたりに居合わせ在ること・Anwesenheit・臨在性《パルーシア》」をすでに含み・表出しているのみならず、『存在者一般の存在性が一定の時間様態・Gegenwart にかんがみて了解されている』ということを、われわれの「見在《げん》すなわち現在《げん》」は――べつに臨在という媒体にまつことなく――直《じき》指している。しかも、将来 Zukunft も過去 Vergangenheit も対向《げんざい》 Gegenwart も「既にありし Gewesenheit も（「現に在る」のでなく、在 Sein という勝義の形では）」、存在概念を含まないから、時間からする存在了解性の証示のためにはたとえ『外面的記録にすぎない』にもせよ「臨在・パルーシア（現在）」が手がかりとされざるをえなかったのである。しかもわれわれのばあい「過去」と「未来」がそれを含まずひとり「現在」のみが歴然と存在概念を含むということ、これは『時間から存在の了《わ》解《かり》性を獲ていることを証する』東洋的な『外面的記録にすぎない』のかもしれない。――しかしながら東西の両記録が、期せずして、そのつかみ方と意義とを等しくさせているという事は、かかる記録がかならずしも外面的で偶然なものではなく、むしろ古代の根源的な存在了解性《ありのわかりかた》 Seinsverständnis 一般が経なければならなかった至純 genuin で必然的な解釈成果・解釈性 Ausgelegtheit である事を、うかがわせるに十分である。

『字源』――「見 (Sehen)」一、ケン

二、ゲン、まのあたり（目前）げん (Da) に、現(Erschlossenheit) の本字。

○見は音ゲン、かくれたる者 (das Verborgene) が出て来る義、顕露 (Unverborgenheit, a-lētheia) の義。

○現は見と音義同じ、現在は見在なり。

そして用例として金剛経の有名な一節が掲げられている――

『過去心不レ可レ得、見在心不レ可レ得、未来心不レ可レ得。』

さてこの一節が次の一節といかなる根源的関連を有するか有しないかはひとつの解釈課題である。――

Zeitlichkeit ist das ursprüngliche »Außer-sich« an und für sich selbst [: das ekstatikon schlechthin]. Wir nennen daher die charakterisierten Phänomene Zukunft, Gewesenheit, Gegenwart die Ekstasen der Zeitlichkeit (Vgl. S. 329.) 大意——

「時間性、過・現・未は、根源的自己脱落の端的である。」

初期の「脱自的時間の時熟三昧」[1]は、後期の「存在の遊化《ゆげ》 Spiel」にいたるひとすじの途である。まさに見在のハイデガーは『存在は遊化する』と言う（「根拠律」一九五七年刊、一八六頁より一八八頁の結語《シュルス・ザッツ》まで、ないし訳者の「あとがき」の二、参照）。——これは、根源的経験の東洋的ロゴスの、おそすぎたインド-ゲルマン的滲透である。ことば・ロゴスのながいインド-ゲルマン-ヨーロッパ的離郷のはてに、いま彼はゲルマン-インド-『アジア的帰郷』を成しとげている。純生 genuin なヨーロッパ的思索《デンケン》はその生地を追《ナーハ・》思《デンケン》しなければならない。——われわれの思索はなおヨーロッパという『自己疎外』と『故郷喪失』におち入っているであろうか？

（1）『脱自的時間性そのものの根源的時熟様態が、存在一般を脱自的に投案することを可能にするにちがいない。…根源的時間から存在の意味へと、ひとつの途が通じていようか？　時間そのものが存在の地平であることが明らかとなるであろうか？』（『存在と時間』最終頁、結語《シュルス・ザッツ》）。

五四（28）訳注五六（32）、参照。

五五（31）『現象』がだいぶ『混乱（三〇頁）』を呈したので、この辺でわれわれは『現象の概念』につき一応整理しておきたいと思う。

『現象 Erscheinung』はほぼ以下のごとくにつかまれうる——

（一）（自らは示現することなくして告げられている当の）不示現者・示現しないこと das Sich-nicht-zeigen.

（二）（自らは示現することなき何物かを、自ら現われ出て）告げていること自体・告げごと・届け出自体 das Meldende selbst.

（三）（即自己《それ》自身的自己《それ》示現 das Sich-an-ihm-selbst-zeigen という現象の真意義）——即自己自身的自己示現者・露現〔せる〕者 das Offenbare.（真）現象 das Phänomen。——いかなる存在者がこの、積極的かつ根源的意義での真現《フェノメ》象《ーン》であるかが無規定であるかぎり、（三）は形式的現象概念にすぎない。しかるにその自己示現者が、カントの『経験的直観の対象』・該直観によって近づかれうる存在者なりと解されたときは、その形式的現象概念は正しい適用を見る（内容を得る）。かかる用法における現象が通俗的現象概念である。後者はただし次の（四）と対照をなす――

（四） 現象学的現象 das phänomenologische Phänomen の概念。これは解釈による（三）の深化・純化・徹底であり『該自己示現者』の現象内幕である。この（現象）内幕的現象は logos, legein によって auslegen され主題的に語られうるのである。すなわち通俗的に解された現象のうちに先行的かつ同行的に、非主題的にもせよ、すでに自己を示現している者は、主題的に自己示現にもたらされうるのであり、この主題的「即自己自身的自己示現者」が、（カント的には）『直観の形式〔時間と空間〕』に当る。

（五） 積極的な真現象《フェノメーン》（三）の欠性的・歪曲的・消極的変様が偽現（象）・外見・皮相・仮象 der Schein である。

（六） （だんじて露現せぬもの・けっして自己を示現せぬもの〔物自体〕の射光・産出物としての）単なるあらわれ。

――なお既述の（二）「届け出」は（一）「不示現者」を隠蔽する。また（二）は（一）により発現し・惹起された事態だとし、（一）はだんじて現われないのをその本質とすると考えるときは、（二）はその自己本来的存在を失うがゆえに（六）「単なるあらわれ」となる。

――カントの用いる「現象 Erscheinung」の概念は（三）と（六）との繋ぎ合せである。

五六（32） ギリシャ語の動詞には、能働と受働の他にいまひとつ中働（middle, das Medium）という、三つの態（Voice）がある。中働態（middle voice）はギリシャ語特有の態で、ここでの動詞 phainō（ich zeige）について言えば、能働「見せる・示す zeigen」でもなく、受働「見せられる・示される gezeigt werden」でもなく、中働は「自分を見せる・示す sich zeigen」すなわち「現われる erscheinen」、ないし「自分に（三格）又は自分の為に見せる・示す sich (Dat.) od. für sich zeigen」という意味で、動作が主語に対して再帰関係にある。ここ三二頁で『の為に für』が強調体とされているのは中働態のこの意味を指示したものである。

五七（35） 形式的、通俗的、現象学的の三現象概念については、三一頁ないし訳注五五（31）、参照。

五八（37） 「解釈する」・「意味」・「存在了解性」等については、訳注二〇（5）、二一（5）、二二（6）、参照。

五九（37） 訳注三六（13）、参照。

六〇（38） 以下は、訳注二五（7）、二六（7）、二九（8）、注番号未定（436）でとりあげられている主題と直接関連する。

『…すべての哲学的問いを導く糸の先端を、その問いが其処より発せられまたひるがえって其処をば問うている其の処…』とは、簡潔をもってきこえるハイデガーとしてはまわりくどい表現である。――哲学的『起問すなわち帰問の処』でなければならない。――この間の消息は禅的表詮では至極簡単である、「答えは問いのうちにある」、「答えは問処に在り」と。――『存在と時間』における「存在への問いの答えこそ、その問い・存在のうちにあった」のではないか。

六一・六二（39） 訳注二二（6）、二一（5）、二〇（5）、参照。

六三（39）『論文の構図』が説明されているここでは少しでもわかりよくするためにこう訳したが、見出しの標題としてはまた別の訳し方をした。この標題》Die Interpretation des Daseins auf die Zeitlichkeit…《における前置詞 auf はおうおう問題となるし又なるほどの読み方を要する、というのは次注での標題のばあいと同じく、原文解釈のさいご的きめ手は、文法的には得られないからである。問題はだが、ここで『解釈《インタプレタチオン》』と言われている以上、『解釈学的状況』に対する了解如何にある「訳注二〇（5）、二一（5）、二二（6）、とくに五（1）、参照」。すなわちここでは予持は現存在であるから、予視は時間である。したがってこの四格の auf は「…を目ざして・こころざして、を予期・予想・予見して」の auf, 解釈学的には予視 Vorsicht（狙う・視点を定める・照準を合わせる anvisieren）の方向規定としての auf, ――Das Absehen auf ein solches Ziel…（巻頭言、一頁）の auf である。この点さえ確把されているなら、四格 auf の可能的機能にしたがいどのように訳されようとさしつかえない。時間性「の方への、による、での、にしたがう、に応ずる、におまかせする、をたより手引きとする、をあてこむ」現存在の解釈でも、りっぱに筋が通っている。ただしその確把がないとすれば、時間性「をめざす」ないし「に基づく」現存在の解釈とやっても、誤訳でこそない盲訳にすぎない。ところが、かく手段的に解されてよいにもかかわらず手段的前置詞 durch, von, mit 等がおのずと避けられているということ、いなこのさい有効適切な「方法・手段の前置詞」は auf をおいてないということは、むろんインタプレタチオンの予視的性格にもとづく。auf はまた「auf et. los 目ざす」のみならず「auf et. hin に基づく」・「das Woraufhin 基い」をも意味しうる。解釈を導く「狙い」は反面その解釈のもとづく「基い」である。あたかも時間が存在の地平・現象基盤・基いであるように（参考〈三三一頁下〉「時間性に基づく auf dem Grunde der Z. …」）。

六四（40） この標題の「先ぶれ」としては（なおこの訳

し方への疑問については）二五頁中および二六頁中、参照。

六五（41）この点よりして「das In-der-Welt-sein 世界内存在」という訳語には連字符を用いない。原語はその点不便であって根源的全一現象であろうとも『寄せ集め』を表示する連字符なくしては造語の不可能を来す、das Inderwelt-sein は不可能であるから、冠詞にまで、連字符を要する。同様の理由で「das In-Sein 内存在」にもさらには「真理内存在」「非真理内存在」（二二二頁）にも、拙訳では、連字符を不要とする。

なお、「世界内存在」の「内 in」は、空間的内外関係の「in」ではないと明快に断言され（五四頁）、次いで古語との種々の連関をたどって規定せられているが、かかる語源的遡及は、一般には明快な解明とはなりがたい。この「in 内」は確かに空間関係の「in」ではないのだからむしろ「様式の in」と解した方が、実際問題として解りよい。「世界内存在」はしたがって「世界様式存在」・「世界という様式において又はを成して存在すること」・「世を成して（「おのずから」・被投的・頽落的に）在ること」ないし「世を為して（「みずから」・投案的・実存的に）在るはたらき」で、「存在様式・在るの成し様・為し様が世界的・世的（現世的・一時的 weltlich, zeitlich」なのであって、「無意義的『世界』空間の内部に超俗的・無時間的に在る」のではない。世界とはゾルゲに基づく指示諸連関全体が包蔵する有意義性である（第一八節）から、「世界すなわち有意義性を成して被投・為して投案する存在」である。——im Schlafe sein, in Verlegenheit sein, in der Welt sein; in Öl malen, im Bogen werfen（弧に、弧をなして投げる）等における「in」はみな、在り様《よう》ないし作用様式の「in」であって空間的内外関係を意味しない。

六六（41）『Bei einem ständigen Im-Blick-behalten ふだん視見《しけん》のうちに保全して』とはずいぶんくだらない直訳だと思われるかもしれない。ただし、現象学 Phänomenologie の Logos が「sehen lassen 見せる」ことにあるように、『この〈実存論的〉分析では現存在の根源的存在構造を「Sehen 見る・見取する・観《かん》ずる（一四七頁）」ことが主眼なのである（五四頁下）』と言われているように、「見る・見取（禅的には見性《しょう》の見）は現象学的すなわち見象学的[1]方法概念として本書では非常に重要な機能を有する。したがって「Sicht 視（一四六頁）」を語幹とする一連の術語を生ぜしめているほどである。だからたんなる「Blick 視見」といえども「一覧・瞥見」ではないのであって、Sehen と特別の関係を有し、例えば——「im Auge halten od. behalten 監視する・注意する」というような、初原的意味をすでに喪失したいわゆる熟語ではないところの——以下のごとき「見取的」用法でさかんに出てくるのである——in den Blick kommen (S. 66), in den Blick bekommen (S. 68), in einem Blick stehen (S. 72), im Blick haben (S. 102), im Blick gehalten (S. 102), in den Blick bringen (S. 98) in den Blick nehemen (S. 199). なお一三二頁上では『…いかなる方向を見るべきか？　これへの答えは…現象学的に保全されている視見 dem phänomenologisch behaltenden Blick に一任されていたことを想起することによって得られる。』とあり、一八〇頁下では『…統一的な現象学的視見…』とある。

　これを一般に、とくに奇異に感じられるような語句や言いまわしに遭遇しても、それはやはり確たる方法的意図のもとによぎなく、原文においてくり返し用いられているのである。こういう点に関しては読者はなにより原著者自身の表現上の弁明（三九頁上）に聞かねばならない。

　（1）「現」と「見」との同義に関しては訳注五二（26）、参照。

六七（41）「Sein 存在」をときとして「存在作用」と訳したのは、「存在」が、以下の数例においても見られるごとく純然たる動作名詞 nomen actionis によって限定ないしそれと同視されており、作用・はたらきの意味を強く打出することがしばしばあるからである。かかるばあいは「Sein」をも同じく動作名詞と解して「存在作用」とした方が、「存在」の非対象性、非前在性をより一義的に明白に表示できるゆえんである。例えば——

　四一頁下『この存在者の存在においては、この存在者は自分で自分のものなる存在に態度する』。——五三頁上『現存在は彼の存在において自己を了解しつつこの存在に態度しておる存在者である』。——おのれの『存在において…態度する』とは、その存在自体が態度できる存在、すなわち文法的には動作名詞「存在作用」、意味的には「実存」でなければならない。

　七九頁中にいたっては「Verhalten (Sein)」すなわち「態度即存在」とさえせられている。一般に、何かへの態度・対処とは、現存在の存在そのものなのである。この意味において四頁中の「in jedem Verhalten und Sein」も「態度および存在」というよりは、一般に「態度や存在」「態度・存在」「態度存在」或いはむしろ「態度的存在」というふうに同視的に、「二語一想 Hendiadyoin」的に、解されうるのである。

五七頁中では『現存在には本質的に「世界内存在が属しているから、世界への彼の存在は本質的に配慮作用である』とあり、一〇八頁中では『かかる配慮作用において、すなわち現存在そのものの「世界内存在」において』とあるし、一四三頁では『実存作用としての存在』とある。以上はほんの一例にすぎず、『了解作用としての存在』にいたっては枚挙にいとまがない。上例のごとく「云云作用」と「存在」とが同格関係にあるときは「存在作用」と読んでよいのみならず、その方が解りよくもある上に、後年の「存在」思考を受け入れる了解的素地をやしなうこととなる。またそもそも存在Sein を動作・作用・態度・はたらき・うごき・遊動（後年の「遊化《ゆげ》 Spiel」）と見ていないとすれば、そうした表現自体だいいち不可能なはずである。だからまた純然たる繋辞copura でない「Sein の諸定形 verba finita」——またたとえ繋辞の機能を有していようと強調体とされているそれら〔訳注七一（42）、参照〕「bin, ist」等は、私ないし彼は「である」ではなく、「存在する・存在作用する・存在を成す（現成《じよう》する）ないし存在を為す（実存する）」である。

主題中の主題たる「存在」からして純粋な動作名詞 nomen actionis すなわち——よぎなき文法的制約としての——最低の、名詞 substantivum, 名詞 Dingwort（事物詞）として登場する、いわんや他の諸用語においておやで、実体 Substanz や事物概念はどこにもなく、「存在」は完全に動化されている。名詞 Substantiv ないし名詞化 Substantivierung はすでに固定化、事物化 Verdinglichung、対象化 Vergegenständlichung ないし一種の実体化 Substantialisierung であるから、「存在」の表現には「言葉が欠けているのみならず、だいいち『文法』が無い」（三九頁上）と嘆かしめているゆえんである。

六八・六九・七〇（42） 訳注一三五（179）、参照。

七一（42） しばしば用いられているこうした「ist…で在る」、文法的形式は繋辞 copura であるにもかかわらず、その意味は「Sein 存在する」の定形 verbum finitum でしかも強調体とされている。したがって形式上「…である」と訳さざるをえないが、しかも繋辞としての「である」をいくら強調しても、「である」は「である」で一向に力がこもらない。それで仕方なく形式と意味とを汲んで「…で在る」とした次第である。意味は——「sein」を実存論的に他動詞と解すれば現存在はその「可能性を存在する」とも、さもなければ「可能性として存在する（Möglichsein, Können-sein）」ないし「可能性という仕様で in der Weise 在る・存在する」とも、さらには現存在が「存在するのは彼の可能性による・もとづく」とも解されうる。ただし一三三頁上には「Das Dasein i s t seine Erschrossenheit. 現存在はおのれの開示性で、在る・存在する。」とあり、その数行上には「daß es i s t in der Weise, sein Da zu sein. 現存在は彼の現われで在るという仕様で存在する…」とあって、問題の繋辞的・存在作用的・強調体「ist…で在る」は、この「ist in der Weise…の仕様で存在する」という意味形式において、形式的にも意味的にも止揚されてしまっているから、この意味に解することが妥当であるし、またじじつあらゆるばあいに妥当するのである。——純然たる繋辞「である《イスト》」をまで、強声《アクセント》をつけて、「存在する」と読ませることは、ドイツの専門家にとっても尋常一様の読み方ではないと見え、消極的ではあるが、以下のような注意が、ドイツ人に向ってうながされている——『…さらに重要なことは、「ある」という片言をも軽卒に読み落してはならない、この語はハイデガー自身によって隔字体〔強調体〕にされ、それによりこの語がただ繋辞の意味をもつばかりではないことが表現されている。…(Alois Fischer: Die Existenzphilosophie M. Heideggers.)』と。

なお、九頁上の「強調的繋辞 ist」について一言すると、ここでも上記の意味を汲んで、『在るを問うなどという問いはたんに、最普遍的普遍性などを相手とする宙に浮いた思弁の仕事にすぎないのか、或いはかかる仕事としてのみ存在するのか』すなわち『かかる仕事というやり方でしか存在しないのか』、でよいわけである。ただ『或いは…』以下のせっかくの言い換えを対照的にひびかせようとすれば、やはり上記のひとつの意味を汲んで、『…或いはかかる問いが存在するということがそもそも思弁の仕事にのみよるのか』であって、したがって帰するところの対照的意味は、『こういう問いは…思弁の仕事にすぎないのか、或いは思弁の仕事にしてそもそもこの問い在りであるのか』、というところに落つくのではなかろうか、でなければ言い換えも生きて来ないのではないかと思う。いずれにもせよ強調的偽繋辞「ist」とこの前の純繋辞「bleibt」との対照における意義的差異においてこそ、言い換えが、それに価する内実を有しうるのである、——という事は些事である。ただあまりにもしばしば出てくる積極的偽繋辞「ist」の重要性とその看過にかんがみて。

七二（43）「先与・さきわたし die Vorgabe」とは本文での割注のごとき意味である。この語は普通は競技上の「ハンディキャップ・優差」のことであるが、この意味を固持するとヒュ的にすぎて、現存在は他の存在者より存在的に優位をもつからまたそれだけ他の存在者に優差を与えねば、ということは存在論的により奥の方へ・根源へ据えられねばならないということになって、ヒュがこみ入ってくる上、あらゆるばあいこれでは適切でない。この動詞（初出八頁）vorgeben（からの名詞 die Vorgegebenheit. S. 15）もやはりヒュ的によりは「先与する」の意味であって、「申立てる・称する」という別意のばあいは本書では極くまれである。——注意すべき一事は、「先与・さきわたし die Vorgabe」が、例の解釈学的状況を構成する一契機・「die Vorhabe 予持・さきどり」を裏から言ったものであり、解釈学的意局においてはみなすべてこの意味であると解してさしつかえない。このことを知らないと訳者のごとく当初は、Vorgabe は Vorhabe の誤植ではないかと怪しむことにならないともかぎらない——この歴然たる対照が看取ないし看過されうる絶好の場所は二三六頁上で、とくに参照。

七三（43） 訳注七一（42）、参照。

七四（44） 訳注一三五（179）、参照。

七五（45） 訳注八七（62）、参照。

七六・七七（47）「この年報」とは『存在と時間』がその第八巻（一九二七年）に掲載されたフッセル編集『哲学および現象学的研究年報』（一九一三年創刊）のこと。

七八（50）「否定-奪取的 privativ」解釈途上とはここでは——まず単なる純然たる『生命』というものを始設《アンゼッツェン》しそれに様ざまな諸規定が付け加えられて複雑な現存在（その他の生物）が現成《じょう》しているのではなく、逆に、根源的（すなわち本来的でかつ全体的）な現存在からその諸規定性をひとつずつ否定し欠如させ奪取して行くことにより、動-植物、微生物にも共通するような無差別的無規定的な単純な『生命』に達するのだという『還元的奪取 reduktive Privation（一九四頁）』ないし『否定-奪取 Privation（五八頁）』の方途において——という意味。

七九（52） 訳注一五（2）、参照。

八〇（54） Aufgehen in der Welt. 世を成しての没頭・熱中・消散・昇華——「浮世のぼせ」とは言いえて妙であるが、これは妙好人「才市」のことばであって訳者ごときの弄しうる名訳でないことをお断りしておく。現存在は存在するかぎり「世を成して自己を没却する」。遁世も「世界内存在」を証するにすぎず、自殺も世間との心中にすぎない。

八一（56） すなわち——『世界内部的』一存在者すなわち「一事実」を成しながらも、みずから「世界内存在を為す」すなわち「実存する」という事が、「現-事実性」という概念の内包《なかみ》である、というのは、その一存在者なる現存在の存在たる「内存在作用すなわち世界内存在作用、世に内住するはたらきすなわち昵懇な世に常住するはたらき」（実存）は、「該世界内部的出会存在者、その世で出会う存在者の存在」（事実）と切り離せないという彼の存在『運命』を彼みずから了解しうるからである。

八二（57）すなわち——現存在は、存在論的には、すなわち彼の存在如何は、慮《ゾルゲ》であり、また彼は本質的に「世に在る」のであるから、世に対し・処する彼の「存在作用すなわちゾルゲ」は、また本質的に「慮《ゾルゲ》を配《くば》るというはたらき・配《べ》慮作《ゾルゲン》用」となるわけである。

なお「存在作用」については訳注六七（41）、参照。

八三（58）訳注七八（50）、参照。

八四（58）訳注四五（20）の末尾、参照。

八五（59）訳注八七（62）、参照。

八六（60）訳注一五（2）、参照。

八七（62）「呼び掛け・話し掛け・語り掛け」と「談じ合い・談論」と言われているのは——或る物を或る物（例えば「家は」）として語ることは、その或る物への最初の「語り掛け ansprechen」たると同時にその物自身の、家としての、認定を意味する、しかるのち、或る物（家）を或る物（住居・倉庫等）として「談じ・論じ・規定する besprechen」ことが始まる——要は、或る物を或る物だとする語り・ロゴスのことである。——表記の両語は、結合の形では二五頁下、四五頁上、五九頁上、四〇六頁中、その他にも出ており、単独の形でも所々に出ているがそれぞれの意味に変りはない。

八八（69）術語としての「用視 Umsicht」は、ここでは本文中の割注のごとく『の為 das Um-zu』を見る視と解されねばならないが、或るところではまた別様に意解・割注した（一二三頁上、参照）。それというのも本書では、現存在の根本構式 es geht・・um・・をはじめとし、これに基づくもろもろの同系語——das Worumwillen, das 》Um-zu《, Umgang; das Um, das Umhafte, das Umherum, das Um-uns-herum, Umkreis, Umwelt 等——に見られるように、「um」にはひろいつながりがあるからである。

八九（75）『即今目前歴歴聴法底』・『脱体現成《じょう》底』・『現今用《ゆう》底』——これが「Da・現・そこ」である。——聴法は「聴㆓存在㆒」である。「聴」については以下のごとくに解したい（一六三頁中）、『聴く das Hören とは、あらゆる現存在が自身のもとにたずさえている友〔とはここでは法・存在と解したい〕の声を聴くことでって、現存在の最自身的な存在可能に対する、第一次的にして自身本来的な彼の「あき Offenheit」をつくり成す』と。

九〇（76）「昵懇・ねんごろ」については、その語が三度出ている五四頁中以下、参照。

九一（77）訳注七六（47）、参照。

九二・九三（77）、**九四**（78）

一、記号の存在論的構造は道具である。

一、道具の存在的構造は有用性である。

一、道具は有用性を具現してはいないが指示している。

一、記号は道具の「Wozu 用途目標」を具現することにより、Wozu の具体として、それを直接的に表示している。

一、関係はその形式的‐一般的性格のゆえに存在論的には指示に基づく。〔ということはすなわち、現存在の存在可能《ありえん》「の為 das Worumwillen」という「慮《ゾルゲ》」に発した、生きたもろもろ「の為 das Um-zu」すなわち用視的指示連関の、配慮的衰退様態による諦視的「ぬけがら」が、形式的・一般的関係である。〕

九五（79）訳注六七（41）、参照。

九六（84）「die Bewandnis 適在性」、「bewenden lassen 適在させる（他動詞的）」、「sein Bewenden haben〔その適在をもつ・用処を見出す・落つくべき所に落つく・落著する〕適在する（自動詞的）」。——この名詞は従来、辞書から借用して『事情』と訳されているだけのことで、いまだに存在論的術語としての定訳すらない。それはこの語が最も訳しにくい表現のひとつだからでもある。しかしこの表現ほど「いかに解すべきかすなわち訳すべきか」につき、本書自身のうちにおいて、明確な指示を与えられている術語もない。まず借り物の名詞『事情』にすがってその動詞を『事情を造る・事情となっている・事情あらしめられる』などと訳そうとするムチャな逆コースが、どんな迷文を生ぜしめているかの例証《ベレーゲ》をあげることはさけたい——まず『よく読んで』から『訳して』もらいたい『事情』しかないのである。

「bei etwas…云云〔たとえばホンヤク〕にさいしては」「mit etwas…云云〔たとえば精読〕を〔もって〕」向ける・適在させる・落つかせる bewenden lassen ないし向けない（他動詞的）という、向き・不向き、適・不適、都合・不都合がまず在ればこそ——すなわち（自動詞的には）「es hat mit etwas bei etwas sein Bewenden. 云云〔たとえば打釘〕にさいしては云云〔ハンマー〕が〔ないしハンマーをもって〕向く・適する・好都合、用処をもつ・落つくところに落つく、要するに適在す」ればこそ——そこにひとつの事情が生じているのであって、何もない所、適も不適も在らぬ所に『事情』が天下るのではない。——精読するならば——『事情』とやったのでは意味をも文章をも成さぬ不都合を来すという事、「適在」という語はいかなる辞書にもないにせよ、bewenden を幹語とする本書の術語的用法に対する訳語は「適在…」以外に適訳はないということは、この訳が個々のばあいにも全巻的遂行にも完全にたえうるからではなく、何よりも本書自身の指示によるという事、しかもその指示は四ヶ所において与えられているという事——が看取されうるのである。——

（八四頁下）『Bewenden lassen とは存在的には…「s e i n lassen…存在させる」ことを意味する』。（三五四頁中）『Bewenden lassen ということをわれわれは実存論上、《存在》‐させること、》Sein《-lassen だと解する』と、——ここから Bewenden lassen を「適在させる」と訳すべき「在 Sein」が得られたのである。しからばその「適」はというと——（八五頁中）『用在者はいかなるばあいも、適性と不適性とを有する』。（四一四頁中）『配慮作用中に解釈された時間〔いわば用在者としての時間〕はいつでも…云云…の為の時間《とき》として了解されている。〔すなわち用在者としての〕『今』は、…いつでも「に適する」か「に適しない」かである』——という指示に、のみならず用在者ないし用在性と die Bewandnis とが同視されているという以下の指示に、基づくのである。——この指示は随所において見うけられる、（八五頁中）『用在者の在存としての「適在性自身 Bewandnis selbst」』。（八五頁中）『発見された適在性のうちには、すなわち出会する用在者のうちには』。（八七頁中）『適在性（用在性）の存在様式』。（同頁下）『用在者の存在（適在性）』とある。——かく本書そのものの指示により保証ずみの訳語であるから「適在…」は、個個のばあいはもとより全巻的遂行にもなんの難関もなく、むしろ bewenden 自体ごく平凡な問題としてとどまるのである——ということは問題には二通りあるということ——難解性が氷解したとたんに解消してしまうような偽問題と、難関が透過されて、すなわち問題が理解されて、はじめて問題となる本来的問題性とである。

九七（84）訳注一三五（179）、参照。

九八（89）訳注六六（41）、参照。

九九（89）訳注一（凡例一頁）、「七版序」の再注（3・4）の末尾、参照。

一〇〇（100）同前、参照。

一〇一（104）訳注一三五（179）、参照。

一〇二（112）「年報」とは旧版では「この年報」と書かれていたもので、訳注七六（47）、参照。

一〇三（115）三三二頁中、参照。

一〇四（117）「世界内存在」の構造三契機は、世界、内存在、および存在者〔誰か〕である。この「誰か」とは自己 das Selbst のことである（「本来的自己」であろうと「ひと-自己」であろうと）。なかでも支柱的構造契機は内存在である。——なお五三頁、一九〇頁下、二〇〇頁下、二二〇頁下、および一三一頁中では、世界の許での存在（配慮作用）、共同存在（顧慮作用）、自己存在（誰か）とあり、一三七頁上では、世界、共同現存在、実存とある。

一〇五（118）世界と『世界』との相違については六四―六五頁、参照。

一〇六（123）訳注八八（69）、参照。

一〇七（123）

Fürsorge
顧慮（他人の現存在への世話・執り成し・面倒）の積極的両極

極 I　einspringend-beherrschend《尽力的-支配的》（配慮された世界への現存在の存在作用）: Rücksicht《顧視》（推察視・察し）→（衰退様態）→Rücksichtslosigkeit《無顧視》（察しの無さ・無思慮無頓着）

極 II　vorspringend-befreiend《垂範的-開放的》（現存在自身への自己本来的存在作用）: Nachsicht《寛大視》（大目に見てやること・大度）→（無関心様態）→Nachsehen《看過・見逃し》

〔極IIは，現存在のあらゆる可能なる「みちびき：paidagōgiā」の実存論的制約であると同時に，極Iは，いわゆる》pädagogik《の世界史的失敗を意味する。〕

一〇八（123）訳注一三五（179）、参照。

一〇九（127）訳注同前、参照。

一一〇（129）「当初は Zunächst」とは「まず第一にかつ近くにおいて」という意味なることに留意（一〇二頁中、参照）。Zunächst はしたがって zuerst と in der Nähe との混態語 eine Kontamination だと解されうる。

一一一（132）訳注六六（41）、参照。

一一二（132）訳注八九（75）、参照。

一一三（133）「lichten」には「明らめる」意の他に、「森を伐り透かす・間伐する」という意味があり、「Lichtung」

にも「欝林間伐、林中空地」の意がある。

一一四（133）訳注七一（42）、参照。

一一五（133）訳注一三五（179）、参照。

一一六（134）「Befindlichkeit 感存性」は「sich befinden（或る所に）いる・ある、（云云の状態に）ある」、「befindlich いる・ある・存せる（形容詞）」、からの名詞化であるが、ここでは「気分」ないし「気分既然的存在 das Gestimmt-sein」のことをいうのであるから——「自己を感じ出して・見出して在る、情感的 - 感受的自存」という意で「感存性と訳した。従来の定訳には「心情性・状態性、情態性」等があるが、これがそもそも生きたことばの連関において全巻的に試験ずみの訳語でないということは、それらが感存性の動詞形をいかに訳すかという問題を見知らないし、見知れば破綻する事実によって明らかである——「sich befinden 自己を感じ見出している、感存する」——「現存在はつねに既に自己を見出していた sich schon gefunden hat」、「気分的感存作用 gestimmtes Sichbefinden」等一三五頁中、参照。

一一七（138）この語が引用された原典一節の訳文は——『なんとなれば、そのような思索《フロネーシス》が求められはじめたのは、生活の自適や消閑 ῥᾳστώνῃ καὶ διαγωγῇ に要する一切のものがほとんど得られていたときだからである。』

一一八（141）訳注一三五（179）、参照。

一一九（141）すなわち——そのつど何かをば、それも何かの事由《わけ》あればこそ、恐れる作用すなわち統一的恐怖作用そのもの、ということは世界内部的存在者をば、現存在・世界内存在自身の為に、恐れる作用すなわち統体的恐怖現象自体は——

一二〇（143）すなわち——了解作用は「の為《ヴォルムヴィレン》」・存在可能をも有意義性・世界をも開示しているから「世界内存在《よをなしてあるし》・可能《ありうる》」という全体現象と根源的に等しい。

一二一（143）訳注一三五（179）、参照。

一二二（145）「Entwurf 投案」。——われわれは「案を立てる」「立案」と言うところを、彼らは「案を投げる（投げ案ずる、投げ展《ひろ》げる）entwerfen」、いわば「投案」というのです。その Entwurf が、日常彼らにとってしたしい『Entwurf』すなわちわれわれのいわゆる『立案』でないことがこの節において根源的に規定せられるのであるから、訳語はわれわれにとってもなじみぶかい『立案』で良いのであり、またそれでこそ彼我の語感上の均衡も保たれうるというものです。しかるに「立案」としたのでは、たとえ——投案はその投げる（すなわち立てる）という作用において、可能性を可能性としてそのままおのれの前へ投げる（すなわち立てる）——までは、「立てる」で押してゆけないこともないが、ただ「被投性 Geworfenheit」という術語との不即不離の関係の表示において全く欠けるところがある。それで「投Wurf, Werfen」というイメージのみを残して「投案」としたのです。

——これを要するに、本書独自の術語のすべてが、とこさらに、哲学的伝統臭のない生粋のゲルマン的日常語から選び出されているという事実は、訳出にあたってとくに留意されねばならない。「投案」という、原意「立案」を半ば汲んだ訳語ですらわれわれの日常語にはない、まして「投企・企投」においておやです。重要な術語こそ数種の訳語による淘汰を要求するでしょう——今日「ゾルゲ」を『関心』と訳して（説明してではない）平気でいる人はおそらく、もはやないのではあるまいか？　訳注一四三（183）、参照。

一二三（145）　これはピンダルのことば »γένοι' οἷος ἐσσί. [werde, was du bist !] である。

一二四（150）　ここを割注的に補足してみると——『…それ適在全体性は、〔云云「の為《ウムツー》」の物として解き分けられた「或る物としての或る物・釘打つものとしての鎚」という顕然たる解釈学的な「として Als」（訳注二二〈6〉参照）にとっての、すなわち陳述的・命題的でない〕日常的かつ用視的な解釈にとっての本質的基礎なのである。』

一二五（150）　すなわち——予持とは、目立たない様態でつねに既に了解されている適在全体性を、了解しつつ存在することにより、それの隠然たる了解性を既に予めみずからに了得・領有・所持していることである。

一二六（153）　訳注一三五（179）、図表第4参照。

一二七（153）　訳注一三五（179）、参照。

一二八（155）　参考——『今鳴って聞ゆる鐘は、鳴らず聞かぬさきにも鐘の事は皆ようしって居ますわいの。鐘の鳴らざるさきにも通じて居る心が、不生の仏心〔自己脱落の端的、das ekstatikon schlechthin〕でござるわいの。鳴って後に聞えて鐘と〔als Glocke〕いうは、生じたあとの名で、第二第三に落ちた事でござるわいの。』——盤珪。

一二九（160）　訳注一（凡例一頁）、「七版序」の再注（3・4）の末尾、参照。

一三〇（164）　『Wer nicht hören will, muß fühlen. 言うことを聞かない者は、痛い目を見なくてはならない。』という諺がある。ここの原文は Wer »nicht hören kann« und »fühlen muß« で、よく似ている上に、いかにも諺を想起せよと言わんばかりに引用符がついている。だからとてここを諺の意味に解することは無理であろう——すなわち

「nicht hören können 聴くことができない」は「taub sein つんぼである」ということで「nicht hören wollen 言うことを聞かない・言っても聞かない」のではない。またこの段落《パラグラフ》で聾者が問題となるとすると、次の段落では唖者が問題とされている、という関係も見られるのである。

一三一（171）「知る wissen」を意味する eidenai という不定法は、現在の意義を有しているが、元来は完了の形（不完全完了形）であって「gesehen haben 見た・見てしまった」という意味をもつ。「知る《エイデナイ》（現在）」はしたがって「見た・見ちまった（完了）」という意味をも有する。この点この引用が、当節の主題「好奇心」との連関において特別の意義をおびてくるのである、すなわち好奇心の「完了」希求性（「読んぢまったり・見ちまったり」「知っちまったり」したさ。gelesen und gesehen haben. ein Wissen, aber lediglich um gewußt zu haben. 一七三頁上・一七二頁下。）とである。

一三二（171）『およそ世にあるもの、すなわち肉の欲・眼の欲・所有《もちもの》の誇《ほこり》などは、御父より出ずるにあらず、世より出ずるなり。』――ヨハネ第一書二の一六。

一三三（172）訳注一六（4）はじめ、参照。

一三四（179）訳注四五（20）、参照。

一三五・一三六・一三七・一三八（179）「…に関わり行く、es geht um…」。これは本書における著者独自の諸構式 Formulierungen(1) 中で最も頻繁（一二頁を初めとし全巻を通じて約四五十ヶ所、精確には下巻末付の「索引」について検出されうべきはずである）に出ているもので、訳者はこれを「現存在の構式(1)」と名づける。現存在のいわゆる『定義』とも見ることができる。ただしかならずしも常に同一の形であるとはかぎらない。かりに一九一頁その他にも出ている『Das Dasein ist Seiendes, dem es in seinem Sein um dieses [Sein] selbst geht. 現存在とは、彼の存在において〔みずから存在しながらも又はみずからの存在作用で〕、この存在そのもの〔をめぐりて um それ〕に関わり行く〔態度・交渉・関係・関心する〕底の存在者である。』を完全な形および基本的な訳だとすると、以下のような変様が見られる――

『…gehört aber zum Sein des Daseins, um das es ihm in seinem Sein selbst geht, das Mitsein mit Anderen (S. 123). 現存在が彼の存在において〔彼の存在作用《ザイン》そのものを挙げて〕その為に関心せる現存在の当の存在には、他人との共同存在が属することになる。』であったり、また『Die Verklammerung des Verweisungsganzen der

Mannigfaltigen Bezüge des 》Um-zu《, mit dem, worum es dem Dasein geht (S. 192), …指示全体、すなわち》何かの為 Um-zu《 の多種多様な関係諸項の、現存在にとっての一大事〔すなわち彼自身の存在可能という初原的な「の為 Um-willen」〕との連結は…、（諸客体の前在的 -『世界』と一主体との鍛接《わかしつぎ》などではないのである。）』であったり、また

『Dem Dasein geht es um sein In-der-Welt-sein-können {und darin（七版） / , d. h. u. a.（旧版）} um das umsichtig entdeckende Besorgen des innerweltlich Seienden (S. 228). 現存在にとっての一大関心事〔関わり行き・Sorge 慮〕は、自分の「世界内存在 - 可能」であり {かつこの〔… - 可能の〕なかでも（七版） / 、すなわちなかんずく（旧版：不良）} 世界内部的存在者を用視によりて発見せんとする配慮作用である。』であったり、また

『Und zwar bedeutet er [der Tod] eine eigentümliche Seinsmöglichkeit, darin es um das Sein des je eigenen Daseins schlechthin geht (S. 240).※ しかも死は一種特異〔独自〕なる存在可能であるが、この可能性たるや〔ないしこの可能性において又はを成して死は（意訳）〕、端的に常に我がもの（Jemeinigkeit 常我性）なる現存在の存在〔に関心する（では不可）〕に関わり行く、すなわちその存亡に関する、のである。〔ただし…その存在を危うくする・問題化・疑問化する（は可能）〕』。次には『死が存在論上、常我性と実存とにより構成されているという事は…』と続いている。

※　この用例は、以下に述べられる「関係の三格 Dativ der Beziehung」を欠いている唯一のばあいである。ただしそれも略されたまでのことであって、darin es dem Dasein um das Sein des je eigenen Daseins geht. ではクドいからであり、また「je eigen そのつど自分の」があるから現存在以外のものの存在に、でないことは明らかだからでもある。だが以下のようなばあいはかならず「関係の三格」を要するのであって、…, darin〔in dieser eigentümlichen Seinsmöglichkeit des Todes〕es dem Dasein um das Sein seiner selbst schlechthin geht. である。これで良かるべきところを、「死」との関連により「常我性」をもち出さねばならず、um das Sein des je eigenen Daseins とやったため、「関係の三格」を要さなくなったのである。

さらに、『Dem Man geht es in seinem Sein wesentlich um sie〔die Durchschnittlichkeit〕(S. 127).「ひと」

にとっては、彼の存在において、本質的に平均性が関心事である。（むしろ意訳すべきで、）「ひと」は彼の存在でないしをもって（方法ないし様式の in）本質的に平均性に関心する・関わり行く。（さらには）おのれ自身の存在作用《ザイン》をもって平均性《つきなみ》を配慮する〔ないしに関心する Sorge tragen〕のが「ひと」の本質である。』この前文には『…相互存在たるからには das Miteinandersein als Solches 平均性を配慮するものだという事…』とある。

——これを要するに、上記の諸例を通じて言われうることは、非人称主語 es とその定動詞 geht, およびそれの関係する前置詞とその目的の名詞、さらに関係の三格としての名詞ないし人称代名詞を有する、ということ、すなわち es geht einem um…である。これに類似の熟語としては以下のごときがあろう——

Es handelt sich 〔geht〕 um Geld. 問題は金だ。ただし Es geht um Geld od. dein Vermögen. には「私らは金を賭けてやっている」ないし「お前の財産は危うくなっている」の意味もある。

Es kommt auf Geld an. 問題はけっきょく金だ。要は金次第。〔Es geht letztlich nur um Geld.〕

Es liegt ihm viel an der Ehre. 彼は名誉が重要なのだ・彼の執心は名誉だ。〔Es geht ihm um die Ehre.〕

Es ist dem Man um die Durchschnittlichkeit zu tun. 「ひと」の関心事・執心・狙い所は平均性《つきなみ》にある。〔Es geht dem Man um die D.〕

Es geht auf 〔um〕 Tod und Leben. 生死に関わることだ・存亡の問題だ・生死事大。

以上すべてのばあいを Es geht um…で言い換えることは、その必要を認めないとはいえ、あえて不可能ではなかろう、その逆はだが、Es geht um…の根源的な基本的意味を特殊化することなしには、不可能である。「Es geht um…に関わり行く」という基本的な意味（これが当注の中心問題で以下に述べられる）から派生した特殊的諸意義としては左のごときが可能であろう。

——けだしこの語句は、ドイツ人でないわれわれにとってはけっきょく訳語の問題であり、また断片的な引用においてはこの語句はいろいろに訳されうる可能性があるし、事実また二、三の引用者の訳語も左に掲げる派生的諸意義の一、二にとどまり、しかもそのさい、根源的意味が把握せられていないので、以下は、すこし詳論にわたるかもしれない——

すなわち例をさきの完全形：Das Dasein ist Seiendes, dem es in seinem Sein um dieses 〔Sein〕 selbst geht.

にとって見ると――

『現存在とは、この存在者にとって dem』

『in seinem Sein:

彼の存在において
彼の存在のなかで
彼の存在中に
自ら存在しながらも
自ら存在中にもかかわらず…… ｝（存在的ないし被投的）

彼の存在をもって
彼の存在を成して
彼自身の存在作用で ｝（方法ないし様式の in）

彼が存在するという点では
彼が存在する限りは ｝（局限化的 in）

彼が存在するのは（理由の in）〔…だからである〕

※彼の存在の内に在りつつも（内存在的）』

――〔以上A項〕――

『um dieses〔Sein〕selbst geht:

その存在そのもの――

に関わり行く（基本的意味）
に関心する
に腐心・執心する
に態度・対処する verhalten sich zu…

に問題を蔵する
に疑問を抱く ｝（存在論的）

が大問題である
が関心事・一大事である
が問題・疑問となる（存在論的）
が危うくなる（回転―迂回・回避―喪失の um）
が失せて行く（同前）
を賭けて・賭しておる（喪失可能性の um）

※『を超え出ておる』»über sich hinaus« Vgl. S. 192.

の周りをめぐる（現存在の本質的空間性に基づく初原的意味）

を相手とする
と交渉・往来・ゆききする ｝（umgehen, Umgang）

※をばめぐり行く・出る〔（内存在的）超越作用〕』

――〔以上B項〕――

『ところの・ような〔存在様式をもつ〕・ごとき・底の・ほどの存在者〔Seiendes ならみなすべて現存在〕である。』

――A項のどれもは、B項のどれもと呼応するが、どの結合が適切であるかにはおのずから差異がある。ただ或る種の結合においては文脈上の補修を要するのみで、例えば「理由の in」の項ではもちろん「…云云…だからである」を補わねばならない。A項の※印はB項の※印との結合においてのみ意味がある。両項の可能的結合において、存在的-存在論的優顕・優位者、内在的超越作用者、被投的投案的存在者の性格がうかがえる。

さきに派生的な諸意義と言われたのは（in seinem Sein の項にもあるが、これは問題とする価値がない）um dieses selbst geht の項に見られる傍点をもたぬ諸語義のことである。われわれにおいてすら、いわんやドイツ人においてはなおさら、es geht um…の日常語的・慣用句的結晶性は、もはやその根源的意味を蔽ってしまっている。したがってこの構式においても意味の核心がナヘンにあるのかは容易にタンゲイをゆるさない。——

I　es が形式的主語であり、dem〔Dasein od. Seienden〕が関係の三格であり、um 以下…が、文法的に言って、意味上の主語であるということ、だから um 以下を主語として『現存在にとっては、彼の存在において、彼の存在そのものが（主語）〔関わり行く、のではなくて、関わり行かれる、すなわち〕関心をよぶ、大問題である、問題とされたり成ったり、危ぶまれたり失せたりするところの存在者なり。』——と訳すべしという指示は、たんなる文法にすぎない。

II　本来的な、すなわちここでは現象学的-解釈学的な意味上の主語は、文法的にはもちろん決定せられない。解釈如何によっては「関係の三格 dem」が哲学的意味上の主語で『現存在とは存在者にはちがいないが Dasein ist Seiendes, dem その存在者は〔ないしたるや〕（主語）、おのれの存在中におのれの存在〔自己本来的存在〕そのものに関わり行く〔か、ないし「ひと-自己 Man-selbst」に関わり合って本来の自己を失う〕存在者なり。』——であるかも知れない。

III　解釈可能性をたどるならさらに、in seinem Sein が哲学的主語であり、したがって in は局限化ないし理由の in として、

1.『彼が存在するという点に問題を局限するならば in seinem Sein, したがって現存在の限り（kyklos, horizōn）、すなわち彼の存在の界限地平 Horizont は（主語）…』ないし

2.『現存在の存在〔できている〕理由は（主語）…』

さらにまた

3. in senem Sein は das In-Sein seiner として、『現存在の〔世界〕内存在《イン・ザイン》作用なるものは（主語）…』『…dem この存在者にとっては、um dieses selbst geht 当の内存在作用ないし自己の存在理由ないし自己の存在の界

限地平、そのものをめぐり超え (S. 192. über sich hinaus) 行くという点にある。〔内存的超越作用、内存即非内存・超越即是内存作用、「被投的投案」、禅的即非性、「非性の(非的な) 根拠‐存在 (S. 285)」という点にある〕』

IV　さいごに um 以下…でなく um のみを存在論的主語と見たてて (したがって um 以下「dieses〔Sein〕selbst おのれ自身の存在に」は無くともよい) ——『関わる…u m…』ということは※、dem 現存在という存在者にとってこそ、in seinem Sein それも彼自身の存在中にこそ〔ないし彼自身の存在作用によってこそ〕、es geht 立行く・行われうることなのである。〔…非現存在的存在者にあっては一者が他者に「関わる」はおろか、『たとえ両者の間隙がゼロに等しかろうと、原則上「触れる」ということすらできないからである(Vgl. S. 55)』〕。

※　ここにいたって「関わる um」は、現存在自身の存在可能「の為 das Worumwillen」に発する指示連関および該連関の関係諸項たるもろもろの「das Um-zu, の為」および該連関を見取する視、die Umsicht 用視との脈絡を暴露する。

——しかし以上をもってしては、この基礎的存在論的構式「…にとって関わり行く es geht einem um…」には、一定した哲学的主語は無いのかという問題がもち上るだけで、「…にとって関わり行く」が基本的意味でなければならないことは未だ決定されていない。なにゆえにこれが基礎的意味であるのか？　また (たとえ形式的ないし陳述された主語はこれを欠くにせよ) 意味上の主語を、ないしその確定を、欠くような文章〔der Satz 命題〕がはたして可能であろうか？

後の疑問を明らかにすることによって同時に前の問いに答えられるであろう——

非人称語法 (es schneit, es läutet am Telephon, es nachtet, es spukt u. ä.) は一般に、自然界・人間界・意識界に生起する諸現象を「いかにも現象らしく erscheinungsmäßig」現わそうとする語法である、とはあまりにも周知のことに脱したが、しかし現象学も現象に即しようとする傾向においては、非人称語法と変りはない。文法はただ『…らしく so aussehen wie…』表わせば足る、たんなる der Schein 仮象「es spukt」が「…らしく見えていること das Scheinen」でも、文法は、かまわぬ。ところが『存在者は概して彼が彼自身に即してはそんな者ではない様な者として現われる・自己を示現する (S. 28)』という可能性が存するので現象学が必要なのである。したがって現象学とは『即自己自身的に自己を示現する者を、その者がその者自身の方から自己を示現するそのとおりに、その者自身の方から見せる von ihm selbst her sehen lassen (S. 34)』ということにならざるをえない。この「即自己自身的自己示現者」が現象学的現象すなわち das Phänomen（真）現象なのである。しからば現象学的構式「es geht dem Dasein um…」においては、この現象学的現象が、非人称的（とはすなわち現象的）主語 es でなければならない。この主語はここでは、文法的用語を借りて現象学的に言えば、形式的主語であると同時に意味上の主語である。ということはすでに両主語の廃絶であり文法的次元と主語概念からの超脱である。『存在者について物語りつつ報告する事と、存在者をその存在において捕える fassen〔起草する〕という事とは、別事《べつこと》である。後の課題のためには、ほとんど言葉が欠けているのみならず、だいいち》文法《が無いのである (S. 39)。』――即《そく》それ自身的それ示現者・真現象《フエノメーン》をその者自身の方から見せようと sehen lassen する「提示供覧的 apophantisch」――提示言明的――提言的――命題的――『構式的』語法、すなわち現象学的『構式』語法においては、いわゆる『非人称』語法すなわち『現象』語法をまず手引とせざるをえない、ということは主動者的名詞は主語・主体としては極力蔽われねばならないということである。現象学的構式「es geht um…」においては、主動者としての名詞・主語なきところの、現存すらじじつ「主語・主体 Subjekt」とはなりえていないところの、「現象する現象それ es※」が形式的かつ意味的主語である。形式的とは、その主語 es が、現象学的現象概念（真現象）を形式的に、すなわちその現象内実「um geht」の露現の先ぶれ（露払い）として、表示しているからであり、意味的とは、現象学的にはその主語 es 以外に別の主語を要しないからである。形式的であったり意味的であったりする主語の二重現象 Erscheinungen は、前現象学的文法現象にとどまる。われわれは文法をもってこの構式を読むが、つかむものは現象 das Phänomen「U m」である。これは一種の『回互《えご》 Um』であって、後年の「存在本質の遊化《ゆげ》 Spiel」に通ずる。

※　後年のハイデガーはこの es をも》es gibt…《の es 同様じつは「Sein 存在」を意味するのだと言いふくめたいでもあろうが、かかる後年の補説はみな思考の進展にもとづくのであって、「存在と時間」における内在的用語連関においてかく読まれうべき客観的表現を採りえているわけでは断じてない。

この現象 Um が存するところに存するのが現存在である。これをもって、さきの完全形をその現象的意味において読んでみると——

『現存在とは、彼にとって真現象esが（主語一格）、彼の存在の内でその存在そのものをめぐりum,〔超え出でüber sich hiaus (S. 192)〕行くgeht, ごとき存在者である。』ないし『現存在とは、彼にとって彼の存在内で当の存在そのものをめぐり出で行く「es 現象」である（述語一格）。ないし……かかる「現象 es」は（主語一格）総じて現存在である。』さらにフエンすれば『現存在にとっては真現象 es は（一格）、現存在自ら存在しつつも即ち Schon-sein-in-(einer-Welt) 既在（世）しつつも、その存在〔既在〕をめぐり出で行く即ち Sich-vorweg-sein 己れに先立ち存在する※・自己予在するというところにある。』

※ Diese Seinsstruktur des wesenhaften »es geht um‥« fassen wir als das Sich-vorweg-sein des Daseins (S. 192).

または『「in seinem Sein um dieses Selbst 内存的超越的・被投的投案的・既在的予在的に」「dem 彼にとって」「es 現象が geht 行く、現象する」ような存在者は総じて現存在である。』

——もはや「geht 行く」という定動詞は、文章構成の文法的要因として以外、なんの意味もないことがわかる。このことは同じく〔非人称的〕現象主語による「適在性の構式：Es hat m i t ihm b e i etwas sein Bewenden. (S. 84. u. a. O)」における「hat 持つ」についても言われうることであり、また「慮 Sorge の根本構式」——Sich-vorweg-schon-sein-in-(der-Welt) als Sein-bei (inner weltlich begegnendem Seienden) (S. 192. u. a. a. O.)」にいたっては、形式的主語も意味上の主語も定動詞も、コンマすらも無い、現象学的統一現象の顕現である。現象学的現象《フエノメーン》には、あえて求めれば現象以外に主はないのだから、こういう現象学的語法を生ずるのである。これを最も簡単に訳すには、概念化するうらみはあるが、「自己に予在的で既在（世）的な現滞在作用：予既現」※とやはりコンマを排して訳すより方法はないであろう。

※ 注末図表の4、参照。

問題はしたがって、範疇的 kategorial にいかがわしい「geht 行く」とか「hat 持つ」とかいう主体的動作に存するのではなく、非主体的現象学的現象中核は、um に、しかもそこにのみ存する。このことが見取できないがゆえに、われわれのたどたどしいドイツ語にとってよりも、むしろドイツ人の流暢な、そのゆえに上滑りした読み方にとっての方が見取しにくいがゆえに、著者は彼らのために、該構式の意味核心は um にあるぞよと言わんばかりに、諸例においてもおうおう、初出一二頁においてはとくになおさら、構文中「um」のみが強調体とされているのである。かく非主体的現象顕現の前には、両主語も定動詞も名詞もかげをひそめるとすれば、現象の担い手は前置詞か副詞でしかなくなる。すなわち「慮の構式」にしても、契機は「vorweg 予め・先立ち」、「schon in 既に内に」、「bei 許に〔滞〕」、「-sein 在る、在」であり、※三契機を結合する統一現象として唯一の、それも最低の名詞、すなわち現象的 - 不定法的「動作名詞 nomen actionis」: sein があるだけであり、(Welt 世界) も (innerweltlich begegnendem Seienden 世界内部的出会存在者) も、現象学的「括弧作用 Einklammerung」のなかにしばらくあずけられている。sein は二度出るが、これはよぎなき文法的反復にすぎないから als Sein (同一 sein) であって元来コンマを要しない。われわれは「予既現」という現存在の存在をなして実存しているのであって Komma を打つのは文法にすぎない。

※ その「-sein, 在る」すら現象的地平は「脱自的時間性」である。

現象学的には名詞が最も信用できない。そのいかがわしい名詞の動作たる定動詞はもとよりである。「適在性の構式」Es hat m i t etwas b e i etwas sein Bewenden についていえば、定動詞 hat も etwas はむろんのこと名詞 sein Bewenden も信用できない、(非人称的) 現象的主語 Es は現象内実の先ぶれであって無内容である。信用できるのは、そのゆえにこそ強調されている前置詞「m i t…b e i…」である。「…云云…にさいしては bei」「…云云…をもって mit」である、「…打釘…にさいしては…ハンマーをもって」である、そうすればそこに、「Es hat sein Bewenden」おのずと「適在 (落著・事情・曰く・些細) が生じ、かくして曰く・事情・適在の全体性 die Bewandnisganzheit が、全環境世界 U m-welt が現じ、世界が現成《じょう》するのである。

——「現存在の構式」の現象学的意味が「um」を中心として〔行く geht〕「めぐる」ということが明らかとなった以上、この構式の基本的意味が例の「…に関わる」でなければならないという主張は、すでにその証明を得たも同然である。

um 自体の初原的意味は: 周・環・回・囲・「めぐりて・まわりに」等であるから、um gehen となっても「めぐる・まわる」であって「行く」は無用である。さきの派生的諸意義の分枝のみならず基本的意味の形成も、この初原的意味の忘却に根ざす。「um et. gehen めぐる」の「um et.」は元来、世界内存在作用たる現存在の本質的な（ent-fernend=aus-richtend 距離《へだたり》‐除去的《なくしつつ》・方向整定的《ほうこうをととのえた》）空間性に基づくところの「gehen 往行作用」にとっての、場所的ないし往行様式的副詞規定・副詞句であった。ところが「gehen 行く」自体の方が、かかる空間的場所移動の原意を時と共に失い「行き」、「…をめぐる」ことにより、「…に接する an」等よりも全面的かつ完全に「…に関わる（geht）um…」ことができるという意味を生じ行くにつれ、「um et. めぐりて」という元来の副詞句も、その空間規定的意味を失い行き、「…に関わる es geht um…」が関わらねばならぬ Objekt すなわち前置詞的補足語 Präpositionalobjekt と化するのである。かくして『文法』はこの補足語を『非人称主語 es』に対する『意味上の主語』だと宣するのである。そこで「現存在にとっては dem」「彼の存在中に in seinem Sein」「um dieses selbst その存在そのものが（主語）」「危うくなったり・失せたり・問題となったり・一大事関心事であったりする geht es.」かないしはまた、形式文法には承服せずとも Objekt には承服して「dem 現存在は（主語）」「その存在において in seinem Sein」「um dieses selbst（Obj.）おのれの存在自身を」「相手としたり・問うたり・賭したり・超え出たり」「する geht es」こともあれば「おのれの存在に（Obj.）」「（基本的に）関わり行く」〔ことにより（派生的に）関心・執心・腐心・態度・対処〈応対・応答〉する〕ことにもなるのである。――しかし、要はすでに、一定の名詞 Substantivum が、すなわち最広義での実体 Substanz が、主語 Subjekt（主体）として、邦訳では、設定されてしまったことになるのである――原文では主語としては、現象学的現象内実露現のための露はらい、現象的非人称的不定代名詞 es の設定にすぎないのに。

――さほど厳密の要なきばあいは、派生的諸意義をもって訳出したところもある。邦訳的主語設定は『非人称語法（精確には文章の非人称化〈二重主語〉を可能ならしめる非人称主語 es）』をもたぬわれわれとしてはいたしかたない。だからこそここに続出する諸例全般を一括して、該語法の現象学的意味の一端をうかがって見たのである。「Sorge の Formulierung」とともに、構式としてはこれが最も重要なものだからである。

終りに注者として一言つけ加えておきたいことは、原著者が現象学的解釈学的『構文 Formulierung, Ausführung』にさいして、『非人称（すなわち現象）語法』などという打ってつけの語法のあることを意識して、したがって「ausdrücklich ことさらに」弄したとはかぎらない。ことほどさように該語法は彼らにとって「ontisch nächst (S. 15, 16, 43, 44, 225, 311) 存在的に親近」すなわち「親者不問――（法常)」であるから、彼らにとっては「ontologisch fernst 存在論的に疎遠」すなわち「論ずる要なし」であるのかも知れない。――われわれにはだが『非人称語法』など「存在的に遠い ontisch entfernt」どころかだいいち存在しないのだから、それは存在論的には最も近く、かく『切論』を要した問題、問者不親――（法常）であったのかも知れない。だから、われわれとはちがって、たくまれざる現象〔非人称〕語法の流露が、はじめてここに解釈学的な現象学的諸構式となりえたとき、それらは同時に、それら自身の特殊的表現諸様態の存立根源を衝くのみならず、現象語法一般を、非文法的・非事後的に、現象学的・先行的に基づけている地平をも拓開するであろう。――すでに半世紀をこゆる現象学的根著 Verwurzelung が、現象語法の最も発達した国土を現象的地盤 phänomenaler Boden としたという事は、偶然ではないからである。

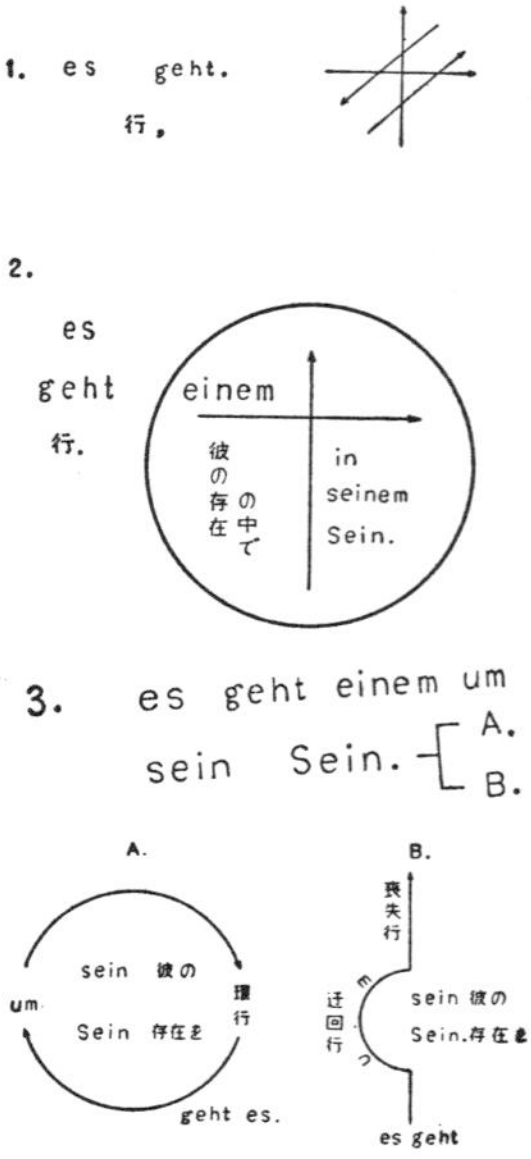

4. Wenn es einem in seinem Sein 〔und zwar〕 u m dieses Sein selbst geht, dann:

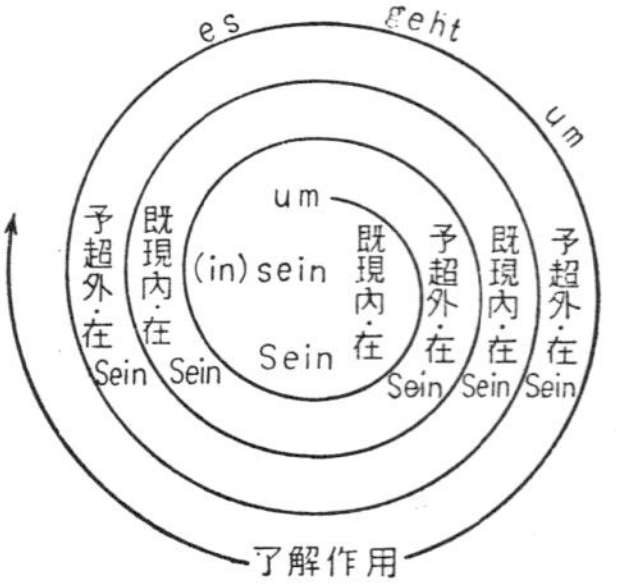

「既」は「既在（世）」「既然性・現事実性」「感存性」「被投性」「おのずから(道元)」。

「予」は「(自己に) 予在」「実存・実存性」「投案」「可能

-存在」「了解作用」「みずから（道元）」

「現」は「現滞在」「頽落」「ずから（道元）」（禅という「現今用《ゆう》底」においては「現・見《げん》」が優位する」。

「超 Transzendenz, 外 über sich hinaus（自己超出）」は「予 Sich-vorweg」と同じく、「既と現と内」との可能の制約である。

——図表はあくまで図表にとどまり、了解助成の一面的手引にすぎない。かかる手引によっていくらか判然とすることは——a.「現存在の構式」は当然にも「現存在の存在すなわち Sorge の構式」にもとづくということ、「…に関わり行く es geht um…」は「自己予在 Sich-vorweg」である（S. 192）ということ。——b.『根源的で本来的な時間性は本来的将来から時熟する』、『…時間性の脱自的統一においては将来が優位をもつ』、『…時間性の第一次的現象は将来である』（S. 329）ということ。——c. 無始無終的・直線的でない、禅的な円環的時間性ということの意味（参考：『通俗的了解性にとって知られうるような »時間« の特徴は、根源的時間性の脱自的性格が水平化されて、純然たる無始無終の「Jetzt-folge 今-連続」としての »時間« と化している点にある』S. 329）。——d. またこの図表4. において見取される循環性格が、現存在そのものの実存論的「予-構造」としての「了解作用」の循環なのであってまたこれが、われわれが『正しいやり方で』『根源的かつ全的に』実存論的に『とび込まねばならない』、また実存的にはすでに『とび込んで』もいるあの循環なのである——任意の認識様式がそれをなしてうごいている一種の円環、『論証の循環』とはその循環がちがう（訳注二九〈8〉後半、参照）こと、等であろう。

（1）「構式 Formulierung」は普通は「公式・定式・方式」であるが、現存在の「Seinsverfassung 存在構え」ないし「Seinsstruktur 存在構造」の方式化ないし式示であるがゆえに「構式」なのである。したがって現存在の根本「構え」ないし「構造」、Grundverfassung od.-struktur の式示は「根本構式」である。『現存在の分析論から派生するすべての解明契機（実存諸疇）は現存在の実存構造（根本構式）を考慮して獲られているのである（S. 44）』。だから根本構式の了解なくしては、個個の実存諸疇はたんなる単語にすぎない。実存諸疇から現存在の存在をうかがわんとする通俗的コースは、そのスタートにおいて実存性を逸している。基礎的存在論としての現存在の分析論はハイデガーによって終止符がうたれたのではなく手がけられたまでである。したがってその進展はまた必然的に、諸構式の精練と実存諸疇の洗練をも結果し続けねばならない。事実このことを証するのが本書における実存諸疇の方法的開放性であって、伝統的範疇論における原則的完結性の反対である。

ハイデガーは彼の重要な諸構式の五・六〔Sorgeの、現存在の、※適在性の、遠近の、空間性の、死の、覚悟性《エントシュロセンハイト》の、諸構式〕、根本構式を応用した時間性の諸構式〔第二篇第四章、数として約※一一〕に対して、とりたてて Formulierungen などとは呼んでいないが、訳者自身それらを呼ぶの必要上かく名づけているまでである。

※「方法的開放性」が一切の「数え立て」を排するのであるが「現存在の構式」には「es geht um‥」の他に「Dasein existiert faktisch」を加うべきであろう。

一三九 (179) 『暗黒観《ナハトアンジヒト》』とはG・T・フェヒナーの用語。近世自然科学的量還元にもとづく無光・無色・無音の暗黒的世界観、これに対し自己の立場を彼は『光明観 Tagesansicht』と称した。

一四〇 (180) 訳注一〇四 (117)、参照。

一四一 (181) 実存性と現事実性とについては、訳注一五二 (192) 後半、参照。

一四二 (181) 訳注七一 (42)、参照。

一四三 (181) 訳注一三五 (179)、参照。なお続く連関を考慮して当所をフエンすれば――現存在の日常的存在作用は、〔配慮された〕世界〔内部的用在者〕の許に存在したり、また〔その世界内部で出会う〕他人ら〔の為に顧慮《とりな》しつつ彼ら〕と共に存在したりしながら（頽落的かつ被投的）、むしろいちばん自分らしく存在し得ようと慮《おもんぱか》る・案ずる・投げ案ずる・おもいめぐらす dem es um‥geht ところの、すなわち非‐自己本来的・「ひと‐自己」的存在可能の「喪失 um」を投げ案じ・慮える（投案的）ところの、「世界内存在作用」である。この頽落的（現滞在的現実的）、被投的（既在世的必然的）、投案的（予在・将来的可能的）な三構造の全体を全体たらしめている統一が慮《ゾルゲ》（その意味が時間性）である。

一四四 (181) 訳注七二 (43)、参照。

一四五 (183) Sorge, cura (Cura, S. 197) は「慮・りょ」でありえます。であるから術語「Besorgen が配慮」であり「Fürsorge が顧慮」でありえたし（一九三頁上、参照）、また全巻を通じてかかる連関が、ドイツ人には、たどられうるのです。しかるにこれを「関心とか志向性」とすることは、実は一巻の書物における飜訳ではなくて、同系語との連関をも無視したところの、その場かぎりの概念的「説明」にすぎない。とはいえ啓蒙的な時期においてはそうした説明語が訳語の代りをしていたのである。もとより術語の断片的使用や紹介にさいしては、それはまたそれなりの効用を有しもしよう、だが上記のような全巻的流通性を欠いていては全訳にさいしては使用にたえないのです。こうした考慮のために中途まで使用されてきた訳語が何度とり換えられたか知れない。だがかかる考慮がすべてではない、飜訳は、Sorge に対するドイツ人の語感をも、「慮《りょ》」としてわれわれのそれに移植しなければならない。そしてそれがいわゆる「Besorgnis 心配苦労」などではないことが、すなわち『純粋に存在論的－実存論的に用いられている。』ことが、宣《せん》せられねばならない（一九二頁下）。これが長い書物のなかでの順序であり、またその宣言の意義をみたすものといわねばならない。――なお「慮」については五七頁中をも参照。

術語の邦訳に関しては、原則として、従来の定訳によることにしたが、定訳かならずしも全訳遂行上適訳でないので、「慮《ゾルゲ》」がそうであるように、なお他に数語の例外があります。異をたてるわけではなく、それにはそれだけの根拠がなければなりません。術語的訳語は当初に訳者が選ぶのでなく、さいごまで本書自身について教わるべきものであり、訳了後にはじめて決定されるのでないとすれば、当初の思いつきがさいごまで読者に押しつけられることになります。――例外とその理由については「Sorge 慮」の他に「vorhanden 前在的（訳注五一〈25〉）」、「Befindlichkeit 感存性（訳注一一六〈134〉）」、「Bewandnis 適在性（訳注九六〈84〉）」、「Entwurf 投案（訳注一二二〈145〉）」、参照。

一四六（191）訳注一三五（179）、参照。

一四七（191）「das Sein zum (eigensten Seinkönnen 最自己的存在可能)への存在」は「das Freisein für (dasselbe それ)に向っての開放存在〔ひらかれ在り〕〈一四四・一九三頁その他〉」を意味するということは（一八八頁上、参照）さきざきまで非常に重要であるのにほとんど留意されていない。すなわち「das Sein zum Tode 死への存在（二三五頁その他）」とは「das Freisein für den Tod 死に向っての開放存在（三八四頁、その訳注参照、『死に隙《すき》を空ける』――正三《しょうさん》禅その他）」を意味し、意味すればこそ有意味なのである。「死」とは「最も自己的なる存在可能《ありうる》」にほかならない。

一四八（191）「彼の存在において in seinem Sein」については、訳注一三五（179）の「A項」、参照。

一四九（192）訳注六七（41）、参照。

一五〇（192）「自己-予-在」をさらに完全に言い表わすなら「世界内に既在すなわち既在世せる点で自己に先んずる、既在世せるところの自己よりは先立っている、既にひとつの世をば成しつつ存在しながらもその自己に先立つ、自己に先立つとはその自己が既に世に在るからであり・在る限りにおいてである、既在しつつこそ現存在は予在・先立ちできるのだ、既《キ》しつつ予《ヨ》するのが現《ゲン》で在る（現存在することである）」という事を意味する。

一五一（192）次注、および一八一頁上、注番号「一四一」と付されている箇所の本文、参照。

一五二（192）この「ゾルゲの構式」には種々の訳し方が可能であろう——要は三契機の截然たる区分ゆえの顕然たる統一を再現すればよいのであって、かならずしも原文に『忠実な』逐語訳？　によって邦文を台無しにしてまで原意を曖昧にする必要はない——

『おのれに先んじ在りつつも既に（世に）在りながら（その世で出会う存在者の）許に在ること、自己に予在的で既在（世）的な現滞在作用・予-既-現的存在作用』。ないし『（世界内部的出会存在者の）許に在りつつも〔在ると同時に・在るにもかかわらず als Sein bei…〕自己に先んじ在りながら既に（世界）内に在ること、現滞在的なる予在的既在（世）作用』。なお Sich-vorweg-im-schon-sein-in…（前訳注、参照）の意を汲めば『（世のなかで出会う存在者の）もとに現に在りつつ既に（世を）成して在る——※おのれに先立つ、現滞在的既在（世）的——自己予在』。ないし『（世界内部的出会存在者の）許に在ることすなわち自己に先立ち在りつつ既に（世界の）内に在ること、現滞在即自己予在的既在（世）』。

※　この棒線「——」については（新版では連字符「-」となっている場所）旧版三一七頁上》Sich=vorweg—schon=sein=in…《参照。なお三二二頁中、参照『現滞在としての既在世は等根源的に予在なり（意訳）』。

「慮《りょ》の構式」の三契機に対応する諸規定としては——

一、Sich-vorweg-sein 自己予在。

本来的には「先駆」・非本来的には「予期」（三三六頁以下）。「Zukunft（Sich-auf-sich-zukommenlassen おのれをおのれへ到来させる意味での）将来〈三二五頁以下〉」。未然・未成《じょう》。「Können 可能」。「Verstehen 了解作用」。実存作用・実存性。投案。「Sein 存在〔作用面〕」。「を為して存在する」。「みずから（道元）」。

二、Schon-sein-in…既在（世）。

本来的には「回復」・非本来的には「忘却」。「Gewesenheit (Zurückkommen auf‥帰来する意味での）既在性」。既然・既成《じょう》。感存性。現事実性。被投性。「を成して存在する」。「おのずから（道元）」。

三、Sein-bei‥の許に在る・現滞在。

本来的には「瞬視」・非本来的には「現前」。「Gegenwart（Gegenwärtigen 現前させる意味での）現在」。現然・現成《じょう》。（ハイデガー的命名では）頽落。ただし「現に現《ダー》を用いつつ存在する現今用底《ゆう》」の禅的優位においては統一的・支柱的「ずから（道元）」。

右三契機のきわだてにおいて、「被投的‐投案」、「感存的‐了解作用（Verstehen：Können 可能）」、『被投的‐「世界内存在」‐可能』、「現存在は現事実的に実存する」等の表現における把握の必然とひろさと緊密と統一が目につく。

一五三（193）訳注一三五（179）、参照。

一五四（194）訳注七八（50）、参照。

一五五（195）『‥そこでは日常的には一切が生起しつつ、実は何事も生起してはおらぬ。』――一七四頁下。

一五六（224） das Ausgesprochene が、「言表されたもの・者・対象・（存在者）」ではなく、「言表された言《こと》・ことがら・事態・内容」と訳されねばならないことは、『それ自身にそなえている存在者への関わり』ということでの表現によって裏づけられる。ちなみに旧版ではここが『関わりをそれ自身のうちにもつ・有する in ihm selbst hat』となっているが、七版での訂正のごとく『‥それ自身にそなえている・そなわっている・そなえもつ・具有する an ihm selbst hat』の方が現象的に適切であるし、また事実数行先では旧版でも an となっているのである。――『引用文と句読法』のみならず箇々の語においても新版では是正されているほんの一例である。

一五七・一五八（228）訳注一三五（179）、参照。

訳注補遺

一　第二節　存在如何の問いの形式的構造（五頁――八頁）。

「die Frage 問い」には一般に左の構造三契機が属する――

一、「Gefragtes 問われた当のこと・事」。

二、「Befragtes 問い掛けられたもの・者、問いの受け手」。

三、「Erfragtes 問い確かめ獲られたこと・事」。

顕然たる、表明的な問題提起 Fragestellung の特徴は、問いそのものを構成している右三契機の性格を予めみな洞見している点にある。だから、存在問題の顕然たる提起においても、右の三契機についての洞見性が獲られなければならない。すなわち存在如何の問いにおいては——

一、「das Gefragte 問われている当の事」は、「das Sein des Seienden 存在者の存在」、「問うという可能性を有する存在者すなわち現存在の、存在」である。

二、「das Befragte 問い掛けられた者」は、「das Seiende selbst 存在者自身」、「現存在という性格を有する存在者（四一頁）」そのものである。

三、「das Erfragte 問い確かめ獲られた事」は、「der Sinn von Sein, der Seinssinn 存在の意味」、「われわれが現存在と名づけている存在者の存在の意味（一七頁）」、すなわち「die Zeitlichkeit 時間性」である。

二 第五章「内存在」そのもの（一三〇頁—一八〇頁）。

現存在の根本構えたる「世界内存在」の分析において「世界」と「存在者（自己）」という二つの構造契機はすでに明らかにされた。のこる支柱的構造契機たる「内存在」そのものがこの章での分析の主題であり、「内存在」とは「現-存在」すなわち「現われ在り」の開示性であることが示される。

開示性の三構成契機——

一、感存性 Befindlichkeit（気分）〈一三四頁〉。現事実性であり、第一次的に「既在 Gewesenheit」（既在世 Schon-sein-in）に基づく〈三五〇頁〉。本来的根本感存性は不安、非本来的感存性は恐怖。

感存性の3本質性格——

1、被投性〈一三五頁〉。気分において開示される現事実性 Faktizität で、直観においてしか発見されない事実性 Tatsächlichkeit ではない。被投性はそれへの帰順 Ankehr かそれからの忌避 Abkehr において気分的に開示される。

2、気分はそのつど「世界内在在」を全体として開示している。世界と共同現存在と実存との等根源的開示性という実存論的根本様式〈一三七頁〉。

3、世界への開示的依存性〈一三七頁〉。

二、了解作用 Verstehen〈一四二頁〉。投案 Entwurf という性格を有し〈一四五頁〉、可能存在としての現存在の存在様式であり、実存性である。第一次的に「将来 Zukunft」（自己予在 Sich-vorweg）に基づく〈三五〇頁〉。現存在は自己を、『世界』から非本来的に、最自己的存在可能から本来的に、了解する〈一四六頁〉。了解作用は予持・予視・予握という「予 Vor」

-構造を成し、意味はこれに属する〈一五一頁〉。
1、解釈 Auslegung〈一四八頁〉は了解作用の完成としてこれに基づき、根源的には用視的配慮的な解釈として解釈学的な「として Als」-構造をもつ〈一五八頁〉。
2、陳述 Aussage〈一五四頁〉は解釈からの派生様態としてこれに基づき、呈示 Aufzeigung・断定(限定) Prädikation・伝達 Mitteilung から成り〈一五五頁〉、命題的な「として Als」-構造をもつ〈一五八頁〉。

三、語り Rede〈一六〇頁〉。語りは感存性および了解作用と等根源的であり、解釈および陳述の根底に存する。解釈において、したがってさらに根源的にはすでに語りにおいて、分節可能なるものは意味、分節されたものは意義。諸意義にこそ諸語《ヴォルテ》がそだつのであり、諸単《ヴェルター》語《ディンゲ》に意義があてがわれるのではない[1]。語りが言表されると言語 Sprache。語りは特に一定の時間様態には基づかない。しかし語りはたいてい言語において発言されるしそれもまず環境的配慮のために為されているのであるから、現前(非本来的現在)が優先的構成機能をもつ〈三四九頁〉。

語りの4構成契機——
1、das Worüber der Rede, das Beredete,…について語られている当の対象〈一六一頁〉。限定的陳述の対象とはかぎらず、命令・願望もその対象をもつ。
2、das Geredete, Gesagte als solches 語ったないし言ったこと・事・言、自体〈一六二頁〉。これにより語りは伝達される。
3、Mitteilung 伝《ミト》達〈一六二頁〉。了解的相互存在の分節であり、共同存在の明確な捕捉と領有としての『分ち《タイルング》』である。陳述的『伝達』や報告はこの実存論的原則的ミト・タイルングの特殊事例にすぎない。
4、das Sichaussprechen 自己言表〈一六二頁〉。感存的気分的「世界内存在」の吐露。

語りの2本質的可能性——
1、聴くはたらき Hören〈一六三頁〉。現存在は了解するがゆえに聴くのである。最自己的存在可能への第一次的で本来的な開放性・あきを構成する。共同現存在および自己自身に『聴従・従属的 hörig』であり、この従属性 Hörigkeit において両者に所属 zugehörig している〈一六三頁〉。

2、黙するはたらき Schweigen〈一六四頁〉。ほんとうに語りつつあるときにのみ本来的に黙しうるのである。沈黙は語るはたらきの様態として現存在の了解性を根源的に分節する。

以上、感存性・了解作用・語りは、「世界内存在」の一般的な開示性の実存論的三構成契機である。しかるに「世界内存在」は日常的には「ひと」である。「ひと」にはまた「ひと」特有の開示性が存する。了解作用は存在可能であるから、「ひと」はいかなる存在諸可能性を開示しておのれのものとしているかという事は、「ひと」に属する了解作用と解釈作用との分析から明らかとなる。すなわち、「ひと」としての現存在の非本来的な日常的開示性(2)の三構成契機は——

一、「ひと」の為す、日常的な語りとしての空談 Gerede（その性格は、無地盤性〈一六八頁〉・根こぎ〈一七〇頁〉）。

二、おなじく、日常的な了解作用における視(3)としての好奇心 Neugier（その性格は、近くへの不滞留・気散じ〈一七二頁〉・無在所性〈一七三頁〉）。

三、おなじく、日常的な解釈としての曖昧性 Zweideutigkeit〈一七三頁〉。

空談・好奇心・曖昧性は現存在の日常的開示性の三性格であり、これらの存在的連関において、現存在の頽落 Verfallen と名づける——第一次的に「現在 Gegenwart」（現滞在 Sein-bei）に基づく——日常性の根本的存在様式が露顕する。

かかる頽落(4)の呈する4現象としては——

1、誘惑〈一七七頁〉。

2、慰撫〈一七七頁〉。

3、自己疎外〈一七八頁〉。

4、囚われ〈一七八頁〉。

かかる頽落的動揺の2特性は——

1、墜落〈一七八頁〉。

2、旋回〈一七八頁〉。

（1）『われわれは文章で語るのであって、単語で語るのではない』（O・シュペングラー）。言わんとする精神は同じである。文章・Satz・命題ないし陳述はだが、意味という「予」-構造の解き分けたる解釈を前提とする、したがって厳密には、われわれは意味という予構造のうちにあるかぎりにおいてのみ、語りうるのであり又すでに語りつつあるのであって、単語で語るということは不可能である。

（2）これに反して、非日常的なる本来的開示性は——

不安という感存性・最自己的有責存在《せめあり》への自己投案としての了解作用・沈黙としての語りによって構成されているところの——覚悟性 Entschlossenheit である〈二九六頁〉。

（3） 開示性は現存在の明るみ・ひかり・Lichtung であり、このなかでこそ現存在の視 Sicht は可能である。すべての現存在的開示作用の根本様式である了解作用は、その投案性格において、現存在の視を構成する。すべての視は了解作用に基づく。好奇心という特異な見聞き知りたさは、「ひと」の了解作用における一種の視であり、公共《エフエントリ》性《ヒカイト》、すなわち「ひと」の開示性、世間の明るみのおよぶかぎりをおさめている。予視は了解作用という予-構造そのものに基づく。用在者に対する配慮作用の用視は分別 Verständigkeit としての了解作用である。他の現存在への了解的顧慮は顧視ないし寛大視 Nachsicht である。実存に対する洞視 Durchsichtigkeit は、十分に了解された『自己認識』のことで、一自己点への注視などではなく、「世界内存在」の本質的諸契機を洞貫 durch—hindurch する全体的開示性の了解的捕捉として、現存在という開示存在・明るみ・ひかりそのものである。前在者に対する諦視、すなわち『直観』や『思惟』も、配慮的用視の衰退様態として、根源的な了解作用からの、はるかなる派生物である〈一三三・一四六・一四七・一六七・一七〇頁〉。

（4） したがって、開示性は一般に、実存論的には、すなわちそれが現存在において存在しうる根拠からいえば必然的に、感存性・了解作用・語りという等根源的な三契機によって構成されている〈一三三・一八〇・二二〇・二九五頁〉のであるが、上記のごとく、開示性をその日常性において規定しているものは頽落であるがゆえに、開示性の構成諸契機として頽落をも含めた四つが挙げられているばあいもある〈二六九・二七〇・三三五頁〉。この表では、手引としての便宜上、三とか4とかと数えたてては見たものの、問題は諸契機の数ではなくてそれらの等根源性にある。すなわち『あらゆる了解作用はその気分をもつ。あらゆる感存性は了解的である。感存的了解作用は頽落の性格をもつ。頽落的気分的了解作用はその可能性に関しては語りにおいて分節される〈三三五頁〉。』また『感存性と了解作用とは等根源的に語りによって規定されている〈一三三頁〉。』と。だから開示性の構成諸契機として感存性と了解作用のみしか挙げられていないばあい〈一八二頁上および「語り」未説の一四八頁上・一六〇頁下〉があっても、語りはそれらとの等根源性において暗示され・含まれているのであって、べつに怪しむには当らないのである。

あとがき

すでにその思考は母国を超え、しかもその特異な母国語のゆえにあくまで土着をつずけようとするこの書物に対する邦訳は、言うまでもなく、ヨーロパからの東亜への、とりわけきづかわしい移植である。ゆえに邦土になじむべくなんらかの『あとがき』が要求されるとすれば、ヨーロパの国国においてそれぞれに可能なごとき解説が、ここでまねられてはならない。それでは、この書にとって既存するヨーロパ的所見《ベフインデン》、西欧的了解ないし無了解に、われわれとして何ものをも付加しえないということになる。われわれとしてはまたわれわれ独自の反響と可能性とをもってこの書の精神に答えなければならない。西と東は、その思考において対等であるかぎりにおいてのみ、明日の思考のために相たずさえる。したがってこの書の東洋「版」に、彼らにおいてまねようともしなければ可能でもない東洋的「解説《あとがき》」が付加されるのは、ごく自然であり、おそすぎた答辞である――

『頌《じゆ》に作らずとも、心に思はんことを書出し、文筆ととのはずとも、法門を書くべきなり』（道元）。

実存論的《じつぞんをろんじて》‐存在論的《そんざいをろんずべし》には、「法 dharma」とは、現存在の「存在」と解されうる。現存在の、存在に入る門が、『存在と〔その門である〕時間』において書きととのえられた。「心に思はんこと」「存在」は、『思考の経験から（一九五四年刊）』、その「頌偈《じゆげ》」をえた。

『「存在と時間」においてはじめて発言を試みる思考が達したいとおもう唯一のものは、「或る単純なもの」である』（ハイデガー）。――「或る単純なもの」とはしかし、根源的であるがゆえにのみ単純でありうる底《てい》のものでなければならない。知的飽満や概念的錯雑にとってのみ一種のすくいと感じられる『単純』感とはちがって、思考のめざす単純性とは、思考の達しうる根源性そのものの本質性格であり、つねにきびしさである。「存在と時間」という名の著述において手がけられた思考が、はたして「或る単純なもの」に到達しえたとすれば、その思考はまた同時に、「単純なもの」の根源性から発しうることにより、いずれは西をも東をも超えざるをえない根源的思考のために、共通の地盤を拓開するであろう。

一

われわれが今日、自分こそ唯物論者ないし観念論者だとみずからを宣言しえないからといって、われわれはかかる宣言を一概に素朴と見なすことによって自己の無確信を蔽ってはならない。知識人ということばは、信じえもしない思想を知識とすることに忙しい人間を意味してはならない。『好奇心』は今日では哲学の世界をも支配する。他人の確信の書でさえ『ただ知っちまわんがためにのみ ein Wissen, aber lediglich um gewußt zu haben. S. 172.』読まれるのである。知のこういう悪循環のなかで、大部分の哲学者が『哲学に忙殺される一研究家』とならなければ幸である。しかし唯物論者といえども唯物的「世界了解者」であって、唯物自体《ただのもの》でないかぎり、やはり自己独自の了解性の深化と更新が、彼独自の思想の対他的存続条件である点、他のすべての論者《イスト》と同様、了解者としての現存在に属する。ここに、現存在にのみ語りかけようとする基礎的存在論がある。肯否の可能性のためにも、まずその了解を前提とする。すでに了解せる人にもさらに、われわれにとってのみ可能な「東方定位 Orientierung」において解りなおすという可能性が残されている。一切の批判はそれからでよろしい。ここにこの書のこの国における一般的将来性があるのである。したがってわれわれはこの書のなかに自己の可能的立場が示されてはいないかを験証すること、またさきの諸論者《イステン》といえども彼らの唯物ないし観念思想の存続が、現在ないし今後は、いかなる思考と対決せざるをえないかを確認するためにも、この書を一読する心要がある。しかるにこの書の存在が不抜の障壁を成していたり、この書への未了解が一思想を温存せしめたり、この書への西欧的了解がこの書の胚蔵する東方的思考への無了解であったり、またこの書の未発見が東洋的思惟の孤立を意味したりするかぎり、すなわちこの書に対する了解的透過が存しないかぎり、賛否を問わず、いかなる哲学分野においても今日、思考の精練と前進はありえないのである。しかるにこのような書物が、今なお一般的了解を絶しているのみならず、専門的了解にとってもくり返し新たな負担をおわしつつあるということは、それにもかかわらず、この書の思想そのものの不可近傍性《ウンツーゲングリヒカイト》にあるのではなくて、むしろそれを表現することのむつかしさからくる表現《ことば》自体のむつかしさにあるのである。――思想そのものは現存在たる万人にとってじつは最も近しいもの das Nächste である――したがってまずこのことばの周知の難解性について一言することは、その訳し方についての多少の弁解と相まって、その読み方については一般読者になんらかの手引となるであろう。

術語的機能をこのんで日常語のうちにもとめ、平常語を非常の言語たらしめる反面、母国語の機能を極度にその可能性にむかって駆使し、日常蔽われた従横の語義的実存連関を暴露して実存論的-存在論的連関にまで高めようとするハイデガー哲学における方法的表現は、彼の哲学をもはやドイツ語自体と切り離せないものとする。これがすなわち、とりわけ言語系統と構造を異にする邦語へのその飜訳において、『絶望的困難』をとなえられているゆえんである。困難はしかし飜訳にのみあるのではない、すでにその読破において本国の専門家をも嘆かしめ、ときに憤慨せしめてさえいる。好意的嘆声の一例としては『……相当の読者が彼の思想の了解のためにどんな努力をはらってもムダに終るとあきらめて、この書を再び読むことをやめてしまう。……じじつ彼の書物のことばは非常に難解である……もはやたんに新たなものというよりはむしろしばしば奇妙なものでさえある用語法――それは断固として新たな表現を刻印し、古い表現を新たな意味にもたらす』(A・フィシャー)――こうした反響の数かずを予想していた原著者自身の、用語法に関する弁明を読者はとくに参照せられたい(本書三八頁下、三九頁上)。

それにもかかわらず『存在と時間』は、了解的「共同現存在《ミト・ダーザイン》」の「分ち《タイルング》」、思想の伝達《ミト・タイルング》・書物として、成功する。すでに久しく成功しつつもはや古典ですらある。にもかかわらず一般には依然として近づきがたい。その一般化がわが国でいまだ試みられなかったからではない、周知のごとく、戦前のそれは、不幸にして十分な成果をもたらさなかったのであろう。したがって、訳者も一般読者として、何より自分自身の了解のためにこの書を訳読せざるをえなかった。また訳すほど読んで見ないと本当のところは解りかねた。刊行というつもりは当初は全然なかった。そこで私は、期日に追われることもなく、私自身に解るようにまた解るまで、ゆうゆうと読みかつ訳した。是非はともあれそういう訳筆のあとが今なお随所に散見するかもしれない。すなわち凡例でもふれたように、訳者自身の私意による割注や諸符号によって訳文を見苦しくし、ときに冗漫な説明的文体によって原文の簡潔を殺しその含蓄をそいだ罪は、もとより訳者自身の甘受すべきところであって、もっぱらこの書に対する一般的了解水準を高めたいという宿願に発したものにほかならない。いわゆる『原文に忠実な』飜訳なるものをもってこの書の難解性をも『忠実に』邦語に移植するということは、かかる念願をもつ訳者として、張り合いのある仕事とは思われない。飜訳を要しない専門家のためにではない、真摯な一般読者の易解性のためには訳出上可能なあらゆる手段が選ばれねばならない。訳語に振られた、無制限な写音的ルビや言い換えとしての振りがなは、原語への手がかりを提供したり、原義の幅やニュアンスをホウフツたらしめれば足る。割注もそれが目ざわりとなるときには文字どおり抹消されても前後の文脈は保たれているであろう――こうした一切のくどさや邦文としての不純化は、それにもかかわらず易解性のための補助手段としてはゆるされねばならない。この書に関するかぎり、原文同様に少ないことばをもって一見すっきりした日本文章を提供して見たところで、中味は訳文としてもって行き場のない難解性の改悪に終るであろう。

用語の『扱いにくさ《ウンゲフューゲ》・不美《ウンシェーン》・生硬《ヘルテ》（前掲所）』は、原著者自身すでに卒直にこれを認めているところである。訳語がその弊を倍加するのは当然であって、一訳者が期しうるごとき流暢《オイフォニー》や奇麗《シェーネス》ごとの問題ではない。期するところは他になければならない。じじつこの書を解るように訳そうとするには、成否はとにかく、相当の勇気を必要とする。こういう『むつかしい《ハイクリヒな》』書物においては、たんに誤りを避けんがための逐語的盲訳こそ、無了解が惹起するあらゆる誤りを続発せしめているのであって、解らなければ訳さないという尋常の態度以外に誤りを最少限度に食いとめることはできない。すなわち解るがゆえに誤解の可態性をもあえて引受けようとする解釈精神をまず必要とする。解釈における相違ないし誤りは解釈的発展ないし修正に生きようとするのであって――誰かがやらないかぎり、誰もやる者がないのである――この点ありうべき誤りについてはひたすら同学の教示を乞うのみである。

この意味において訳注も割注も、あくまで訳者自身の解釈であることを銘記せられたい。ということはすなわち、よりよき解釈を読者において工夫せられたいのである。解釈一般はその本質上、『一致』を認識理想とする一回限りの終決的理解ではありえないからである。ギリシャ哲学の最古のことばが現に最新の解釈によって「読み返され」て「よみがえる」可能性もこれに基づく。いわんや解釈学的方法を標榜し具現している本書の了解性《フェルシュテントニス》にとって、了解《フェルシュテーエン》と解釈《アウスレーグング》とのたえざる深化・更新、すなわち「解りなおし」ないし「問いなおし」が、最適切で積極的な本書の読み方であるのは言うまでもない。

読み方について言えば、初めての読者にとっては『緒論（全四〇頁）』がおそらく最も解りにくいものであるかも知れない。そこでは著者がみずからの思考の必然的発展と方法とを、ただ自己自身にとってのみ澄明な洞見性をもととして起草しているからである。何人も本論との了解的流注によってはじめて著者のこの洞見性をわがものとするであろう。当初は緒論には、したがってその訳注にも、あまり拘泥せず、若干の基本的術語規定に対する見当がつき次第、ただちに本論に進み、緒論には再び読みもどるべきが得策と思われる。本論における分析が細密をきわめおうおう自己を見失うようなとき、緒論はつねに明確な根本定位《グルント・オリエンティールング》を与えるのである。

本論においても、表現上の困難にもとづく用語そのものの奇異や難読の感は、哲学書のつねとしていずれ習熟され克服されるものである。しかしこの書自身いわゆる『哲学書』として『理路整然』たることに方法的意義を認めてはおらず、むしろ伝統的『哲学』による根源的現象地盤の隠蔽や埋没に対する除蔽や拓開であって、論証的構成主義はどこにも見られないのであるから——weil die existenziale Analytik überhaupt nicht nach Regeln der »Konsequenzlogik« beweist. S. 315——首尾一貫した理論的理解が伴わないからといって絶望するには当らないのである。正しい初読の一回はむしろ、本書における特異な術語一般に親しみ習熟することにあるであろう。ただしかし解る箇所だけにはひとまず徹底的な了解のクサビを深く打ちこんでおく事である。例えば最も頻繁に出てくることば「現存在」についてその「現《げん》 das Da」を、傍観者として理論的には理解不能だが、みずからの現存在をもって徹底的に了解、体認するときは、実存論的分析論の構成契機はおおむね等根源性を有するから、「現-存在」と――「共同-存在」「共同現-存在」「相互-存在」、「世界内-存在」「内-存在」「現われ-存《あ》在《り》 Da-sein」「開示-存在 Erschlossen-sein」「明開-存在 Gelichtet-sein」「非隠蔽-存在・アレーテイア（真理）」「真-存《な》在《り》 Wahr-sein」、消極的には「閉鎖-存在 Verschlossen-sein」「遮蔽-存在」「偽-存在 Falsch-sein」、さらには「未-存在」「可能-存在」「了解的-存在」「投案的-存在」、「気分的-存在 Gestimmt-sein」「被投的-存在」、「死への-存在」『中間 Zwischen』-存在、「有責-存在・責め在り Schuldig-sein」「非性の非的な根拠-存在《なり》 das nichtige Grund-sein einer Nichtigkeit」その他――との間に、かく連関符号（傍丸）が付されうべき根源的連関が、自己の現存在に即して直下《じきげ》に洞見されうるのである。すなわち本書そのものへの洞見性もその一般が得られたと同然なのである。

また読む方のがわから言っても、知識を仕入れようとする態度や性急な哲学的批判癖に対しては、この書ははじめから閉されているであろう。この書を了解して行くという事は、まず虚心をもって、この書の語るところに聴従して行くという事もちろんであるが、またかくしてのみ読者自身は自己を現存在として――概念的に一回限り把握し去ることの反対――現事実《ファクティシュ》的につねに了得し続けるのである。「現にそこ Da」に投げ出されたるかけがえのない「みずから」の開示性による自己照射において、すなわち読者自身「現-存在」「し習う」ことにおいて、みずから現存在としてこの書において自己を語らしめ、その語りを自己の現存在において修証することでなければならない。ということは現存在がその現事実性と共にその可能性をも、本来的かつ非本来的に、この書において読み習い読み証《あか》すということである。すなわち読者はこの書の中でこの書と共に、ときに実存しときに頽落し、投げ出されては投げ案じ geworfen entwerfend, 語り黙し、耳語し聴き、空談し好奇心し、自己を「ひと」に、慮《ゾルゲ》を配慮《ベゾルゲン》に、『しかえつ・しかえられつ』、相互存在し単独存在し、不安し恐怖し、死へと先がけ死から逃避し……要は読者自身この書において――いかなる「死」への思惟も「殺」をふくむ「生」への思量には優るこの書において――現存在を『死に習い』（正三《しょうさん》）・存在し習うことなくしては、しかもそれらの変様を通じて「つねにみずから je meines」なる実存への洞視《ドゥルヒジヒト》なくしては、それら個々の術語をも『この書』一般すなわち「読者自身の相《すがた》・現存在」をも、了解することはできない。実存し習い頽落し覚えることの深さが、この書に対する、一知識ではないところの、現存在的自証と自信との不忘の深さ、すなわちしんの了解を示すのである。

この意味においてこの書ほど、現存在であるわれわれ万人にとって解りよい本はないのだということを忘れないでいただきたい。『理解するとは、我を汝のうちに再び見出すことである』（ディルタイ）とすれば、何人もただ学ぶだけで哲学書を理解することはできないし耐えないでもあろう。より多くの同感がなければならない。『現存在をクビになったような傍観者（一〇六頁中）』が読むから難解なのであって、天真な現存在が読むならこれほど「あたりまえ」ですじとおった本はないのである。でないとすればだいいちこの書は名実ともに、われわれ『現存在の分析』であることを標榜しえないのである。これほどの「あたりまえ」をだれはばかることなく述べ立てた哲学の本もない。偉大なる「あたりまえ」の手本と言うべきである。

二

さてハイデガー哲学の現存在的「当然性《あたりまえ》」は、思惟の東方的定位 Orientierung にとってはとりわけ「当然」にすぎるのである。ということは反面、西欧的『分別 Verständigkeit』ないし伝統的『哲学』にとっては、未だに、それほどの「真当性《まっとう》」は有しえていないということである。この意味において、むしろわれわれの伝統を成す禅思想との親近を訳注においても二、三指摘しておいたが、むろん暗示の域を出ることはできなかった。そのような親近性については、いまさら訳者が強調するまでもなく、つとに戦前からわが国の識者間において予見されていたところであり、またそれにかんする学的研究も存したものと信ずる。しかし原著者が後年においては顕然と、『ギリシャの思索家との対話はそれ自身また、われわれにとってはさらにすすんで東亜の世界との避けがたい対話《ゲシュプレーヒ》のための予備条件たるにとどまる。』と言うとき、また禅との結縁を『アジアへの帰郷』であると呼ぶとき、東洋思想の源流とヨーロパ哲学の源泉との流注は、今や西方から積極的に申し出されているのである。

好むと好まざるとにかかわらずわれわれは東方人として、今や西方との問答《ゲシュプレーヒ》を強いられている。このような歴運《ゲシック》をいよいよ熟さしめ、そこから将来一つなる結実を期せんがためには、ハイデガーの存在思惟と大乗仏教の根本思想との本質的大同をまず洞見することであって、またこれに基づいてのみ、文献学的な考証や比較研究もその意義を有しうるのである。すなわち、無定見な小異のセンサクによっては、生産的な対話がかわされうる共通の現象地盤を拓開することはできないということである。——『意を得れば如一、言に随えば便ち異る』（法冲）のみで、こうした見地からみるときは、彼の思考は、とりわけその難関において容易に透過されうるのみならず、その『超躍《シュプルング》』や『転《ケーレ》』さえ、東方的思惟の射程において、適正に評価されうるであろう。

例えば『存在と時間』の当初から最近の述作にいたるまで一貫して彼の存在思惟をみちびいているところの、「存在者は存在ではない nicht」という存在論的『差別』なるものは、「存在は存在する者ではない、すなわち非存在者・無 Nichts なり」ということであって、存在《ザイン》の問題においてこそまさに、無《ニヒツ》の問題が生起せざるをえない「余地・遊隙 Spielraum」がこの点に基づく。存在への『問いは存在者ではないもののもとでたてられねばならない、かかるものをその問いは大文字でしるして「das Nichts 無」と名づける』（「形而上学とは何か」第六版二一頁）、『存在は存在者のように対象的に表象されることも取出されることもできない。すべての存在者に対してこの端的に他なるものは、「非存在者 das Nicht-Seiende」である。ところがこの「無 Nichts」が存在として現成《じょう》するのである』（前掲書四一頁）と。これはけっきょく『無不《ハ》レ能レ無《ナル》、有不《ハ》レ能レ有《ナル》』（神会《じんね》）ということで、ハイデガーの「存在《ザイン》も存在なる能わず」、彼の「無《ニヒツ》も無なる能わず」、彼もまた『有《ザイン》を遣《や》れば有を没し、空《ニヒツ》に従えば空に背《そむ》く』（僧璨《そうさん》）ことをみずから暴露する。すなわち「存在即非存在」、「在即是空」、したがって存在の無にしてはじめて存在作用《ザイン》、彼の後年の『存在の遊化《ゆげ》 Spiel』を現成《じょう》しうるのである。『存在の本質に対しては存在者のうちにはけっしてその例は存しない。おもうに、存在の本質は遊動 Spiel そのものであるから』（「同一性と差別」六四頁」）。けだしハイデガーの「存在」は、当初から「存在」というにふさわしからぬ「動」構造を有しており、その『動を止めて止に帰すれば、止さらにいよいよ動す』（僧璨）る底の「存在」であったからである。はたせるかな後年においては、「…である」ないし「存在する」という自動詞 ist は、いよいよその動詞性格を発揮して、他動詞《トウランジテイーフ》のみならず作為動詞《ファクテイテイーフ》「存在は存在者を存在させる Sein, welches das Seiende ist. Das »ist« spricht hier transitiv, übergehend.」としてさえ使役されるにいたるのである。ハイデガーの「存在」とはもともと、厳密なる語義における動（作名）詞「存在者を存在させるはたらき・存在作用《ザイン》」でなければならず、またかかる「存在《ザイン》」が反面、彼の意味する「無《ニヒツ》」である以上、その『無も無作用する das Nichts nichtet』ことをうるのであって、両作用はかく相即相入することにおいて『存在は存在者を存在させることにおいておのれを現わす反面、存在そのものとしてはおのれを引去って現わさない』、「在作用《ザイン》するかぎりにおいて無作用《ニヒテン》する、是を存在と名づく」、すなわち彼の説く『存在即非存在是名存在』という即非的存在構造《かまえ》が見取されうるのである。また即非の次元でないと、遊化とか遊動とか作用とか慮《りょ》（自己予在的既在世的現滞在作用）とかは、そもそも不可能となる。この点彼の存在思想は、彼が意識すると否とを問わず、本質的には、大乗教の根本を成す般若《はんにゃ》思想にいちじるしい接近を見せており、彼の思考性格も、かりに『論理』と称されうるかぎり鈴木大拙博士の言われる『般若《プラジュニャー》の即非の論理』によって、終始、浸透されている。すなわちすでに『存在と時間』においても（二八五頁、参照）、現存在の存在たる『慮自身はその本質において、徹頭徹尾、非性によって浸透されている』と言われている、しかも『現存在という存在者の存在作用《ザイン》（慮《ゾルゲ》）が、それみずから投案しえてまた多くは達成もするあらゆるもの（の非的なること）よりも前に、投案作用として、すでに非的（即非的）である』と洞見されている。「般若」の大乗論的「即非性」は、「慮《りょ》」の実存論的「非性」として、偶然に、予見されている。しかしこの偶然が、じつは、いかに不測の必然であるかの東‐西的了解のみが、西と東という宿命的な思考性格の現存在的分裂に、決定的融即をもたらすのである。これなくしては、いかなる独創的思考《デンケン》も、明日ではもはや、独走的跛行《ヒンケン》たるをまぬかれない。

しかし、「現存在から存在へ」の道は、もとすでに『存在からの呼びつけ』であり、「現存在‐時間性‐存在」即是「存在‐歴史‐現存在」という、還自・往還性をもつのであって、これこそ即非的存在次元への現‐存在的『聴従』かつ『応語』であり、存在思惟における積極的必然性なることが洞見されねばならない。すなわち形式的『転向問題』の生じうる通俗的次元ではないのである。

『われわれが存在を思惟することは、もと存在がみずからを思惟することである』とハイデガーは言うが、このことは、やがては、「われわれが存在の名を呼ぶこと」は「存在が自分の名を自分で呼んで自分で聞いていること」を意味しなければならず、『称名《しょうみょう》』は『聞名《もんみょう》』であって、この意味においても「現存在からの往相」は「存在からの還《げん》相」でなくてはならない。

存在はまた、存在者を基づけるものとしては、「存在即根拠（基底）Sein=Grund」であるが、存在そのものは何ものにも基づかない、存在は存在としては根拠《グルント》-無し《ロース》（底-無し）であり、『存在即没-根拠・深淵 Sein: der Ab-Grund』だと彼は説くが、そこに存在の没-根拠的すなわち根拠《グルント》から離れた「はたらき・遊化《ゆげ》 Spiel」が現成《じょう》するとすれば、現存在と存在、すなわち人間と深淵との照応 Spiegeln は、『驢の井を覿《み》るが如し』ではなくて、『井の驢を覿るが如し』（曹山）でなければなるまい。

したがって、現存在の存在《ザイン》作用たる実存行為《エクシスティーレン》に関しても、現存在が主体で「存在をもて遊ぶ mit dem Sein spielen」のではない、もと存在という『遊化 Spiel』に、現-存在として『遊びとられる』（妙好人「才市」）のでなければならない。またこれが『根拠律《ザツ・フオム・グルント》（一九五七年刊）、一八八頁』の結語《シュルス・ザツ》における『われわれは、この遊化の教え《ゼッエ》を聴きつつ、遊化を共にするか又どのように遊化に応ずるか ob wir und wie wir, die Sätze dieses Spiels hörend, mitspielen und uns in das Spiel fügen.』という問いに対する答えであり、またかかる問答においてこそ、彼の到達した「存在本質の遊化」からも、その遊化への現存在的参与たる『遊びとられ』という『平常的行為における遊化三昧』ないしは「思考三昧」において、報《むくい》をあてにしない『無功用《むくゆう》』という、現事実的に修証ずみの、最積極的な行為の原則が打出されうるであろう――報《むくい》無くしては立上れない「無報（酬）的無行為」という消極性一般に反して。――『かくして思考作用《かんがえるはたらき》は一種の行為である、とはいえすべての実践に優る行為である。思考作用がすべての行動や生産より優れているのは、成就するものの大きさや及ぼす作用《はたらき》の結果によるのでなく、その無効果〔無功用・無蹤跡〕な完遂のまずしさによるのである』（ハイデガー）と。――これこそ「思考という作用」における「無作《さ》の作・無用の用」であり、そのまずしさこそ「無功《く》徳《どく》の功徳」にほかならない。――これがたんに思考のみならず、東洋では、行為一般の原則にさえ高められていた。――ここではしかし思考のみが言われている、すなわちいまだ思考の優位のみが。――しかしここでも最高の思考は思考を超えざるをえない断念にみちびく、――最大の「智即《そく》悲」であるように……（後述）。このような問答がかわされないかぎり、「現存在」即「共同現存在」にもかかわらず、「最自己本来的」即「最社会的」な『無《む》功《く》徳《どく》』的行為の「あそばれ」うる「余地 Spielraum」を回復するということはできないのである。

『この遊戯《ゆげ》というのは、仏教――東洋の哲学思想の深いところで、これが西洋にはない、予はこの気分を外国人にもわからせたいと大いに力んでいる』と鈴木博士は言われている。しかるに『外国人』ハイデガーは、西洋哲学の源泉たる「存在」への自己の哲学思索の遡源的帰着において、存在の本質を遊戯《シュピール》と観じ、『それは遊化《ゆげ》する「から weil」、遊化する。〃から Weil〃は遊化のうちに没してしまう。遊化には〃なぜ Warum〔理由・根拠〕〃ということはない〔没－理・没－根拠〕。それは遊化致候「間 dieweil」、遊化致すのである。ただ遊化あるのみ、これこそ最高最深のものだ。だがこの〃ただ nur〃が全てであり、一なるもの、唯一なるもの〔一にして全《ヘン・カイ・パーン》〕である』（前掲所）と断言する。――ここにおいて西洋哲学は、ハイデガーの根源的に単純な思考と共に、じじつはじめてヨーロパを超《こ》えたのである。――インド式仏教哲学的思惟もその郷土と諸国土とを越えて獲られた超時代的命脈は、原則的には、そのぼう大な文献的「運搬や飜訳や解釈や組織化」や文化的「沈殿物」の眼前事実《タートゼヒリヒカイト》にあるのでなく、つねに「基本的現存在心」への搬入可能性たる洗練されうべき思想本質の根源的単純化においてはじめて個個の現存在に入りえてこれを生かしつつみずから生きえてきた現事実《ファクテイチテート》にあるのである。

ハイデガーについて言われうることはすなわち――ギリシャ的始設《アンザッツ》〔始《アン》－躍《ザッツ》、An-Satz〕において既在した『存在《オン》』を追《アン》－想《デンケン》しつつ、その既在した存在《オン》においていまだ思考されなかったがゆえになお思考されうるものとして到来すべき「存在作《エイナ》用《イ》」をむかえる前《フォール》－想《デンケン》において、「存在者を存在させ、支え、基づける底《てい》の存在作用」は、それが（非概念的すなわち）現象的根源性を得ればうるほど、もはやあくまで自己を『存在《オン》』と呼ばれることにいよいよ「反撥」するがゆえの「遊動遊化」

にまで、その「……作用」がみずからの「存在……」をみずから「撥無 Nichten」して見せた——ということである。「在作用《ザイン》」するかぎり「無作用《ニヒテン》」するこの現象的 - 即非的「撥無《ニヒテン》」において、見られない唯一のものは『虚無《ニヒル》(但空《たんくう》 das völlig Leere)』であるが、観ぜられているものこそ「遊化の充実」、『世界遊化《ウェルト・シュピール》』である。遊化への可能なる到達をハイデガーは次のごとくに説く、『思考はつねに新たに又より根源へと超躍《シュプルング》を跳《シュプリンゲン》ばねばならない。……存在《ザイン》としての存在《ザイン》のうちへのあの追想的前想《ナーハデンケンデス・フォールデンケン》がそれみずから、「存在《ザイン》の真理」から「他の一句子《いっくす》へと zu einem anderen Sagen」変るまで、超躍は必要である』(前掲書、一五九頁)と。超躍《シュプルング》とはしかし、思考が、そのつどそれにおいて落ちつくべき「ひとつのすわり ein Satz」でなければならない。「ひとつのすわり《アィン・ザッツ》」は「一躍《アイン・ザッツ》」であり、『一句子《いっくす》(真理)・一句《アイン・ザッツ》』であり、単純である。

『「存在と時間」においてはじめて発言を試みる思考が達したいとおもう唯一のものは、「或る単純なもの」である』、『この思考においては「或る単純なもの」が思考されねばならないので、哲学として伝承されているような表象作用にとってはきわめて困難となる』(「ヒューマニズムについて」二一頁、二九頁)とハイデガーは言う。『真理は、いかなる部門でも、概してきわめて単純である。そのためしばしばどうにも学問的に見えない。それで、これに体裁のいいアカデミックな性格を与えるために、本来必然的にこれに属しているものの上に、なお何物かをつけくわえなければならない』(C・ヒルティ)と看破されている。『哲学の業績から、もしその博学な金箔を剥いだら、何が残るか? ……あまりにも長らくわれわれはわれわれの数々の哲学体系の連繫のみを問題として、ヨーロパ哲学がたんにその一部分にすぎないところの世界哲学が存在するということに注目しなかった。……われわれのヨーロパ哲学にしても、そのつきつめた端的な表現に基づいて判断すれば、われわれが自認するよりもはるかに素朴である。ただそれが露わに出ていないのは、われわれが単純なものを博識めかして表現する技術を身につけたからにすぎない。』(A・シュヴァイツァー)というヨーロパ的思惟の自己反省に傾聴するところなければならない。

『将来の思考はもはや哲学ではない』(ハイデガー)とすれば、『どうにも学問的に見えない』ところに思考の将来的厳密性がある。ということはすなわち換言すれば、『現存在の根源的存在を拓開し露表するにはむしろ、頽落的な存在的 - 存在学的解釈《アウスレーグング》傾向とは反対性向において現存在から無理取りされねばならない（三一一頁中）』。『解釈は、この存在者の存在をこの者自身の遮蔽傾向に反して、自己のために強奪する事を要求する。だからしてそのような解釈《インタプレタチオン》は、日常的解釈《アウスレーグング》の要求ないし満足と慰撫的自明性とにとっては、いつでも乱暴・強引 Gewaltsamkeit という性格をもつ。この性格はとりわけ現存在の存在論を表徴しているとはいえ、あらゆる解《インタ》釈にとっても特有なものである、というのは解《インタ》釈において完成される了解作用は、投案作用の構造を有するからである（同頁下）』と。――だとすれば、投案作用の最もラディカルなものと解されうる「公案」作用一般が、日常的・分別的な『解《アウス》釈傾向』にとっては、最も無分別な『乱暴』性格を有せざるをえないと同じく、親鸞の『「教行信証《きょうぎょうしんしょう》」を繙《ひもと》く学者の中には、そこに引用されている古聖《しょう》先徳の言《ごん》句の読み方が乱暴〔gewaltsam〕なのに驚いて、上人を非難する人がある。しかしそれは、非難する人〔das Man〕が至らぬのである。上人はその書に通貫して、脈々と流れている生命によって、読んでいられる。そう読まざるをえぬから、そう読まれる。この生命の前には文法上の約束も、教理上の伝統も、刃向うことができぬ。道元禅師《じ》の不朽の名著「正法眼蔵《しょうぼうげんぞう》」に引用されているところの経典祖録の文字の読み方も、また上人のそれと相通ずるものがある』（山田霊林氏）と言われているのも、当然のことである。――しからばふたたびハイデガーのことばにもどってかく問うことができる、すなわち洋の東西を問わず、したがって公案ないしは『投案の強引性が、現存在の偽わらざる現象的存立の開与となりはしないか？（三一三頁上）』と。

現存在《げんにあり》そのものに属する「その存在《あり》の遮蔽傾向《フェルデクングス・テンデンツ》」に逆らって強奪された存在《あり》という真理、すなわち隠蔽性《フェルボルゲンハイト》の照破において露得《ろとく》せられたそもそも存在《あり》という非隠蔽性《ア・レーテイア》・露堂堂《ろどうどう》・真性《ワールハイト》そのものは、ハイデガーにおいても、きわめて端的で、浄《じょう》裸裸《らら》で、在《あ》らざるをえない。現存在として存在一路なるべき彼の純生な存在思惟が、もともと体系的構成主義をゆるさず、ためにいよいよ、いわゆる『哲学』から、のみならず自著「存在と時間」第一部前半において遂行された方法的組織化とその予告からさえも、遠離して、その表現も思考的精練の頂点においてはしばしば、禅的表詮におけるごとくに「単純を究め」てくればくるほど、その『思考《デンケン》』とそれにより『思考されたもの《ゲダハテス》』とまた反面『思考し残されたもの《ウンゲダハテス》』とは、いよいよヨーロパ的無理解と疎外と東方的親近と信頼と同感とを増す。現存在としてその自性すなわち存在を見ようとすることは、たとえば、仏性あるものにおけるその自性の『見性』に、すなわち禅経験の端的に、近づくべきが当然のことだからである。またこれがハイデガーの言う『単純なもののつきない力』なのであろう。——無数の適例より一例をあげるにとどめる、例えばハイデガー曰く（『形而上学とは何か』第六版四二頁）——『あらゆる存在者のなかでただひとり人間のみが、存在《あり》の声から呼びかけられて、あらゆる奇蹟のなかの奇蹟を経験する、あらゆる奇蹟中の奇蹟とはすなわち、存在者が在るという事 Daß だ』と。この事とまったく同じ「Daß 事」ないし経験を禅的表詮にもとめればさらに端的で——『僧、百丈に問う、如何なるか是れ奇特《きどく》の事《じ》。丈云く、独坐大雄峯』と。〔大雄峯は山の名で百丈山のこと、すなわち或る僧が百丈という大善知識に、およそ奇蹟中の奇蹟、不可思議中の摩訶不可思議とは何んでしょうかと問うと、丈云く「独坐大雄峯」で「自分がここにこうやってでんと坐っていることだ（これほど言語道断な大事実 Daß があるものか）と。〕

「単純を究めえない」がゆえにのみ「複雑を極める」『哲学とその体系《システム》』のみが、じじつまたその「複数をも極めて」いる。『体系の虚偽』（ニーチエ）には——「真理即単純」に対する「複雑性一般の虚偽」、虚構的な「現象的《フエノメナーレ》無地盤性《ボーデンロージヒカイト》の虚偽」、体系的「首尾不一貫性ないし完結性の虚偽」、「真理」を「非隠蔽《ア・レーテイア》」・「顕現性」とするハイデガー的「現即真」性に対する「隠蔽性一般の虚偽」の他に——将来的（ないし宇宙的）には、『国土』という敷地に間口一杯建て込められた野心的なその構造と、これを荘厳《しょうごん》するに、水割りされた『諸真理《まことしやか》』を、『方言』を出ない色とりどりのことばにのせて「インド」式・「ギリシャ」式・「ドイツ」式さては「神道」式土着をつづける「地方色（ないし地球色）の虚偽」も、一枚加わるであろう。——爾向依変国土中。覓什麼物。乃至三乗十二分教。皆是拭不浄故紙。（臨済）——これに反して、真理の単純性とは、間口を要さない深さであろうか。間口が入要ならただ深めればよい。深さからならひろさも出よう。こういう個の深さのみが超個であって、これが世界を駈けめぐる。

ハイデガーがその根源的な思索的対話の対象としてこのんで古今の思索家の断片をえらぶのも、また当然のことと言わねばならない。カントの全体系といえども、それが将来、たんに専門家的博識においてのみかろうじて無地盤的存立を続けるのでなく、『宇宙時代』のなかへまで、現存在の「平常と非常」性のうちに生きえんがためには、なによりも——『智《プラジュニャー》は有《ザイン・》無《ニヒツ》を得ず、而して大悲心《カルナー》を興す』（楞伽経《りょうがきょう》）底の根源的『一句子《いっくす》』において、すなわち——彼の『理論理性に対する実践理性の優位』という、前者のながい迂路と深淵とをへて到達された、端的な提言《アイン・ザッツ》（一‐躍《アイン ザッツ》）において、つねに体認されているのでなければならない。おそらく彼の全生涯を通じてつねに呼やかれ聴従されていたがゆえにのみ或るとき、東西期せずして証言し合うにいたったその根源的経験の『一句』において、実存行為の基体たる「現存在身《カーヤ》」を基づけうるのでなければならない。——この『優位』は、東洋的には「大 智《プラジュニャー》」即「大悲《カルナー》」であって、一方が他方への断念でもなければ優位でもないところに、現存在の無限のはたらきを可能にし現成する力が秘められている。しかし西欧的には『優位』とか『信に地位を与えんがために知を毀《こぼ》つ』とか『断念』としてしか把握されがたい。にもかかわらずそれがそのようなものではありえないのだということを、なによりも次のことばがもらしている——『すべてのことが同じものへの断念を語る。断念は奪わない。断念は与える。それは単純なもののつきない力を与える』（ハイデガー「野の道」の終 句《シュルス・ザッツ》）——（さらにシュヴァイツァーのことば）『世界の認識を断念することは、私にとっては、舵を失った難波船のように人生をただ流れて行くだけの懐疑主義にあえなく陥るということではない。私はそこにわれわれが敢えて歩まねばならない真実一路を見る……。認識の諦念から出発しないすべての世界観は、作為と虚構である。』

ハイデガーがたどりついた「存在」はそれみずからついに『自在』であることを暴露するであろう。自在ゆえに遊化が可能なのである。またひるがえって『任運自在《にんぬんじざい》』というような禅的造語もけっして偶然ではなく、『任運』は、術語的には『如如（「存在の真理」）』の静態面に対する動態面として「存在作用」ないし「真理の自由」と解されうるかぎり、存在者を存在させつつも存在者を必要とする存在作用（任運）の自由、ないし存在者をその非隠蔽性において顕現させる真理（真如）の自由として、存在者への存在の「自己贈与《ジヒ・シツケン》」としての存在の「歴運《ゲシツク》」と、これの「生 起《ゲシェーエン》」としての「存在の歴史《ゲシヒテ》」という「存在史」

的構造の「ひながた」《フォールッアイヒヌング》がそこに見取される。さらに彼の『存在史的思考の固有の境地たる本源的次元』は、『遊戯《シュピーレン》ニ無量自在三昧ニ』（楞伽経《りょうがきょう》）する『変化自在者』（同経）におけるその生起《ゲシェーエン》の次元であることを暴露するであろう。――このような次元の開示ないしそこへの超躍《シュプルング》のために、文献学的考証なるものが意味をもつにせよもたぬにせよ、それはここでは超略《ユーバシュプルンゲン》して、たんに結論的暗示にとどめざるをえないが――このように、ハイデガーの思考と大乗教的思惟とは同一ないし同深の根源的経験に発した異種の説示であることにおいて、二つは、将来に向って、相互に補説し補正し補強し合うであろう。ハイデガー哲学の全貌がほぼ明らかとなつた今日、こうした方向への参究が、内外ともに、いよいよ積極化する気運にさいして、次のことばはひとつの根本定位として留意されねばならない――『同一の経験が形而上学的又は宗教哲学的に、異種の説明を下すことは普通のことである。異種の説明なるが故に、同一の経験であり得ないというは、不合理の説である』（鈴木博士）と。

ややもすれば伝承的信憑性にのみ打坐《たざ》して老化せんとする東洋の思想にふたたび若さ以上の始源的生命を吹きこんだのが博士だとすれば、わが哲学者は『もはや哲学ではない将来的』思考をもってこの生命の全地球的必然性に証言を与えたのである。一人が東から指す月を一人は西から指している。『指を見て月を見ない』知識人のみが、いまや最もひなびたる西方《にしがた》・東方の地方人にすぎない。

三

「即非」性は、禅的観想《テオーリア》として禅の論理《テオリー》と称されうるのであるが、もともと般若的次元の経験にとぼしい伝統的『西洋哲学』ないし形式的『論理学』にとっては、論理どころか、『反論理』、『矛盾』ないしは『転向《ケーレ》』をしか意味しえない。現存在からの往相とは存在からの還相《げん》であるというところにはしたがって、『同一律』という安全な乗物によってはもちろん渡り切れないひとつの不連続・断絶がある。それゆえにこそ思考はひとつの飛躍・『横超《おうちょう》』（親鸞）・ein Sprung を要するのである。（『横超とはしかし超え了って戻らぬ運動ではない。竪超は自《み》からに還らぬが、横超は必ず還らねばならぬ』還自・往還性をもつところに、超躍《シュプルング》を超躍たらしめる大乗的意味があるとされている、「ひと《ダス・マン》」にとってはかならずしも安全でないこういう乗物はともかくとして――）厳密に考えるなら、連綿たる連続全体ということはもはやひとつの『混沌《カーオス》』ないし『無世界《ア・コスモス》』をしか意味しえないが、いまだそうした無世界が現成しなかったところを見ると、連綿たる連続自体、じつは連綿たる不連続より成り、連続即不連続で、不連続なきところには連続一般は可能ですらない。すなわち現象に対する『同一律』的処理においても目立たない程度のまたぎ die Sprüngchen, Sätze は存するのであって、これが現存在の日常的動存《ザイン》の平均的安定様式である。動即是安は、動くことによってしか安定を得ない現存在《ダーザイン》作用の本質性格である以上、大動は大定であって、存在の根源的遊化に『遊びとられ』ようとするには、現存在として（彼がはたして自己を左右しうる主体であるのなら）まずその自己を脱落しえて見せ、「自己脱落の端的 das ekstatikon schlechthin」において、みずから存在者で在りながら存在のただ中へ跳びこむ還自的横超を要すること言をまたない。かかる横超はしかし哲学思索にとってはその『一変』を意味するのである。すなわち、ハイデガーによればヨーロパの思惟は、その端緒〈始《アン》‐躍《ザッ》〉から『存在を忘却』して来た、存在を存在者に『しかえて』（盤珪《ばんけい》）、存在者の主体性や権力を『わきかせぎ』（同前）して来た、かくして世界の客体化と破局を前に、『存在はといえば無くなって、無だ』――これこそニヒリズムそのものではないか。かかるニヒリズムを克服せんがためには、存在忘却から存在郷土への還郷的飛躍を、すなわち従来のヨーロパ的思惟の『転換《ケーレ》』を必要とする。この点については、みずから避けがたき『思考の一変』を経験しつつあるハイデガーその人のことばについて聞こう――

『将来の思考はもはや哲学ではない、なぜならそれは、哲学の別名にほかならない形而上学よりもいっそう根源的に思考するからである（「ヒューマニズムについて」四七頁）』。『もし悟性の力が無や存在への問いの領野において挫折するとすれば、それによって、哲学の内部における〝論理学〟の支配という運命も決定せられる。〝論理学〟そのものの理念は、よりいっそう根源的な問いの渦のなかに溶け去ってしまうのである（「形而上学とは何か」三三頁）』。『この講義は、ヨーロパ的思考にとってその始めから、思考さるべきものとして現われしかも忘却されて来たところのもの、すなわち存在をのみ、思考するのである。しかし存在は思考の所産ではない。おそらく反対に、本質的な思考は存在のひとつの出来事であろう』(前掲書四三頁)。『存在そのものが思考に出会う様状が思考そのものを超躍にもたらすのであり、かくして思考は存在そのものから発源することによって存在そのものに即応することになるのである』(前掲書九頁)。『存在は、それ自身が人間にとって思考に価するようになることを、いまだに待っている』(「ヒューマニズムについて」一三頁)。『考え疑わるべきわれわれの時代において、最も考え疑わるべき一事は、われわれが未だに思考していないということである』(「何が思考を命ずるか」三頁)。

　これらのことばはもちろん、存在から呼びかけられている現-存在としての、存在へのたえざる呼応を意味し、存在者から存在へという根本定位 Grundorientierung からそれる思考の偏差に対する是正であり、存在忘却からの『転換《ケーレ》』でこそあれ、彼の思考傾向そのものの『転向 Kehre』ではない。じじつハイデガーの存在思惟は、『存在と時間』の当初から、存在というデーモンに守護されてついに古代ギリャシへの、そこからさらに prajñā (般若) にいたる予感にみちた「東への方位 Orientierung」を誤らなかった彼の思惟 Denken の、その郷土への追思 Andenken であり帰順 Ankehr にほかならない——『始めなるものがすべての後なるものを、のみならず最も始めなるものにして最も後なるものを最も遙かに、追い越しているとしたらどうであろう? そのときは歴運の始めの「いつか」は、これまで蔽われた存在の歴運の終末にとっての「いつか」として来るであろう』(「森の道」三〇一頁)——しかし、ハイデガー哲学においてなお可能なる、最後のしかも最も積極的な『転《ケーレ》』は、これはもちろん訳者一個人の見解にすぎないが、なお将来に属する。いつか彼ないし彼の後継者が、還郷《ハイムケール》の長い旅路の果てに、『存在』という不便なことばを敝履のごとく履きすてたときである。そこでは、『存在』と『存在者』という命名や『分け方』がヨーロパ的『分別』の永い根《ね》雪と共にさいごの一滴に溶け去るのである。そことは『二《ハ》由《チ》レ一《ニ》有、一亦《モ》莫《レ》レ守《ルコト》』(僧璨)、『一亦《モ》不レ為《サ》レ一《ト》』(法句経)、「存在者《ザイエンデス》は存在に由て在り、存在もまた守ることなかれ」、『説示「存在」即不中』の次元である。そことはすなわち『存在と存在者という形而上学の主導語ではもはや言明されがたき領域』(「同一性と差別」六九頁)、『未だ思考されなかったものがひとつの思考を語りかけ求める領域』であり『われわれはこれまでの思考の領域から超躍し去っており』そこでは『何ものも証明されはしないが、多くのことが直指《じきし》される』領域なのである。

『ハイデガーが……あらゆるばあいにほかならぬその次元から語っている存在史的思考の固有の境地たる本源的次元のなかに入って行く道は、教えられうるように整備することのできる道では絶対にない。この道は、哲学的博識を問題とせずに真実に思考の問題ととり組むのを眼目とする者が各人で見出さねばならない。……これに関連してハイデガーはしばしば「跳び Sprung」ということについて語る……』（H・ブフナー）と。これは、われわれの伝統においては『不立文字《ふりゅうもんじ》・教外《げ》別伝・直指《じきし》人《にん》心的見性《しょう》』においてしか体認可能でない即非的次元が要求する方法的制約上の必然的一致にほかならない。「跳び《シュプルング》」とは『横超《シュプルング》』であり、洋の東西を問わず不可思議の論理であるが、これによって得られるのは『超証』（親鸞）であって、同一次元内での『論証』ではない。自己みずからの横超によってしかいかなる超証も得られはしない。これを『教えられるように整えること』は釈迦にすらできない。じじつ仏陀でさえ正覚を成じて以来『四十九年《しじゅうく》一字不説』（楞伽経《りょうがきょう》）と称されないし称讃されているのは、まさにこの意味においてである。ゆえにハイデガーが、『存在と時間』このかた、存在に関するかぎりは、「二十九年一字不説」であるのは当然の話である。がここに、彼の「存在の不説」がもろもろの哲学的「多説と既説」とにまさるゆえんの証言があるのである。可説なる次元はもはや乃至もともと哲学の次元ではない。彼が説きえたかぎりのものは存在ではなく、彼が説こうとしてつねに新たに問い※初めているもののみが、それにもかかわらず存在という名においてくり返しわれわれに与えられる。例えば次のごとくに――

※　しかし『本質的なものは問いであって答えではない。問いはそれ自身、問いを課せられた者（現‐存在）が、それを課している者（存在）への適応であり応語 Ant-wort であり、しかも全てを判決する答えだ』とすれば、そこには「答えは問処にあり、問即是答」〔訳注六〇（38）、参照〕という次元が般若的『超証』によって直下《じきげ》に体認されているのでなければならず、たんなる説得は『エテュモロギー』一般と同じく当座の納得に終るのである。

なお次の引用（「ヒューマニズムについて」一九―二〇頁）に見られる考えは、存在論的『近遠』としてすでに指摘したところであるが〔訳注三九(15)、参照〕、『存在と時間』の初期から後年にいたるまで、さきに述べた存在と存在者との存在論的『差別』とならんで、彼の存在思考を性格づけているものであって、ここではたまたま二つはあい携えて存在をつきとめようとする。

――『しかし存在というとき――存在とはいったい何なのか？　それ Es は「それ Es」自身である。このただ「それ」としか言いがたいもの〔這箇《しやこ》〕を経験しかつ語ることを、将来の思考は学ばねばならない。〃存在〃――それは神でもなく世界の根底でもない。〃存在〃は、すべての存在者よりもより遠くにある、にもかかわらず人間にとっては、いかなる存在者よりもより近くにある、これがたとえ岩であれ、動物であれ……さては天使であれ、神であろうとも。存在は最も近きものである。だがこの近さこそ人間にとっては最も遠くにとどまっている。』

――『ただそれとほか言いようのないもの』、それと言うも『直《じき》に是れ開口《かいく》不得』(臨済)、詞窮理絶なるもの、『説似《せつじ》一物即《いちもつそく》不中《ふちゆう》』(南嶽)のところ、只在者裏《しやり》である。そこを『経験し語ることを将来の思考は学ばねばならない』とハイデガーは言う。だがそこに『歩を進むる近遠(ごんおん)に非ず、迷えば隔つ山《せん》河の固きを』(石頭)であって『毫釐も差〔差別〕有れば天地懸絶』(僧璨)するであろう――ハイデガーが彼の『思考《デンケン》の経験から』(一九五四年刊)そこを語らんとすることが、詩作《デイヒテン》に近づくのか、詩的存在投案であるのか、ヨーロパ精神によるはじめての現成公案であるのかはともかく――そこを『経験しかつ語り』うることをわれわれの伝統に学ばなければならない。じじつわれわれの伝統のみがそこを『経験しそして語り』えている。経験に経験を重ね、洗練に洗練を経て、最高の単純性において語りえている。どのように？　例えばこのようにである――

『……不思量にして現《げん》じ、不回互《え》にして成《じよう》ず。不思量にして現ず、その現おのずから親し。不回互にして成ず、その成おのずから証す。……水清うして地に徹す、魚行いて魚に似たり。空闊《くうひろ》うして天に透る、鳥飛んで鳥の如し。』(道元)――

――

『将来の思考はもはや哲学ではない』とハイデガーが言うとき、それは、「このような過去の思考はもはや思考以上である」

ということを意味する。まことにわれわれはハイデガーによって、われわれの伝統におどろくべきことを教えられるのである。

四

ハイデガーの存在思惟に見られる、東洋思想の真髄との本質的一致にもかかわらず、ただひとつ、これこそアジア的でもアジアにも、ないものとして、われわれがおどろきかつ学ばざるをえないのは、『存在と時間』における現存在の本来的かつ非本来的両性格の分析である。――またおよそ、ひとつの哲学を信頼させうるものは、その帰結ではなく、じつに過程だからである。死への存在としての現‐存在に対するこの暗ウツなまでに仮借なき分析あってこそはじめて、後年のギリシャ澄みわたる存在への飛躍的横超が可能なのであった。ここにはあたかも、原形「親鸞」においてその『横超』を可能ならしめた深淵のふかさを思わせるものがある。しかしハイデガーの意義は、〈彼が「思惟《ノエイン》と存在《エイナイ》との同一《ト・アウト》」というパルメニデスの最古の存在論的提言に出立して「存在《ザイン》と真理《ワールハイト》との同一」「真存在《しんなり》と発見的存在《みだしつつあり》との同一」を説くかぎり〈第四四節〉〉彼が「存在《ザイン》」と言っているものと同じ般若《プラジュニャー》的次元を、信仰にも、禅的悟りにも、公案にもよらずして、ひとまずこれを存在論的に投案しうる可能性を打開した点にある。しかもみずからあくまで西洋哲学の正統派として、自己の伝統の源底を究めることにおいてであった。自家の思想の補強のために東洋思想を緯《よこいと》とするような本質的無思考ではなく、思惟の東方定位 Orientierung を、自己の存在思惟を通じてのヨーロパ的思惟一般の歴運として意識したしんの意味における「思考定位者 Orientierer」は、ハイデガーをもって初めとする。「彼の哲学がカント以来のエポクである」と訳者が言うのは、たんに西洋哲学史上においてのみ可能なる観念的一駅次《エタペ》を意味するのではなく、現代においてこそ最も困難でありまた真理への不屈の勇気を証するところの、般若への『絹の道《シルク・ロード》』を西方から打開したという現実にあるのである。

　このように訳者が強調するのはそれにもかかわらず――思想が行動を支配するものであるかぎり――思想そのものにいまだにつきまとう東西性格、いわんや国土根性《こんじょう》を、終極的に、打破せんがためにほかならない。『東は東、西は西、とても一つにはならぬ』という詩人のことばに、「わずか二千年では……」という散文的な前提をすえようとは思わない。しかしほんとうに強力な『思想には国境はない』し又なかったという古今の事実どおりに、哲学はもはや、地球が多くの国境をもてばもつほど地球をさいごの国境とすべき段階に達しているからである。或る思索家は存在《エイナイ》の、或る精神は般若《パンニャ》の、その他しんの思考者はみな自己の思考の、根源性をもって——自己の伝統に逆らいえたかぎりのものを世界の伝統に加えつつ——みなこれを実現しようとするであろう。したがって訳者もまたひとりの思考者として、例えば以下のごとくに思考する——《存在《エイナイ》は存在《オン》でなかった、存在は存在でなくその本質は遊動であった。根拠は根拠でなかった、それは没-根拠・深淵であった。智《プラジュニャー》もまた悲《カルナー》であった、『一切を智ることは一切をゆるし』て始まる人間行為への智の昇華であった。「般若の即非の論理」は、『華厳哲学』をも基づけまた近くは、形式『論理学』に反すべき『絶対矛盾の自己同一』という形式性をも生ぜしめたが、それ自身、現象性格の打刻にとどまり、「論理」への関係をも発展をも、とりわけ『論理』の「論理的」克服をも示そうとはしないかぎりにおいて、ついに「論理」ではなかった…等等…とすれば、そもそも「思考」なるものが——伝承的『論理学』からの脱却意欲にもかかわらずその未克服と可能なる「論理学」の未獲得とのもとに——「現象」から圧倒され飜弄されているのである。だから、思考が『存在《オン》』への『存在《オント》』論理的《ローギシュ》な依『存』において『何が思考を命ずるか？』と問うのでなく、もはやかならずしも『存在』であるを要さない真現象そのものへの「現象《フエノメノ》」論理的《ローギシュ》な即応において思考みずから、「何が思考を破るか？」と問うならば、「真現象《フエノメーン》がつねに、それを無視した『思考』の『自同的・論理的』定立（たとえば存在《オン》ないし智《プラジュニャー》）とその定着とその独裁とを、（遊《ゆう》ないし悲《カルナー》において）破る」のだということが看破される。『思考』が破砕することによって現象が息づくことは、ギリシャ伝来の『自同律』とその派生的諸原則による現象の窒息にはまさる。現象の窒息によってその『論理学』の生きづく根は枯死し、枯死した『論理学』にとって、いまようやく思考の「奔放ないし詩作化」と見えるもの、東洋ではつとに「公案」として存立しえたものは、明日の論理学《ローギク》へのロゴスの胎動にほかならない。ということはすなわち——いささかも宙に浮いた思弁ではない——われわれのダーザインにおいて文字どおり実験せられた『原子力』の解放と、『宇宙時代』という大それた合言葉にもかかわらず、人間無くしては無にひとしい宇宙現象の説明のために人間を無にして案出された古代からの『論理学』の、今日および明日における現象的「非‐妥当性と非‐拘束性」に反して、「宇宙および人間」という現象に、即応すべく又しあたう「論理学」が、いまだに、発見されていない、ということである。それへの即応ということが、発見という下底からの謙虚な方法性格を要請し、この発見ということが、来るべき「論理学」の可能性と存立との制約である――ヘーゲルのそれをもふくめた伝統的『論理学』において現象におしつけられる考案とはちがって。――『技術』と『原子力時代』とを招来したところの『論理学』は、『自然力』時代の生れであることを忘れてはならない。――『常道が争いであり、戦いが万物の父で』あったしなおあるような時代は、『自然』という『無時代』的時代からそう遠くはないのである。――そのような『論理学』にして当初から、空《そら》恐ろしい『倫理学』的追加を要したのである。――『論理的』にしか万人にとって拘束的でありえない『論理学』は、ひとりの全人 ein ganzer Mensch をその全面的可能性（全身全霊《ガンツァー・メンシュ》）において拘束しうる底《てい》の根源的な論理性ではありえないから、むしろ自己の『論理性』を貫徹しえないで、『倫理』のみならず『美の論理』をも『神の論理』をも必要とする。しかるに現存在をその根源的（自己本来的かつ全体的）存在可能性において「拘束《フェルビンデン》する（義務づける）」ということは――「解放《エントビンデン》する」ということにほかならない。来るべき超『論理的』論理性すなわちこの解放的拘束性の存立においてのみ、『将来の哲学は、もはや哲学でない』のではなく、むしろより根源的な現象基盤に即応する、より厳しい拘束性において、はじめて現存在をその根源的存在において解放することによって自己を貫徹する論理として、あくまで哲学であるのである――すなわち『論理』の、『論理性』による内在的自証、一種の『自流試合・独り相撲・空転』、ひとつの「無地盤的思弁の可能性」ではなく、例えば倫理性による論理の超越的自己証得・「超証」の必然性として、である。――別言すれば、「拘束からの自由 frei von Verbindlichkeiten」ではなく、かかる消極的「自由 das Frei von…」の可能の制約でもあるところの、「自由への拘束・義務 Verbindlichkeit zur Freiheit」という一つの「倫理即《そく》論理」性が、さまざまな段階において、存立するということ、すなわち（――性格づけのためにはつねに極端なばあいがあげられねばならないが例えば、死を可能性として、死ぬまでふだん遠ざけている「ひと」《ダス・マン》にとってのみ不死は端的不可能性にすぎないこと自明であるが、もし死をふだんに不可避と観《み》ないし覚悟せる現実観ないしは悟覚性・開悟性《エントシュロセンハイト》〈念念生死〉にとってのみはじめてわずかに「不死の可能性〈涅槃〉」がひらかれうるかもしれないという可能性があるのだとすれば、そのような可能性をもふくめて、現存在が自己自身の可能性を根源的全的に存在する）「（無限の）自由への義務・拘束（倫理）」がそれ自体ただちにもって「存在そのものの無量の自在の論理 eine Logik für das unendliche Freisein des Seins selbst」であり（往相）、またこの論理の拘束性が前者の倫理的拘束性にほかならない（還相）ということ、したがって存在の無量の自在という論理的拘束性と現成《じょう》とが、観念的ないし物理学的ないし前在《フォールハンデン》的にはともかく現事実的には、「現‐存在」という『出生と死との間の存在』における（無限の）自由への義務的拘束性においてしか現成地盤を有しえないということ、すなわち「現‐存在」の「現〔禅〕‐」無くしては無《ニヒル》にひとしい「‐存在」一般という自在車《じざいぐるま》が但《たん》空の中で空転しているのではないということ、である。——これが訳者の「心に思はんこと」のここに述べらるべきかぎり「文筆とととのはぬ」あらすじである》。

このように、訳者の私見はあくまで私見にとどまる。そのように、いまだ一つなるべき哲学的根源性が見出されていないというところにはしかし、哲学思索の数千年の若さに対する根源の深さがあるのであって、思索家の焦慮があるのではない。『思考が根源的であればあるほど、その思考において思考されなかったものは、ますます豊富となる。思考されなかったものが、思考の授けうる最高の贈りものである』（ハイデガー）というパラドクシカルな表現に、何か深い意味があるとすれば、それは、これを通念どおりごく平たく言いのけてもなおかつ、同じふかさを有するのでなければならない、すなわち、「現象を割り切ったつもりの浅慮浅知恵が、自己と世界との底を浅めているのであって、深く考えれば考えるほどその考えは、その及ばざるの深さを知るの謙虚を、身につける」、という意味にほかならない。下底からの謙虚な思考者らによって発見される……

いくつかの根源性とは、根源へのいくえかの底入れであるかぎり、根源そのものは底無しである。すなわちそれらは、それらがしんに根源から発しえたかぎりにおいてのみ、わずかに根源への可能なる指標にすぎない。しかしそれらがついに根源の源底の無底なるべきゆえんを観たかぎりにおいてのみ、それらを燃犀《あかり》として、無底という底をのぞくことは可能である。ゆえにつぎの、忘れられた教訓が底知れぬ意義をおびる——『いくつかの偉大な思想だけはほんとうに自分のものにしておかなければならない。明るくなるとは思いもよらなかった遠くまで、それが光を投げてくれるからである。』（G・ジンメル）

五

この書を読みはじめてからはすでに久しい。終戦後一年を経たころからであるが、数回の断絶があったので、拙訳そのものに費やされた年月は約その半分であろうか。とにかくその間、日本語そのものもいちじるしい変化を見せたが、訳者の了解も何度もわかりなおして、いまなお表現を改めつつ、とうていみずから甘んずべきものではないが一応これをもって「よしとせざるをえない bewenden lassen muß」時期が到来した。そしていまこの「あとがき」を感謝の念をもって結ぶのである。

拙訳が読者にまみえるをえたのは、東京大学、黒川純一教授のお蔭である。氏は、その専門を異にするにもかかわらず、訳者の日常の仕事を知るや、かならず公刊を期して勉むべきであることを説かれた。そして今日まで訳者の怠慢をむち打たれて訳業に専念すべくみちびかれたのである。氏のこのような激励がなかったなら、この書は、いつ訳了するとも知れず、今日あるを見なかったであろう。

同じく東大、氷上英広教授とは、氏の書斎でこの書を、それがかならずしも哲学者にとってのみ存在するものでないことを同感しつつ、共に読んだ思い出をもつ。その間訳者はドイツ精神史の面で精細な教示にあずかったのみならず、拙訳に対しても貴重な助言や評言を与えられた。ただ訳者の微力ゆえにそれらのすべてを生かしえなかったかを恐れるのみである。また原文においても疑問とするかぎりを討問して、訳文に適正を期し、ときには訳語の迷いに断をくだすこともできた。——したがって、ありうべき拙劣やおもわざる過誤についてはもとより訳者ひとりの責任である。

さらに、とくにハイデガーに深い関心をよせられている東大の原佑助教授とも、この書について原文と訳稿との読み合せをする機会にめぐまれた。読みかえすごとに、問題を新たにし、ここでも討問して、考正に意をくだくことが多かった。氏の独自の考究と専攻的指教によって訳者の考えはねられ知見はひろめられた。のみならず氏は、拙稿の検討をいとわれず、氷上教授と共に、出版書肆に推薦の労をとられた。

訳業にとってこのようにめぐまれためぐり合せにもかかわらず、訳了して痛感する一事は、いかんともしがたい訳者自身の非才である。――ともあれこのような援助が市井の一措大にさしのべられたということは、この書の訳者として忘れがたい出来事である。――拙訳がこの容易ならざる書物のことばの邦土への移植と、さらに可能なるすぐれた邦訳の出現のために、ひと盛りの土を鋤《す》き返しえたとすれば、それはひとえに、このようなあたたかい援鋤《じょ》の力である。

ここに記してながく感謝の念をとどめたい。

またあらゆる意味においてもけっして容易ではないこのような書物の刊行を、なんらの躊躇も注文もなく引き受けられた書肆の理解と企及とに、社長井村寿二氏と、編集者別所久一氏およびその他の諸氏の共力と、そこに要されたすべての人人の力とに、敬意と謝意を表するものである。――多年わが暮しをささえてくれた妻にも感謝する。

一九六〇年早春

自由ヶ丘にて

訳　者

存在と時間　上　新装版

1960年6月10日　第1版第1刷発行
2015年5月20日　新装版第1刷発行

著　者　M・ハイデガー

訳　者　松　尾　啓　吉

発行者　井　村　寿　人

発行所　株式会社　勁《けい》　草《そう》　書　房

112-0005　東京都文京区水道2-1-1　振替　00150-2-175253
（編集）電話 03-3815-5277／FAX 03-3814-6968
（営業）電話 03-3814-6861／FAX 03-3814-6854
総印・松岳社

ISBN978-4-326-10244-0　Printed in Japan

http://www.keisoshobo.co.jp